KU-588-885

LES AVENTURES DE LA LIBERTÉ

Une histoire subjective des intellectuels

DU MÊME AUTEUR

Bangla-Desh : nationalisme dans la révolution, Maspéro, 1973. Réédité au Livre de Poche sous le titre : les Indes rouges, 1985.

La Barbarie à visage humain, Grasset, 1977.

Le Testament de Dieu, Grasset, 1979.

L'Idéologie française, Grasset, 1981.

Questions de principe I, Denoël, 1983.

Le Diable en tête, Grasset, 1984.

Impressions d'Asie, Le Chêne-Grasset, 1985.

Questions de principe II, Le Livre de Poche, 1986.

Éloge des intellectuels, Grasset, 1987.

Les Derniers Jours de Charles Baudelaire, Grasset, 1988.

Frank Stella, La Différence, 1989.

Questions de principe III, Le Livre de Poche, 1990.

BERNARD-HENRI LÉVY

LES AVENTURES DE LA LIBERTÉ

Une histoire subjective des intellectuels

BERNARD GRASSET
PARIS

Pour Arielle.

Pendant cinq ans, dans l'incertitude et la foi, j'ai nourri le projet de raconter à ma façon l'histoire des intellectuels français depuis l'Affaire Dreyfus.

J'ai enquêté. Exploré. J'ai fait la chasse aux documents et à l'image inédite ou rare. Et puisqu'il s'agissait d'abord d'un film, j'ai fait — nous avons fait — le tour des cinémathèques d'Europe pour retrouver telle photo de Gide à Berlin, ou d'Aragon à Leningrad ; tel cliché du surréalisme naissant ou telle bribe de pellicule, que l'on croyait perdue, et où s'agite encore le jeune Drieu La Rochelle.

J'ai vu les vivants. Les survivants. Inlassablement, au risque de forcer leur patience et d'exaspérer leur mémoire, je les ai pressés de raconter, répéter, préciser, raconter encore. A quoi pouvait bien ressembler André Malraux en Espagne? Josette Clotis dans le maquis? Éluard, Benjamin Péret à la tribune d'un congrès antifasciste? Que furent les derniers mots de Cocteau? Les dernières heures d'Althusser? Comment cela se passait-il vraiment, quand Bataille et Breton se croisaient, se retrouvaient face à face et confrontaient leurs ascendants? Les détails. Toujours les détails. Très vite, dans une entreprise de ce genre, ce sont les détails qui comptent. Et bien souvent, pendant ces cinq ans, je me suis surpris à penser qu'il pourrait bien ne rester d'une vie qu'un amoncellement de détails.

J'ai voyagé. Beaucoup voyagé. Je suis allé à Berlin, sur les traces de Brasillach ou de Crevel. À Moscou, sur celles d'Aragon et de Nizan. À Alger, à cause de Camus. À Pékin, où je n'ai pas pu filmer mais où j'ai relu les Antimémoires et Connaissance de l'Est. Ce fut une longue pérégrination, dans *l'espace et dans le temps, dans les têtes et dans les livres. Et cela pour m'aviser, en chemin, de ce que je pressentais et que savaient, j'imagine, tous ceux qui, avant moi, avaient pris la mesure de ce type d'expérience : si plaisante que soit l'équipée, si troublantes que soient cette autre rhétorique, cette encre et cette syntaxe visuelles, il en reste un goût d'inachevé qui, pour un écrivain, ne peut se dissiper qu'à la faveur d'un livre.*

On pourra donc le lire d'abord, ce livre, comme une somme de repentirs à un travail qui, par nature, risquait de ne pas rendre tous leurs droits aux exigences de la rigueur, de la nuance et du savoir. La postérité de Barrès par exemple. L'innombrable survie des œuvres. La première mort d'Althusser. Le dernier rendez-vous manqué de Drieu et Malraux, de Sartre et de Camus. Comment filmer un rendez-vous manqué ? Comment figurer, sur un écran, une première mort ou une postérité ? J'ai conçu mon livre, à l'origine, comme une succession réglée d'arrêts sur image et sur visage. Je l'ai construit comme un contrepoint aux commentaires cinématographiques que l'on trouvera en annexe — hérissés d'appels de notes renvoyant, chaque fois, à l'ordre de mes chapitres. Simplicité du film, complexité du livre. Inévitables raccourcis de l'image, retouches par la littérature.

On le lira aussi — surtout — comme un texte qui, fatalement, par la force du genre et la vertu des mots, s'est imposé son rythme, ses sources, sa nécessité, ses enchaînements — et s'est affranchi, très vite, de son premier support. Un autre parcours. Une autre représentation. Une narration qui, partie pour faire écho à la première, obéit, à l'arrivée, à une logique singulière. Comme si — et ce ne fut pas, pour moi, la moindre des surprises — la chronique des intellectuels avait la particularité, selon le registre qui l'accueille, de rectifier, voire démentir, ses leçons les mieux établies. Et comme si, au bout du compte, au terme de ce récit à double voix (le livre, le film) je devais renoncer à savoir lequel a inspiré, gouverné ou, au contraire, répété l'autre.

Car j'aimerais qu'on le lise enfin — et tant pis si cela froisse les théologiens de l'histoire « objective » — comme une manière, en évoquant autrui, de rôder autour de mes propres convictions et, en traversant le XX*e* *siècle, d'esquisser les généalogies, fussent-*

elles inavouables, qui me font tel que je suis. La ruse a fait ses preuves. Et, de Baudelaire à Malraux ou Borges, on ne compte pas les écrivains qui n'on su décliner leur nom qu'en convoquant autour d'eux l'« église invisible » de ceux, vrais et faux contemporains, qui constituent, disent-ils, leur famille la plus décisive. Pour ma part, et avec l'humilité qui s'impose, je ne connais pas d'autre façon de me confier et d'avouer. Si j'ai écrit ce livre, c'est qu'il me paraissait être, à tous égards, celui de mon âge d'homme.

On me permettra d'ajouter enfin que ces « Aventures », engagées il y a quelques années, alors que l'on percevait les signes de l'effondrement d'un monde, s'achèvent quand, de toutes parts, et dans le désordre, s'annoncent de nouveaux règnes. De l'agonie communiste au réveil de l'Islam. D'un intégrisme, l'autre. Une histoire qui finit, une histoire qui commence. Tandis que j'écrivais, pendant toutes ces années dans l'ombre d'Aragon et de Zola, d'Éluard et de Cocteau, je n'ai pu me défaire de l'idée que cette longue affaire, ces querelles, ces guerres dérisoires ou sanglantes dans lesquelles tant de destins se sont joués et perdus, étaient à la fois très lointaines — et si proches.

En serions-nous déjà au point où les anciennes fureurs devraient apparaître comme autant de témoignages d'un esprit révolu ? Oui sans doute, pour une part — puisque le simple fait de pouvoir récapituler une histoire est déjà, en un sens, la preuve de son épuisement. Mais quant au reste, prenons garde. Veillons à ne pas oublier que la vie des idées possède aussi le privilège de recycler inlassablement ses thèmes, ses obsessions, ses rapports de forces, ses pulsions. Paix et guerre. Ferveurs et lassitudes. Terreurs. Grandes peurs et bien-pensants. Je ne suis pas fâché, réflexion faite, de choisir cet instant pour partager avec qui voudra ce bloc de mémoire et de passions françaises. Amis, ennemis, le même héritage nous possède. Qui saura l'assumer ? s'en libérer ?

I

Les grandes espérances

1

« L'Histoire commence en fait à la fin du siècle dernier »

(L'INTELLECTUEL ET SON BAPTÊME)

La question que l'on pose toujours : pourquoi là ? à la fin du siècle dernier ? Pourquoi pas au temps de Voltaire ? de Hugo ? Ne se sont-ils pas battus eux aussi ? N'ont-ils pas mis leur plume, et leur talent, au service de « grandes causes » ? Et ne méritaient-ils pas, à ce titre, d'« ouvrir » cette histoire des intellectuels ?

Première réponse. Le mot. Le mot lui-même. Le fait qu'il n'existe pas, ce mot, avant l'Affaire Dreyfus. Ou que, s'il existe, s'il figure dans les dictionnaires Larousse ou Littré, c'est moins comme un substantif (l'Intellectuel, un intellectuel...) que comme un adjectif (et un adjectif qui, dans la plupart des cas, a une connotation péjorative). Lorsqu'on parle d'un jugement « intellectuel », le terme est synonyme de superficiel ou de fumeux. Lorsqu'on évoque, chez un écrivain, une tendance « intellectuelle », c'est pour indiquer ce qu'il a de rigide, de contraire à la vraie pensée. Et il faut attendre l'Affaire, donc, pour qu'un groupe d'hommes et de femmes reprennent l'adjectif, en retournent et renversent le sens et en fassent, non seulement un nom, mais un titre de gloire et un emblème. Nous sommes les intellectuels... Le parti des intellectuels... Il y a de la provocation dans ce cri ! De l'insolence ! Il y a une manière, très audacieuse, de prendre une épithète presque infamante et de la brandir comme un drapeau. Ce geste, c'est celui de Zola. C'est celui, derrière Zola, de ce fameux « manifeste » — dit « des intellectuels » — que publie Georges Clemenceau, à partir du 14 janvier 1898, dans *L'Aurore littéraire, artistique, sociale.* C'est la première réponse. C'est la réponse nominaliste. Pour le nominaliste conséquent que je m'efforce d'être, c'est une vraie réponse.

Seconde réponse : le nombre. Le grand nombre. Tous ces gens, innombrables, qui, prenant le parti de Dreyfus, puis de Zola, se rassemblent derrière le drapeau. Voltaire était seul, au fond. Hugo était exilé. Les écrivains qui, en ce temps-là, prenaient des positions politiques ou même morales semblaient faire exception au régime normal de l'esprit. Alors que là c'est un groupe. Une foule. Ce sont des centaines de poètes, écrivains, peintres, professeurs qui, reprenant le mot, jugent qu'il est de leur devoir de poser plume ou pinceau pour intervenir ès qualités dans les affaires de la Cité. Et il n'est pas jusqu'aux adversaires, il n'est pas jusqu'aux insulteurs de Dreyfus et aux partisans de la raison d'État qui, signe des temps, au lieu de se taire ou de bouder, au lieu de garder par-devers eux leur indignation ou leur foi, et au lieu de perpétuer donc, face aux trublions, la tradition du silence et de la sérénité académiques, ne reprennent les mêmes mots, les mêmes méthodes d'intervention et ne se constituent eux aussi en ligues et associations diverses. Mimétisme ? Engouement ? On peut dire cela. Mais on peut aussi noter qu'apparaît là, sur la scène des idées, un nouveau type de personnage — aussi neuf et spécifique que le clerc, le scribe, le sophiste ou le polymathe qui marquèrent d'autres époques. Barrès lui-même ne présentait-il pas son *Culte du moi* comme le roman d'apprentissage d'un « jeune Français intellectuel » ?

Troisième explication : les valeurs. Voltaire et Hugo se battaient pour des valeurs, c'est sûr. Et ils avaient le sentiment, en luttant pour Callas ou Lally Tolendal, en dénonçant le Second Empire et « Napoléon le Petit », de militer en faveur du bien. Mais il y a une idée que, en revanche, ils ne concevaient pas ou qui, s'ils l'avaient conçue, leur eût semblé naïve et folle : c'est l'idée d'un écrivain dont la vocation, quasi ontologique, serait d'être l'intermédiaire entre le Juste, le Vrai, le Bien et l'espace de la Cité. La Cité d'un côté ; le Juste, le Vrai, le Bien de l'autre. Le temporel d'une part; le spirituel d'autre part. Un espace profane; un ciel d'idéalités. Et entre ces deux ordres, entre ces deux espaces, tels les nouveaux prêtres d'une religion ressuscitée, ce corps de clercs, les bien nommés, qui se veulent les médiateurs de ce ciel d'idéalités — qui reprennent elles-mêmes tous les emblèmes de la transcendance déchue. Sans doute y avait-il, pour que l'idée advienne, des conditions philosophiques (le néokantisme qui, dans ces années, triomphe à l'Université). Théologiques (la consommation de cette crise immense que d'aucuns avaient annoncée en parlant de la « mort de Dieu »). Politiques (la séparation de l'Église et de l'État, dont on ne soulignera jamais assez la coïncidence avec l'événement). Médiatiques (la naissance des grands journaux, ces outils d'intercession dont les hommes des Lumières, ou les romantiques, ne disposaient pas au même degré). Le fait, en tout cas, est là. Il a fallu cette conjonction de forces pour que des hommes aient l'audace — inouïe dans l'histoire de l'intelligence — de se proclamer les intermédiaires entre le monde et l'universel. L'intellectuel, ce prêtre.

2

« ... peuvent et doivent s'arrêter parfois d'écrire... »

(CONVERSATION AVEC CLAUDE SIMON)

Peuvent ? Doivent ? Toute la question est là, bien sûr. Il y a des écrivains qui ne peuvent pas. D'autres qui ne veulent pas. Il y a des écrivains, respectables et, parfois, admirables, qui estiment n'avoir qu'un devoir et pouvoir : écrire convenablement leurs livres. Et c'est de loin en loin, sans obligation ni, surtout, régularité, qu'on les voit, ces écrivains, élever parfois la voix. Sont-ils encore des « intellectuels » ? Continuent-ils cet héritage de Herr, Zola, etc. ? J'ai voulu, au début de ce livre, poser la question à l'un d'entre eux. Beckett et Michaux n'étant plus là, c'est tout naturellement que je suis allé trouver Claude Simon.

— *La plupart des écrivains auxquels je m'intéresse dans ce livre sont des gens qui n'ont cessé de prendre des positions, de s'engager dans des polémiques, etc. Or ce qui frappe chez vous c'est que vous vous tenez à l'écart de ce manège ; et cela à deux ou trois exceptions près — à commencer par la guerre où vous vous êtes, bien sûr, directement engagé.*

— Je ne me suis pas engagé en 40. J'ai été mobilisé, comme tous les jeunes de mon âge. Seulement, au moment de mon service militaire, que j'ai effectué comme deuxième classe, j'avais demandé la cavalerie. Mais pas par héroïsme : simplement parce que, depuis l'âge de douze ans, je montais à cheval, que j'aimais ça, et que je trouvais ça préférable à la marche à pied. C'est tout. Quant à mon « engagement » dans la Résistance, ce serait beaucoup dire. J'étais sorti vivant du massacre auquel le crétinisme du commandement français avait jeté la cavalerie en Belgique, je m'étais ensuite évadé d'un camp de prisonniers au fond de l'Allemagne où j'avais été dénoncé comme juif à nos gardiens par d'autres prisonniers français, et je dois dire qu'après tout ça je ne brûlais pas d'un très grand zèle patriotique. Mais j'avais des amis dans la Résistance, et vous savez comme c'est : on vous demande un jour de cacher une valise, un autre de coucher quelqu'un, et puis, de fil en aiguille, vous vous retrouvez avec quatre bonshommes installés chez vous, qui centralisent les renseignements militaires et les envoient chaque soir à Londres. Mon seul travail consistait à leur ouvrir ma porte le matin...

— *Où cela se passait-il?*

— Au 148 du boulevard Montparnasse où j'avais alors un appartement. L'immeuble, pour cela, était idéal. Si je ne punaisais pas sur ma porte le matin un signal convenu et si les Allemands m'arrêtaient et posaient une souricière, les types n'avaient qu'à continuer à monter l'escalier comme si de rien n'était, suivre le couloir qui desservait les chambres de bonnes et redescendre tranquillement par un autre escalier.

— *Il y a eu également votre engagement espagnol, en 1936.*

— Là non plus, il ne faut pas employer de grands mots. Bien sûr, j'étais du « bon » côté. Vous savez : la jeunesse, la révolte contre l'ordre familial, religieux, social, etc. Mais maintenant, en y réfléchissant et en tâchant d'être honnête avec moi-même, je crois que je suis allé à Barcelone plutôt en voyeur, en spectateur, qu'en acteur. Sans l'avoir lu (j'étais à peu près inculte), j'appliquais inconsciemment l'un des principes de Descartes...

— *Il y a tout de même eu cette histoire de bateau d'armes dont vous organisiez le débarquement.*

— Pas le débarquement : le transfert, à Sète, de la cargaison, chargée à Marseille par un cargo norvégien, sur un rafiot venu de Barcelone. La Norvège avait adhéré au fameux pacte de « non-intervention », et le capitaine s'est vu interdire de se rendre en Espagne. Quant au capitaine du rafiot (qui s'appelait la *Carmen* — j'ai encore la photo des deux navires côte à côte dans l'avant-port de Sète...), à l'équipage composé de taciturnes anarchistes, il n'obéissait qu'à une espèce de bizarre aventurier italien baptisé « Comandante » qui se cachait dans un hôtel de Perpignan. Je me demande d'ailleurs encore si ce n'était pas un agent double. Je vous passe les détails rocambolesques de l'affaire : on en aurait pour une heure...

— *Oui ?*

— Vous savez : encore une fois j'étais jeune... Il y avait là un côté aventure, contrebande, illégalité... La découverte d'une faune insoupçonnée : marchands d'armes, riche pharmacien de province actif militant anarchiste côté pile, douaniers plus ou moins complices, gens à vendre, documents falsifiés, etc.

— *Mais en Espagne ?*

— Je ne suis pas particulièrement intelligent, mais quinze jours à Barcelone, en septembre 36, cela m'a suffi pour comprendre ce que Orwell a mis six mois à réaliser...

— *C'est-à-dire ?*

— Que c'était une jacquerie. Pas une révolution. Et que cette jacquerie était vouée à l'échec : les communistes haïssaient avant tout les trotskistes et les anarchistes qui, eux, haïssaient avant tout les bourgeois et la garde civile avec lesquels les communistes faisaient alliance, etc. Vous savez comment on appelait Largo Caballero ? L'organisateur de la pagaille. C'était, bien sûr, très excitant mais, en fait, assez pitoyable...

— *Il y a une troisième occasion, où vous vous mobilisez : c'est la guerre d'Algérie, avec l'histoire du manifeste des 121.*

— Booh... Il n'y avait pas à hésiter. C'était clair.

— *En l'occurrence comment est-ce que cela s'est passé ? Comment les choses se sont-elles faites ?*

— C'est Jérôme Lindon qui m'en a parlé. J'étais à ce moment chez lui, à Étretat. Il m'a fait lire ce manifeste qui n'avait pas encore été rendu public et m'a demandé si je serais d'accord pour le signer. J'ai tout de suite répondu oui. Ça me paraissait aller de soi.

— *Jusque-là vous n'aviez pas bougé ?*

— Non. Mais dès le début, j'ai trouvé cette affaire d'Algérie intolérable.

— *Dès le début?*

— Oui, c'était évident.

— *La gauche officielle était loin de penser comme vous?*

— On était assez seuls, c'est exact. Les choses ont basculé lorsqu'on a supprimé le sursis des étudiants. Mais jusque-là...

— *Qui bougeait?*

— Quelques intellectuels. Parmi eux, je connaissais Lindon, Vidal-Naquet, Nadeau. Je savais qu'il y avait aussi Blanchot...

— *C'est ça, oui. Blanchot, qui était très actif.*

— On peut le dire maintenant : c'étaient lui et Nadeau qui avaient rédigé le manifeste. Je ne sais pas qui les a dénoncés, mais ils ont été inculpés. Alors quelqu'un a eu cette idée : que nous écrivions tous au juge d'instruction pour lui déclarer que nous avions tous collaboré à la rédaction du texte, l'un ou l'autre ajoutant ou retranchant un mot, un adjectif, une virgule. Imaginez un malheureux juge dont la tâche habituelle consiste à essayer de prouver la culpabilité d'un inculpé qui se dit innocent et dont le rôle se trouvait alors exactement inversé : démontrer l'innocence de gens qui se disaient coupables. En un sens, c'était assez amusant...

— *On imagine mal Blanchot en militant...*

— Je ne l'ai pas beaucoup connu, vous savez. Je n'en ai qu'un souvenir. Un meeting à la Mutualité avait été interdit. Nous étions là, devant les portes fermées, parlant tranquillement sur le trottoir quand quelques flics se sont amenés d'un pas nonchalant, dispersés, se mêlant pacifiquement à nous, puis, tout à coup, se mettant à taper à coups de matraque. Blanchot et Nadeau ont été assez sérieusement blessés.

— *Bon. Voilà trois moments où vous vous engagez. Et puis à part ça rien. Ou quasiment rien. Pourquoi?*

— Pas exactement rien : par la suite j'ai été inculpé d'insulte à l'armée sur plainte de Messmer pour avoir dit en passant dans une interview à Madeleine Chapsal à propos de *La Route des Flandres* que ce que faisait l'armée française en Algérie ce n'était pas la guerre mais de l'assassinat. Mais c'est un détail...

Après cela, il n'y avait pas de motif majeur pour « s'engager », comme vous le dites. Ah oui ! il y a trois ans, j'ai appelé à voter Mitterrand. Mais écrire est déjà, en soi, un engagement.

— *D'accord. Mais vous êtes comme tout le monde. Vous êtes sollicité tout le temps. Une pétition par-ci, une pétition par-là. Alors, comment faites-vous ?*

— Je ne réponds pas. Réussir à combiner des mots de façon plus ou moins harmonieuse ou « parlante » (et c'est tout ce que je cherche à faire) ne qualifie pas quelqu'un pour être un gourou, trancher de tout et de rien. Cela dit, en tant que citoyen, un écrivain a bien sûr le droit d'avoir des opinions, des sympathies ou des antipathies, et de les manifester quand les choses dépassent les bornes, comme dans l'affaire de l'Algérie. Quant à la « littérature engagée » ou la « science engagée » on sait où cela a conduit : au « réalisme socialiste » de Staline, à Mitchourine, à Lyssenko, à l'effondrement total, spirituel et économique de tout un immense pays qui avait un formidable potentiel, tant économique qu'intellectuel : faut-il rappeler Dostoïevski, Tchekhov, l'école des linguistes de Leningrad, les mathématiciens russes, etc.

— *Il y a des gens qui écrivent et qui signent quand même des pétitions.*

— Cela les regarde. Je ne donne de leçons à personne. Je ne parle que pour moi. Personnellement, encore une fois, la prétention d'un écrivain à jouer le rôle de gourou me paraît le signe d'une suffisance assez déplacée.

— *Pourquoi ? Elle vous paraît dépassée ?*

— Elle est assez précisément datée dans l'histoire. En gros, elle va de Voltaire à Sartre en passant par Zola.

— *Sartre par exemple ?*

— Est-ce que vous pouvez imaginer Proust à la tribune d'un meeting ou juché à Billancourt sur un tonneau ? Cela ne l'a cependant pas empêché d'être dreyfusard. Mais — j'y pense maintenant — il a fait par avance le portrait de Sartre et de la littérature engagée : rappelez-vous le discours que tient au jeune Marcel ce vieux diplomate réactionnaire qu'est M. de

Norpois : tout y est, y compris l'anathème contre la littérature de « mandarins »...

— *Vous n'êtes pas tendre!*

— Pourquoi le serais-je ? Écoutez, vous m'avez dit que vous n'avez qu'une place limitée pour cet entretien. Alors, si vous le voulez bien, parlons de choses plus intéressantes que Sartre et son ineffable Castor.

— *Donc, et pour nous résumer, vous ne croyez pas du tout à toutes ces histoires sur le devoir d'engagement, les devoirs de l'écrivain vis-à-vis du monde, etc., etc.*

— Mais si ! J'y crois. Dur comme fer ! Au colloque Nobel qui s'est tenu à l'Élysée il y a quelques années, on a posé la question : quel est le devoir de l'écrivain ? Ma réponse a été très simple, parce que, là aussi, les choses me semblent évidentes : le devoir impérieux de l'écrivain c'est de faire la meilleure littérature possible, de même que le devoir du scientifique est de faire la meilleure science possible. Il n'y a pas plus de littérature « bourgeoise » qu'il n'y a de science « prolétarienne ». Dans un monde en perpétuelle transformation, chaque fois qu'un écrivain, un artiste ou un scientifique découvre une forme nouvelle, c'est-à-dire de nouveaux rapports (entre les mots, les couleurs, les sons, les phénomènes physiques ou chimiques), il contribue dans la mesure de ses faibles moyens à cette trans-formation. Je dis « découvre », parce que mon ami Léon Cooper, l'inventeur des ordinateurs, Nobel à quarante ans, me faisait l'autre jour observer que ces rapports (que ce soit dans la nature ou dans la langue) existent déjà avant qu'on les dé-couvre...

— *Il y a tout de même des écrivains criminels, qui écrivent des livres criminels?*

— Par exemple?

— *Céline... Enfin, le Céline des pamphlets.*

— La morale et les bons sentiments n'ont rien à voir avec la littérature, pas plus qu'avec la science. Einstein, le père de la bombe atomique, serait-il un criminel ?... Cela dit, je n'ai jamais été un grand admirateur de Céline. Mais pas pour des raisons de morale. Le genre « imprécateur » ne me séduit guère. Les meilleurs de ses livres sont *D'un château l'autre* et *Nord*. Comme s'il avait été sauvé par son indignité même : la description de Berlin bombardé avec les balcons qui pendent comme des festons de dentelle, la traversée dans un train glacé de l'Allemagne en ruine, les dernières pages : c'est superbe !...

— *Et un livre comme* Rigodon *par exemple ?*

— Je ne m'en souviens pas très bien. Par contre, un livre comme *Guignol's band*, c'est suprêmement ennuyeux. Je n'ai pas pu en avaler plus de trois pages.

— *Et de l'autre côté ? Un écrivain comme Malraux ?*

— Il n'y a que deux « côtés » (pour reprendre votre terminologie) en littérature, deux sortes : la bonne et la mauvaise. Je trouve Malraux médiocre.

— *Vous trouvez quoi ? Que sa vision du monde est trop simple ? Trop manichéenne ?*

— Il y a de ça, oui. Par exemple, dans *L'Espoir*, ce côté « tout le monde il est beau, tout le monde il est gentil ». Sapristi ! Quand on pense à l'assassinat de Nin, aux prisons du NKVD, aux événements de mai 37 !... Et puis ces gens (toujours haut placés, si vous avez remarqué : officiers, responsables, aviateurs, etc.) qui ratiocinent à longueur de pages !... Et puis encore, littérairement parlant, ça n'apporte absolument rien..

— *Autrement dit, vous êtes contre ce qu'il est convenu d'appeler le roman à idées ?*

— Pourquoi lirais-je un roman pour y chercher des idées ? Il me semble que les œuvres des philosophes, des essayistes, des sociologues ou des théologiens sont là précisément pour ça.

— *Alors pourquoi ? Pourquoi écrit-on des romans ?*

— Ah ! Très bonne question. Mais peut-être un peu vaste pour le cadre étroit de cet entretien. Essayons quand même, très sommairement. Et tout d'abord : pourquoi écrit-on ? Pourquoi peint-on des tableaux, pourquoi compose-t-on des quatuors, pourquoi les architectures de palais, de places, de jardins ?... Longtemps (en fait, jusqu'à Proust et Joyce, exception faite de Dostoïevski dont tant les histoires que les personnages sont parfaitement ambigus)... longtemps, donc, « on » a écrit des romans (entre autres choses : les arrêtés municipaux, les traités de droit, de cuisine ou d'économie sont aussi de l'écrit...) conçus sur le type de la fable didactique, plus ou moins ornée, plus ou moins développée. Balzac voulait, vous le savez, que dans son œuvre on voie « tout un enseignement social ». Ce genre n'est d'ailleurs pas épuisé, il s'en faut* ... Mais quel crédit accorder à des récits fictifs, entièrement inventés, et où tous les événements ne s'enchaînent, jusqu'au dénouement final, qu'au seul gré et à la seule fantaisie de l'auteur ? D'où, pour certains, une autre façon d'aborder l'écriture : « si l'on me demande ce que j'ai voulu dire, a écrit Valéry, je réponds que je n'ai pas voulu dire mais voulu faire, et que c'est cette intention de faire qui a voulu ce que j'ai dit ». La différence entre le roman traditionnel et un tout autre type de roman est tout entière là. Dans le premier cas les idées (le sens) précèdent l'action d'écrire, dans le second « du » sens est produit par le travail de et dans l'écriture.

— *Que pensez-vous, dans ce cas, de gens comme Musil ou Broch qui nous disent que le roman a une fonction de connaissance ?*

— Il faudrait s'entendre encore sur le mot « connaissance ». Je répondrai encore par une autre citation. Cette fois c'est Novalis qui parle : « il en va du langage comme des mathématiques : elles n'expriment rien sinon leur propre nature merveilleuse, ce qui fait qu'elles expriment si bien les rapports étranges entre les choses ». Comme on l'a aussi très bien dit : la langue parle avant nous, et seul celui qui l'écoute dans ses propositions, ses rythmes, sa musique, celui-là seul sera prophète...

— *Il y a des romans qui produisent du savoir, de la pensée...*

— Un masque nègre est tout autant un produit de la pensée qu'une page de Pascal. Mais par opposition au sens préexistant à l'écriture, le sens « produit » n'est pas explicité, il est « ouvert », pluriel.

* Je lis dans *Le Monde* (« Livres-Idées ») le titre compte rendu par J.-M.G. Le Clézio d'un roman de Tahar Ben Jelloun : « ... un livre de baptême, un livre de souffle et de vie qui pose la seule question qui vaille : celle de l'amour ». Fichtre ! La « seule » ? Que voilà une idée forte et neuve qui, à elle « seule », justifie un roman.

— *Vous, par exemple, y a-t-il des choses dont la littérature vous ait donné une meilleure connaissance ?*

— Très certainement : le plaisir de lire et d'essayer d'écrire.

— *J'ai compris. Mais à part ça ?*

— Pardonnez-moi si je reviens encore aux mathématiques, mais avec la littérature et l'art en général (peinture, musique, etc.) c'est la seule chose qui m'ait vraiment intéressé. Le premier chapitre que l'on étudie en Math' Sup' a pour titre : « Arrangements, combinaisons, permutations ». Avec les mots, je ne fais rien d'autre. Flaubert a dit : « pour qu'une chose devienne intéressante, il suffit de la regarder assez longtemps ». On retrouve là une formulation qui revient tout le temps en mathématiques : « Considérons cette figure (carré, cercle, triangle, etc.) et cherchons quelles sont ses propriétés. » Par « propriétés » on entend quelles autres figures elle peut combiner ou engendrer, par exemple carré de l'hypoténuse, circonférence, ellipse ou parabole dessinées, selon l'angle d'attaque, par la section d'un cône par un plan, etc. « Le mot n'est pas seulement signe, a dit aussi Lacan, mais nœud de significations. » Chacun d'eux porte une formidable charge métaphorique. Donc, examiner ses multiples propriétés, y compris musicales (Lacan cite comme exemple : rideau et ris de l'eau...) et voir comment tout cela peut se combiner harmonieusement pour composer une phrase, un paragraphe, un chapitre, le livre tout entier...

— *C'est l'essentiel, la composition ?*

— C'est *tout.*

— *Vous connaissez la réaction de Gide quand Bernard Lazare est venu le voir et lui a demandé de signer pour Dreyfus ? Quand Lazare est reparti, il s'est écrié : « Quelle horreur ! Voilà quelqu'un qui met quelque chose au-dessus de la littérature ! »*

– Je ne dis ni au-dessus ni au-dessous : je dis ensemble.

— *L'autre solution c'est de sacraliser la littérature.*

— Je ne sacralise rien. Je n'aime pas ce mot. Je suis trop profondément matérialiste.

— *D'accord. Mais reste qu'il n'y a pas de « grande cause » qui vous paraisse supérieure à la littérature.*

— Parmi les innombrables sottises que Sartre a proférées (« il ne faut pas désespérer Billancourt », « tout anticommuniste est un chien », etc.) il y a cette perle que j'ai trouvée l'autre jour dans une anthologie : « il s'agit de savoir si l'on veut parler de la condition des juifs ou du vol des papillons ! » Et allez donc ! Sans doute ce grand philosophe se retournerait-il dans sa tombe si on se permettait de lui signaler que Nathalie Sarraute (qui n'a jamais parlé de la condition des juifs) est juive, que Louise Nevelson (qui n'a jamais représenté un camp de concentration) était juive et que le maître de Rauschenberg qui propose des compositions où il assemble des morceaux de bois, de papier goudronné, de vieux tissu, combinés à des coulées de peinture, était Schwitters, un juif qui avait fui l'Allemagne nazie. Eh bien, peut-être qu'à leur façon, ils parlaient tous de la condition des juifs. Dans l'Histoire, tout se tient. Le « trou noir » d'Auschwitz (sans parler du Goulag) a rendu tout discours « humaniste » simplement indécent. D'où sans doute, ce recours acharné au concret...

— *En ce moment, par exemple, vous écrivez ?*

— « Bon qu'à ça », comme a dit Beckett.

— *Qu'est-ce qui pourrait vous arrêter d'écrire ?*

— La mort. Elle se rapproche.

— *Et puis ?*

— L'âge, le manque de forces. C'est très difficile d'écrire, très fatigant. Alors, pour ne pas m'ennuyer, je reviendrai peut-être aux mathématiques. Je m'y suis un peu remis (oh ! au niveau tout à fait élémentaire, j'ai, hélas, presque tout oublié...). Mais l'autre jour, la simple démonstration du théorème de Pythagore m'a comblé d'une jouissance infiniment plus grande (on touche là à une parfaite perfection de l'esprit) que la lecture d'un poème de Baudelaire.

3

« Dans un cimetière de Montpellier »

(UNE IDÉE FIXE DE PAUL VALÉRY)

La scène, on l'admettra, est assez rude.

D'un côté Paul Valéry. Le jeune Paul Valéry. Il vient d'avoir vingt ans. Il n'a encore rien publié. Mais il a du goût pour la poésie et de l'admiration pour Mallarmé. Il est l'ami de Gide et de Pierre Louÿs. Fréquente, quand il est à Paris, les cercles symbolistes. Il est déjà célèbre, dans les cercles en question, pour sa courtoisie, son intelligence, les cigarettes qu'il roule lui-même et qu'il fume du soir au matin. Il a le goût de la flânerie. Le culte de la conversation. Il dit volontiers : « les dieux nous ont donné le tabac, le café et l'amitié ». Et il est à Montpellier cet été-là parce que c'est la période des vacances et que son frère y a une maison.

De l'autre côté, Georges Vacher de Lapouge. J'ignore, en vérité, à quoi ressemble Georges Vacher de Lapouge. Il a trente-cinq ans, c'est sûr. C'est un agrégé de droit. C'est aussi un de ces faux encyclopédistes, curieux de tout et savants de rien, qui épatent l'entourage mais sont suspects aux vrais lettrés. Jusqu'il y a quelques années, il était plutôt juriste. Procureur de la République, exactement. C'est fini maintenant, et il a préféré un emploi plus modeste de sous-directeur à la bibliothèque de la faculté des Lettres de Montpellier — poste qui, se dit-il, lui laisse plus de loisirs pour la seule chose qui le passionne et qui est l'étude comparée des races humaines. Car il croit à l'existence des races. Il croit que c'est de leur lutte, et de leur lutte seule, que dépend l'évolution de l'Histoire. Et il a, pour étudier la chose, des techniques très au point qui passent, notamment, par la mesure des boîtes crâniennes. Il publiera bientôt « L'Aryen ». Puis « Les Sélections sociales ». Mais sa doctrine, comme sa méthode, sont déjà fixées pour l'essentiel. Elles sont même assez connues, du moins dans la région, puisqu'elles font l'objet d'un cours qu'il donne à la faculté des Lettres. Et personne, à Montpellier, ne peut donc ignorer ses théories sur la supériorité des races nordiques sur les maudites races sémites.

Les deux hommes sont là. Le poète et le savant. L'exquis et l'érudit. Ils sont là comme le disciple face à son maître ou le jeune vacancier face à la célébrité locale. Ils sont dans un cimetière d'abord où on les autorise — science oblige ! — à déterrer six cents crânes. Puis au laboratoire de la faculté où on leur a transporté — pour qu'ils l'étudient plus à loisir ! — tout ce fabuleux matériau. Et en avant ! Au travail ! Que je te mesure celui-ci ! Que je te calibre celui-là ! Les dolichocéphales à droite ! Les brachycéphales à gauche ! Et puis les plats ! Et puis les ronds ! Et puis les mixtes ! Les inclassables ! Les spécimens qui se recoupent ! Qui se complètent ! Se contredisent ! Ce gros, là, avec son frontal hypertrophié, son prémaxillaire proéminent, son palais secondaire légèrement bombé, est-ce que ce n'est pas un parfait aryen ? Ce petit, avec son front étroit, son arcade sourcilière trop marquée, est-ce qu'il ne serait pas un peu juif ? Et ce troisième, avec son pariétal déformé et son temporal enfoncé, est-ce que ce n'est pas le type même du maniaco-dépressif ? L'avantage, avec Vacher de Lapouge, c'est qu'il a tout lu. Tout vu. Il a sous la main, d'ailleurs, des indications craniométriques qui épatent son élève et qui lui viennent d'Angleterre et de Pologne, d'Allemagne et d'autres régions de France. C'est ça la connaissance, petit ! L'Internationale des savants ! C'est ça le progrès des sciences et des arts ! Valéry est ici, oui, seul dans une pièce avec ce fou et leurs six cents boîtes crâniennes qu'ils étiquettent et qu'ils rangent.

Première explication. Vacher de Lapouge est un raciste, donc. Un pur et parfait raciste. Il croit que les juifs, par exemple, sont les ennemis jurés des aryens. Ou qu'ils ont « mérité » les persécutions dont ils sont l'objet « à cause de leur mauvaise foi, de leur cupidité et de leur esprit de domination ». Mais attention ! C'est aussi un gauchiste. Voire un révolutionnaire. Il a connu Guesde. Milité dans les partis ouvriers. Il avait, dans ces cercles, une solide réputation de propagandiste et de savant. Et il a même, chose encore plus rare, des notions de marxisme qui lui font croire, notamment, que la lutte des races est le stade suprême de la lutte des classes. Toujours donc cette vieille histoire — sur laquelle je reviendrai — de l'antisémitisme de gauche. Toujours ce mélange — caractéristique de l'époque qui précède et suit l'Affaire Dreyfus — de progressisme et d'infamie, de socialisme et d'ignominie. Ce craniomètre, ce forcené de l'inégalité des races, a la réputation d'un homme de bien, que dis-je ? d'un homme épris de justice, d'égalité et de liberté. Et cela n'est sans doute pas étranger à la sympathie qu'il inspire au poète.

Seconde explication. La craniologie est une fausse science, c'est évident. Et c'est même, à l'évidence aussi, l'anthropologie des imbéciles. Mais évident pour qui, au juste ? Et depuis quand ? Nous sommes en 1891, je le répète. C'est-à-dire à l'époque où Jules Soury, un autre joyeux raciste, mais philosophe celui-là ! savant *et* philosophe ! enseigne à la Sorbonne et passe, auprès du Paris qui pense, pour l'égal au moins de Bergson. Ou encore à l'époque où, de Taine à Renan, de Barrès à Bourget, nombre de beaux esprits trouvent naturel d'opposer « aryens » et « sémites », « dolichochéphales blonds » et « brachycéphales bruns » — relisez ne serait-ce que des morceaux choisis de *L'Histoire de la littérature anglaise* où Taine établissait, scientifiquement comme il se doit, qu'« il y a des variétés d'hommes comme des variétés de taureaux et de chevaux » et que, aux « races aryennes » éprises de « beau » et de « sublime », s'opposent les « races sémites » caractérisées par leur « action fanatique et bornée ». Eh non ! Les fausses sciences n'apparaissent pas tout de suite, ni à tout le monde, comme de fausses sciences ! Les sciences imbéciles, criminelles, peuvent, pendant des années, fournir toute une époque en lieux communs et convictions ! C'est le cas de Paul Valéry. C'est platement, bêtement son cas. Il fait partie de ces intellectuels, innombrables alors, qui croient que l'on peut en toute innocence mesurer le crâne d'un nègre et le comparer à celui d'un Rodézien pour en déduire, évidemment, son infériorité congénitale.

Troisième explication. Valéry. Le fou de savoir. Le maniaque de la connaissance. L'homme qui s'est juré, et qui n'en a jamais démordu, de pénétrer le secret de l'âme et le mystère de la divine pensée. Le tout jeune homme — il a quinze ans ! — qui, dans un poème encore inspiré par Huysmans, s'écrie, un rien emphatique : « et je jouis sans fin de mon propre cerveau ». Il n'en est pas encore à Teste, ce jeune homme. Ni à la nuit de Gênes. Mais ce que l'on devine de sa vie (et ce que l'on sait, surtout, de ses préoccupations précoces) dit bien que le programme est pour l'essentiel en place. De la science dans l'air ? De la positivité dans le paysage ? Une classification nouvelle ? Une taxinomie possible ? Et ce, dans l'ordre qui, encore une fois, l'intéresse plus que tout au monde et qui est celui, comme il dit, du « grand jeu du mental » ? Valéry est là. Tout de suite là. Il est partant pour le voyage. Il vendrait sa propre âme au diable — alors vous pensez : à Vacher de Lapouge... ! — pour le vertigineux plaisir d'entrer un peu plus avant dans celle de l'homme en général. Balzac, je pense, devait être comme ça. Il était, de fait, comme ça quand il rêvait, des nuits entières, sur les travaux de physiognomonie de Lavater. Imaginez-le, Balzac, disposant, pour sa *Comédie humaine*, d'une théorie raisonnée, non plus seulement des visages, mais des faciès ; non plus seulement des faciès, mais des cerveaux ! Imaginez son ivresse ! Sa joie ! Eh bien, c'est, j'en fais le pari, la joie sauvage, méphistophélique, de Valéry au milieu de ses six cents crânes du cimetière de Montpellier.

Ces explications, entendons-nous bien, n'excusent évidemment rien. Et l'image est là, elle reste là — sinistre ! horrible ! et que l'on dirait sortie d'un roman noir dont les personnages seraient réels ! Si je dis tout cela c'est pour la recadrer, simplement. La remettre en perspective. Ou plutôt non : c'est pour la faire cadrer, cette image effrayante, avec d'autres images — plus convenues, plus connues, mais qui ressemblent surtout plus à ce que nous savons par ailleurs d'un des écrivains les plus considérables de la première moitié du siècle. Image du lettré bavardant avec Gide dans les jardins du Luxembourg. Image du poète froid, disciple d'Edgar Poe. Image de l'écrivain mûri, avec sa lèvre fiévreuse, son regard de forcené qui a su maîtriser le manège de ses passions — et puis ce front, très beau, qui, plus encore que le regard, semble fait pour éclairer le reste du visage.

Image de ses mains très longues. Image du démocrate, du vrai démocrate (y en a-t-il eu tant que cela ?) qui a compris, dans les années trente, que « si l'État est fort il nous écrase, s'il est faible nous périssons ». Image du grand Européen pour qui Europe signifie esprit ; et esprit, intelligence. Image de l'humaniste qui assène tranquillement (était-ce si facile, en ces temps de culte de la force, de l'instinct, de la nation, de la guerre ?) que « l'homme est intelligent comme le tigre est fort et comme le pigeon vole ». Image de l'académicien qui prononce, en 41, l'hommage funèbre de Bergson. Image du grand bourgeois conservateur qui comprend, assez vite, ce que l'« assoupissement » du maréchal coûtera à son pays. Images de son esprit, de son pur esprit, car ce sont les seules, au fond, qu'il méritait que l'on retînt — lui qui a tout de même dit : « Au bout de l'esprit, le corps ; mais au bout du corps, l'esprit. » Image de lui vieilli, bientôt mourant — « le sinistre et long crépuscule de la vie, les yeux perdus qui avaient tant travaillé, l'esprit entre l'absence et le désespoir » : c'est lui qui parle de Degas ; j'aurais aimé que ce fût moi évoquant celui que je tiens, enfin, pour le successeur de Baudelaire.

4

« Maître à penser de Blum et de Proust... »

(LA POSTÉRITÉ DE MAURICE BARRÈS)

On a des biographies de Barrès. Des essais, des études sur Barrès. Il nous manque en revanche — et ce serait pourtant bien passionnant ! — une histoire du barrésisme et de l'effet-Barrès en France. On y croiserait Drieu, bien entendu. Mais aussi André Malraux, dont il fut l'un des maîtres à penser. Ou encore un Aragon dont Rivière disait, en 23, qu'il lui rappelait « le premier Barrès » — et qui, beaucoup plus tard, aux heures les plus sombres du stalinisme le plus sectaire, n'oubliait jamais de le citer au premier rang des maîtres qu'il continuait de révérer. Il faudrait citer le Nizan de *La Conspiration*. Le Camus des premiers textes. Le Mauriac de la *Rencontre* où l'on voit le petit Bordelais, au moment de lui adresser son premier livre, pétrifié d'admiration envers celui qu'il tient encore — nous sommes en 1911 ! — pour le prince de la jeunesse et son éternel inspirateur. Il faudrait évoquer Montherlant. Nommer Cocteau ou Morand. Il faudrait s'intéresser d'un peu plus près au cas étrange d'André Breton qui organise, en 1921, le fameux « procès » ; qui prononce, ou fait prononcer, un réquisitoire d'une violence extrême ; mais qui finit par avouer qu'à la base de cette cérémonie, à la source de cette violence et de cette volonté de se démarquer, il y a une fascination ancienne, une complicité, une attirance. Il faudrait un chapitre au moins sur les juifs. Je veux dire : sur les intellectuels juifs que cet antisémite déclaré aura paradoxalement subjugués et auxquels il aura parfois même — comble du paradoxe ! — contribué à donner conscience de leur propre identité. On connaît l'histoire du premier Blum venant, au début de l'Affaire, et alors que l'antijudaïsme du député de Nancy était de notoriété publique, lui demander de signer en faveur de Dreyfus et faire ainsi l'aveu de l'admiration qu'il lui portait. On connaît peut-être moins celle du jeune Proust qui le portait aussi aux nues. Ou du moins jeune Proust « ébranlé », dit-il, par la lecture de *Colette Baudoche* et lui adressant, depuis son lit de mort, une édition originale de *Sodome et Gomorrhe* avec, en dédicace : « à monsieur Maurice Barrès, hommage d'admiration respectueuse et profonde ». Ou encore de ce petit groupe d'esthètes — outre Proust : Robert Dreyfus et Fernand Gregh — qui se regroupent autour de la revue *Le Banquet* et se réclament du barrésisme et de *L'Ennemi des lois*. On sait mal que Bernard Lazare, le premier des dreyfusards, était un fanatique de *Sous l'œil des barbares*. Et on ne connaît quasiment rien, non plus, de toute cette famille d'esprits — André Spire, Edmond Fleg... — dont Levinas me disait un jour qu'elle était celle des « barrésiens du judaïsme ». Singulière histoire, n'est-ce pas ? Singulières filiations pour un homme qui est par ailleurs, et ceci n'empêche pas cela, le premier national-socialiste de France et peut-être d'Europe ! Barrès, le paradoxe.

5

« Sa figure de race étrangère »

(L'ÉNIGME BARRÈS)

Il y a un mystère Barrès.

Voilà un dandy en effet. Un égotiste subtil et raffiné. Voilà un écrivain dont tout le souci, et tout l'art, sont d'étudier inlassablement les mille facettes de son moi. Et voilà une jeunesse, celle de l'enquête d'Agathon comme celle, plus exigeante, des cercles avant-gardistes de la *Revue Blanche* ou de la *Revue Bleue* qui se reconnaît aussitôt, et avec quel ravissement ! dans les personnages incertains, décadents et subtilement épicuriens du *Jardin de Bérénice* ou de *L'Ennemi des lois*. Un modèle ? Mieux qu'un modèle. Un chef de file ? Plus qu'un chef de file. « Vous étiez, lui écrira Proust, ce que personne peut-être n'a jamais été. » Vous étiez ce que Chateaubriand lui-même « n'a jamais été à aucun degré ». Et il suffit pour s'en convaincre de songer à lui, justement, Proust qui ne perd pas une occasion, je l'ai dit, de lui témoigner sa vénération. Il suffit de penser à ces enquêtes que l'on voit paraître au début des années 90 et qui, tant dans les lycées que dans les facultés, le placent, avec Verlaine, loin devant les autres maîtres à penser du moment. Il faut relire Blum surtout, bouleversé d'aller passer huit jours à Charmes, village natal de l'écrivain, et d'avoir ainsi « l'honneur insigne de respirer pendant une semaine la même atmosphère que Maurice Barrès », ou encore, du même Blum, dans le récit de la visite fameuse, l'évocation de ce « prince » dont « la grâce fière et charmante », la « noblesse naturelle », l'« entêtant mélange d'activité conquérante, de philosophie et de sensualité », la pensée enfin, « sèche en apparence, mais sèche comme la main d'un fiévreux, une pensée toute chargée de métaphysique et de poésie provocante, toute frémissante d'orgueil et de domination » l'ont, comme toute sa génération, manifestement envoûté et conquis. Bref, un prestige unique. Un panache inouï. Un zeste, par là-dessus, d'accent faubourien et de révolte qui n'est pas pour déplaire, non plus, aux contemporains de Ravachol. Et une position dont, au total, je ne suis en effet pas certain qu'il y ait eu, avant lui, un cas vraiment comparable. Or voici — et c'est là le mystère — que cette vedette, cette idole, l'écrivain le plus courtisé par tout ce que le Paris de l'époque compte d'esprits distingués et, comme il se doit, progressistes, prend le risque, non moins inouï et, si l'on en croit le récit de Blum, apparemment imprévisible, de tourner le dos à tout cela, de décevoir sa petite cour — et ce, en prenant parti non pas, comme elle s'y attend, pour, mais contre Alfred Dreyfus.

Sa vision du monde change à ce moment-là. Ou ses admirateurs, tout au moins, ont le sentiment qu'elle change. Il était hédoniste, individualiste, anarchisant. Il ne jurait que par un « culte du moi » qu'il situait, selon l'humeur, dans la filiation d'Amiel ou de Stendhal. Il devient patriote à présent. Bêtement patriote et chauvin. Il ne croit plus, dit-il, qu'à la terre, aux morts, aux racines, à la race, au sang. Et lui qui, la veille encore, dans la querelle qui opposait — ce sont ses mots ; c'est même le titre d'un retentissant article qu'il donne au *Figaro* — les « nationalistes » aux « cosmopolites », choisissait sans hésiter les seconds contre les premiers et jouait, sans hésiter non plus, les écrivains « américains ou russes » contre les petits auteurs que nous qualifierons de « franchouillards », quelle n'est pas la stupeur de ces jeunes gens quand, du jour au lendemain, ils retrouvent leur héros à la tête de cette incarnation du conservatisme qu'est la Ligue de la Patrie française. Il y avait déjà eu le boulangisme, dira-t-on ? les campagnes de Nancy ? Il avait à son actif, notre dilettante, quelques-unes des plus jolies perles du florilège antisémite ? Sans doute. Mais à tort ou à raison, cela ne leur semblait pas très sérieux. Ils flairaient autour de ses attaques contre la « banque juive » un parfum d'impatience et de rébellion qui les inscrivait dans le contexte, probablement rassurant, de l'antisémitisme dit de gauche. Et le fait est qu'on ne comptait pas dans ces années les jeunes intellectuels juifs — Blum donc, ou Proust, ou Bernard Lazare, ou d'autres —, que les débordements politiques du député de Nancy ne troublaient pas outre mesure. Alors que là, c'est autre chose. Ils sentent, pressentent autre chose. Et quand leur maître ose écrire que la culpabilité de Dreyfus se déduit de sa race et de la forme de son nez, ils ont le sentiment de quelque chose qui, cette fois, ressemble à une trahison.

D'autant qu'il change du même coup — et c'est, aux yeux de ces esthètes, au moins aussi remarquable — d'univers littéraire et de paysage. Un écrivain a toujours un paysage, n'est-ce pas? Il a des lieux familiers qui ne sont ni toujours, ni même souvent, ceux où le destin l'a condamné à naître, mais qui sont des lieux qu'il a choisis, élus entre tous les lieux possibles et où il a dressé le chapiteau de son théâtre intime. Pour Barrès c'était Venise. Ou Tolède. C'était le « jardin sur l'Oronte », le « jardin de Bérénice ». C'étaient des paysages tourmentés certes, un peu tragiques, que l'on devinait hantés par la décadence et par la mort. Mais il y avait dans leur lumière, dans la couleur même de leur poussière et de leurs cendres, il y avait au tombeau de l'Escurial aussi bien que dans les « marbres frais » du palais des Doges, quelque chose d'intense et de magique qui en faisait le décor idéal pour la trilogie du « Culte du moi ». Or voici que tout cela bascule, se déplace, se complique. Non pas qu'il y renonce. Ni qu'il oublie Tolède, Cordoue et leur inappréciable volupté. Mais à quoi songe-t-il maintenant, quand il s'y rend et que, à Venise par exemple, il reprend possession de sa chambre rouge et or de l'hôtel Saint-Marc? Il songe à la Lorraine! A Charmes, la ville de son enfance! Il songe à Sion, Domrémy, le château de Gerbéviller, le lac des Corbeaux, les Moraines! De même que, lorsqu'il retourne en Orient, lorsque, à la veille de la guerre, il reprend le chemin de Beyrouth, Alexandrie, Antioche, Constantinople, lorsqu'il se recueille, comme jadis, sur les bords sans ombre de l'Euphrate ou dans les ruines du château de Masyaf, c'est encore des images de Lorraine qui lui trottent dans l'esprit — et devant les mosquées dorées qui le faisaient autrefois tant rêver, il ne pense qu'aux églises de village qui sont l'honneur de nos terroirs et dont le délabrement lui fait peine. A nouvelle pensée, nouveaux espaces. A nouvelle vision du monde, nouveaux paysages intérieurs. Au lieu des images glorieuses de sa période dandy, un retour à ces lieux gras, humides, sans éclat ni surprise, que sont ses terres nancéiennes et où ne se reconnaissent évidemment plus les fervents de *Sous l'œil des barbares*. Il fallait, pour les premiers romans, la lumière de Cordoue et la langueur de Tolède. Pour *Les Bastions de l'Est*, pour la trilogie des romans de *L'Énergie nationale*, il lui fallait un ancrage, un enracinement, dans la glèbe et la tourbe — fût-ce au prix d'un reniement qui laisse, encore une fois, pantois ses émules de la première heure.

Moins net, moins spectaculaire peut-être, mais presque plus significative, la lente métamorphose qui affecte le maintien, la physionomie du personnage. Apparemment, il vieillit bien. Pas d'empâtement des traits. Pas d'affaissement de la silhouette. Une juvénilité d'allure qui, le jour de sa réception sous la coupole, lorsqu'on le verra surgir, bien droit, dans son nouvel habit, fera pâlir de jalousie le pauvre Gide : « De nous tous, grognera-t-il, c'est lui qui a le moins changé ; combien j'aime son mince visage, ses cheveux plats, jusqu'au son faubourien de sa voix. » Regardez bien cependant. Observez mieux. Il y avait du Vénitien chez cet homme. Ou de l'Espagnol. Il avait fini par ressembler à ces personnages du Greco dont la contemplation le subjuguait — ardents, inspirés, avec leur longue figure dépouillée, un peu maladive. Et on devinait bien, ne serait-ce qu'à travers le portrait de Jacques-Émile Blanche (ce portrait fameux qui fut exposé au Salon de 91 et où on le voit de face, très pâle, la mèche déjà légendaire, légèrement relevée sur le front, la lèvre dédaigneuse, la paupière moqueuse, un œillet à la boutonnière, une cravate blanche plastronnant sur le col cassé), on devinait bien ce savant mélange de mélancolie et de dandysme, de sensualité et d'insolence, qui faisait sa grâce et son succès. Eh bien fini, tout cela ! Fini la désinvolture ! Fini l'arrogance du poète ennemi des lois ! Adieu les œillets, les cravates blanches et l'air discrètement canaille de celui dont tout le programme tenait dans le seul mot de « liberté ». Ce qui frappe maintenant, dans la plupart des portraits ou des photos, c'est un air officiel au contraire. Presque cérémonieux. Ce sont des images d'écrivain-patriote, drapé dans les plis du drapeau tricolore. Ce sont des poses académiques, une canne dans la main gauche, un bicorne dans la droite. Ce sont mille clichés où, au terme d'une imperceptible mais décisive modification, l'insolence a fait place à la morgue, le dédain à l'amertume — et l'ironie du regard à l'autosatisfaction épaisse du libertaire qui a réussi. François Mauriac, qui a l'œil, parlera de « l'ambitieux nanti qui a refermé ses fortes mâchoires sur tout ce dont le monde dispose pour ses vainqueurs ». Ou bien, plus tard, de « la vigie solitaire à demi disparue dans l'ombre de la mort ». J'ajouterai, moi, que ce n'est plus la géographie qui obéit à la philosophie, mais la physiologie, la physiognomonie qui s'alignent sur l'une et sur l'autre. Barrès, si l'on veut, s'est fait une tête de nationaliste et un visage de paysage. Il a ajusté son œil, le dessin de son menton, sa moustache, à ce nouveau monde intérieur qui le détourne de Tolède. On connaît le mot si juste de Vailland : « à partir de quarante ans un homme est responsable de son visage » ; Barrès a juste quarante ans quand il achève la seconde trilogie et qu'il se fait cette tête de bien-pensant définitif.

Alors la question, bien sûr, c'est : pourquoi ? qu'est-ce qui s'est passé ? qu'est-ce qui a présidé à cette ahurissante métamorphose ? et d'où vient qu'un homme renonce à la position si flatteuse du directeur de conscience universellement célébré pour se contenter de celle d'un animateur de campagne en faveur des églises délabrées ? Les contemporains, on s'en doute, se perdent en conjectures. Les plus indulgents évoquent une douloureuse blessure intime, doublée d'un « désespoir métaphysique » auquel le nationalisme, avec ses convictions robustes et simples, fournit un remède. Les plus sévères — les plus attentifs ? — parlent d'une tentation plus ancienne, peut-être même originaire et dont on aurait pu, dès les premiers romans, deviner les signes avant-coureurs. Les plus lucides, les malins à qui on ne la fait pas, prétendent reconnaître la classique manœuvre du vieil acteur, redoutant de ne plus faire recette : du nouveau, surtout du nouveau, il n'y a pas d'autre moyen pour retenir l'attention du bon peuple — ne murmure-t-on pas qu'il aurait dit du jeune Mauriac venu, tout tremblant, lui faire hommage de ses *Mains jointes* : « quel ennui ! il va falloir donner à ce petit Mauriac une idée de moi conforme à son espérance ! » Et quant à Mauriac lui-même, le petit Mauriac devenu grand, pour qui le vrai Barrès reste à jamais celui de la première trilogie, il hésite dans sa *Rencontre* entre trois explications. Le *cynisme* en effet ; le froid calcul ; l'analyse, quasi stratégique, du type qui a compris que rien ne vaut un nouveau rôle pour vous rajeunir un comédien : « ce second Barrès, dit-il, m'attendrissait ainsi qu'un Dieu déguisé. » L'*ennui* ensuite, le simple et vertigineux ennui de l'homme qui ne croit à rien et surtout pas aux slogans de ce Parlement auquel il feint de s'intéresser; la politique le distrait simplement; elle l'étourdit; Mauriac dit, exactement, qu'elle « l'occupe » et le « soutient » comme « un devoir étroitement assumé » — « que fût-il devenu s'il n'y avait eu la Chambre ? » Et puis l'*œuvre* enfin, la chimie profonde de l'œuvre qui, comme pour tous les écrivains, commanderait à tout le reste; « j'ignorais, écrit-il encore — et c'est apparemment l'explication qu'il préfère —, qu'un artiste, même à son insu, obéit presque toujours aux nécessités de sa création et qu'à l'âge où il était parvenu, Barrès n'aurait pu se passer des grands thèmes que lui fournissaient les cimetières de sa Lorraine ».

La vérité, on le sent bien, c'est qu'aucune de ces thèses n'emporte vraiment la conviction. On hésite. On bafouille. On pencherait bien pour le cynisme s'il n'y avait, chez le dernier Barrès, de beaux moments d'émotion qui sont comme le souvenir du premier — au lendemain de la mort de Jaurès, par exemple, la lettre de condoléances qu'il vient lui-même apporter à Madeleine, la fille du défunt. On inclinerait vers l'hypothèse du désespoir, de la lassitude ultime, on songerait à le croire sur parole quand il soupire: « je n'aime plus le banquet de la vie, au milieu du repas j'ai perdu l'appétit » — si, au meilleur moment, alors qu'on le croit confit dans la douleur de la mort de Jean de Tinan, il ne vous lâchait un de ces ricanements gouailleurs dont il avait autrefois le secret. On dirait : l'œuvre en effet, l'impénétrable chimie de l'œuvre, etc. — mais c'est une explication qui, par définition, n'explique rien car il reste encore à savoir pourquoi, à l'âge, comme dit Mauriac, « où il est parvenu », il est devenu l'esclave de ses cimetières et de son culte des morts. Et quant aux indications qu'il donne enfin lui-même, quant aux demi-confidences qu'il disperse au fil de ses écrits, elles vont tantôt dans un sens, tantôt dans l'autre, et on s'est à peine fait à l'image du Barrès charitable et dévot dont le cœur saigne réellement pour les clochers dynamités de Cinqueux et de Mont-Chauvet qu'il faut écouter cet aveu qui semble donner raison, lui, à ceux qui flairaient le calcul et, pour tout dire, la mise en scène dans la métamorphose du jeune homme en vieux bourgeois va-t-en guerre : « ce n'est pas bien malin d'être merveilleux à vingt ans ; le difficile est de se prêter au perfectionnement de la vie et de s'enrichir d'elle à mesure qu'elle nous arrache ses premiers dons ». Bref, l'incertitude. L'obscurité. Les pistes plus que jamais brouillées, car aussi vraisemblables, aussi plausibles l'une que l'autre. En sorte qu'il n'y a qu'une façon, je crois, de conclure : c'est que l'on est en présence, ici, d'une énigme, une vraie — à peu près aussi passionnante (et, au fond, de même nature) que celle de Malraux annonçant, à la fin de la guerre, qu'il est rallié au gaullisme.

Je reviendrai sur le cas Malraux. Je reviendrai, et longuement, sur le mystère des intellectuels aux visages multiples et sur le mystère, plus épais encore, de celui de ces visages que la postérité retient. Quel est le vrai visage d'un écrivain ? Quel est celui qui reste ? Comment se fait, et pourquoi, cet arrêt sur visage où tout se résout et se fige ? Et d'où vient que, dans le cas de Malraux par exemple, ni le gaulliste, ni le ministre, ni le vieux manifestant pathétique, coincé, sur le cliché célèbre, entre Michel Debré et Maurice Schumann, n'aient effacé l'image, bien plus ancienne, du jeune aventurier au poing levé — d'où vient, oui, que le jour de sa mort encore, à l'heure où la mémoire collective a opéré son premier tri, c'est cette dernière image qui l'emporte sur les autres et que l'on voit, par enchantement, s'étaler à la une de tous les journaux et magazines ? Il y a là deux questions, au fond. Celle du passage, d'abord, d'un visage au visage suivant. Celle du choix, ensuite, qu'opère, entre les deux visages, le regard des survivants. Eh bien, ces deux questions c'est le mérite — involontaire soit, mais le mérite tout de même — de l'auteur des *Bastions de l'Est* d'être le premier à nous inviter à les poser. De même que cette troisième, d'ailleurs — dont on retrouvera les termes à propos, cette fois, de Pierre Drieu La Rochelle mais qu'il est le premier, encore, à illustrer : comment un écrivain qui s'est trahi, renié et qui, non content de se renier, a pris le parti de la scélératesse extrême, peut-il continuer de jouir, sur l'autre rive et dans l'autre camp, d'une part de son crédit ancien. C'est l'énigme, pour Drieu, de la fidélité de Nizan ou Benda avant la guerre, de

Malraux ou de D'Astier de La Vigerie dans les dernières heures et au-delà. Et c'est l'énigme, pour Barrès, d'une postérité qui va, je l'ai dit, d'un bord à l'autre du spectre des sensibilités politiques et littéraires.

Barrès-Malraux. Barrès-Drieu. L'aventurier devenu notable et le fasciste qui, malgré son fascisme, continue de bénéficier de postérités flatteuses, paradoxales et contradictoires. Comme tout cela est étrange, n'est-ce pas ? Comme ces répétitions sont troublantes ! Je ne suis pas, faut-il le préciser, un tenant de la providence en Histoire. Et rien ne m'est plus étranger que l'idée d'une invisible main qui acheminerait chacun vers un avenir tracé d'avance. Mais j'ai peine cependant, face à de telles coïncidences et à ce sentiment de déjà vu, face à cet effet-retour et à ces répétitions de destin, à écarter tout à fait l'idée non, certes, d'une nécessité, mais d'une *régularité* qui, silencieusement, scanderait toute cette histoire, en distribuerait les figures majeures — et assignerait à certains le redoutable privilège d'incarner ainsi, sous l'œil de l'éternité, quelques grands choix de l'Esprit. Imaginez une Commedia dell'arte. Imaginez, dans cette Commedia dell'arte, un répertoire fini de postures, d'attitudes, de gestes. Et imaginez qu'il revienne à certains d'essayer — le langage du théâtre dit exactement : de « répéter » ou de « créer » — des rôles qu'il appartiendra à d'autres de reprendre, réincarner et porter éventuellement à la perfection de leur bouffonnerie ou, au contraire, de leur gravité. C'est une image. C'est-à-dire une fiction. Mais c'est celle qui, aujourd'hui, à l'heure de cette station Barrès, me semble le mieux accordée à l'idée de mes « Aventures ».

6

« Jusqu'à Jaurès lui-même... »

(RÉPONSE A LA QUESTION : QU'EST-CE QUE L'ANTISÉMITISME DE GAUCHE?)

Jaurès n'est pas à proprement parler ce que j'appelle un intellectuel. Mais c'est en revanche, et ô combien! l'une des figures emblématiques de la gauche humaniste et libérale. Et je ne voudrais pas quitter le terrain de cette Affaire Dreyfus, ni de l'ahurissante poussée de fièvre antisémite dont elle aura été le théâtre en même temps que le prétexte, en donnant le sentiment qu'elle fut, cette poussée de fièvre, le propre d'une certaine France — celle des châteaux, des chasses à courre, des évêques, du journal *La Croix*, de l'Académie, bref d'une droite conservatrice qui n'aurait jamais, au grand jamais, contaminé l'autre côté. Le texte de Jaurès date de 1895. Il est tiré d'un article rédigé à la suite d'une manifestation antisémite en Algérie. Il est publié dans *La Dépêche de Toulouse*. Cité dans le *Dix-neuvième siècle à travers les âges* de Philippe Muray. Et on y lit très précisément ceci : « sous la forme un peu étroite de l'antisémitisme se propageait en Algérie un véritable esprit révolutionnaire ». Puis : « pourquoi n'y a-t-il pas en Algérie un mouvement antijuif sérieux, tant que les juifs appliqueraient, surtout au peuple arabe, leurs procédés d'extorsion et d'appropriation ? » Incroyable ? Inimaginable sous la plume du représentant, par excellence, de l'humanisme démocratique ? Oui, sans doute, inimaginable. Sauf si l'on veut bien se souvenir que les grilles de lecture se sont, en un siècle, modifiées et que le délire antisémite, cette passion étrange que l'on voudrait voir confinée aux cercles néo-fascistes, avait aussi, dans ces années, de solides ancrages ailleurs.

Il faut citer de ce point de vue — ne pas se lasser de citer — les textes fondateurs de Marx identifiant le judaïsme au capital et à l'usure. Ceux de notre socialiste national, je veux dire Auguste Blanqui, justifiant sa méfiance à l'endroit de la démocratie parlementaire et bourgeoise par le fait qu'elle servirait, selon lui, à « l'intronisation définitive des Rothschild » et à « l'avènement des juifs ». Ceux de Toussenel, socialiste lui aussi, disciple de Fourier, et auteur d'un livre-culte — oui, quarante ans après, dans les cercles progressistes parisiens, il est devenu un livre-culte — qui, sous le titre bien suggestif des *Juifs, rois de la République,* entend notamment démontrer que « le juif » possède à présent tous les privilèges qui formaient autrefois « l'apanage de la royauté » et que « son insolente fortune » n'a pu et ne pourra « se faire que de la ruine du peuple ». Et il faudrait évoquer, pour en finir avec les grands précurseurs, le cas de Proudhon qui était capable d'écrire : « la haine du juif, comme de l'Anglais, doit être un article de notre foi politique » ; ou : « travail à faire : ce que le peuple du Moyen Âge haïssait d'instinct, je le hais avec réflexion et irrévocablement » ; ou bien : « le juif est l'ennemi du genre humain ; il faut renvoyer cette race en Asie ou l'exterminer » ; ou encore : « par le fer, ou par la fusion, ou par l'expulsion, il faut que le juif disparaisse ; tolérer les vieillards qui n'engendrent plus ».

Le résultat, pour ce qui nous occupe, est en tout cas très clair. Quand Drumont, en 1886, publie sa *France juive*, le livre est salué par la gauche ; apprécié par la *Revue socialiste* ; il est discuté, contesté, dans certains cercles révolutionnaires, mais à la façon d'un texte de référence auquel on reconnaîtrait le mérite de poser les questions essentielles ; au point que lorsque l'auteur se présente comme un enfant terrible de la famille révolutionnaire, lorsqu'il affirme que sa parentèle se trouve à l'évidence du côté de la gauche socialiste et lorsqu'il rappelle que, à l'Assemblée, c'est à cette gauche encore qu'il a toujours mêlé sa voix, il ne se trouve personne pour le démentir — et cela, tout simplement, parce que c'est lui qui a raison. Quand Barrès, de son côté, et dans le cadre, notamment, de ses campagnes électorales, part en guerre contre le « parti des juifs », les « domestiques de la haute banque sémite » et les fonctionnaires qui « sortent de la synagogue », quand il s'en prend aux « tripoteurs de la Bourse, Hébreux croisés d'Allemands » et qu'il accuse les « immondes youpins » de spéculer sur la monnaie et d'acculer le pays à la ruine, il apparaît lui aussi, et à tout prendre, comme plus proche de la « gauche » que de la « réaction » ou de la « droite » — et c'est bien ainsi que, jusqu'à l'Affaire, le voient les ténors socialistes. En sorte que, quand l'Affaire éclate, quand il s'agit de venir ou non au secours d'un officier juif injustement accusé d'être un espion à la solde de l'Allemagne, c'est tout naturellement, sans avoir le moins du monde le sentiment de se renier ou de contrevenir à leurs principes, que l'essentiel des guesdistes, broussistes et autres possibilistes, soit font la sourde oreille, soit se rangent, explicitement, derrière la bannière de l'antidreyfusisme. Jaurès, certes, virera de bord. Sous l'influence, dit-on, de Herr, il fera — et ce sera splendide ! — campagne pour la révision. Mais ce serait réviser, pour le coup, l'Histoire que de ne pas observer que, ce faisant, il ira, non dans le sens, mais à rebours d'une culture qui, au moins autant que celle du parti conservateur, baignait dans l'infamie.

Car la vérité c'est — d'une manière générale et, cette fois, sur le fond — que l'antisémitisme en France n'a jamais eu de formule simple ni d'énoncés constants et qu'il en a changé, d'énoncés, à mesure que devaient changer aussi ses systèmes de légitimation. Comment être antisémite, se demande depuis des siècles le professionnel de l'antisémitisme ? Pourquoi ? Au nom de qui, de quoi ? Qu'est-ce qui va bien pouvoir justifier — et donc renforcer — cette haine si singulière ? Et où sont les discours propres à convaincre des foules qui se sentiraient tout de même plus à l'aise si on parvenait à leur donner de solides raisons de haïr ? Il y a eu une époque où il suffisait de dire : « les juifs sont haïssables parce qu'ils ont tué le Christ » — et c'était le peuple chrétien qui, comme un seul homme, la joie au cœur, reprenait ce facile refrain. Il y en a eu une autre où, la tendance se renversant, on a inversé le dispositif : « si les juifs sont condamnables c'est qu'ils ont, non plus tué, mais inventé le Christ » — c'était le discours de Voltaire, de D'Holbach, des Encyclopédistes ; c'était l'antisémitisme, anticlérical et antichrétien, de ces hommes des Lumières dont le souci était devenu de liquider les prêtres, d'éliminer les religions et d'éradiquer, par conséquent, leur souche judaïque. Il y aura une troisième période, plus tard encore, où il faudra tout à coup dire : « s'il est juste de détester ces hommes, s'il est légitime de les tuer, c'est qu'ils constituent une “race impure” et que cette impureté est un obstacle manifeste à la “régénération de l'Europe” » — c'est l'antisémitisme, à nouveau différent, et différemment argumenté, des racistes « scientifiques » et des « doctrinaires » nazis. Eh bien, à cette époque de l'Affaire, règne un autre argumentaire qui n'a de commun avec les précédents que la volonté de fonder une détestation dont on sent qu'elle ne fonctionne jamais mieux que lorsqu'elle semble inspirée par le souci de la pureté, voire de la justice ou du bien : « non, protestent les antisémites, les juifs ne sont pas haïssables par nature ; oui, nous serions prêts, le cas échéant, à les aimer ; mais ils n'ont pas leur pareil, vous le voyez bien, pour asservir les humbles et affamer les petites gens ; et c'est au nom même de l'amour dont nous gratifions ces humbles, au nom de la compassion qu'ils nous inspirent et du devoir de les défendre, que nous nous devons de combattre, d'éliminer la “banque juive” » ; un quatrième antisémitisme donc — anticapitaliste celui-là, social, voire « progressiste » ; celui auquel Jaurès est parvenu à s'arracher mais dont la gauche, j'en ai bien peur, est longtemps restée prisonnière.

Aujourd'hui ? Je ne crois pas beaucoup me tromper en avançant que tous ces systèmes de légitimation sont usés ou discrédités. Et sauf à imaginer un monde qui, pour la première fois, se serait libéré de ce fléau, sauf à rêver d'une planète ramenée à la raison et pacifiée, sauf à considérer l'antisémitisme comme une maladie infantile dont le genre humain se guérirait (hypothèse peu compatible, hélas, avec ce que nous savons des ressorts profonds d'une haine qui, par-delà les corps, par-delà même les âmes, vise la prétention de la Loi juive à régenter l'espèce, régler peut-être ses idiotismes), il est difficile de ne pas se demander si un nouveau système encore ne serait pas, sous nos yeux, quoique sans doute à notre insu, en train de s'élaborer. Que ce ne soit pas, ici, le lieu d'en débattre, c'est certain. D'autant que cela nous mènerait très au-delà des limites que l'on peut prescrire à une histoire, même subjective, des intellectuels. Je résiste mal, cependant, à la tentation d'extrapoler ce que je viens de dire de la naissance — de la persistance ? — d'un antisémitisme ancré à gauche. Et l'actualité même de cette nouvelle fin de siècle fournit trop de prétextes — d'occasions ? — à cette extrapolation pour que je m'y dérobe.

Imaginez un peuple juif ramené sur la terre de sa mémoire. Imaginez un autre peuple qui, à tort ou à raison, se jugerait lésé par ce retour. Imaginez nos socialistes, nos héritiers, fussent-ils critiques, de Marx, Blanqui ou Proudhon prenant tout naturellement parti pour ce peuple-prolétaire. Imaginez-les disant : « nous ne sommes pas antisémites ; nous n'avons rien, en soi, contre les juifs ; mais nous sommes contraints de constater qu'ils martyrisent, à nouveau, des humbles et des petits ; et c'est au nom de ces humbles, au nom de ces petits, c'est au nom de la juste lutte contre les oppresseurs et l'oppression que nous nous voyons forcés — légitimés — à les combattre ». Ce serait le dispositif, exact, de l'antisémitisme « social » de l'époque de l'Affaire Dreyfus. Ce serait le même ressort. Le même argumentaire. Ce serait la même façon de faire le mal au nom du bien et de haïr par amour. A la seule différence que le peuple palestinien aurait, dans le rôle du martyr, remplacé les petits Français écrasés, selon Drumont, par l'horrible « finance juive » ; et que le nom même d'Israël viendrait, dans le rôle du bourreau, à la place où se trouvait celui, par exemple, des Rothschild. Un antisémitisme demain ? Un antisémitisme sérieux, susceptible de mobiliser de grandes masses d'hommes ? Il sera antisioniste — ou il ne sera pas.

7

« Le pays à feu et à sang... »

(LA VOIX DE FRANÇOIS MAURIAC)

Mauriac, sur des images des années 50, évoquant l'Affaire Dreyfus.

Une voix rauque, enrouée. Une voix de prêtre au confessionnal avec des râles, des plaintes, des chuchotements complices, des froissements. Une voix souffrante. Exténuée. Une voix sans timbre, ni moire, au clavier tout appauvri. Une voix que l'on dirait prise, conquise sur la douleur et où l'on sent, pourtant, des jubilations secrètes. J'ai deux hypothèses, en fait, sur cette voix blessée. Le cancer, d'accord... Les rayons... L'ablation d'une des cordes auxquelles elle devait, jusque-là, ses intonations chantantes et belles... Mais rien de cela ne suffit, voyons ! Et on ne va quand même pas réduire à de la pure physiologie la voix la plus singulière de la littérature française !

Première hypothèse, donc. Il a, l'écrivain Mauriac, des choses très graves à dire, très scandaleuses, très provocantes. Il sait qu'il y a dans ses livres — pour ne rien dire de ses positions futures — du soufre et des poisons. Et il connaît trop bien les siens, il connaît trop les émois, effrois et réactions des bien-pensants qui le liront pour ignorer qu'ils ne pardonneront ni la noirceur du *Nœud de vipères* ni l'insolente audace, bientôt, de son soutien à l'Espagne rouge. Alors, prudent, il baisse d'un ton et tout se passe comme s'il chargeait son corps — en l'occurrence la maladie — de mettre une sourdine à une parole trop fracassante.

Deuxième hypothèse, inverse. Rien n'est plus fort qu'une voix brisée. Rien ne porte mieux qu'un timbre voilé. Si vous voulez vous faire entendre, si vous voulez être certain de suspendre à vos lèvres un auditoire inattentif, rien ne vaut ces voix mourantes qu'il faut se forcer pour recevoir. Mauriac le sait, bien entendu. Serait-il tenté de l'oublier, qu'il se le rappellerait presque aussitôt — quand, entrant à l'Académie quelques jours, ou semaines, à peine après l'opération, il voit une foule se recueillir sous la coupole du Quai Conti pour ne rien perdre des inflexions de son discours de réception. D'une tribune à l'autre, de meetings en conférences, il se servira de sa faiblesse comme d'un formidable porte-voix. Et c'est comme si le corps offrait en fait à l'âme, au lieu d'une sourdine, un écho inespéré.

Contradictoires, ces hypothèses ? Forcément contradictoires, puisque à l'image du personnage.

8

« Bernard Lazare d'abord »

Cette anecdote rapportée dans les *Antimémoires*. Bernard Lazare va voir Gide. Il va le voir, en fait, comme Blum va voir Barrès et comme tous les jeunes dreyfusards vont voir les notables dont ils sollicitent la signature.

Gide l'accueille donc. L'écoute. Il observe sans aménité particulière ce petit journaliste trop véhément qui vient lui dire en substance que ce n'est pas tout d'écrire, qu'il y a des circonstances et des moments où les romanciers de son espèce se doivent de poser la plume pour mêler un instant leur voix à celle des humbles militants. Accepte-t-il tout de suite ? Avec chaleur, enthousiasme ? Commence-t-il par hésiter au contraire ? Par peser le pour et le contre ? Commence-t-il par se demander, comme chaque fois, ce que ferait Gide à sa place ? ce que ferait le grand écrivain ? Tout ce que l'on sait — et que rapporte Malraux — c'est que, sitôt l'entretien fini, sitôt reparti le furieux qui est venu le déranger, le saouler de mots et d'arguments, il aurait eu cette réaction : « je suis épouvanté ! j'ai rencontré un homme qui met quelque chose au-dessus de la littérature ! »

Si j'aime cette anecdote, c'est qu'en quelques mots tout est dit. Tout le décor est planté. On a là, face à face, le pur écrivain d'un côté, celui qui se damnerait pour un livre, une phrase, un mot ; celui qui, en tout cas, ne mettrait rien (pas même la défense d'un innocent) au-dessus de cette littérature dont il a choisi de faire l'objet sacré par excellence — et puis, de l'autre côté, un bon écrivain certes ; amoureux des livres, sans doute ; quelqu'un qui, dans les revues d'avant-garde où il exerce son talent, a eu mille occasions de dire le prix qu'il attache, aussi, à ces affaires de langue ; mais quelqu'un qui, dans certains cas, face à une injustice par exemple, face au malheur d'un innocent emprisonné à l'île du Diable, est capable, tout à coup, de mettre ces affaires au second plan.

J'ai consacré des pages et des pages à définir l'intellectuel. J'ai dépensé une folle énergie à tenter de le distinguer, notamment, de la figure voisine de l'écrivain. Eh bien, voilà. C'est tout simple. Et même si Gide lui-même n'a pas toujours été du premier côté, même si, plus souvent qu'à son tour (et je pense, non seulement à ce manifeste dreyfusard qu'il a finalement signé, mais à son voyage au Congo, puis à son retour de l'URSS) il a fonctionné comme le recommandait le Lazare de ce jour-là, il y a ici, dans ce dialogue, le principe même du partage entre les deux figures jumelles. L'intellectuel ? On peut dire : quelqu'un qui croit aux valeurs. Ou : quelqu'un qui se veut, se prétend, l'intercesseur idéal entre ces valeurs et la Cité. Ou : quelqu'un qui s'arrête parfois d'écrire pour se vouer, pratiquement, à cette œuvre d'intercession. Il y a une manière de dire *tout cela* à la fois —, c'est celle de Gide, donc, s'émerveillant de voir quelqu'un placer « quelque chose » au-dessus de la littérature.

9

« Depuis son bureau de l'École normale... »

(LES INTERCESSEURS)

Ce qui est fascinant, je l'ai dit, dans cette histoire des intellectuels, c'est que les rôles et les fonctions y semblent fixés une fois pour toutes. Il y a – il y aura – toujours l'anarchiste rangé, façon Barrès ou Malraux. Il y a – il y aura – toujours la « grande conscience » façon Zola ou Sartre. Il y a – il y aura – toujours le Juste, seul contre tous, résistant aux forces de l'Histoire et à ses supposés diktats : c'est Camus, Julien Benda. Bref c'est comme une comédie qui aurait, en guise de Colombine, Arlequin ou Pantalon, un nombre fini de figures stables, répertoriées une fois pour toutes et distribuées avant même que ne viennent les illustrer tel ou tel destin particulier. Eh bien, dans ce répertoire, il y a un rôle qui, lui aussi, semble fixé depuis toujours, même si on n'y pense quasi jamais ou que ses titulaires sont la plupart du temps des inconnus : c'est le rôle, pourtant essentiel, de ce qu'on appellera, au choix, les passeurs, les agents de liaison, les circulateurs ou les intercesseurs.

Qu'est-ce que les intercesseurs ? Ce sont ceux de nos intellectuels qui, répondant à la définition de départ, croyant, eux aussi, aux valeurs, à l'universalité, à la médiation et estimant donc, contrairement à Claude Simon, qu'ils ont non seulement le droit, mais le devoir, de vouer leur traversée du siècle à la défense desdites valeurs, décident de faire le voyage, non pas sous leurs couleurs, mais sous le pavillon d'un autre. Conseillers. Confidents. Inspirateurs. Souffleurs en tous genres. Professeurs. Éditeurs. Il y a toute une série de manières, en fait, de jouer concrètement la partie. Mais le rôle, lui, est toujours le même. C'est toujours le même choix de l'influence contre le pouvoir. C'est toujours la même jouissance à faire passer ses colères, ses passions, son œuvre même à travers celles d'un autre. C'est toujours la même humilité feinte. Le même goût de l'ombre et de l'action secrète. C'est toujours le même silence — mais un silence actif cette fois, activiste, tout le contraire du silence des grands silencieux qui, comme Beckett ou Michaux, se taisaient, eux, parce que les affaires du monde ne leur semblaient pas mériter que l'on trouble pour elles les jeux de la littérature. Si j'en parle ici, à ce point du livre et du parcours, c'est que le rôle est à la fois très ancien (ne sont-ils pas, ces intercesseurs, les derniers héritiers des confesseurs des rois ?) et très récent (puisque le premier intellectuel du genre, le premier à avoir essayé, et donc créé, le rôle est très probablement Lucien Herr).

Qui est Lucien Herr ? Il a un nom alsacien — Herr — qui est à lui seul tout un programme : un nom du milieu en quelque sorte, intermédiaire entre la France et l'Allemagne, entre les deux espaces de l'esprit qui se partageront sa vie. Il a une position — bibliothécaire à l'École Normale supérieure de la rue d'Ulm — dont le moins que l'on puisse dire est qu'elle est, à l'époque, éminemment stratégique : de Péguy à Blum, et à Jaurès, tout le monde, ou presque, est passé par là et tous les courants d'idées s'y sont croisés et affrontés. Philosophiquement, il est à cheval, encore, entre deux mondes : celui de la vieille philosophie française, héritière de Victor Cousin, volontiers spiritualiste, et celui d'une philosophie allemande que l'université s'exerce à refouler — à la réserve de lui, Herr, qui la connaît et la promeut. Résultat : une maîtrise douce mais insistante. Des contacts. Des conversations. Infléchir la thèse de l'un. Conseiller une lecture à l'autre. « Et si vous regardiez ce texte de Spinoza ? si vous essayiez ce fragment de Hegel ? et le procès Zola ? est-ce que vous avez lu les comptes rendus du procès Zola ? Spinoza-Zola même combat... Hegel et Dreyfus avec nous... Est-ce que vous ne voyez pas que tout se tient ? que c'est la même partie qui se joue partout ? » Discrétion de Herr. Sainteté de Herr. Pas de bruit. Pas d'éclat. Ne surtout pas se mettre en avant. Ne pas donner le sentiment que l'on joue son propre nom. Il est tellement plus important de modeler discrètement les âmes des futures élites républicaines ! Il est tellement plus essentiel de prendre en main la thèse de Jaurès et de le conduire, de proche en proche, à s'engager derrière Dreyfus ! Et

Blum, auquel il ouvre les yeux sur tout un monde politique dont le dandy de la *Revue Blanche* soupçonnait à peine l'existence ! « C'est comme une opération de la cataracte », dira le futur chef socialiste après sa première rencontre avec le maître — ce qui, dans la bouche de ce grand myope, ne manque ni de sel ni d'intérêt...

D'autres exemples ? Bernard Groethuysen dont le rôle fut si essentiel pour l'itinéraire politique d'un Gide ou d'un Malraux. Voilà (je parle de Malraux) un romancier farfelu. Un aventurier. Voilà un homme pour qui la légende de la reine de Saba vaut toutes les théories du monde — et son équipée au Cambodge, toutes les aventures métaphysiques. Il a des maîtres à penser, certes. Mais c'est Lawrence et Nietzsche. Dostoïevski et Pascal. Arrive Groethuysen. Arrive cet homme de nulle part, dont on ne sait pas très bien s'il est russe, allemand ou autre chose. Survient ce cosmopolite absolu, introducteur de Kafka en France et bon connaisseur de la philosophie allemande. Il s'installe rue Sébastien-Bottin. Il est un Socrate moderne qui prétend, lui aussi, n'avoir d'autre talent que celui de la conversation. Réaction de Malraux ? « De tous les hommes que j'ai connus c'est celui qui imposait le plus certainement l'idée de génie intellectuel. C'est le seul cas que j'aie connu de génie oral. C'est peut-être l'homme que j'ai le plus admiré. » Effet *sur* Malraux ? Le communisme et le marxisme ; la révolution et la guerre d'Espagne ; le contact avec les émigrés allemands ; l'amitié avec Sperber. Jean Lacouture est formel : sans ce personnage, jovial et serein, sans cet érudit qui vous parlait avec autant de science des *Frères Karamazov* que du *Capital*, et de l'offensive sur Teruel que d'un point de traduction du *Procès*, c'est tout l'auteur de *la Condition humaine* qui devient inintelligible. A quoi ressemblait Groethuysen ? Voyez Gisors.

Un autre exemple. Bernier. Personne ne connaît Bernier. Personne, aujourd'hui, ne se souvient de cet homme qui fut l'un des personnages clés des années surréalistes. Il a bien essayé, lui, de faire un ou deux romans. Il s'est, tout de suite après la première guerre, retrouvé dans des associations d'anciens combattants dont il aurait pu prendre la tête. Il a du charme. Du charisme. Il a une silhouette d'athlète et plaît aux femmes. Il a un côté bon vivant, mêlé à une autorité naturelle, qui aurait pu faire de lui une sorte de chef de bande. Mais la postérité, comme toujours, a refait les comptes à sa manière. Ou plutôt non : c'est la comédie des lettres qui, comme toujours aussi, lui a assigné son rôle. Bernier sera l'homme des contacts entre surréalistes et communistes. Il accueillera les premiers à *Clarté*. Plaidera leur cause auprès des seconds. Il est là quand on rompt. Là, quand on se rapproche. Il parle comme personne de cette nouvelle figure qui commence d'émerger et qui est celle du « poète révolutionnaire ». Il est de tous les conciliabules. De toutes les rencontres au sommet. Il garde le lien avec Souvarine. Crée le contact avec Bataille. Il sera l'un des premiers, dans les années suivantes, à découvrir l'existence d'un surréaliste psychiatrisant, du nom de Jacques Lacan. Et peut-être prendra-t-on toute la mesure de sa position quand on saura que, plus tard encore, il sera l'un des rarissimes amis dont Drieu, dans son testament, a souhaité qu'ils fussent présents à son enterrement.

Un autre exemple encore ? Kojève bien sûr. Mieux connu, apparemment. Mieux identifié. Mais la réalité de son rôle ? Le détail des influences qu'aura, dans ses deux vies, exercées cet intercesseur hors pair : le philosophe certes — mais aussi, et ensuite, l'étrange haut fonctionnaire qu'il devient après la Seconde Guerre mondiale. Imaginez un Cagliostro philosophe. Ou un comte de Saint-Germain hégélien. Imaginez l'un de ces jésuites qui faisaient si peur à Michelet parce qu'en s'introduisant dans les familles, en enseignant les filles et en subjuguant les fils, ils prenaient, disait-il, le contrôle des esprits. J'exagère bien sûr. Je caricature à dessein. Mais c'est un peu ça Kojève. C'est un peu comme ça qu'il fonctionne, dans cette seconde période. Avec tout un côté : « je prends mes aises... je m'introduis dans la famille... je donne des petits cours aux enfants... je séduis la maîtresse de maison... je me sers du chauffeur... on finit même, avec le temps, par me verser des petites pensions... et je me fais, pour l'essentiel, l'inspirateur de l'homme de pouvoir qui m'accorde sa confiance... » La première partie de sa vie est, bien entendu, mieux connue. On a parlé cent fois — notamment depuis la biographie de Dominique Auffret — de ce fameux cours sur Hegel auquel, dans les années trente, assistent

Sartre et Merleau-Ponty, Breton et Bataille, Lacan et Levinas etc. Ce que je veux dire c'est qu'intercesseur on est, intercesseur on reste. Et que s'il y a bien une chose qui ne passe pas chez cet énigmatique personnage qui, en 45 donc, change radicalement de vie, c'est ce goût de faire œuvre en influant sur les esprits. Kojève, le prototype. Kojève, ou l'éternel intercesseur.

10

« Genevoix ou surtout Rolland »

(A PROPOS D'UNE INJUSTICE, PUIS UNE CONVERSATION AVEC ROMAIN GARY)

J'ai l'impression, en écrivant ce « surtout » — « surtout Rolland » — de me faire le complice d'une habitude qui est aussi une mauvaise action. Voilà un intellectuel en effet (Romain Rolland) qui s'est trompé, déshonoré et qui, face, en particulier, à la tragédie du soviétisme, a été l'un des plus acharnés à nier la vérité et à blanchir les assassins. En voilà un autre (Maurice Genevoix) qui ne s'est ni égaré ni compromis, qui n'a marché ni avec Staline ni, bien entendu, avec Hitler — voilà l'un des rares écrivains à n'avoir trempé dans aucune des saloperies majeures qui ont souillé le siècle. Eh bien, entre les deux, je parle « surtout » de Rolland. Ayant besoin, pour mon film, d'un écrivain qui, pendant la Première Guerre mondiale, se soit fait clairement l'écho du formidable cri d'horreur des Français contre la guerre, je choisis l'auteur (médiocre) d'*Au-dessus de la mêlée* contre celui (littérairement supérieur) de *Ceux de 14*.

Je le fais sans y penser, bien sûr. Sans avoir le sentiment de commettre une faute. Si on me demandait pourquoi je le fais, s'il fallait expliquer pourquoi je montre, dans cette séquence, des images de l'un et pas de l'autre, je dirais probablement que la construction même du spectacle exigeait des personnages dont on ait quelque chance de retrouver la trace ensuite — et que, de ce point de vue, un Rolland, c'est-à-dire un stalinien, un type qui mêla sa vie, fût-ce dans la noirceur et dans l'horreur, aux convulsions de son époque, faisait mieux mon affaire qu'un Genevoix raisonnable, modéré, démocrate et qui n'a, lui, à son actif, aucun de ces grands délires qui vous composent une biographie. Mais enfin le fait est là. L'injustice est criante. Et en faisant ce choix, j'accepte en réalité que les erreurs brillantes d'un écrivain rétroagissent sur son passé, lui donnent relief et couleur, et lui confèrent, par contrecoup, l'allure d'un destin.

C'est toujours la même affaire. Les erreurs géniales de Sartre et les assommantes raisons d'Aron. Le panache d'Aragon et la sentencieuse logique de Julien Benda. Barrès et Zola. Camus, philosophe pour classes terminales — et Céline au pinacle. La France est un drôle de pays où l'égarement fait la légende, où la proximité du mal contribue à la mythologie et où le fait de trahir un peu vous donne une pointure et une stature supplémentaires. Prime à l'infamie. Honneur au déshonneur. De l'intérêt de la forfaiture comme ticket d'entrée au Panthéon. C'est en vertu de cette loi que l'on dira toujours « Genevoix et surtout Rolland ». Et c'est en vertu de cette loi, encore, que l'on efface peu à peu le nom d'un écrivain. L'intendance littéraire suit, bien sûr — qui, dans le cas précis de Genevoix, prit la forme d'un enfermement dans le ghetto peu reluisant des « auteurs régionalistes » ; mais il y a toujours, au commencement, une certaine manière d'écrire l'Histoire.

(AVEC ROMAIN GARY)

A propos de ces questions d'histoire et de manière, ce souvenir d'une conversation, en juin 1977, avec un écrivain que j'aimais et qui s'appelait Romain Gary. C'était rue du Bac, chez lui, dans cet appartement très clair, tout en longueur, qui donnait l'impression d'être traversé par la lumière et dont la bibliothèque, avec ses armatures de bronze — sculptées, insistait-il, par Alberto Giacometti — semblait soutenir murs et plafond. On avait parlé politique, pour une fois. Et littérature. On avait parlé du reste aussi, bien sûr. C'est-à-dire de la vie, des femmes, de ses marques de cigares et de chapeaux, de sa femme, de leur fils, de la nurse, des gages de l'une (qu'il fallait augmenter), de la pension de l'autre (qui lui coûtait trop cher) — c'est fou ce que Gary aimait parler d'argent ! et c'est fou comme sa voix changeait dans ces moments, distante tout à coup, un rien vulgaire, avec des intonations enrhumées ! Mais enfin c'est de littérature, donc, qu'il entendait cette fois parler.

Il voulait montrer — me montrer — qu'il avait des idées sur la question. Des thèses. Il n'y avait pas que Malraux, que diable! Il pensait, lui aussi. Il était autre chose que cet éternel ancien consul, ancien mari de Jean Seberg, dans le rôle duquel j'avais, chaque fois que nous nous voyions, tendance à l'enfermer. Et tout le début de la conversation — assez pathétique bien sûr, quand on sait, comme aujourd'hui, dans quelle folle aventure il était alors lancé — tourna autour du mal qui lui était fait par ceux qui, comme moi, le réduisaient à cette inutile et étouffante biographie. « Tenez, prenez ce livre... C'est ça, oui, *Pour Sganarelle*... Vous voyez bien... Vous ne connaissez pas *Pour Sganarelle*... C'est ce que j'ai fait de mieux, pourtant... Mon art du roman... Mes « Noyers de l'Altenburg »... C'est autre chose, vous allez voir, que vos mecs de la critique nouvelle. » Et d'une écriture tremblée qui ne lui ressemblait pas, il traça sur la première page cette dédicace étrange, que je ne peux relire sans émotion : « à B.H.L., cette esquisse de littérature contre la puissance, pour une culture libre de tous les points de suprême arrivée — et puisque nos itinéraires se rejoignent; fraternellement ».

Combien de temps dura cette conversation? Une heure... Une demi-heure peut-être... Mais j'ai le souvenir d'un interminable dialogue de sourds entre moi qui n'avais qu'une envie : lui faire raconter, une fois encore, Los Angeles et sa mère, la RAF et les actrices, la *Promesse de l'aube* et les « Compagnons », bref cette légende un peu clinquante qui était évidemment la vraie raison de mon intérêt — et lui qui pensait m'épater, ou simplement m'intéresser, en m'expliquant l'erreur de Sartre, la bêtise de Saint-Exupéry, la différence entre nationalisme et patriotisme, la connerie du roman engagé, Lukács, Lucien Goldmann ou son propre goût du récit picaresque. Et je me souviens surtout que, tout d'un coup, sans que j'aie rien dit ni objecté (comment aurais-je objecté quoi que ce fût? ce qu'il me racontait n'était ni vrai ni faux, ni intéressant ni ennuyeux — c'était tout bonnement sans rapport avec ce que pouvait entendre quelqu'un qui, comme moi, avait appris la littérature dans *Le Degré zéro de l'écriture* ou la revue *Tel Quel*), je me souviens qu'il s'est tu; assombri; il a pris un air à la fois vaincu et boudeur; et comme s'il venait de comprendre qu'il n'y a rien à plaider, personne à persuader, que nul, et en tout cas pas moi, ne lira son *Pour Sganarelle* et que, de toute façon, Sganarelle ou pas, nous étions sans doute entrés (un autre de ses thèmes) dans une « nouvelle ère glaciaire » où personne ne lirait plus personne et où il serait désormais admis que les livres s'accumuleraient sans être même ouverts, il a tranché : « il n'y a qu'une chose qui compte, être ou ne pas être cité ; et j'appartiens, moi, à la vraie race maudite qui est celle des écrivains que l'on ne cite jamais » ; puis encore, comme je devais avoir l'air passablement interloqué : « vous croyez peut-être encore que ce qui compte c'est d'être bon ? performant ? d'avoir quelque chose à dire ou d'écrire pour ne rien dire ? quelle blague ! le seul vrai partage est entre ceux qu'on peut citer et ceux qu'on ne peut pas ; prenez mon cas... je peux dire n'importe quoi... raconter des choses extraordinaires... je pourrais en mettre plein la vue à vos trissotins de Normale Sup'... jamais, vous m'entendez, jamais, vous ne verrez quelqu'un écrire : Gary dit que... Gary pense que... selon Gary ceci... d'après Gary cela... on me pillera, ça, oui... on me dépècera... cette impression, très désagréable, qu'on vous fait les poches en permanence... mais me nommer, ça, non... pas possible... pas sérieux... il aurait l'air de quoi, le zozo qui, m'ayant dévalisé, irait dire Gary dit que... ? »

Pauvre Gary. Pauvre cabot de Gary qui aurait bien donné sa gloire, ce jour-là, ses chapeaux, ses cigares, le souvenir de Jean Seberg ou de Dolores del Rio, sa guerre, son héroïsme, ses duels au pistolet, sans parler, bien entendu, de l'insoutenable admiration que lui portaient, pour ces raisons, les jeunes gens de mon espèce, contre un hommage, que dis-je ? une mention, une note de bas de page dans une de ces études savantes, cuistres parfois, mais si modernes, qui proliféraient en ce temps-là autour de la nouvelle critique et qui l'impressionnaient au plus haut point — « vos livres structuralistes », disait-il, avec un air de faux mépris qui trahissait sa déception. Je ne sais toujours pas, en vérité, si son *Pour Sganarelle* valait réellement mieux que l'indifférence qui le salua au moment de sa sortie et qui, depuis, l'a poursuivi. Mais sur le fond, sur le mystère qui fait qu'un écrivain apparaît digne, ou non, d'être repris, commenté, débattu, pris à témoin (Gary disait : « cité »), comme il avait raison ! Il y a les auteurs que l'on utilise, auxquels on emprunte un thème, un concept, une tournure — et on le dit ; on se hâte et flatte de le dire ; car on sent bien que la citation, loin d'affaiblir la démonstration, la lestera au contraire d'une légitimité supplémentaire. Il y a ceux que l'on utilise aussi, que l'on pille parfois ou que l'on dépouille — mais on ne le dit pas ; on se garde et défend de le dire ; et quel que soit leur dû, quel que soit le poids de la dette que l'on a contractée à leur endroit, il suffirait de le reconnaître, il suffirait d'écrire, d'évoquer même le maudit nom, pour entacher tout le propos d'un soupçon de légèreté. Et puis il y a enfin — dérisoire mais suprême indice ! — ceux auxquels on ne doit rien ; auxquels rien ni personne n'oblige donc à se référer ; mais que l'on nomme tout de même ; sans raison ; gratuitement ; non, d'ailleurs : pas gratuitement, car on sent, là aussi, le profit qu'on en tirera — comme si, d'adosser à cet autre nom le propos qu'il n'a pas inspiré, enrichira le tout d'un miraculeux surcroît de crédit. Nulle injustice là-dedans. Ni honnêteté ni malhonnêteté. Une loi simplement. Une vraie loi. Et une loi qui, régissant ainsi la circulation des noms, finit par faire corps, Gary l'avait bien vu, avec le destin des écrivains.

On est loin de Genevoix-Roland ? Oui, sans doute. Mais on est tout près, en revanche, d'une forme d'occultation des œuvres dont on aura compris, je suppose, qu'elle me passionne — et me concerne — au moins autant que l'autre. Regardez autour de vous. Faites l'essai. Prenez n'importe quel nom et essayez d'écrire, simplement d'écrire, comme me le demandait Gary : « comme dit untel... comme pense untel... d'après ce qu'a établi celui-ci... selon ce que démontre celui-là... » Vous verrez la phrase prendre forme alors, englober le nom, l'épouser, s'enrouler autour de lui comme autour de son plus beau joyau. Ou bien vous la verrez se rétracter, regimber, vous verrez le fichu nom la dissoudre, la défaire, l'empêcher littéralement de s'écrire et de se former ; et il sera, ce nom, comme ces noms de personnages réels dont Stendhal disait que l'intrusion dans une fiction suffit à lui faire perdre toute sa réalité — ou comme ces virus informatiques dont on sait que l'introduction dans un programme va suffire à l'effacer. Ce qui distingue ces noms-ci de ces noms-là ? les bons des mauvais ? ce qui fait qu'on est un Pinay de la citation, une valeur sûre, valeur-refuge, un de ces noms pépères et rassurants, un de ces bons gros noms sans histoire qui, même s'ils ne disent rien, font toujours bien dans le paysage — ou bien un maudit au contraire, un mal vu, mal famé, un de ces noms à coucher dehors dont l'usage n'est pas interdit, ni scandaleux (ce serait demi-mal, qu'un scandale !) puisqu'ils sont impossibles, impraticables, et qu'ils sont, ces imprononçables noms, condamnés à ne pas s'écrire ? Toute la question est là, bien sûr. Et je ne suis hélas pas certain d'avoir, plus que Gary, les moyens de la résoudre. Mais que le problème existe, que le partage fonctionne, qu'il structure la vie intellectuelle au moins autant que nos grandes querelles et que se joue là, à la fin des fins, la décisive question de la survie des œuvres, voilà qui n'est pas douteux et que, ce jour-là, il m'a appris.

Chaque fois que je pense à cette loi, chaque fois que, autour ou loin de moi, j'en observe une manifestation, je pense à lui, Gary, avec ses cheveux trop longs, sa moustache de vieux Mongol, sa dégaine de baroudeur ou de tonton macoute. Je pense à sa tristesse. A son amertume. Je pense à ce regard si las que rien ne semblait plus distraire — ni la gloire, bien sûr, puisqu'il la jugeait, en somme, responsable du gâchis ; ni le plaisir ; ni la vie ; ni l'idée que l'œuvre était là, après tout, qu'elle valait ce qu'elle valait et que, « citation » ou pas, Dieu reconnaîtrait les siens. Dieu ? Quel Dieu ? semblait-il dire. Il n'y a pas de Dieu pour les écrivains... Pas de providence en littérature... Même pas de jugement dernier, quand on a perdu en première instance... Tout se joue là, tout de suite, dans ces jeux si cruels de la citation et du nom... Pourquoi croyez-vous que je m'en soucie ? Parce que je réclame des gages ? Des avantages ? Pourquoi pas, tant que vous y êtes, de la considération ou des honneurs ? Non... Je sais, tout simplement, que tout se décide là... Que c'est déjà, dans leurs gazettes, le grand livre des morts... Cessez de citer un nom... Effacez-le... Enregistrez-le, mine de rien, dans l'heureuse catégorie des noms fameux, gâtés par la fortune et par la gloire, mais que l'on ne va pas, en plus, prendre à partie ou à témoin... Et allez donc ! Comme c'est commode ! La gloire, oui. La fortune. Mais la machine est en marche. L'effacement est programmé. Et en beauté s'il vous plaît ! Avec fleurs et couronnes ! La vérité, souvenez-vous-en, c'est qu'il n'y a ni recours ni repêchage ; ni second acte, ni seconde session. Je suis, vous êtes, tout de suite dans l'éternité.

11

« Les maîtres qui signent avec leurs disciples »

C'est à Alain que je pense. Oui, à Émile-Auguste Chartier, dit Alain, le légendaire professeur de khâgne dont le magistère s'installe au moment, justement, de cette Affaire Dreyfus. S'il y a bien un maître, c'est celui-là. S'il y a bien, dans ces années, un éducateur, un pêcheur d'âmes, un directeur de conscience et d'idéal, ce fut cet infatigable auteur de propos, maximes et autres aphorismes. Et l'on n'en finirait pas, pour ces années et les suivantes, de dresser la liste de ceux qui, soit à travers ses cours, soit à travers ses livres, auront été marqués par lui.

Il y a, chez Alain, un éloge sans limite de l'individu et de la liberté. Une critique, sans limite non plus, du grégarisme et de l'esprit de foule. Il y a un éloge de la mesure. Une apologie de la modestie. Il y a, c'est certain, toute une série de mots et de valeurs — la sagesse, la tempérance... — qui sont l'ordinaire de son discours, voire les articles de son programme et auxquels on ne peut songer, de nos jours, sans avoir envie de sourire. Mais il y a des choses moins démodées — et plus audacieuses — comme l'idée que la ferveur, l'enthousiasme ou l'idéal sont, en politique, choses redoutables. Ou que le devoir des politiques n'est pas d'échauffer, d'encourager les passions de leurs sujets mais de contribuer, au contraire, à en refroidir l'ardeur. Ou encore que la politique elle-même est une sorte de religion avec tout son cortège de superstitions, de mystères ou d'émotions — et qu'il appartient au sage de nous désacraliser tout ça.

Bref il y a tout ce qu'il faut dans cette pensée pour me la rendre — nous la rendre — sympathique et précieuse. Et l'on a envie de dire que les *Propos* sont ce que l'on faisait de mieux, à l'époque, pour disqualifier les prestiges des idéologies totalitaires. Or, attention ! Les choses, comme d'habitude, ne sont hélas pas aussi simples ! Et la pensée alinienne peut, et a pu, aussi se lire comme une école de démission face aux dites idéologies. Lisez *Mars ou la guerre jugée*. Lisez les premières pages du *Citoyen contre les pouvoirs* qui sont, comme *Mars*, consacrées à justifier le pacifisme le plus radical. Et reprenez sa critique des pouvoirs, de *tous* les pouvoirs sans exception — en vous demandant comment, à partir de cette critique, penser la différence entre un pouvoir totalitaire et un pouvoir qui ne l'est pas.

Certains de ses disciples s'y sont essayés le moment venu, c'est-à-dire en 1940 — mais ils ne sont entrés en résistance (je pense à Canguilhem) qu'à la condition de rompre avec le maître. D'autres lui sont restés fidèles — mais c'est au prix (je pense à Claude Jamet) d'un ralliement au pétainisme. Ni les uns ni les autres ne jugent, évidemment, la pensée d'Alain. Et les éloges d'un Gracq (qui continue d'y voir un « admirable éveilleur ») me semblent, de ce fait, aussi peu définitifs que le jugement d'un Jean-Toussaint Desanti après la guerre (Alain, « professeur de lâcheté »). On me permettra seulement de mettre en garde ceux qui, à la recherche d'une nouvelle culture laïque, républicaine et démocratique, seraient tentés de la trouver, tout armée, dans la modération alinienne. Méfions-nous des pensées faibles. Ce sont souvent — et paradoxalement — les plus chargées d'ambiguïtés.

12

« Déserteurs spirituels, défaitistes de l'Europe »

(CONVERSATION AVEC PIERRE NAVILLE)

Une silhouette de jeune homme. L'œil vif. Le sourcil en bataille. La bouche moqueuse. Une veste de laine à carreaux verts qui lui donne un air de faux Fred Astaire. Un ton gouailleur. Un reste de véhémence, par moments, qui lui vient sans doute de son passé militant. Une façon désabusée, mais sympathique, d'annoncer la couleur : « ouais, je connais ce genre d'interview... on vous fait causer deux heures... et on garde une minute à l'arrivée... » Des rayonnages partout. Des papiers. Des livres dédicacés de Trotski. Des photos des années vingt. Le tout dans un appartement étonnamment cossu et qui ne ressemble guère au « militant ouvrier » pur et dur dont j'avais l'image. L'homme qui est en face de moi est l'ultime témoin — avec Michel Leiris que je n'ai, ce jour-là, pas encore rencontré — de l'aventure surréaliste. C'est le dernier vivant à avoir connu Breton en 23, Trotski en 27, Aragon avant le communisme et Artaud avant *le Pèse-Nerfs*. Émotion.

— *Le surréalisme donc. Votre engagement dans le mouvement surréaliste. Vous rencontrez Breton à quel moment?*

— J'ai rencontré Breton en 1924, ou plutôt à la fin de 1923. J'ai été amené chez lui par Aragon, que j'avais lui-même rencontré dans une réunion d'un journal que publiait à cette époque... un directeur de théâtre dont je ne me rappelle plus le nom. J'avais rencontré Aragon et il m'avait dit : « oh, je vous emmènerai chez Breton ». J'avais déjà lu beaucoup de ce qu'il avait publié. Et donc il m'a emmené chez lui. C'est comme ça que je l'ai connu. On est devenus très vite proches. Même s'il m'arrivait d'avoir sur tels événements ou sur telle littérature des réactions qui ne lui plaisaient pas toujours.

— *Par exemple?*

— Oh, je faisais des plaisanteries par exemple, qui ne lui paraissaient pas très convenables. Parce que Breton était un mélange de sérieux et d'ironie assez rare, n'est-ce pas ? Tout d'un coup il éclatait de rire. Il donnait un commentaire comique sur quelque chose. Et puis tout de suite après il prenait une attitude beaucoup plus sévère. Alors parfois ça créait des difficultés ! Quand, par exemple, il décidait que telle parole qu'on venait de prononcer avait un caractère absolument fondamental, définitif. Bref, il n'aimait pas les plaisanteries superficielles, voilà. Et il n'était pas le seul à réagir comme ça dans le mouvement surréaliste.

— *Est-ce qu'on pouvait être l'ami de Breton ? On a l'impression d'un personnage si grave, si pontifiant !*

— Absolument, on le pouvait. Et moi je pense que je l'ai été, et je pense que, malgré nos divergences, nous le sommes restés. D'ailleurs je l'ai rencontré deux ou trois semaines avant sa mort, dans un café où j'apportais des photos de Benjamin Péret pour l'édition qu'on préparait. Breton était là, avec sa femme. Il a été, je crois, très content de me voir. Il m'a dit : « vous savez, Naville, nos différends, c'était des questions purement passionnelles, ça n'avait absolument rien d'intellectuel ou de moral, voilà ». Autre exemple : quand il est rentré des États-Unis, après la guerre, eh bien il est venu chez moi et nous avons parlé de ce qui se passait, de ce qui pourrait se passer, de manière tout à fait amicale. Autre exemple encore : quand Péret est mort, sur la tombe de Péret il m'a dit : « vous voyez, il faudra s'occuper de lui maintenant, parce qu'il ne s'occupait jamais de lui-même ». Et c'est ainsi qu'on a fondé un comité qui s'est d'ailleurs occupé de l'édition de ses œuvres. Breton avait convoqué la réunion de ce comité dans un café de la place Saint-Sulpice. Il y avait là vingt à vingt-cinq amis. Et Breton a dit : « il faut voter pour la création d'un comité, puis désigner quatre ou cinq personnes, pour contrôler l'édition des œuvres de Péret ». Alors, il a mis en avant quelques noms et puis, à la fin, le mien. Qui est pour Naville, a-t-il demandé ? Il y en avait quelques-uns. Qui est contre ? Il y en avait beaucoup ! Eh bien il a éclaté de rire et il m'a dit : « je vois que ça ne change pas ! »

— *Donc vous êtes resté l'ami de Breton. Ce n'est pas le cas avec Aragon.*

— Oui, mais on ne peut pas appeler ça une fâcherie. Tout simplement nous nous sommes séparés. Nous avons cessé d'avoir des rapports. Je pense que la dernière fois que j'ai dû lui parler est antérieure à mon voyage à Moscou. Et pourtant figurez-vous que c'est Aragon qui m'avait fait faire la connaissance de Boris Souvarine. J'étais moi-même entré au Parti communiste, mais je n'avais pas eu de rapports avec Souvarine qui, lui, avait été exclu. Je connaissais plutôt Alfred Rosmer, Monate, les syndicalistes, etc. Et, un jour, je vois Aragon qui me dit : « je vais chez Boris Souvarine, vous ne voulez pas venir avec moi ? » Je lui dis : « oui, pourquoi pas ? » Et j'ai fait la connaissance de Souvarine, avec qui j'ai eu des relations assez étroites pendant un certain temps. Qu'est-ce qui intéressait Aragon chez Souvarine ? Je n'en sais rien. Il avait toujours une curiosité envers tout le monde, envers tous les gens.

— *Vous vous souvenez de cette première rencontre avec Boris Souvarine ?*

— Oui, parfaitement. Parce que je dois dire que pendant cette période, jusque vers 1929, l'année de l'expulsion d'URSS de Trotski, Souvarine m'a fait connaître beaucoup de choses concernant l'Union soviétique. Lui y avait été plusieurs années, n'est-ce pas ? Il connaissait le russe. Il connaissait des Soviétiques du Sommet. Et il m'a ouvert les yeux sur beaucoup de choses. Quand je suis allé en 1927 à Moscou, j'avais dans ma poche les épreuves d'un numéro du *Bulletin communiste* qu'il publiait et qu'il m'avait demandé de donner à des camarades oppositionnels à Moscou. C'est plus tard que nous n'avons plus été d'accord sur le genre de politique à mener. Souvarine pensait qu'il n'y avait rien à faire ; que ce qui se passerait en URSS, on ne pouvait pas tabler dessus, et surtout pas dans le sens que voulait Trotski. Moi, au contraire, j'étais acquis à l'idée que, de toute façon, quoi qu'il arrive en URSS et ailleurs, il fallait prendre position dans le sens que Trotski indiquait et à la façon dont il l'énonçait. Et puis ensuite je ne l'ai plus rencontré ni vu. Son évolution ne m'a pas beaucoup plu. J'y ai vu un retrait général de ses idées d'origine. Car il ne faut pas oublier qu'en janvier 1924 il écrit un article sur la mort de Lénine qui se termine par cette phrase : « avoir travaillé pour Lénine sera l'honneur de notre vie ».

— *Quand vous rencontrez Souvarine il a cette image-là? c'est l'homme qui a connu Lénine? l'homme du Komintern? l'homme qui a vécu, travaillé à Moscou?*

— C'était l'homme qui avait fréquenté les sommets de l'Internationale communiste. Pas tellement d'ailleurs les Soviétiques qui s'occupaient des affaires intérieures de l'Union soviétique. Mais les gens de l'Internationale. Quoique Trotski m'ait dit une fois, plus tard : « oh! il était tout petit, on le voyait à peine à la réunion du Comité et il ne disait pas grand-chose ».

— *Vous permettez qu'on revienne une seconde sur ce que vous disiez de Breton? quand Breton vous dit : au fond, ce qui nous a séparés c'est toujours des histoires passionnelles...*

— Oui...

— *Vous le pensez, vous, aujourd'hui?*

— Je le pense un peu de sa part. Pas tout à fait de la mienne. Lui était capable, en effet, par un mouvement passionnel soudain, de la jalousie par exemple, de se mettre en mouvement. J'essayais, moi, de fonctionner de façon plus rationnelle. Par exemple, il n'aimait pas la musique. Bon, la musique ne l'intéressait pas, il l'a dit, il l'a écrit plusieurs fois. Moi, au contraire, je l'aimais énormément. Entre parenthèses, Aragon aussi. Il était le seul qui pouvait arriver au café avec, sous le bras, une partition musicale. Bon, alors c'était un désaccord, un désaccord de type esthétique si vous voulez.

— *Quand vous entrez au Parti communiste, vous avez l'impression de rompre avec votre passé surréaliste? C'est une conversion?*

— Pas du tout. J'avais l'impression, d'abord, de faire quelque chose qui était inscrit dans les perspectives ouvertes par le mouvement surréaliste — vous connaissez toutes les déclarations où on avançait que le marxisme était le courant dans lequel il fallait s'intégrer, etc. Et puis, en même temps, je me disais : ça ne m'empêche pas d'aimer les œuvres surréalistes! je peux, en étant membre du Parti, en suivant les disciplines qui sont celles d'une organisation politique, continuer d'aimer les œuvres surréalistes.

— *Au fond, vous êtes le premier à franchir le pas.*

— Je suis peut-être le premier au point de vue de la date exacte. Mais il y a eu, à peu près au même moment, Péret, Breton, Aragon qui ont fait une adhésion symbolique, et puis qui se sont vite retirés, sauf Aragon qui, lui, est resté. Moi je ne suis pas entré au Parti communiste en tant que surréaliste bien entendu, mais en tant que militant à 100 %. J'ai changé ma vie, ma manière de vivre entièrement. Même si ça ne m'a jamais empêché, je vous le répète, de continuer à aimer par exemple les poèmes d'Éluard, ou de Péret. Encore maintenant, je peux vous dire que pour moi le moment maximum de jouissance, il faut que j'aille le retrouver chez Lautréamont et chez les vrais « phares » du mouvement surréaliste. Cela, pour moi, n'a jamais été en contradiction avec des convictions politiques rigoureuses et marquées.

— *Ce n'était pas l'opinion de tout le monde!*

— C'est, en effet, l'une des raisons pour lesquelles j'ai eu des disputes avec Breton d'une part et au sein des mouvements trotskistes d'autre part. J'ai eu des adversaires qui disaient à Trotski : « Naville c'est un homme qui dirigeait *la Révolution surréaliste*; quel rapport cela a-t-il avec nos idées! » Une ou deux fois Trotski m'a demandé ce que j'en pensais. Nous étions dans la barque où il pêchait, et on avait des petits bouts de conversation comme ça. Alors, tout d'un coup, il me dit : « alors, le mouvement surréaliste, qu'est-ce que c'est que ça ? » Très gentiment, comme il savait faire. Je lui dis : « écoutez, vous n'allez pas me faire reparler de ça parce que ce n'est pas la peine, je n'ai pas envie maintenant ». Alors il me dit : « mais les tableaux quand même; expliquez-moi un peu les tableaux! » Parce que je pense qu'il avait feuilleté *la Révolution surréaliste* et il avait vu des tableaux, des peintures, etc. Alors je lui ai répondu à nouveau : « écoutez, nous n'allons pas non plus parler de peinture, ça vaudra mieux... ça vaudra mieux ». Et en effet, nous n'en avons plus parlé. Mais il ne m'a jamais fait de reproches, lui, sur tout ça.

— *J'aimerais que nous disions un mot de votre brouille avec Breton.*

— Bon, je vais vous raconter ça. Il y a d'abord eu des discussions d'ordre un peu général sur la nécessité d'adhérer au

Parti communiste et d'y militer. Puis est arrivé un moment où, avec Marcel Fourrier, à la revue *Clarté*, nous avons publié des articles des principaux surréalistes. Je voulais montrer que mon activité de militant au Parti communiste n'impliquait aucune hostilité aux manifestations surréalistes. Et j'ai publié, comme ça, des articles d'Éluard, d'Aragon, deux articles d'Aragon, très remarquables d'ailleurs, qui s'appelaient « Le prix de l'esprit ». Et puis de Leiris, de Desnos, de Péret, etc. Et ça, ça a irrité Breton. Il s'est dit : « Naville va nous piquer des gens pour les amener dans son mouvement communiste ; il faut quand même examiner ça d'un peu près ». Et alors, un jour qu'il y avait une de ces réunions dans la villa où habitait Péret, et où on parlait un peu en désordre et au hasard, voilà Breton qui dit : « mais ce que vous faites dans *Clarté*, moi je comprends pas; qu'est-ce que c'est que cet article de Victor Serge sur Brest-Litovsk ? C'est inadmissible ça ! » Je lui dis : « c'est un article que m'a envoyé Victor Serge lui-même, et qui dit la vérité sur cet épisode de la Révolution russe et sur la fin de la guerre; c'est très important, et moi je trouve qu'il fallait le publier ». C'est « scandaleux, rétorque Breton, impossible » ! Et aux amis présents : « je pense que vous comprenez ce que je veux dire ? » Alors moi j'explose : « écoutez, je comprends très bien ce que vous dites et je vous emmerde et je fous le camp ! ! » Et je suis sorti de la salle, et nous ne nous sommes plus vus pendant dix ans. Voilà exactement ce qui s'est passé. A tel point que lui espérait que je n'allais pas me tirer de cette affaire. Mais je m'en tirais très bien.

— *Vous ne vous êtes plus revus ?*

— Si. Un jour, nous faisions une petite réunion publique, dans un café, de notre organisation politique, et je vois entrer dans la salle, parmi les auditeurs, Breton accompagné d'un gars, d'un copain, je ne me rappelle plus lequel. Il s'assied presque devant moi au premier rang. Il y avait un camarade qui avait parlé. Moi je fais mon topo. Et à la fin nous proposons une résolution ; je demande qui est pour ? Presque tous ceux qui sont là lèvent la main. Et qui est contre ? Une main se lève, un doigt : Breton. Sans un mot. Voilà. Bon. Et il est parti. Voilà de petits épisodes du genre comique, n'est-ce pas, mais qui vous indiquent aussi ce que pouvaient être parfois les relations avec

Breton. Pourquoi était-il venu me voir dans cette réunion ? Il pensait peut-être que j'allais être troublé ? Il se trompait beaucoup, évidemment.

— *On a l'impression, en vous écoutant, de rapports en effet très passionnels. Mais aussi de rapports de pouvoir. Avec Breton les problèmes commençaient quand on essayait de lui prendre le pouvoir ?*

— Il donnait toujours à l'idée de pouvoir une nuance, justement, de type assez passionnel. Ce n'était pas le pouvoir en tant que pouvoir puisqu'il n'y avait pas d'organisation ; c'était la domination culturelle ou esthétique, c'était ça qu'il souhaitait avoir. Il avait l'obsession de la trahison. Il surveillait tout le monde de près. Il ne voulait pas que quelqu'un puisse partir en disant : « j'en ai marre de Breton, tout ça est idiot, le surréalisme ne vaut rien, etc. » C'est comme ça que je vois les choses. Ce n'est pas une simple question de pouvoir. Ça ne veut rien dire pouvoir parce qu'il n'y avait, dans le mouvement surréaliste, aucune organisation, il n'y avait pas de règlement, il n'y avait rien de pareil.

— *Regardez les rapports avec Bataille, dont le moins qu'on puisse dire est qu'ils étaient conflictuels. Est-ce qu'il n'y avait pas là un problème de pouvoir ? Est-ce que Breton ne redoutait pas l'influence de Bataille, y compris sur ses anciens amis ? Quand Bataille prend l'initiative du deuxième « Cadavre », le « Cadavre » contre Breton, Breton sent que quelque chose va lui échapper...*

— Son idée c'était que les idées de Bataille étaient fluctuantes, donc dangereuses, qu'il n'avait pas de vraie conviction. C'est ça qui le heurtait. Parce que lui, Breton, changeait de convictions, et même quelquefois radicalement. Mais c'était toujours des convictions qui avaient un caractère de passion. Il estimait que s'il prenait une position à un moment donné, il fallait aller jusqu'au bout, n'est-ce pas. Alors que Bataille n'était pas du tout comme ça. Il avait une idée mais en pensant : « je pourrai bien en avoir une autre dans trois mois ou dans six mois ». Alors ça, ça déplaisait à Breton. Il s'était dit : « une certaine entente, momentanée, avec le groupe Bataille, eh bien on verra où ça nous mènera, mais s'il veut faire quelque chose de négatif pour les idées surréalistes, je ne marcherai pas ». Voilà ce que se disait Breton.

— *Je change de sujet. Il y a une chose, moi, qui m'a toujours semblée bizarre c'est la présence de Drieu La Rochelle dans les premières réunions surréalistes. Au moment de l'histoire d'Anatole France... Au procès Barrès... etc.*

— Mais qu'est-ce que vous voulez ? Le Drieu du début — je me rappelle moi-même avoir lu ses deux premiers petits recueils de poèmes sur la guerre de 14-18 — pouvait avoir l'air proche de nous. Voilà un jeune, sorti de la guerre, qui y a participé de très près et qui est contre. Elle le dégoûte. Les poèmes ne sont pas du tout des poèmes à la gloire de ce qui s'est passé ; contrairement, par exemple, à ce qui était arrivé à Apollinaire (ce qui est, soit dit en passant, un des paradoxes de ce milieu d'avant-garde de l'époque, n'est-ce pas ?). Alors moi j'avais lu ces deux premiers recueils de Drieu qui étaient parus à la NRF, et ça m'avait beaucoup plu. Bon. Et puis avec son ami... dont j'oublie le nom... ils ont fait un bulletin ensemble...

— *Berl ?*

— Berl, voilà... Berl lui disait : « il faut parler avec ces gars-là, avec Breton, avec Aragon, avec les plus jeunes, avec Desnos, etc., il faut parler ». Alors il venait quelquefois au café. Pas souvent ! Pas souvent ! Mais toujours avec un esprit, je ne dirais pas critique, parce qu'il ne critiquait pas, mais irrésolu. Il ne savait que faire. Il avait envie d'écrire, évidemment. Moi je n'ai pas beaucoup aimé ses romans. Dans une brochure parue en 27, je l'avais... mettons... enfin je l'avais un peu insulté, parlons franc ; et un jour je le rencontre dans la rue, en oubliant ce que j'avais écrit contre lui. Et alors tout d'un coup il s'arrête et me dit : « mais dites donc vous m'avez traîné dans la boue ! » Alors j'ai répondu : « oh ben, qu'est-ce que vous voulez, c'est la polémique ».

— *Et Breton ? Comment Breton le considérait-il ? Il avait de l'estime pour lui ?*

— Je ne sais pas. Je ne crois pas. Il regardait ça d'un peu loin. Il fallait à Breton des amis et des relations personnelles très spéciales, très particulières. Ce ne serait pas facile de dire quels étaient les critères à partir desquels il se liait avec un nouveau. Alors quelquefois il avait des déceptions, Drieu a été une déception.

— *Est-ce que l'on peut dire un mot, pour finir, d'Artaud?*

— Écoutez, Antonin Artaud était un homme qui avait poussé l'inquiétude corporelle à un degré inconnu jusque-là, et a essayé de traduire cette incertitude totale dans l'écriture, dans une façon de parler, de s'exprimer et d'écrire. Au début, quand je l'ai connu, c'est-à-dire quand il est arrivé de Marseille, sa manière violente et brutale de rejeter tous les courants à la mode m'avait beaucoup plu. Il est venu assister à des réunions que nous faisions, des réunions surréalistes, et il tapait du poing sur la table en disant : « c'est ce qu'il nous faut! voilà! bravo! on va casser un peu la tête à tous ces gens! » Et c'est en effet ce qu'il a commencé à faire. Alors Breton a été un peu épouvanté. On a publié les fameuses lettres qu'on envoyait aux grandes autorités de la civilisation actuelle. Ça ne plaisait pas à tout le monde! Ah non! Ça ne plaisait pas à tout le monde parmi les surréalistes! Et même Breton, ça a commencé à l'effrayer un peu. Moi, au contraire, je pensais qu'il y avait là une forme de refus qu'il fallait maintenir, et à fond. Mais alors il s'est mis à écrire contre certains des points de vue « dogmatiques » du surréalisme, et la querelle est devenue inévitable. J'ai fini par cesser de le voir bien sûr. Et puis je l'ai rencontré une fois, après la guerre, à la boutique Adrienne Monnier. Et c'est là que je me suis aperçu qu'il n'était pas du tout si malade ni si fou qu'on le prétendait. Il discutait avec deux personnes sur des questions d'édition de façon très technique. Il avait d'ailleurs toujours été comme ça. Ce n'était pas un rédacteur amateur. Ah! non! Il corrigeait ses textes... De très près... Y compris ceux qui sont écrits dans un langage apparemment fou... Je pensais que Artaud était un des rares surréalistes qui avait accepté de pousser à l'extrême la situation physique et mentale dans laquelle il se trouvait. A l'extrême. Et il ne voulait jamais revenir en arrière.

— *Un dernier mot. Comment est-ce qu'on peut être proche de Breton, Artaud, etc. Et, en même temps, au même moment, rester proche de Gide? Car c'est votre cas, n'est-ce pas?*

— Gide, c'est autre chose. Ça n'a rien à voir. Je l'ai connu tout jeune parce que mon père le connaissait bien et avait été à l'École Alsacienne avec lui. Alors, plus tard, ils ont gardé des relations qui se sont répercutées dans la famille. Mon père collectionnait les publications de Gide. Il était en correspondance avec lui. Il le rencontrait de temps en temps, et nous en parlait. J'ai souvenir — j'avais quatorze ans — de mon père nous lisant à haute voix un texte de Gide, mais en y mettant tant d'adhésion que je me disais : « est-ce que c'est mon père qui écrit des choses comme ça ? » Tout ça pour dire que ma jeunesse, littéralement, a commencé par des relations avec la littérature de Gide et ce qu'il y avait autour. Mon père lui envoyait des lettres que je lui écrivais au sujet des romans de Gide. Il venait voir aussi, quelquefois, des peintures que je faisais. Alors, par la suite, au moment du mouvement surréaliste, j'ai eu besoin d'une sorte de rupture avec lui, et j'ai publié dans la petite revue *L'Œuf dur*, en 1923, un article contre lui. Mais poli. Pas d'insultes grossières. D'ailleurs Gide adorait qu'on le critique. Et surtout les gens qu'il aimait bien.

— *Les rapports avec Breton ?*

— Je ne l'ai jamais entendu dire du mal de Gide. Jamais. Quant à Gide, c'est quand même lui qui a encouragé Gallimard à publier les recueils d'Éluard, les livres de Breton, etc. Gide avait un côté comme ça : « il faut donner leur chance à ces jeunes ». Je me rappelle très bien ça parce que moi je connaissais très bien la maison Gallimard, et j'étais étonné qu'ils aient pris un des premiers recueils d'articles de Breton. Eh bien c'est lui, Gide, qui avait poussé à la roue. C'est lui qui avait introduit Breton auprès des gens de la NRF.

13

« On a oublié la virulence de ces textes »

(LES COUPEURS DE TÊTES)

Typique de cette volonté de pureté, de cette haine de la pensée, de ce juvénisme, bref, de ce totalitarisme dont il semble que nous sortions, un certain *ton* littéraire que je ne sais s'il faut qualifier de sauvage, terroriste, khmer rouge avant la lettre ou coupeur de têtes, mais qui a été, en tout cas, la note quasi dominante chez ces intellectuels du XXe siècle.

On pense à Nizan par exemple. Le jeune Nizan. Celui qui, à vingt ans, quand il décide de partir en guerre contre la France des petits bourgeois, des culs de bouteille et des chiens méchants, est capable d'écrire : « il ne faut pas craindre de haïr, il ne faut pas craindre d'être fanatique » ; ou bien : « il est question d'une destruction et non d'une simple victoire qui laissera debout l'ennemi ; c'est une guerre inexpiable, nous ne sommes plus au temps des guerres féodales, avec leurs trêves de Dieu » ; ou bien : « il faudrait refuser un verre d'eau à leurs mourants » et « si vous trouvez que vos parents, que vos femmes sont du parti ennemi, vous les abandonnerez ».

On pense à Sartre. Le Sartre de la maturité. Celui qui, à cinquante ans passés, dans sa préface à Nizan justement, retrouve les accents de son ami disparu pour dépeindre « la gauche » de son époque comme « un grand cadavre à la renverse où les vers se sont mis » et lancer, au sujet de ce « cadavre », le puéril : « elle pue, cette charogne ». Celui ensuite, presque plus déchaîné, de la rencontre avec Fanon : tuer un Blanc, dit-il, liquider un Européen c'est « faire d'une pierre deux coups » puisqu'on élimine dans le même mouvement « un oppresseur et un opprimé » et que ce qui reste, après le meurtre, c'est « un homme mort et un homme libre ». Le directeur, plus tard encore, de deux ou trois journaux soixante-huitards auxquels revient l'honneur d'avoir inventé les manchettes les plus ouvertement barbares de l'histoire de la presse française : « un patron ça se séquestre... un député ça se lynche... vive la guerre populaire... vive l'extermination des bourgeois... » Et puis l'auteur enfin — vraiment l'auteur, pas le préfacier ou la caution — d'un texte approuvant le fameux attentat palestinien contre les athlètes israéliens de Munich. Ce texte, peu connu, se trouve dans *La Cause du peuple* du 15 octobre 1972. Il est écrit dans une langue dont la véhémence laisse à nouveau pantois. Et quant à son contenu, il est, je le répète, un soutien sans faille au principe même de la tuerie : « la seule arme dont disposent les Palestiniens est le terrorisme ; c'est une arme terrible, mais les opprimés pauvres n'en ont pas d'autres ; et les Français qui ont approuvé le terrorisme FLN quand il s'exerçait contre les Français ne sauraient qu'approuver, à son tour, l'action terroriste des Palestiniens ».

On pense à Aragon. Le premier Aragon. Le coauteur du *Cadavre*, ce pamphlet collectif, d'une violence inimaginable, que les surréalistes rédigent en 1924 au moment de la mort d'Anatole France. « Avez-vous déjà giflé un mort ? demande le jeune homme à la cape noire et aux airs d'éternel conspirateur. Je tiens tout admirateur d'Anatole France pour un être dégradé. Certains jours, j'ai rêvé d'une gomme à effacer l'immondice humaine. » Puis, quelques semaines plus tard, franchissant un degré de plus sur l'échelle de la fureur : « politiciens » ! vous devez savoir que les « révolutionnaires... vous demanderont compte de toute votre vie, ils descendront armés dans vos consciences et c'est au grand jour, dans la clarté de la terreur » qu'ils seront conduits à vous juger ! Puis encore, le 18 avril 1925, à l'adresse des étudiants de Madrid, cette apostrophe dont le moins qu'on puisse dire est qu'elle ne respire non plus ni la sérénité ni la mesure : « nous ruinerons cette civilisation qui vous est chère, où vous êtes moulés comme des fossiles dans le schiste ; monde occidental, tu es condamné à mort ; nous sommes les défaitistes de l'Europe ; voyez comme cette terre est sèche et bonne pour tous les incendies ; riez bien, nous sommes ceux-là qui donneront toujours la main à l'ennemi ».

On pense aux surréalistes en général. Les premiers et les

derniers. Les grands et les petits. On pense à leurs insultes. Leurs excommunications. Leurs libelles. On pense à ces procès qu'ils passent leur vie à instruire et qui, logique terroriste oblige, visent toujours en priorité les proches, les voisins. Lisez le procès du « Grand jeu ». La condamnation de Vailland. Lisez, dans le seul « Second Manifeste », l'avalanche d'insultes destinées à confondre Delteil (« ignoble »), Gérard (« imbécile »), Masson (« mégalomane »), Soupault (« infâme », familier des « journaux de chantage »), Vitrac (« souillon des idées »), Picabia (« poubelle »), Artaud (goût du « lucre »). Lisez, sur Artaud encore, l'évocation par Thirion de l'expédition punitive menée par ses anciens camarades contre l'une de ses conférences. A propos du même Thirion, ne pas oublier, prononcée à la même époque, l'imprécation — ma foi assez belle : « qu'ils se traînent de fumier en fumier, le cadavre qui s'appelle Artaud et la limace qui a nom Vitrac ». Et puis lisez enfin, sommet du genre, le second *Cadavre* — pamphlet, collectif encore, qui reprend le titre ancien pour exécuter cette fois Breton : Baron le traite de « larve pourrie » ; Desnos de « fantôme » destiné à « pourrir éternellement parmi les puanteurs du paradis » ; Prévert de « jobard » ou de « minable » auquel ne peuvent s'attacher que « quelques femmes en couches en mal de monstres » ; et quant à Bataille, qui est un peu l'initiateur de l'entreprise (et qui, soit dit en passant, retrouvera Breton cinq ans plus tard pour, comme si de rien n'était, comme si rien de tout cela n'avait la moindre importance, fonder avec lui le groupe antifasciste « Contre attaque »), il nous décrit son ennemi comme une « vieille vessie religieuse » doublée « d'une gidouille molle et d'un animal à grande tignasse et tête à crachats » qui appartient, conclut-il, à une innommable espèce qui n'est plus, en vérité, tout à fait l'espèce humaine.

On pourrait poursuivre. Multiplier exemples et citations. On pourrait passer en revue la plupart des courants qui ont compté et qui ont illustré le siècle. Contrairement à ce qu'on pourrait croire, ce ne sont ni les plus insignifiants ni les plus marginaux qui sont en cause. Ces écrivains frénétiques, ces hommes en principe de plume qui s'expriment comme des barbares, ne sont ni les plus mauvais ni les plus amers d'entre nos aînés. Ce ne sont en tout cas pas des gens qui, comme le voudrait l'anti-intellectualisme ambiant, auraient je ne sais quels comptes à régler soit avec le talent, soit avec l'ordre d'un monde qui leur refuserait la gloire et le succès. Et force est d'admettre, en d'autres termes, que c'est jusque chez les plus grands (Breton), les favorisés de la gloire et de la fortune (Sartre... Aragon...) qu'a opéré le charme de ce ton terroriste et guerrier ; à croire qu'il y ait eu là (dans cette façon de hausser la voix, d'annihiler son adversaire, dans cette façon de le tuer si l'on n'est pas en accord avec lui et dans cette manière, au fond, de singer les méthodes et le style qu'inventaient au même moment les militants totalitaires) une sorte de lieu commun, de point de passage obligé auquel n'auraient échappé, outre bien sûr les éternels « classiques », qu'une poignée de « silencieux » que leur éloignement de la scène publique aurait dispensés, ipso facto, d'en adopter les rituels.

Alors, face à cela, plusieurs réactions possibles ou — c'est mon cas — simultanées. D'abord, pourquoi ne pas le dire ? un certain effroi : ces textes sont si durs ! on sent le désir de tuer si présent ! si tentant ! on sent qu'il en faudrait si peu pour que la « gomme à effacer l'immondice humaine » prenne la forme, bien concrète, qu'elle prend au même moment sous les régimes de dictature ! Ensuite une irrésistible envie de rire, ou de sourire : tout ça est si peu concret, justement ! si désespérément littéraire ! on sent si bien que c'est faute, précisément, d'avoir le moindre pouvoir d'« effacer » quoi que ce soit qu'Aragon rêve de sa « gomme » ! et il flotte autour de ces délires un tel climat d'enfantillage ! Mais troisièmement (et c'est ce qui domine) une sorte d'incrédulité, j'allais dire d'inintelligibilité : le sentiment que ces textes ont beau être proches ; que leurs auteurs ont beau être nos presque contemporains ; que nous avons beau, nous-mêmes (je parle en tout cas pour moi), ne pas être certains que, surréalistes en 1928, revenant d'Aden en 24, lecteurs de Fanon en 60, nous n'aurions pas écrit, pensé comme Aragon, Nizan ou Sartre ; — le sentiment donc qu'il y a quelque chose dans ces textes qui, malgré leur proximité, les éloigne irrésistiblement de nous.

Les historiens des sciences, quand ils essaient de dater les grandes révolutions scientifiques — c'est-à-dire, pour parler clair, le moment où l'on passe d'un état de la science à un état suivant et qui ne lui ressemble plus — disent qu'ils n'en ont pas de signe plus certain que celui-ci : le fait que la langue même des savants, les mots dont ils se servaient et qui étaient entre eux comme un code et un mode de reconnaissance, apparaissent tout à coup non seulement vieillis ou insuffisants (ce qui indiquerait, tout au plus, que la discipline a progressé) mais incompréhensibles (à la façon d'une langue morte qui n'aurait plus, avec la langue en usage, qu'un très lointain rapport de cousinage). Eh bien voilà. C'est cela qui nous arrive. C'est à une révolution de cette nature que les intellectuels sont confrontés. Et s'il fallait une preuve de ce changement d'époque dont je disais en commençant qu'il semble s'être opéré, s'il fallait un indice de ce que nous sommes vraiment, irrévocablement, sortis de l'ère totalitaire, je le verrais dans ce fait que la langue de Breton insultant Bataille, de Bataille invectivant Breton ou de tous les deux vitupérant la plupart de leurs contemporains est devenue, soudain, une langue presque étrangère.

D'aucuns, pour s'assurer que le passage est bien irrévocable, guetteront — et ils auront raison — la cote des communistes à l'Est ; celle des études marxistes à l'Ouest ; ils veilleront au bon état de nos réflexes démocratiques ; ils auront l'œil fixé sur la ligne Gorbatchev ; ils surveilleront Havel, Walesa, d'autres. Ils me permettront d'ajouter que nous avons, nous, les intellectuels, nos écrans de contrôle personnels et que le jour où il apparaîtra de nouveau naturel d'entendre un écrivain traiter un autre écrivain de « poubelle », de « larve », de « fantôme destiné à puer éternellement parmi les puanteurs du paradis », le jour où ce genre d'insultes redeviendront dicibles et audibles, alors ce sera signe que la contre-révolution est en route.

14

« L'ancien régime de l'esprit »

(POUR EN FINIR AVEC LE SURRÉALISME)

Les surréalistes.

Encore les surréalistes.

Car, dans ce genre « coupeurs de têtes », ils furent tout de même, reconnaissons-le, les maîtres et les modèles.

Non pas que Nizan, bien sûr, ait été surréaliste. Ni Sartre. Ni les kyrielles d'écrivains, staliniens ou cryptostaliniens, qui n'eurent, hélas, besoin de personne pour créer leur propre terreur. Mais enfin, ce sont eux les premiers. Eux qui inaugurent le genre. Eux qui donnent ses lettres de noblesse littéraire à cette façon d'animaliser, annihiler verbalement l'adversaire. Et j'ai envie, du coup, de me demander pourquoi.

Je passe sur les raisons les plus claires. Celles que l'on donne toujours et qui sont dans les histoires du surréalisme. Je passe sur le côté : « la guerre... les tranchées... une génération sortie de la guerre, et des tranchées, pleine d'une haine immense contre l'univers entier... ». Et j'en viens à l'explication qui me paraît, moi, essentielle et qui touche à la relation qu'ils inventent entre la littérature et la politique.

Entendons-nous. Les surréalistes n'inventent évidemment pas la littérature politique. Il y a eu, avant eux, Lamartine et la révolution de 48. Hugo et « Napoléon le Petit ». Il y a, tout près d'eux, cette machine à mobiliser les écrivains que fut l'Affaire Dreyfus. Et ce n'est d'ailleurs pas un hasard si la première chose qu'ils font, dès la naissance du mouvement, est d'attaquer Anatole France *(Le Cadavre)* puis Maurice Barrès (la fameuse parodie de procès à la salle des Sociétés savantes) — c'est-à-dire, en résumé, les deux représentants les plus célèbres du type d'intellectuel que l'Affaire a engendré. Ce qu'ils inventent, eux, c'est autre chose. Un autre type. Un autre modèle. Dont l'originalité tient à quatre traits.

1. Les romantiques, comme les intellectuels issus de l'Affaire, étaient déjà des écrivains avant que la politique ne les saisisse. Ils avaient une œuvre. Une réputation. Une gloire parfois. Et c'est tout cela qu'ils mettaient au service de la cause qu'ils embrassaient. Alors que les surréalistes, eux, et ils ne perdent pas une occasion de le rappeler, sont devenus écrivains sous l'effet d'un double choc où nul ne saurait dire ce qui aura été le plus décisif : le choc, d'abord, de quelques livres, d'une certaine idée de l'esprit et de la culture (c'est l'effet Dada, si l'on veut ; ou Lautréamont ; ou Rimbaud ; c'est la découverte de l'inconscient, de l'écriture automatique ou de la signification des rêves) ; et puis le choc, d'autre part, rigoureusement contemporain et pesant, je le répète, aussi lourd dans la décision de se mettre à écrire, d'une certaine idée de la politique et du rôle que l'on doit y tenir (c'est l'effet russe cette fois ; ou soviétique ; c'est, pour ceux que l'Octobre rouge laisse encore un peu sceptiques, l'idée qu'il est l'heure, hors la Russie, de faire la révolution ; c'est l'impératif, en un mot, de changer l'homme ou le monde à travers l'écriture de la poésie).

2. Est-ce à dire que les surréalistes sont des poètes engagés ? militants ? que la littérature a pour mission, à leurs yeux, de coller à la politique ? de véhiculer ses thèses ? ses messages ? Est-ce à dire qu'ils sont les ancêtres de ce « réalisme socialiste » qui arrive dix ans plus tard ? Grands dieux non ! Surtout non ! Car, seconde originalité : ces deux idées (de la culture... de la politique...) sont non seulement distinctes mais indépendantes ; indépendantes, mais hétérogènes ; l'héritage de Lautréamont, si l'on préfère, est vécu comme discordant de celui de Lénine ; et les surréalistes ne sont pas le moins du monde embarrassés de voir qu'il y a là deux tonalités quasi dissonantes ; ils ne sont en aucune façon gênés qu'aient l'air de s'opposer la sophistication de leur poésie, sa réputation de nihilisme, d'élitisme, de décadence — et puis le côté martial du communisme, son côté

bâtisseur et militant. Pas de réduction, donc. Pas de simplification. La grande idée de ces jeunes gens : il y a deux histoires, deux patrimoines dont ils sont chacuns les héritiers et qui doivent garder, chacun, leur rythme et leur cours — sans qu'on essaie de les rapporter, de les apparenter l'un à l'autre. Quand Breton et Aragon, en janvier 1921, songent pour la première fois à sauter le pas et à entrer dans le Parti, ils se rendent ensemble rue de Bretagne, au siège de la Fédération de Paris. Ils sont reçus par un gros homme, journaliste de son état, qui s'appelle Georges Pioch (et qu'ils inviteront, soit dit en passant, à témoigner trois mois plus tard dans le cadre du procès Barrès). Or ils hésitent, ce jour-là. Ils reculent. Ils finissent par renoncer. Et cela parce que le sieur Pioch leur a dit en substance : « la littérature c'est bien joli, mais il arrive un moment où il faut descendre dans la foule, se serrer les coudes et suer ensemble ». Réaction d'Aragon : « nous avons regardé ce gros homme, et nous n'avons pas eu envie de suer avec lui ». Manière de dire : nous étions prêts à tout — sauf à sacrifier l'autonomie, l'indépendance de la littérature ; sauf à accepter qu'une des deux histoires soit mise à la remorque de l'autre.

3. Est-ce à dire alors que ces deux histoires n'ont rien à voir ? vraiment rien ? Les surréalistes sont-ils des êtres doubles ? schizophrènes ? Ces deux tentations qui les accaparent sont-elles, non seulement discordantes, mais divergentes ? Et ne retrouve-t-on pas, tout simplement, là, le bon vieux schéma de l'intellectuel qui, d'un côté, dans son coin, écrit tranquillement ses livres — et qui, de l'autre, quand il le faut, lève un instant le nez pour faire un tour en politique ? Non, bien sûr ! Toujours non ! Car ils tiennent à leur idée, en même temps, d'un lien entre les deux. Ils tiennent à rappeler que s'ils sont devenus écrivains c'est aussi à cause d'Octobre, de la Révolution, etc. Et ils vont même plus loin puisqu'ils soutiennent que leurs livres justement, ces morceaux de littérature pure qui n'ont aucune espèce de rapport avec un souci politique explicite et auxquels un Georges Pioch ne comprendra du reste jamais rien, travaillent eux aussi, à leur façon, à l'avènement d'une société heureuse. Alors ? Alors il y a un lien, oui. Mais un lien secret. Invisible. Une espèce de lien postulé, et comme préétabli, qui accorderait in fine, et sans que l'on ait à s'en soucier, la révolution

surréaliste à la révolution tout court. On connaît le fameux passage du « Second Manifeste » où Breton, sur le ton mi-raisonneur mi-inspiré qui était généralement le sien lorsqu'il s'agissait de fixer les articles de doctrine, clame : « tout porte à croire qu'il existe un certain point de l'esprit d'où la vie et la mort, le réel et l'imaginaire, le passé et le futur, le communicable et l'incommunicable, le haut et le bas, cessent d'être perçus contradictoirement ». Eh bien je dirai (Breton lui-même pourrait dire !) : tout porte à croire qu'il existe un certain point, soit du monde, soit de l'esprit, d'où Aragon et Pioch, le surréalisme et la révolution, l'écriture la plus raffinée, la plus gratuitement sophistiquée et la nécessité de lutter en faveur des révoltés marocains ou des ouvriers français cesseraient, si on savait le repérer et, l'ayant repéré, s'y placer, d'être perçus contradictoirement.

4. Bon. Parfait. L'idée est naïve sans doute. Un peu magique. Elle est à peu près aussi plausible que l'hypothèse leibnizienne des monades bien séparées, sans contact les unes avec les autres et communiquant cependant à travers le « certain point » — comparable, si l'on veut, à une sorte de satellite — d'un entendement divin qui les surplomberait toutes. Mais on ne voit toujours pas, objectera-t-on, ce qui rend le système pervers et qui peut faire de ses tenants les coupeurs de têtes dont j'ai parlé. Eh bien justement. J'y arrive. Tout irait très bien, en effet, si le système marchait. Tout irait pour le mieux dans le meilleur des mondes surréalistes si l'on faisait réellement confiance au satellite, et au satellite seulement, pour accorder, in fine, la révolution selon Marx (et Pioch) à celle selon Rimbaud (et Aragon). Or, pas du tout. Est-ce manque de confiance en soi ? Nécessité de donner des gages ? Est-ce un lapsus de l'époque ? de la langue ? L'air du temps qui s'exprime, se faufile entre les mots ? Toujours est-il qu'il y a un point, hélas, où les deux mondes se touchent et se contaminent — et où la ligne Pioch, malgré toutes les précautions prises, rattrape la ligne Aragon-Breton. Ce point c'est le style. Ou le ton. C'est cette part du style — ou du ton — surréaliste qui permet de parler de « hyène », de « larve pourrie », de « gomme à effacer l'immondice humaine », etc. — toutes expressions dont je ne nie bien entendu pas qu'elles appartiennent en propre à la langue de

Breton et de ses amis, mais dont il n'est pas niable, non plus, qu'elles sont contemporaines d'un temps où, ailleurs (dans le monde, lui, bien réel, des révolutions totalitaires), on commençait de mettre au point de vraies machines à effacer l'humaine et concrète immondice. Trahison. Contagion. Le politique rejoint le littéraire. Le saisit in extremis. Tout se passant, au fond, comme si la langue surréaliste transcrivait là une autre langue : celle qu'inventent, sur le tas, les *vrais* coupeurs de têtes.

Cette théorie d'une révolution qui marcherait d'un pas égal sur les routes parallèles de la politique et de la culture, cette conviction que les écrivains, quand ils sont pleinement écrivains, sont automatiquement branchés sur la poudrière centrale et puis ce lapsus, à l'arrivée, qui fait qu'on ne peut s'empêcher de singer les grimaces les plus caricaturales de « l'homme nouveau » totalitaire, tout cela donc, ce système de principes et d'aveux, ce dispositif de croyances et cet aveuglement final, c'est très précisément ce qui, au-delà même du surréalisme, caractérise et définit ce qu'on appelle les avant-gardes. L'avant-garde... Quel mot, là aussi ! Quel aveu ! Comme si la pensée était une guerre ! Les écrivains des combattants ! Comme si les meilleurs d'entre eux étaient aux avant-postes d'on ne sait quelle croisade ! Et dire que nous avons marché... Que nous y avons cru... Et dire que nous avons tous accepté, sans l'ombre d'une restriction, ce que le mot même pouvait avoir de terroriste... Je ne suis pas, loin s'en faut, un fanatique du retour aux classiques. Et je serai le dernier à brader, dans le domaine du roman par exemple, tout ce dont les années cinquante et soixante ont su enrichir nos regards. N'empêche. Il y a dans ce mot même, et dans tout ce qu'il signifie, un parfum qui n'est plus supportable et qui est celui-là même que dégageaient — et que dégagent encore — les professions de foi surréalistes. En avons-nous fini avec les avant-gardes ? Leur discrédit, récent, sera-t-il autre chose qu'une éclipse, un effacement sans lendemain ? On peut compter sur l'esprit totalitaire, si d'aventure il revenait, pour emprunter ce canal — ô combien séduisant lui aussi, inoffensif et banal ! Et je compte bien, moi, du coup, indexer aussi là-dessus la réalité d'un déclin que tout indique mais qui pourrait n'être pas, redisons-le, absolument irréversible. Tâche des années à venir : aider à l'émergence d'un esprit moderne (car là-dessus, en revanche, il ne saurait être question de céder) qui ne devrait plus rien aux thèmes, à la phraséologie, aux impensés de l'avant-gardisme.

(POUR EN FINIR AVEC LE SURRÉALISME, SUITE)

Le surréalisme encore.

Le surréalisme toujours.

Car j'ai l'air de dire, au fond, que le terrorisme lui vient du dehors, presque par accident, du fait d'une défaillance imprévue de ses dispositifs d'harmonisation automatique.

Or les choses sont, hélas, plus complexes.

Le mal, plus profond.

Et j'en veux pour preuve ces fameux procès qu'instruisent nos coupeurs de têtes ; et, parmi ces procès, ceux qui, parce qu'ils sont le fait de Breton lui-même, sont les plus révélateurs, forcément, de l'esprit guerrier du mouvement.

Car qu'est-ce donc que ces procès ? Qui condamne qui ? Pourquoi ? Au nom de quoi ? Quand on regarde les choses dans le détail on voit que les chefs d'accusation se regroupent en quatre espèces.

1. Les fautes dogmatiques. Ce sont celles qui, à tout prendre, s'entendent le moins mal. Breton croit à l'inconscient par exemple. Ou à l'écriture automatique. Il croit que le roman est un genre littéraire mineur et que le patriotisme, sous toutes ses formes, est une infamie. Concevable dans ce cas — je dis bien concevable, ce qui ne signifie évidemment pas excusable ou justifiable — que l'on sanctionne, ou menace de sanctionner, ceux qui, dans le cours même de leur travail, révoquent ces dogmes en doute. C'est le cas de Soupault exclu en 1926 pour

— la formule est admirable! — « incompatibilité de buts » ; et ç'aurait pu être celui d'Aragon s'il avait persévéré dans l'écriture, par principe interdite, d'une « Défense de l'Infini » qui frôlait le genre romanesque.

2. Les délits de lecture. Déjà plus bizarre. Pour ne pas dire plus inquiétant. Breton allant jusqu'à établir un index — il dit un index! comme les inquisiteurs du Moyen Âge! — recensant la longue liste des livres défendus. Pêle-mêle, et parmi les cinquante-neuf auteurs cités : Montaigne et Molière; Madame de Staël et Lamartine; Bergson, Claudel et Paul Valéry; François Mauriac, Kipling et Malraux; Balzac et Maurras. Sans parler des bêtes noires — Cocteau au premier chef. Qu'un surréaliste soit trouvé en possession d'un livre d'un de ces auteurs, qu'il soit soupçonné d'entretenir avec l'un d'entre eux quelque commerce que ce soit et il sera, sans sommation, jeté hors de la famille.

3. Les crimes de profession. Je veux dire : le crime qui consiste, en dehors des heures de service surréaliste, à exercer une profession incompatible avec la doctrine. Compatible : vendre des tableaux. Incompatible : travailler pour un journal. Compatible : publier un livre qui vous rapporte un peu d'argent. Incompatible : le faire chez un éditeur qui ne présenterait pas toutes les garanties de moralité requises. Compatible : avoir, comme Leiris ou Tual, une fortune personnelle. Incompatible : frayer, comme Vitrac ou Artaud, avec les métiers et les milieux du théâtre. Ce qui fonde ce partage ? Une certaine idée du surréalisme, de son esthétique, de son éthique. On ne badine pas avec l'esthétique, l'éthique surréalistes.

4. Les erreurs de style. Ou, si l'on préfère, de vie. Ce qu'on fait. Qui on voit. A quoi on occupe son temps et, si on en a, ses loisirs. Pour Breton, pas de problème. Il est au café. Au vu, au su de tous. Il rédige ses procès-verbaux. Peine sur ses lettres d'insulte. Il n'a pas une seconde à lui, Breton, avec cette fichue Centrale (car on disait, oui, « la Centrale ») qu'il faut bien faire fonctionner. Mais les autres ? A quoi va-t-on les surprendre, les autres? A quelles activités honteuses? En voici un, Pierre Naville, qui aime la musique : exécution! Un autre, Jean

Bernier, qui aime le sport : exécution ! Un troisième, Bataille, qui vient une fois, une seule fois, au Cyrano — mais dont on devine, rien qu'à sa façon de se tenir, les mœurs et les fréquentations douteuses : exécution ! Et quant à Crevel, enfin, surréaliste, communiste, mais aussi homosexuel, comment ne comprend-il pas qu'il y a des crimes sexuels que la Centrale ne peut tolérer ? Il le comprend d'ailleurs... Il finit par le comprendre... Et il ne laisse à personne le soin de l'exécuter.

Le surréalisme, en d'autres termes, est un mode d'être. Un mode de vie. On est surréaliste à vie. Toute la vie. A chaque geste, chaque moment de la vie, correspond, tonne Breton, l'attitude surréaliste adéquate. Quand les surréalistes clament : « nous ne sommes pas des littérateurs », quand ils reprennent, après Vaché, que « l'art est une sottise » ou, après Breton, qu'ils n'ont « pas de talent », quand ils ressassent que « le surréalisme n'est pas une forme poétique » ou que l'un des leurs est coupable de poursuivre « la stupide aventure littéraire », ils veulent dire que surréaliste est une qualité totale, une identité globale — sûrement pas une autre « école », une autre « chapelle » culturelles. Il y a des femmes surréalistes. Des amours surréalistes. Il y a une manière de s'habiller, se coiffer, s'exprimer qui sont surréalistes. Il n'y a pas une parcelle de notre être qui, de fait, échappe au « grand jour » surréaliste.

Les optimistes concluront : une ambition folle, sans mesure, qui surclasse en effet, dans le genre, tout ce que la littérature a pu produire ; et j'avoue qu'il était difficile, pour les adolescents de ma génération, de ne pas céder au prestige de cette bouleversante ambition. Lycée Louis-le-Grand, 1966. L'entrée en hypokhâgne. Je me revois, avec Olivier Cohen, boulevard Saint-Michel, sur le chemin du métro, évoquant à perte de vue Breton, Éluard, Nusch, Gala, Péret ou même Nadja qui, réels ou imaginaires, étaient, bien plus que Marx ou Lénine, nos contemporains selon l'esprit. Ce que nous leur trouvions ? Ce qui nous bouleversait en eux ? Leur exigence justement. L'intensité de leur existence. Le fait qu'ils se soient, comme nous disions, brûlés au feu de leur œuvre. Leur folie. Leur maladie. Leur mort parfois. Leurs suicides. Les risques qu'ils avaient pris — si loin, oh oui ! si loin de cette aventure sans histoire qu'était la littérature après eux. Et puis aussi (plus prosaïque — mais, pour les fous de livres que nous étions, ce n'était pas moins capital !), le fait que ces fervents nous aient légué, outre leur savoir-vivre, un véritable savoir-lire aux règles impeccables. Des livres interdits en effet. Mais d'autres, réhabilités. D'autres encore réinterprétés, quasi réinventés par le regard que Breton nous invitait à poser sur eux. Et comme un grand vent, donc, qui soufflait sur les bibliothèques et leur redonnait tout à coup un ordre insoupçonné. Notre hypokhâgne, de fait, était divisée en deux. D'un côté les potaches qui lisaient scolairement, c'est-à-dire n'importe comment : ils admiraient, les pauvres, Mauriac ou Valéry — et que Swift ou Arthur Cravan puissent être des auteurs élégants, l'information n'était, à l'évidence, pas arrivée jusqu'à eux. De l'autre les beaux esprits, les vrais, ceux qui lisaient surréalistement, c'est-à-dire en suivant au plus près les choix, les partis pris, les grilles de lecture de Breton : quels airs entendus pour célébrer Petrus Borel ! que de demi-mots pour dire que trois pages de Rigaut valaient l'œuvre de Drieu la Rochelle ! quel haussement d'épaules méprisant quand on nous parlait de Cocteau ! quelle assurance pour soutenir que Baudelaire ne valait que par sa traduction de De Quincey ou que les *Poésies* de Lautréamont étaient à placer plus haut que les *Chants de Maldoror* ! J'ai aimé en Breton cette façon de rendre à nos gestes littéraires ce caractère d'acte essentiel, presque sacré.

Un pessimiste, à l'inverse, verra dans cette exigence, cette intensité, etc. l'un des aspects — et pas le moindre — d'une volonté de pureté dont je montrerai plus loin qu'elle aura été le cœur même de la tentation totalitaire. Jamais, conviendra-t-il, la littérature n'avait eu pareille visée. Jamais, au grand jamais, elle n'avait placé si haut la barre de son ambition. Mais jamais, ajoutera-t-il — et ce sera, à ses yeux, l'inacceptable revers de la séduisante médaille — elle n'avait prétendu aller si bas dans le cœur des littérateurs ainsi que, si possible, dans celui de leurs lecteurs. Quelle différence de forme, par exemple, entre l'inquisition bretonnienne et celle des « vrais » inquisiteurs ? Entre le rituel des procès du Cyrano et celui d'autres procès dont la rumeur, hélas, ne va plus tarder à arriver ? Quelle différence, sinon de degré, entre cette façon de fliquer Artaud, Soupault,

Vitrac, etc. et les techniques plus élaborées des grands États policiers modernes ? Cette manière de totaliser les âmes, de les contraindre à être tout entières d'accord avec elles-mêmes, pourquoi l'accepter ici alors que, chez d'authentiques despotes, nous la trouverions intolérable ? Et quant au rêve de changer le monde, quant au projet de changer l'homme et, en attendant de surveiller sa vie, sa sexualité, ses fréquentations, le couvert de la littérature suffit-il à les rendre acceptables quand c'est très précisément ce que nous dénonçons chez les Khmers rouges et chez Pol Pot ?

On aura compris que, sans endosser toutes les préventions du pessimiste (et sans oublier, notamment, que rien n'autorise à confondre une terreur littéraire, donc symbolique, et une terreur, elle, bien réelle qui prend effet dans le monde — sans oublier, non plus, que lorsque arriveront les procès de Moscou, Breton sera de ceux qui, presque seuls, prendront le contre-pied des « compagnons de route » et refuseront de couvrir le crime), on aura compris que c'est plutôt de ce côté, tout de même, que je tends à me ranger. Non que je renie, d'ailleurs, mes enthousiasmes de jeunesse. Ni que je sois devenu insensible, quand le hasard d'une bibliothèque me les remet entre les mains, au charme de *Nadja* ou à celui, plus capiteux encore, de ce poème dont je ne sais plus le titre mais dont ce seul vers, « ma femme aux épaules de champagne », a le don, quand je le prononce ou quand, comme ici, je l'écris, de ranimer en moi un peu de l'émotion qui m'enfiévrait quand, à l'époque, accompagné ou non de celle que je tenais alors pour *la* femme surréaliste exemplaire, j'en disais à tue-tête, en les détachant bien, les syllabes magiques. Mais enfin, entre cette époque justement et celle d'aujourd'hui, il y a plus que les vingt ans qui ont passé. Il y a plus, et plus énorme, que les émois d'une jeunesse qui tarderait à se dissiper. Et ce qu'il y a de plus énorme c'est la grande masse noire de cet âge totalitaire dont j'ai suffisamment dit qu'il se clôt sous nos yeux mais qui, comme tous les règnes qui s'achèvent, est en train de nous délivrer en vrac la plupart de ses secrets et, en nous les délivrant, de produire une lumière vive, presque crue, qui illumine elle-même, en contre-jour, les scènes du passé. Que les surréalistes soient des totalitaires de charme les rend-il plus excusables ? Qu'ils soient *à l'évidence* plus séduisants (notamment, ce qui n'est pas rien, d'un point de vue strictement littéraire) que la plupart des « écrivains bourgeois » qu'ils entendaient, comme Aragon, « juger dans la clarté de la terreur » incline-t-il à l'indulgence ? La réponse est non. Elle *doit* être non. Il faudrait même, en bonne logique, soutenir que d'avoir tenu le rôle le plus gratifiant devrait presque les rendre plus condamnables encore. Et je vois mal en tout cas comment un intellectuel démocrate, en cette fin du XXe siècle, pourrait conclure autrement qu'en disant : vive Breton, vive la femme aux épaules de champagne, vive le sublime « paysan de Paris » et vive la non moins sublime « Nadja » ; mais à bas la doctrine, le système surréalistes — ce cauchemar des lettres, cette police de la pensée.

(POUR EN FINIR AVEC LE SURRÉALISME, ENCORE)

C'est il y a cinq ou six ans. Je rentre d'un voyage en Asie. J'ai visité Taipeh, Hong Kong, Séoul, Tokyo. A Pékin, j'ai guetté les vestiges, plus rares que ceux de l'empire mandchou, de cette aventure maoïste qui a tant marqué ma génération. Et comme j'en rapporte un livre, voilà qu'on me propose de « faire un *Grand Échiquier* ».

Le *Grand Échiquier* est une émission de télévision — plutôt ce qui se fait de mieux à l'époque — qui invite en général des chanteurs, musiciens, vedettes du cinéma ou du spectacle. Le principe étant d'en distinguer un. Si possible gros calibre. Avec la garantie d'un C.L.I. (coefficient de légende intégrée) proportionnel à l'audience. Et puis, autour de lui, autour de Rostropovitch par exemple, ou de Nono, ou d'Abado, toute une myriade de gens supposés complimenter la star, la louanger et fortement gratifier — quand leurs seuls talent et présence ne suffisent pas à l'honorer. Un sommet incontesté de la société du spectacle chère à Debord. Et tout à fait le genre d'émission dont je sais, par avance, qu'elle me sera reprochée par l'inestimable famille des « amis qui me veulent du bien ».

Alors, y aller ou ne pas y aller ? Je réfléchis un peu. J'hésite. Mais je finis quand même, tout compte fait, par accepter. Et si j'accepte ce n'est pas, comme on pourrait croire, en vertu d'un narcissisme dévorant. Ni par goût de ce spectacle dont le producteur du programme, Jacques Chancel, est un des maîtres incontestés. Encore moins parce que j'aurais été flatté de succéder à ces Nono et autres Abado dont j'avoue à ma grande honte — et ce ne sera pas, du reste, le moindre problème de l'émission — que, dans mon panthéon personnel, ils arrivent loin derrière des foules et des foules d'écrivains qui, aux yeux de la plupart, seraient catalogués mineurs. Non. Ce qui me convainc c'est le principe, vraiment, de l'émission. Et c'est l'idée d'avoir carte blanche pour rassembler en un même lieu, et pendant deux grandes heures, les hommes et les femmes de mon choix — représentant, eux-mêmes, toutes les facettes de mon goût, de ma vision du monde ou de mon style.

Eh bien, ce jour-là, le jour où j'accepte ce principe et où je commence — avec quel plaisir ! quelle jubilation ! — à composer mon plateau, je considère aujourd'hui que je tombe dans le panneau totalitaire, ou totalisant, dont je parlais à l'instant au sujet des surréalistes. Pourquoi ? Parce qu'il y a là des musiciens (c'est *la* contrainte de l'émission) ; mais aussi des peintres, des écrivains, des décorateurs, des acteurs, des sculpteurs (je me rappelle même avoir fait défiler, en direct, des mannequins du couturier japonais Yamamoto qui était censé incarner la variante « mode » de ma vision du monde) ; et parce que, entre tous ces gens, entre toutes ces séquences que j'aurais pu laisser s'enchaîner, comme c'était, d'habitude, la règle, selon le libre jeu de l'inspiration ou du caprice, j'éprouve le besoin de postuler une implacable cohérence que personne ne m'a demandée mais dont je prends soin, à tout propos, de rappeler l'existence.

Mon idée est celle, en fait, d'une « sensibilité » qui, quel que soit son objet, conserve les mêmes règles. C'est celle d'une « intelligence » qui ne change ni de forme ni de lois quand elle passe de Joyce à Yamamoto, de Martinez à Victor Segalen. C'est, plus fou encore, l'idée qu'un choix éthique ou politique (car il y a sur le plateau, et j'y ai beaucoup tenu, Harlem Désir et quelques-uns de ses « potes » de SOS Racisme) est dicté par les mêmes principes que les choix esthétiques les plus apparemment frivoles. Bref j'arrive sur ce plateau non pas, comme les précédents invités, pour offrir un spectacle (fût-il celui de mon arrogance, de mes supposés mérites ou de mes amis) mais pour administrer une preuve : celle de cette harmonie profonde (encore que secrète, impossible à expliciter) entre tous les choix, sans exception, qu'un intellectuel comme moi peut être amené à prononcer.

J'appelle ça une Weltanschauung. Ou, pour faire moins pédant, une « longueur d'onde ». Je dis qu'un bon intellectuel est quelqu'un qui ne change pas de « fréquence » quand il passe de la mode à la philosophie, de la littérature au journalisme. Je clame que mon rêve — dont la présente émission n'est qu'une première approximation — serait d'évoquer de la même « voix » les sujets les plus graves et les plus légers, les plus tragiques et les plus abstraits. Et ma grande référence est celle de ce passage de *La Prisonnière* où Proust dit, de Vinteuil, qu'il « atteignait sa propre essence à des profondeurs où, quelque question que l'on pose, c'est du même accent, le sien propre, qu'il répond » ; et où, au même Vinteuil, il attribue le mérite d'entonner « quel que soit le sujet qu'il traite ce chant singulier dont la monotonie — car quel que soit le sujet qu'il traite, il reste identique à lui-même — prouve la fixité des éléments composants de son âme ».

Sur le fond cependant, et quelle que soit la sophistication de mes références, le fantasme est bien celui de mes chers surréalistes et de leur intelligence « totale » avançant d'un même pas dans tous les champs, si divers soient-ils, du savoir, de la politique et du goût. Je ne les cite pas, à ce moment-là. Peut-être que je n'y songe pas. Mais c'est bien leur exemple que j'ai, consciemment ou non, en tête quand je décris le regard littéraire comme le pinceau d'un phare balayant, avec une précision égale, toutes les zones du savoir et de la vie. Jusqu'à cette énorme bêtise que je m'entends encore proférer et qui m'apparaît aujourd'hui comme la manifestation type de ce surréalisme du pauvre : de même que mes goûts artistiques, décoratifs, etc. sont fatalement homogènes (de cette homogénéité obscure encore une fois, indéchiffrable, indémontrable) à mes options et choix politiques, de même un électeur de Le Pen ne peut pas, selon moi, se meubler en Stark ou se fournir chez Yamamoto. J'ai réellement dit cela ! Et il ne s'est trouvé personne, ni sur le plateau, ni le lendemain dans la presse, pour protester !

Si on me proposait la même émission aujourd'hui, je crois que je la ferais toujours. Mais en évitant les âneries de ce genre et en me débarrassant une fois pour toutes de cette idée d'une « longueur d'onde » unique sur laquelle, non seulement les écrivains, mais les gens en général émettraient les moindres actes ou gestes de leur vie. Je retournerais, oui, sur ce plateau du *Grand Échiquier* mais en osant avouer, cette fois, la disparité de mes goûts ; en osant convenir qu'un écrivain n'est pas toujours, dans tous les domaines, aussi absolument moderne. J'oserais dire que je n'écoute jamais de musique. Que je n'aime pas les chansonnettes. Que ma passion pour les films policiers ou les westerns ne « va » en effet pas très bien avec mon goût pour Kafka, Broch, Proust ou Malraux. Qu'en peinture même, j'ai des amours diverses ; parfois incompatibles ; que j'apprécie à la fois Giotto et Mondrian, Piero della Francesca et Matisse. Ou bien encore qu'il n'y a pas, inscrite Dieu sait où, une harmonie profonde et ultime entre mes choix antiracistes et le style de ma vie quotidienne.

Je dirais mes ambiguïtés. Au lieu de prendre l'air malin du type qui sous-entend qu'il y a un « certain point » — le certain point de Breton, toujours ! — d'où mon goût de la bonne littérature et mon attachement, persistant, à une certaine catégorie de mauvais polars cesseraient d'apparaître contradictoires, j'assumerais. J'avouerais. Je proclamerais mon droit — votre droit — à avoir des idées hétérogènes. Mieux : je proclamerais mon droit — votre droit — à n'avoir pas les idées de ma vie ni la vie de mes idées. Bref, j'irais contre ce préjugé qui a tellement empoisonné la vie des intellectuels « progressistes » et qui leur venait, en fait, de la terreur surréaliste : le préjugé selon lequel il faudrait vivre conformément à ce que l'on pense, dit ou écrit.

Vive la non-conformité, je dirais. Vive l'étrangeté à soi ! Tout faire pour échapper à sa propre image ! Démentir sa propre définition ! Tout faire pour sortir de ce qui-vive auquel je me suis moi-même condamné : se cacher... se déguiser... ne pas laisser dire ceci... ne pas laisser penser cela... ne pas sourire sur les photos... ne pas laisser paraître son goût des femmes... ou du luxe... ne pas laisser soupçonner que l'on puisse avoir la moindre faiblesse pour *Gilles* ou le *Journal* de Cocteau... prendre l'air grave à la télévision... grondeur, sur les estrades... être toujours d'un bloc... tout entier adhérant à soi-même... bref ne rien laisser paraître qui puisse témoigner d'un tremblé, d'un flottement dans la conscience...

C'est tout cela que je dirais. De cette complexité que je me ferais l'avocat. Je ferais l'éloge du double. Ou du duplice. Ou du multiple. Je dirais que les seules vies d'écrivains qui vaillent, les seules qui me paraissent et réussies et enviables sont les vies riches, multiples, les vies un peu absurdes, chaotiques, contradictoires. On n'est pas obligé de réussir sa vie. On peut choisir de la ruiner. De la sacrifier. On peut, comme Flaubert, décider de ne pas en avoir du tout. Mais quitte à en avoir une, quitte à faire ce choix d'avoir une vraie vie que l'œuvre n'éclipse pas (et ce choix, j'y insiste, est tout sauf évident; témoins : Blanchot et Beckett, Michaux et Cioran), autant le faire carrément — en ayant une vie, donc, qui ne soit pas la doublure, la pâle copie de l'œuvre. A quoi bon une vie si c'est pour répéter les livres ? A quoi bon faire le vif, jouer le jeu du vivant si c'est pour rejouer — en moins bien ! — le scénario de l'œuvre ?

Je dirais tout cela. Je le dirais parce que c'est vrai. Je le dirais sans doute aussi parce que je suis le type d'homme pour qui la vie, sans cela, serait irrespirable. Mais à ce moment même, au moment où, aux quelques nouveaux droits (droit de se contredire... droit de s'en aller...) que Baudelaire voulait ajouter à la liste des droits de l'homme, je proposerais d'ajouter, moi, le droit d'avoir une vie double, schizophrène, à ce moment précis je sais que m'envahirait une subtile mais insistante nostalgie : celle d'un temps où des écrivains (les surréalistes) pouvaient prétendre à une identité simple, sans faille ni fêlure — et où ils imaginaient donc pouvoir aller d'un même pas, etc., etc., etc.

Une autre contradiction ?

Ma contradiction majeure ?

(POUR EN FINIR AVEC LE SURRÉALISME, FIN)

Ce qui n'est pas non plus supportable chez les surréalistes et qui pourrait bien constituer, cependant, l'un de leurs apports originaux à toute cette aventure : l'esprit de secte.

Car qu'est-ce que l'esprit de secte ?

Qu'est-ce que *j'appelle* l'esprit de secte ?

Ce n'est pas le sentiment d'appartenir à un clan, une famille, une école de style ou de pensée. Car quoi de plus banal ? Quoi de plus traditionnel ? Y a-t-il une époque de notre histoire qui ait échappé à la tentation ? Et y a-t-il rien là, surtout, qui prête à objection ? Moi-même, avec Scarpetta, Enthoven, Hertzog, Konopnicki, Martinez, Grisoni, etc., cette *Règle du Jeu* qui trace à sa façon les frontières d'une autre famille.

Ce n'est pas cette « odeur de société secrète » que flairait Ribemont-Dessaignes autour de Maître Breton. Car ridicule, sans doute. Un peu niais. Mais pas de quoi s'émouvoir là non plus. Et pas très différent, de surcroît, de cette obsession du complot qui traîne dans tout le XIXe siècle et à laquelle, bien avant les surréalistes, ont cédé tant d'écrivains. Stendhal et les Carbonari. Balzac et la conspiration des Treize (ou des Dix Mille — cf. Vautrin dans *Splendeurs*). Marx et le fameux article de *La Nouvelle Gazette rhénane* où il oppose conspirateurs de profession et d'occasion. Et puis Baudelaire enfin évoquant, dans une lettre à Poulet-Malassis, le projet d'un petit récit basé sur cette trame : « la découverte d'une conspiration par un oisif qui la suit jusqu'à la veille de l'explosion et qui, alors, tire à pile ou face pour savoir s'il la déclarera à la police ».

Ce n'est même pas ce goût de la rigueur ou de l'orthodoxie qui va généralement de pair avec cette idée de sectarisme. Car de deux choses l'une. Ou bien cette rigueur va jusqu'à la terreur, la volonté d'annihiler l'adversaire — et je viens de dire ce que j'en pensais. Ou bien il s'agit de l'idée, bien différente, que tout ne se vaut pas ; que tout n'est pas dans tout ; il s'agit de défendre le principe d'une stricte distinction entre le juste et l'injuste, le bien et le mal, la volonté de vérité et le désir de mensonge ; il s'agit, autrement dit, d'essayer de couper ou séparer (en latin : *secare* — ce qui est l'étymologie, proprement, du mot de sectarisme) des valeurs et des attitudes que l'on estime antagoniques — et non seulement je n'ai rien contre mais je partage, plus que quiconque, cette nostalgie et ce souci.

Non. Quand je parle d'« esprit de secte » à propos de Breton et de ses amis et quand je dis que, de cet esprit-là, ils sont les inventeurs, je pense à autre chose qui me paraît bien plus odieux. En un mot, et quitte à y revenir lorsque j'en serai aux années 30, au Collège de Sociologie ou à ma rencontre avec Michel Leiris : l'idée que c'est la littérature elle-même qui est affaire de secte ; l'idée qu'elle est le fruit, le pur produit de la secte ; l'idée que ses œuvres mêmes (ces livres, ces toiles que prétendent signer des « auteurs ») ne sont pas des produits personnels, singuliers, etc. ; que ce ne sont pas le résultat d'un face-à-face, ou d'un corps-à-corps, entre une âme et ses démons ; qu'elles n'ont pas vraiment d'auteur ; pas vraiment de géniteur ; que nul ne peut, sans imposture, prétendre en être responsable ; et cela parce qu'elles n'ont, ces œuvres, qu'un auteur digne de ce nom : le groupe en tant que tel.

Breton, à propos de l'écriture automatique : « je crois pouvoir dire qu'est mise en pratique entre nous, sans aucune espèce de réserve individuelle, la collectivisation des idées ». Je ne rêve pas. Vous ne rêvez pas. Il dit bien « collectivisation » ! Et : « sans réserve individuelle ». Un écrivain, un grand écrivain, nous affirme que la littérature doit être un produit commun.

Breton encore (mais avec Unik, Péret, Aragon, Éluard) au moment de l'exclusion d'Artaud et de Soupault : ce qu'on sanctionne chez ces deux-là, ce qui apparaît le plus criminel au regard des principes surréalistes c'est, disent les procureurs, « la poursuite isolée de la stupide aventure littéraire ». Le mot important c'est « isolée ». Et l'on ne saurait mieux dire que la « Centrale » n'est pas un regroupement d'auteurs qui conserveraient par-devers eux originalité et identité : elle est, en tant que telle, de manière presque organique, le seul et véritable auteur des œuvres surréalistes.

Breton toujours, quand il s'interroge sur le mystère de l'inspiration poétique : les images qui lui viennent le plus volontiers sont celles de la « source cachée » ; de la « mer » ou de l'« océan intérieur » ; de la « profondeur très ancienne » ; de la « nuit intime et secrète » ; toutes métaphores dont le propre (et il ne se prive pas de le rappeler) est de désigner des réalités communes, encore, à des gens extrêmement divers. Quoi de moins privé qu'une mer ? Quoi de moins personnel qu'une source ? Et quelle meilleure manière de dire que le poète est un sourcier — Breton dit parfois un médium — dont le talent est de faire jaillir une eau qui n'est en aucune façon la sienne puisqu'elle appartient à tous ?

Les surréalistes se réclamaient de Freud. Ils passaient — et passent encore — pour les premiers intellectuels à avoir pris la psychanalyse au sérieux. Quelle blague ! Quelle imposture ! Comme s'il ne sautait pas aux yeux que l'idée maîtresse du freudisme — le caractère individuel, personnel de l'inconscient — est très exactement ce que dément tout ce système de métaphores. Comme s'il n'était pas clair que, psychanalyse pour psychanalyse, la seule qui colle à cette idée d'un groupe d'écrivains puisant collectivement dans un stock commun de rêves et d'images, la seule qui soit compatible, si l'on préfère, avec la pratique de l'hypnose et de l'écriture automatique, est la psychanalyse non pas freudienne mais jungienne.

Les surréalistes se réclamaient d'un romantisme de la création et du génie. Ils passaient — passent encore — pour des gens qui se faisaient une idée héroïque de la littérature et célébraient dans l'écrivain une sorte d'aventurier-né, dressé contre le monde, dans une solitude arrogante et noble. Quelle erreur là aussi ! Quelle bévue ! Car c'est l'inverse qu'ils disent ! De l'image inverse qu'ils s'enorgueillissent ! L'écrivain, à leurs yeux, n'est qu'un médium... Un truchement... C'est une bouche... Une oreille... C'est un modeste organe à travers lequel transitent les voix de la source et de la nuit... Arrogant cet écrivain ? Aventurier ? Pensez-vous ! Il est humble au contraire ! attentif ! il est à l'écoute de la voix, du grondement cosmiques originaires ! Il est si petit à côté... Si insignifiant... Il n'a plus vraiment de taille, d'ailleurs... Plus de visage... Il n'est même pas certain qu'il ait encore une identité... Et quand il fonctionne vraiment, quand le transit ou le truchement s'opèrent, c'est qu'il a aboli le peu d'individualité qui lui restait pour, dans les fameuses séances de « rêves », se fondre dans le groupe et, à travers le groupe, dans le cosmos.

Que les grandes œuvres surréalistes ne se soient jamais écrites de cette façon et que Breton lui-même, quand il écrivait *Nadja*, ait été le premier à se moquer de cette théorie, c'est évident. Mais il est non moins évident qu'une certaine idée de la littérature s'élabore ici, qu'elle s'affirme, se claironne et qu'à travers maintes médiations et subtiles déformations elle vient parfois jusqu'à nous. Cette idée, issue donc du surréalisme, est une idée idiote, dangereuse, stérilisante. C'est une idée qui, de plus, tourne ostensiblement le dos à tout ce que nous enseignent les expériences littéraires modernes les plus déterminantes. Le surréalisme, contre la modernité.

Je crois, moi, que les écrivains sont des êtres uniques. Je crois que leur univers intérieur est également unique. Je crois que leurs démons, leurs fantômes, leurs phantasmes n'appartiennent vraiment qu'à eux. Je crois que, lorsqu'ils prennent la parole, ils ne le font au nom de personne et peut-être même à l'adresse, à l'intention de personne. Je crois enfin que cette croyance est d'une absolue banalité puisque c'est en elle que se reconnaissent, depuis maintenant quelques siècles, la plupart de ceux, petits ou grands, qui pratiquent la littérature ou, au moins, y réfléchissent. Pour tous ceux-là, pour tous ceux qui se souviennent de ce que l'expérience littéraire a pu avoir — et a encore — d'irréductiblement singulier, il y a là une raison de plus, et pas la moindre, d'oublier le surréalisme.

15

« Un groupe de jeunes philosophes »

(CONVERSATION AVEC HENRI LEFEBVRE)

Pourquoi Henri Lefebvre me reçoit-il ? Comment un homme si las, rompu par l'âge et par la vie, comment un homme pour qui le temps est compté, mesuré, prend-il la peine d'accueillir un cadet et d'évoquer avec lui toutes ces figures du temps passé que sont Nizan et Politzer, Morhange, Barbusse ou Kojève ? Je ne peux pas m'empêcher, quand la conversation commence, de m'imaginer, moi, à sa place, à son âge — il a quatre-vingt-dix ans — en train de me rappeler, devant un auditeur dont je me ficherais, les péripéties d'une histoire qui, le temps ayant passé, ne serait plus tout à fait la mienne. Aurais-je du goût à cela ? Y trouverais-je du plaisir ? De l'intérêt ? Serait-ce une façon — la dernière — de me manifester aux yeux du monde ? Le ferais-je par devoir ? Par altruisme ? Comme on ouvre un musée ? Comme on préserve une bibliothèque en péril, un vieux grimoire ?

Lui, en tout cas, est fatigué cet après-midi-là. Il a le visage blême. Les yeux rougis. Je le sens accablé par avance à l'idée de ces questions auxquelles il va falloir répondre et qui, manifestement, l'assomment. Il a de la peine à parler. De la peine aussi parfois, lorsque les souvenirs sont douloureux, à prononcer certains des noms que je l'oblige à évoquer. Il voudrait, il me le dira plusieurs fois, parler aussi du futur, du présent, du monde qui bouge autour de lui. Il voudrait faire l'intellectuel, quoi ! L'intellectuel toujours vivant ! Lui qui, hier encore, c'est-à-dire en 68, était l'un des maîtres à penser de ceux qui, comme Cohn-Bendit, ne voulaient ni Dieu ni maître, lui qui se flatte — peut-être pas à tort — d'être l'auteur d'une œuvre et d'avoir, chemin faisant, introduit le marxisme en France, la seule chose qui lui plairait serait de parler de son prochain livre ou des débats idéologiques en cours. Moi, ce n'est pas pour ça que je suis ici. C'est vraiment sur Nizan, Politzer, etc. que je veux l'interroger. Et l'étonnant, donc, est qu'il le comprenne et qu'il se prête à l'exercice. Questions. Réponses. Objections. Précisions. Avec une bonne grâce que je ne lui soupçonnais pas, il entre dans le rôle que je suis venu lui proposer. Et il le fait, je dois le dire, avec élégance et talent.

— *Vous êtes un des premiers intellectuels français à vous être approché du marxisme et à avoir adhéré au Parti communiste. Qu'est-ce que tout cela représente pour un jeune homme de vingt ans, dans les années 20-25 ? Qu'est-ce que c'était le Parti communiste, le marxisme, etc ?*

— Je suis né avec un siècle qui est lui-même né, vous le savez, au milieu des promesses. Promesses de paix perpétuelle. Promesses de prospérité. Et puis qu'est-ce qu'on a eu ? Les guerres. D'abord la guerre de 14 qui est tombée sur nous comme une nuée d'orages. On ne s'y attendait pas du tout puisque, je vous le dis, on vivait sur les promesses de paix et de prospérité. Je me rappelle très bien le trouble. L'effroi. Le départ de la famille qui se disloque. Les épreuves. La souffrance générale, supportée allégrement, masquée par tous les moyens, y compris la danse, la musique, les représentations théâtrales. Et, là-dessus, la souffrance profonde, les morts, les blessés. C'est... c'est assez étrange... le souvenir de cette guerre et de la suivante... la manière dont les blessures et les morts étaient masqués par une espèce de joie et d'idéologie superficielle, mais sous laquelle la souffrance persistait. Alors ça c'est des souvenirs terribles. La deuxième guerre n'a pas été tellement différente pour moi, sauf que j'étais beaucoup plus âgé et que j'ai mieux perçu les choses. Je veux insister sur le fait que les guerres ont été les grandes dates du XXe siècle.

— *Les guerres — oui — avec leur accompagnement révolutionnaire. Car, dès 1918, on sent une révolte profonde, on sent une...*

— 1925 est la date cruciale. Je voudrais insister là-dessus parce que je trouve que dans les livres d'Histoire on passe allégrement sur cette année 1925. J'ai des souvenirs précis. Rue Jacques-Callot, près des Beaux-Arts, on loue une salle et il y a une réunion entre le groupe surréaliste — avec André Breton, Aragon —, le groupe des philosophes, et puis divers autres groupes d'avant-garde comme « Clarté ». Et on fonde à ce moment-là le mouvement révolutionnaire moderne. L'idée d'une autre économie, d'une autre base sociale, d'une autre superstructure étatique, bref on a un plan révolutionnaire au lieu de ces attentes un peu vagues de la guerre de 14-18 et de l'après-guerre immédiate.

— *Il y a tout de même 1917...*

— Bien sûr. Il y a l'influence soviétique, l'influence russe, l'influence de Lénine qu'on commence à lire à ce moment-là. Marx on le lisait déjà un peu, mais vers 1925 on commence à traduire Lénine. Et je me rappelle que, dans cette année 1925, on m'a demandé mon avis sur la traduction française de *Matérialisme et Empiriocriticisme*. Ça a paru probablement en 26 ou 27. Je ne me rappelle plus les dates exactes parce que la traduction a duré très longtemps. Si on m'a consulté ce n'est pas à cause de ma connaissance du russe, qui était faible, mais à cause de ma connaissance de la philosophie française : il fallait rendre la pensée de Lénine intelligible dans le vocabulaire des Français. Donc c'est une date cruciale pour moi, 1925. Je sais que pour d'autres c'est 1929, la crise, etc. Pour moi, c'est 1925.

— *1925, c'est aussi la date de la guerre du Rif.*

— C'est ça. On est obligé de prendre position. On est pour, ou on est contre.

— *Pouvez-vous en dire un peu plus sur ce groupe des « philosophes ». Il y avait là, outre vous-même, Guterman, Morhange et...*

— Politzer.

— *C'est ça, Politzer. Qu'est-ce que c'était, au juste, que ce groupe?*

— C'était en 22 ou 23. Je suivais encore des cours en Sorbonne, et j'aperçois un garçon qui a une tête pas tout à fait comme les autres, de l'audace, du culot, un culot extrême; il prend la parole dans les cours, il interrompt les professeurs; je fais sa connaissance : c'était Pierre Morhange. Personnage essentiel ! Figure de proue de ces années ! Non pas qu'il eût tellement écrit. Mais il y avait autour de lui, comme autour de Barbusse ou d'autres, tout un groupe dont j'ai fait partie et dont je suis devenu un peu le théoricien. Tout ce groupe (Morhange, Norbert Guterman, Politzer, etc.) est lui aussi un peu oublié, n'est-ce pas ? Par exemple qui parle aujourd'hui de Benvéniste qui était professeur au Collège de France à vingt-huit ou trente ans ? Presque personne.

— *Le linguiste ?*

— Le linguiste, oui. Il était très important pour nous à ce moment-là. C'est une des pensées, héritière de la tradition française, que nous voulions promouvoir. On voulait être, avec les surréalistes, héritiers d'une certaine ligne, pas patriotique mais nationale. On a peut-être un certain mal aujourd'hui à se représenter les discussions de cette époque. Mais la gauche, dont je faisais partie, se disait, se prétendait plus nationale que la droite... D'où Benvéniste. D'où Descartes et Diderot... Notre France...

— *Les surréalistes étaient d'accord avec ça ?*

— Ils n'en étaient pas très loin puisqu'on a fusionné presque complètement en 1925 dans cette réunion de la rue Jacques-Callot.

— *Quels étaient vos rapports avec Breton ?*

— Plutôt bons. Un jour je vais chez lui, près de la place Pigalle, et je vois sur la table la *Logique* de Hegel. Breton me dit : « lisez d'abord ça et puis vous reviendrez me voir ! » Et il m'a fait un brillant exposé de la doctrine hégélienne du surréalisme et du rapport entre le surréel et le réel qui était un rapport dialectique.

— *J'aimerais que l'on parle un peu de Georges Politzer.*

— J'ai bien connu Politzer. Je l'ai connu dès son arrivée à Paris. Je l'ai rencontré à la Sorbonne. Il parlait à peine français. Il venait de Hongrie. Il parlait couramment l'allemand, ce qui lui a permis, plus tard, d'insulter les hitlériens qui le torturaient et de les insulter en allemand.

— *Vous le rencontrez donc à peu près en même temps que Morhange.*

— C'est ça. Et on s'est tout de suite associés. C'était assez curieux comme association parce que je sortais du christianisme (mon premier travail, qui n'a pas paru, c'était une critique du christianisme) et Politzer, Morhange et Norbert Guterman étaient juifs. C'est drôle. Ça a créé un lien. Au lieu de créer un dissentiment, ça a été un lien. On avait, vis-à-vis de la tradition chrétienne qui était extrêmement forte à ce moment-là, jusque dans l'Université, à peu près la même position critique ; eux, au nom du judaïsme dont ils retenaient certaines valeurs ; et moi au nom d'autre chose.

— *Donc vous formiez un groupe qui...*

— On se réunissait chez Pierre Morhange, près de la place Pigalle. Il y avait tout un tas de filles qui ont plus ou moins fait parler d'elles après et qui s'intéressaient à ce qu'on pensait. Le groupe s'est disloqué par la suite. Mais il a été, pendant plusieurs années, très homogène. On était un peu, face aux surréalistes, le groupe rival. Nous disions que les surréalistes parlaient au nom de la poésie — et nous au nom de la philosophie...

— *Ce qui est étrange, dans vos revues de l'époque, y compris la* Revue marxiste, *c'est que l'empreinte proprement marxiste y est assez faible.*

— On se disputait beaucoup à propos du caractère de la *Revue*. Pierre Morhange voulait en faire une revue générale ou universelle, accueillant un peu tout le monde, y compris des gens comme Cocteau, Albert Cohen ou Drieu La Rochelle. Et moi j'étais contre cet éclectisme. Je voulais une orientation plus définie. Par exemple, quand on rencontrait Cocteau, ça me mettait en fureur. Je ne pouvais pas m'empêcher d'avoir pour ce type une espèce de dédain juvénile. Peut-être à tort, mais enfin c'était comme ça.

— *Et Guterman ? Politzer ?*

— Norbert, lui, était toujours hésitant. Politzer très combatif. J'étais plus prudent que lui mais j'étais dans la même orientation.

— *Quel genre d'homme était Politzer ?*

— C'était un juif d'Europe centrale, je crois que c'est comme ça qu'il faut le définir. Avec une connaissance universelle des civilisations, des langues. Et, en même temps, une pensée critique extrêmement poussée, très violente. C'était un violent. Il était terrible. Je me souviens d'une discussion que nous avions dans un petit port de l'Atlantique. On s'est retrouvés, je ne me rappelle plus très bien comment ni pourquoi. Mais il y avait, le long de la mer, un petit mur. On discutait assez violemment. La marée montante assaillait ce petit mur. Il m'a poussé dans sa colère, j'ai failli tomber dans la marée, dans les vagues. Il était très violent, implacable, d'une dureté de caractère et de pensée qui lui a servi d'ailleurs. Imaginez ce caractère tenace, dur, face aux bourreaux hitlériens ! On m'a dit, et je n'ai aucune raison d'en douter, que jusqu'à la mort il les a insultés, en les traitant de tout. En allemand ! en allemand ! ce qui stupéfiait les nazis. Il avait quelque chose d'héroïque, de très dur mais, pour moi, de très séduisant. C'était l'homme du refus dans toute sa force. Il a adhéré au Parti. Il est devenu très rapidement quelqu'un dans ce Parti communiste qui était à ce moment-là assez sectaire, assez dur. Ça lui convenait. Et puis il a été arrêté. Sauvagement torturé et exécuté. Au mont Valérien. Une vie de héros.

— *Il y avait aussi Albert Cohen dans les parages.*

— Oui. Il venait au groupe Philosophie. Il venait dans nos petites réunions. Mais pas très souvent. Deux ou trois fois... Et puis je ne sais pas ce qui s'est passé. Il est parti en Égypte. Il avait des relations, surtout, avec les milieux anglophones que nous, nous rejetions complètement. Des milieux qui étaient, pour nous colonialistes, impérialistes, etc. Il avait des liens, je ne sais plus lesquels, avec l'Égypte. Il est allé en Égypte, non ? Mais enfin, on avait plutôt de la sympathie pour lui et lui pour nous.

— *Et puis il y a, bien sûr, Nizan, qui arrive en 1928...*

— Oui, Nizan est arrivé un jour, je ne sais pas très bien comment... Et il s'est passé quelque chose de très bizarre. Comme je vous l'ai dit j'avais des sympathies pour le judaïsme. D'autant que Morhange, Politzer et Guterman étaient d'origine juive. Et il s'est passé quelque chose de très drôle : j'ai cru que Nizan était juif — pour apprendre, au bout de quelque temps, qu'il était, comme moi, breton ! Et alors on a eu des rapports curieux, un mélange de méfiance et de sympathie. Ce que je lui reprochais c'est qu'il était ambitieux, il ne le cachait pas. Et moi, j'étais dépourvu d'ambition. J'aspirais au rôle d'inspirateur théorique mais pas du tout à une montée, une ascension dans le Parti. Tandis que Nizan voulait être au Comité central, au Bureau politique, et faire une carrière politique. Il a d'ailleurs commencé à le faire. Ça lui a coûté cher, le malheureux. Je me suis lié d'amitié avec Henriette Nizan, sa femme. Et je me souviens de conversations au Luxembourg (je ne vais pas rentrer dans le détail), où elle m'a dévoilé l'âme et les ambitions de son mari. Il voulait faire son chemin. Il voulait devenir un dirigeant politique. C'était très précis. Il a d'ailleurs suivi la carrière. *L'Huma*. Des articles. Ensuite rédacteur en chef. Ou adjoint, je ne me rappelle plus. Puis les hautes instances du Parti.

— *Est-ce qu'il y avait aussi des désaccords politiques ? idéologiques ?*

— Sur la question de l'hitlérisme, oui. Je me souviens de Nizan me disant : « ça va durer vingt ans, et l'Allemagne hitlérienne basculera vers le socialisme et vers le communisme ! ». Je n'étais pas d'accord avec lui. Je disais : « moi j'ai été en Allemagne ; j'ai écrit sur l'Allemagne ; c'est beaucoup plus profond ; l'hitlérisme n'est pas un phénomène superficiel ; il a atteint des couches profondes du pays ; c'est peut-être au départ de l'idéologie ; mais l'idéologie a pénétré ; et l'Allemagne est plus hitlérienne que tu ne le crois ; et ça ne se passera pas comme ça ; et il y aura des catastrophes ». Et la catastrophe est venue. Et je la pressentais.

— *Après la mort de Nizan, quand le Parti lance toute cette campagne contre lui, qu'est-ce que vous faites ?*

— Je n'ai rien dit parce que je n'avais pas beaucoup d'estime pour Nizan. Mais enfin sa mort... Ça le rendait sacré...

— *Est-ce qu'il ne dégageait pas tout de même une certaine séduction ? Quand on lit le portrait de Sartre par exemple, le portrait que Sartre fait de lui, c'est un...*

— Peut-être qu'il faudrait tempérer ces deux jugements l'un par l'autre. Moi j'ai vu en Nizan un arriviste féroce, prêt à tout.

— *Un dandy, également.*

— Comment ?

— *Un dandy...*

— A un moment il a hésité entre le christianisme et le marxisme. C'était le moment où il fallait choisir. Alors il a choisi. Parce que, quand je l'ai connu, il était encore assez proche d'une espèce de christianisme social. Et puis après il est devenu marxiste... Ça arrivait à cette époque-là. Il y avait des gens qui se mêlaient au mouvement révolutionnaire et au Parti communiste sans grande conviction, et puis qui acquéraient la conviction. C'est arrivé à d'autres. Peut-être que Nizan était dans ce cas. Je l'ai assez peu revu à partir d'une certaine période. Et j'ai commencé à le revoir quand il est entré à *l'Humanité*. Il m'a demandé des articles que je n'ai pas faits. Quand ? Probablement aux approches de la guerre.

— *Il y a un personnage dont on n'a pas du tout parlé, et j'y pense à cause de Nizan, c'est Henri Barbusse. A cette époque-là, dans les années trente, c'était tout de même très important non ?*

— A mon avis, en 1930, c'était complètement oublié. En revanche, tout à fait au début du groupe Philosophie on est allés le voir près de Chantilly, ou près de Creil, enfin par là. Il habitait une assez jolie maison et l'illustre auteur nous a très bien reçus. Il devait y avoir Morhange, Norbert Guterman et moi. Je ne crois pas que Benvéniste... Enfin c'est possible qu'il ait été là... Mais pas Nizan, en revanche. Il n'avait pas encore fait son apparition. Il nous a très bien reçus. On a dîné chez lui. Et ça n'a pas marché. En sortant, Pierre Morhange m'a dit quelque chose comme : « il n'est pas sur la même longueur d'onde que nous ». Ce n'était pas exactement le vocabulaire de l'époque mais c'est à peu près ce que ça voulait dire. On était, pour lui, la jeunesse, la jeunesse révoltée sinon révolutionnaire, et il nous a reçus en tant que tels. Lui, son discours nous a paru un peu lointain, un peu décalé par rapport à nos nouveaux problèmes. Il faut dire qu'on était bourrés d'illusions. On croyait vraiment que la guerre 14-18 serait la dernière guerre. Ça avait tellement fait de morts et de deuils, de massacres, qu'on croyait que c'était impossible à recommencer. Or, c'est

Barbusse qui avait raison. Il avait raison contre nous. Je crois me souvenir — mais les souvenirs sont vagues — qu'il nous disait : « le danger persiste, méfiez-vous ».

— *On a l'impression, aujourd'hui, que Barbusse était un peu la tête de turc de la jeune génération. Par exemple quand Nizan essaie de l'écarter de « Monde », sur ordre du Parti...*

— Il y avait de ça. Mais en même temps il y avait une admiration profonde. Et l'un n'empêche pas l'autre. Quand on a affaire à une gloire — parce que c'était, à ce moment-là, une gloire extraordinaire — quand on a affaire à une gloire établie on peut à la fois avoir envie de se délivrer d'elle, de s'en débarrasser et avoir de l'admiration. C'était un peu notre cas dans ces années-là avec Barbusse. Et ça a été le cas dans cette journée passée avec lui, à parler. D'ailleurs c'est lui qui parlait le plus.

— *Est-ce que vous avez connu, à l'époque, Rappoport et Souvarine ?*

— Oui, mais assez peu. On se méfiait d'eux. Plus encore de Rappoport que de Souvarine. Souvarine nous paraissait plus percutant, plus lucide que Rappoport qui nous paraissait un phénomène historique.

— *C'est quand même le premier marxiste français...*

— Oui, mais il me paraissait dater. J'ai peine à me souvenir. Je sais qu'on a passé quelques heures à discuter avec lui. Je n'étais pas seul. J'étais avec Pierre Morhange et peut-être Norbert mais je ne me souviens pas. Sa pensée nous a paru dater de la critique du capitalisme d'avant-guerre. Or nous, on était des gens de l'après-guerre. Tout ça est un peu confus. Mais j'ai le souvenir d'un léger dédain et d'un clivage de génération. Ce clivage n'existait pas avec Souvarine. C'est curieux. Je ne sais pas pourquoi.

— *Un mot de Kojève, pour finir. Vous m'avez dit que vous alliez au cours de Kojève...*

— Kojève, j'ai eu quelques conversations avec lui. Il m'a vraiment beaucoup impressionné par sa connaissance de Hegel. Il connaissait Hegel et la philosophie allemande certainement mieux que moi. Mais il n'en tirait rien de pratique, rien de politique. Il n'avait pas de position politique déterminée. Il lui suffisait de savoir ce que Hegel pensait... Alors ça, ça créait entre nous un fossé. Parce que, moi, les propositions hégéliennes sur les contradictions ne me semblaient avoir d'intérêt qu'appliquées au présent, à l'actuel, aux contradictions de la société réelle d'aujourd'hui, et non pas à celle du XIXe siècle. Cela dit, c'était capital Kojève. Imaginez qu'il y a un demi-siècle Hegel était non seulement ignoré mais proscrit en France ! On disait couramment (je l'ai entendu dire) : « un boche... c'est un sale boche ! ». Au nom de Bergson, au nom de je ne sais quelle tradition philosophique française, on ignorait la philosophie allemande. Kant, ça allait encore. Mais Hegel c'était le monstre inconnu, la terra incognita. Kojève a mis fin à cette situation. Il a fait entrer Hegel dans la pensée française.

16

« Ne surtout pas juger hier avec les préjugés d'aujourd'hui »

(QUESTION DE MÉTHODE)

« Dans toute critique stratégique, dit quelque part Clausewitz, l'essentiel est de se mettre au point de vue des acteurs. » Puis : « l'essentiel est de retrouver les circonstances, toutes les circonstances où ils se trouvaient alors ». Le principe n'a l'air de rien. Mais appliqué à la lettre, il irait à rebours de tout ce que j'ai fait, écrit jusqu'à présent — et de ce côté procureur, Fouquier-Tinville des lettres, qu'on m'a souvent prêté, et pas toujours à tort. Le communisme par exemple. Cette aventure politique — la plus folle finalement, la plus énigmatique de toute l'histoire humaine — où se sont fourvoyés la plupart des penseurs dont je raconte l'histoire. On peut la juger cette aventure. On peut la condamner. On peut — et je ne me suis, faut-il le rappeler ? pas beaucoup privé de le faire — accumuler tous les griefs, toutes les charges possibles et imaginables contre ces hommes qui, dès 1918, dès les tout premiers procès de Moscou (car c'est là, en 18, contre les « mencheviks » et les « socialistes révolutionnaires », qu'a commencé, ne l'oublions pas, l'horreur des procès de Moscou) ont calmement accepté de couvrir un régime criminel. Ce qui reste à comprendre, cela dit, c'est pourquoi ils l'ont fait. Comment cela a fonctionné. Ce sont les « circonstances », en effet, qui ont conduit Barbusse et Rolland, Gide ou André Malraux à accepter l'inacceptable. Ce qui reste, par conséquent, à faire — et que je n'avais, je le répète, jamais fait ni même tenté — c'est entrer dans la tête des acteurs ; pénétrer et s'insinuer sous leur crâne ; le vrai voyage à tenter c'est celui qui mènerait dans l'intériorité de ces personnages hors du commun, parfois géniaux et qui se sont, pourtant, si mystérieusement fourvoyés. La démarche choquera ?

Peut-être, oui, qu'elle choquera. Et si l'époque était moins sotte, si elle avait plus de mémoire, il se trouverait même des malins pour me ressortir des textes anciens où je fustigeais les savants trop subtils qui, sous prétexte de « comprendre » un Drieu, sous prétexte de pénétrer les « vraies raisons » d'un fasciste, ne faisaient en réalité que banaliser son délire. A ce contradicteur impossible, je répondrais que l'époque a changé voilà tout. Et que, le communisme étant mort, l'homme communiste lui-même s'éteignant doucement sous nos yeux, l'heure est venue de le traiter comme on traite une espèce disparue.

17

« Une religion nouvelle »

Que le communisme puisse être assimilé à une civilisation c'est, je crois, assez clair. Une civilisation misérable, certes. Sans panache ni actions d'éclat. Une civilisation qui, fait unique dans les annales, pourrait bien ne laisser derrière elle aucune de ces « traces » — glorieuses ou, au contraire, infâmes — dont, depuis que le monde est monde, se sont honorées toutes les autres. Mais enfin une civilisation quand même. Un vrai espace de culture. Avec ce fameux « homme nouveau », notamment, que les staliniens nous annonçaient et dont Zinoviev a raison de dire qu'il s'est en partie incarné. Là où il faudra insister en revanche, là où il faudra plaider, prouver, voire multiplier à dessein les effets, c'est lorsque j'avancerai que ladite civilisation était aussi une religion et qu'en y adhérant, en rejoignant Staline, le Parti et sa Parole, c'est, au sens précis du mot, une foi que l'on embrassait.

Des textes, pour le moment, qui, montés sur des images de destruction d'églises et de répression des prêtres (ou bien, ce qui revient au même, sur des plans « messianiques » d'Eisenstein ou de Dziga Vertov), donneront le sentiment que cette affaire de communisme n'avait décidément rien à voir avec l'image trop politique qu'on en donne en général et qu'il s'agissait en réalité de la dernière en date — de la dernière tout court ? — des grandes guerres de religion de l'histoire occidentale.

Rolland par exemple, dont les éloges de l'« homme nouveau », les hymnes à Staline ou, du reste, à Robespierre, l'apologie de Marc, le « forban » de *l'Annonciatrice* menant Assia, « la jeune chatte », jusqu'aux rives d'un nouveau monde où rayonne le doux sourire des bolcheviks au corps d'acier, témoignent à chaque pas d'une espèce de vitalisme qui, avec ses accents païens, avec sa tonalité orgiastique et obsessionnellement juvéniste, ne se comprend lui-même que sur le fond d'une très ancienne querelle intime avec le Dieu des juifs, des chrétiens et de leurs héritiers.

Gide, dans ces *Nouvelles Nourritures* où il nomme « camarade » celui qu'il appelait jadis du « nom trop plaintif de Nathanaël » et où il annonce (nous sommes en 1935) qu'« aucun argument de la raison » ne le retiendra plus « sur la pente du communisme ». « Table rase ! dit-il. J'ai tout balayé ! je me dresse nu sur la table vierge, devant le ciel à repeupler ! » Puis : « qui donc disait que le grand Pan est mort ? à travers la buée de mon haleine je l'ai vu ; vers lui se tend ma lèvre, n'est-ce pas lui que j'entendais murmurer ce matin "qu'attends-tu ?" ». Puis encore, comme pour mieux affirmer ce naturalisme hystérique et dément : « redressez-vous, fronts courbés ! regards inclinés vers les tombes, relevez-vous ! levez-vous non vers le ciel creux, mais vers l'horizon de la terre ».

Au sujet de Gide toujours, et sous la signature d'un Ramon Fernandez qui est encore, à ce moment-là, un intellectuel antifasciste en vue, cette étonnante « Lettre » dont j'ignorais, je l'avoue, l'existence mais où je trouve, et au-delà, confirmation de mon thème : votre communisme, dit Fernandez sur le ton du père abbé faisant la leçon à un novice, est le choix d'un *protestant* allant chercher à Moscou « le seul recours efficace contre l'Église romaine » ; d'un *chrétien* qui voit le socialisme « comme un christianisme pris au mot » ; d'un *païen* enfin trouvant dans la nouvelle Russie un formidable écho à « son goût de vivre, son prométhéisme, son défi à Dieu, son idée d'humanité naturelle ».

Ce texte encore de Guéhenno, oui le doux Guéhenno, le gentil Guéhenno, cet humaniste tempéré que j'imaginais, sans doute à tort, fermé à ce type de tourments et qui, lorsqu'il évoque, dans son *Journal d'un homme de quarante ans*, sa toute première réaction à la naissance de l'ordre rouge, ne lésine, lui non plus, ni sur l'émotion ni sur les mots : « je m'accuse d'avoir été en ce temps-là ivre d'espoir ; je croyais vraiment qu'un homme tout neuf était né, qui avait des sens tout neufs — le sens du peuple, le sens du monde, le sens de l'avenir ; je n'étais pas loin de penser que nous avions assisté à une Passion de l'humanité qui, *comme celle du Christ* (c'est moi qui souligne), devait ouvrir une nouvelle ère ; je vaticinais ; en rie qui voudra. »

Et puis l'autre soir enfin, chez Marianne et Pierre Nahon, cette confidence de Klossowski que je questionnais sur l'époque du Collège de sociologie et à qui je citais le mystérieux mot de Bataille à propos de l'apparition, toujours, de cette figure du communisme : « Dieu s'est divisé en deux, en trois » —, Klossowski donc qui, debout au milieu de la pièce, se balançant d'un pied sur l'autre comme pour battre la mesure, terriblement maigre, émacié, le visage martelé par un statuaire pervers qui en aurait, ainsi, fait ressortir le regard, la voix haut perchée, nasillarde, son drôle de nez en trompette visant je ne sais quel point, derrière moi, loin de moi, m'a répondu (je cite de mémoire) : « Staline est un antipape en effet ; c'est le premier antipape de toute l'histoire de la chrétienté ; Louis XIV n'en était pas un ; Barberousse en était un, mais il a fini par céder, par rendre les armes devant le vrai ; alors que lui, Staline, est le premier antipape dont le schisme ait réussi. »

En deux phrases, tout est dit — et le stalinisme réinstallé dans l'espace qui est le sien et n'est autre, je le répète, que celui des religions, de leurs guerres, de leur histoire. Pour cette histoire donc, pour ce récit profane d'une aventure qui, d'apparence, est éminemment profane — recherche théologiens, désespérément.

18

« Et puis il y a l'horreur »

(MA SAINTE FAMILLE)

Étrange comme, finalement, je m'intéresse à ces communistes. Étrange ces questions que je pose. Ces explications que je multiplie. Étrange que je leur cherche — et leur trouve — tant de circonstances et d'alibis qui ne peuvent, qu'on le veuille ou non, qu'atténuer leur tort. En ferais-je autant s'il s'agissait de fascistes ? Irai-je aussi loin dans l'analyse — celle des motifs et des prétextes, des malentendus et des bévues — quand il s'agira de Brasillach ou de Drieu ? Pour être franc, je ne crois pas. Or, quand j'essaie de dire pourquoi, quand je tente par exemple de l'expliquer à mon fils Antonin, j'ai toutes les peines du monde à tenir un discours cohérent.

Si le bon critère était en effet celui de l'importance du crime, si ce qui compte — et qui disqualifie un clerc — c'était l'énormité du massacre qu'il a vu ou laissé s'accomplir, il n'y aurait pas là motif à la moindre indulgence ou tendresse. N'en ont-ils pas fait, ces communistes, au moins autant que les autres ? N'ont-ils pas sur la conscience un nombre de cadavres — si c'est de nombre, donc, qu'il s'agit — encore plus considérable ? Je ne dis pas que ce soit *le* critère. Mais on admettra que c'en est un. Et l'on ne voit pas ce qui, de ce point de vue, autorise à leur accorder cette clause, implicite, de la faction la plus favorisée.

Si le principe est celui de l'habillage du crime, si c'est celui des idées, des idéologies ou des paroles dont le forfait s'est enrobé, si on décide de pardonner à ceux qui, comme on dit, étaient « partis » de bonnes intentions pour, « à l'arrivée », s'égarer sur une fausse piste, l'argument vaut pour les staliniens — et c'est, du reste, lui que l'on brandit tout le temps. Mais est-il si certain qu'il ne vaille pas aussi pour les autres ? ne parlent-ils pas, eux aussi, de « libération », de « révolution », d'« homme nouveau », etc. ? et de quel droit, accorderait-on aux premiers le crédit que l'on refuse aux seconds ? au nom de quoi soupçonnerait-on la Révolution brune d'être, en tant que révolution, moins authentique que la Rouge ? Je ne l'ai jamais fait, pour ma part. J'ai toujours pris très au sérieux la prétention de l'hitlérisme à « changer » l'homme et le monde. Et j'en conclus qu'il n'y a pas, là non plus, motif à avantager un camp par rapport au camp adverse : si la volonté de pureté, le désir de casser l'Histoire, l'amour même du genre humain excusaient quoi que ce soit, ils excuseraient le jeune SA autant que le jeune communiste.

Ce qui disqualifie le nazisme, dit-on encore, ce qui le rend non seulement inexcusable mais à jamais incomparable, c'est qu'il y a un crime au moins — la solution finale, l'extermination des juifs d'Europe — dont on ne trouve pas, de l'autre côté, d'équivalent qualitatif. Soit. Mais que dire alors de ceux qui, de ce côté-ci justement, ne sont pas allés jusque-là ? Comment traiter les fascistes, car il y en a eu, dont l'antisémitisme s'arrêtait avant la chambre à gaz ? Comment se conduire avec les pétainistes par exemple, ces fascistes modérés et modérément antisémites, qui se sont même, dans certains cas, insurgés contre les « excès » les plus voyants de la barbarie ? Et d'où vient que, à ceux-là non plus, et quitte à paraître injuste, je n'aie pas envie d'accorder ni les gloses, ni le luxe d'attention, que je viens, dans la première partie de ce livre, de réserver aux communistes ? Là non plus, cela ne va pas. Ce n'est pas encore le bon critère. Et je ne la tiens toujours pas, la raison de ma faveur.

La vérité, je le sais bien, c'est qu'il n'y a pas de raison du tout. Je veux dire : il n'y a pas de raison raisonnable à ce qu'un écrivain qui, comme moi, a consacré des livres entiers — à commencer, bien sûr, par *La Barbarie à visage humain* — à établir ou rappeler l'équivalence des deux systèmes, se retrouve soudain, au moment d'écrire leurs deux histoires, bizarrement complice de l'un et étranger, au contraire, à l'autre. En sorte que si je veux être franc, si je veux honnêtement dire ce qui, contre toute raison donc, m'incline à la compréhension, c'est-à-dire à l'indulgence, vis-à-vis d'un délire dont j'aurai passé la moitié de ma vie à désenchanter les derniers prestiges, je suis obligé de répondre ceci : les communistes sont des salauds, des criminels, parfois des monstres ; ce sont des gens dont les forfaits sont d'autant plus inexcusables qu'ils se sont parés, le plus souvent, du nom si beau de liberté ; mais si loin que je sois de ces gens, si étranger que je me sente à leurs mensonges et leurs valeurs, il reste entre eux et moi un lien que, si je n'étais pas écrivain, je qualifierais de lien de chair et que, comme je *suis* écrivain, je préfère appeler un lien de langue.

Leurs mots sont les miens. Leur mémoire est ma mémoire. Mon histoire, ou ma généalogie, remontent, qu'on le veuille ou non, jusqu'à ces égarés ou ces indignes. Et quand j'essaie, comme dit Baudelaire, de reconnaître mon « vrai » lignage, quand je m'efforce d'identifier mes aînés selon l'esprit, c'est à ces gens que, fatalement, je me trouve et me vois reconduit. Des aînés honteux, j'en conviens. Des aînés dont je me passerais. Mais des aînés, quoi qu'il en soit — et, entre moi et eux, l'une de ces discussions de famille dont chacun sait qu'elles sont absurdes, incohérentes, souvent sans fin. Là non plus, on ne choisit pas sa famille.

II

Le temps du mépris

1

« Ces maurrassiens déçus »

(CLAVEL, BOUTANG ET LE RÔLE DE L'ACTION FRANÇAISE)

La scène se passe à Paris, en 1979. Je m'apprête à publier *Le Testament de Dieu* qui se veut une défense et illustration du judaïsme et de son génie. Un homme est là, à quelques mètres de moi, assis à l'autre table de la grande salle où les auteurs de la Maison Grasset signent le service de presse de leurs ouvrages. Il a la soixantaine bien sonnée. Il est grand. Massif. Une sorte de géant vieilli avec de grandes mains, de gros bras, des épaules énormes, légèrement arrondies par l'âge. Il a, dans mon souvenir, un toupet de cheveux blancs. Un teint un peu trop rose, à la façon des apoplexiques. Le reste de la peau, sur le cou, la nuque, peut-être aussi les mains, a quelque chose de fripé, d'usé — une peau en écailles, je me dis, une peau de poisson ou de tortue. L'œil est clair. Bleu, il me semble. Il porte une chemise de laine à gros carreaux qui accentue encore l'aspect très « physique » du personnage, son côté « on s'est fait les bras sur le Boul'Mich, dans les bagarres du Quartier latin ». Et ce qu'il a de plus frappant, c'est sa façon de lire et, en l'occurrence, d'écrire puisqu'il fait, comme moi, des dédicaces à la chaîne : le corps en avant, les yeux à deux centimètres de la page, l'air mauvais, presque méchant, avec de brusques mouvements pour, entre chaque livre, relever la tête et réfléchir à ce qu'il écrira sur le suivant. Cet homme s'appelle Pierre Boutang. Il a été le secrétaire, le compagnon, l'héritier spirituel de Charles Maurras. Il est, à mes yeux, l'incarnation d'une extrême droite dont je n'ai pas besoin de dire les sentiments qu'elle m'inspire. Et il publie un gros livre de philosophie qui s'intitule *L'Apocalypse du désir* et qui se veut — je cite — une dénonciation des « effets mortifères de l'idéalisme des Lumières, de la psychanalyse et des machines désirantes de Deleuze ».

Le manège a dû se poursuivre une bonne moitié de la journée. Lui à un bout de la pièce, moi à l'autre. Lui signant son *Apocalypse*, moi mon *Testament*. Des visiteurs pour lui, des copains pour moi — tout le cirque habituel des jours de sortie de livres avec ces gens (les siens, les miens) qui se croisent, se toisent, s'identifient au premier regard et, comme s'ils s'étaient passé le mot, comme si nous leur avions, nous, transmis la consigne, se regardent eux aussi en chiens de faïence. Visages butés. Indifférence ostentatoire. Les attachées de presse elles-mêmes qui, devinant la tension qui règne dans ce lieu habituellement plus convivial, font bien attention, si elles s'arrêtent à la table de l'un, d'aller très vite à celle de l'autre. Parfois, un journaliste appelle. Et il faut donc se lever pour aller prendre le téléphone. Va-t-on se croiser ? Échanger un signe ? Un regard ? Un vague hochement de tête ? Non. Toujours pas. Cet homme est le diable pour moi. Je le suis sans doute un peu pour lui. Et n'était le manège classique de la conversation à voix basse, le dos tourné à l'indiscret, avec, de temps en temps, un mot prononcé plus haut pour être sûr qu'il l'entendra, on pourrait réellement croire que nous avons passé, côte à côte, plus d'une demi-journée en demeurant, littéralement, transparent l'un pour l'autre. Bref, une situation absurde. A la limite du ridicule. Et ce, jusqu'à l'arrivée d'un troisième personnage, qui se trouve être son ami en même temps que le mien : Maurice Clavel.

Entrée en scène, donc, de Clavel. Massif lui aussi. Colossal. Mais avec cette maladresse, cette gaucherie dans le geste et la démarche que je n'ai jamais retrouvées que chez Lucien Bodard et qui leur donnent à tous deux une allure paradoxalement incertaine et fragile. Il arrive de Vézelay, il me semble. C'est cela, oui, il a passé la semaine à Vézelay — il disait : « au désert » — à ruminer les visions, fureurs, inspirations dont il doit, dès son arrivée, communiquer la substance à ses amis de Grasset. Il a l'air particulièrement agité ce jour-là. Il a son costume des grandes occasions, celui qu'il portait, l'année précédente, pour le déjeuner avec Giscard, et qui le boudine un peu. Il a les cheveux en bataille. Les lunettes de travers. Il a dû se raser un peu trop vite car il lui reste sur les joues de longues estafilades où le sang a séché. Et l'ensemble de la physionomie dégage cette impression de fièvre qui était signe, chez lui, d'un branchement récent — et dont il brûlait de nous faire part — sur les forces de l'Esprit, de la Révolution et de la Vie. C'est Boutang, d'abord, qu'il reconnaît. Puis moi. Il va vers l'un. Vient sur l'autre. Bouillant, brouillon, inspiré, tonitruant, il nous expose à tous deux — indissolublement bien sûr, sans faire de détail et sans voir, d'abord, dans quel climat il débarque — ses dernières fulminations. « Comment ? Vous ne vous connaissez pas ? Vous êtes là, tous les deux, et vous ne vous connaissez pas ? Incroyable ! Impossible ! A moi, mes amis ! Avec moi ! Jonction immédiate des forces ! Rassemblement ! Nous ne sommes pas si nombreux que nous puissions, en plus, nous ignorer et diviser ! » Et nous voilà donc, diable et contre-diable, jetés l'un contre l'autre par la furie clavélienne.

Clavel resta peu de temps chez Grasset cet après-midi-là. C'était, nous ne le savions évidemment pas, son dernier voyage à Paris puisqu'il devait mourir quelques jours plus tard, seul, à Vézelay, dans sa chambre tapissée de livres. Mais peut-être le savait-il, lui, en revanche ; peut-être le sentait-il et ce pressentiment de la fin contribuait-il à lui donner ce ton plus fiévreux, plus impatient encore qu'à l'accoutumée. Il parla du livre de Boutang qu'il venait de lire sur épreuves et dont il entendait rendre compte, ou faire rendre compte, dans *l'Observateur*. Il m'enjoignit de le lire et, selon la formule par lui consacrée, de le « faire lire autour de moi ». C'était, comme toujours lorsqu'il aimait un texte, *le* texte qui faisait basculer l'époque et trembler le sol sous nos pieds. Il évoqua, avec un regard appuyé à son vieux camarade, l'imminente jonction des derniers royalistes et des premiers gauchistes. Il nous glissa, sur un ton de comploteur, qu'il prendrait lui-même, s'il le fallait, l'initiative d'une rencontre, chez lui, à Vézelay, entre représentants des deux partis. Il parla de lui, aussi. De son livre, paru l'année précédente. De ce traité de « grosse philosophie » sur lequel il travaillait nuit et jour et qui devait, selon lui, « pulvériser les résistances et dispositifs ennemis ». De sa dernière colère. De son prochain article. « Parlons un peu de vous ! Comment m'avez-vous trouvé dans ma dernière émission de télé ? » Il parla de Heidegger qui était, à l'entendre — et on conviendra qu'il avait, comme souvent, quelques années d'avance sur l'air du temps — l'idole à déboulonner d'urgence. « J'en ai parlé à Nemo... A Marion... Nous aurons les jésuites avec nous... Jean Daniel marchera... J'ai parlé à Glucksmann dont les batteries sont en place... C'est lui, Heidegger, le vrai danger... la dernière poche de résistance... le prochain front à enfoncer... Allez, mes petits gars ! En avant ! Feu sur le quartier général du dernier des maîtres penseurs ! C'est la lutte finale ! C'est la percée Patton ! » Pauvre Clavel... Pauvre cher Clavel, si pressé ce jour-là, si fiévreux, passant en revue, pour la dernière fois, les troupes de sa grande armée... Très vite donc, il nous quitta et nous laissa seuls à nouveau — mais étourdis, éberlués et mûrs, grâce à lui, pour la conversation.

Premier temps : l'antisémitisme. Forcément, l'antisémitisme. Je ne pouvais pas ignorer, en effet, que j'avais en face de moi non seulement l'ancien secrétaire de Maurras, mais l'auteur de cette *République de Joanovici*, parue il y avait bien longtemps et qui avait la réputation, dans le genre, de quelque chose d'assez corsé. Boutang s'explique. Proteste. M'écoute aussi. M'interroge. Il est courtois tout à coup. Aimable. Presque trop. Sincère ou non, je l'ignore, il fait comme si cette partie de sa vie, de sa pensée, était chose passée. Il a l'air que l'on prend quand on veut s'entendre à tout prix, chasser les nuages, les malentendus, mais peut-être aussi, du coup, les vrais motifs de discorde. Il cède sur Dreyfus et le faux Henry, Vichy et l'Hôtel du Parc. Il lâche — apparemment ? — prise sur la distinction, pourtant canonique dans la pensée-Maurras, entre l'« antisémitisme de peau » (inacceptable) et « d'État » (excusable au contraire, voire indispensable). Et nous nous mettons d'accord, enfin, sur l'idée que le Dieu des juifs et des chrétiens est « évidemment le même ». A un moment, il semble se reprendre. Il se lève. Se rassied. Il a retrouvé sa mine mauvaise, querelleuse, du début. Il prend un livre devant lui, avec l'air du type qui va vous l'envoyer à la figure. Mais non. Il le repose. Au lieu de le jeter, il l'ouvre. Et, l'œil de plus en plus furieux, le nez à deux centimètres du papier, et comme si c'était la conclusion de ce début d'échange, il entreprend de me griffonner une dédicace si rageuse qu'il reste encore aujourd'hui, sur la page, le gros pâté d'encre qu'il fit en le refermant. Étrange bonhomme ! Je l'ai sous les yeux, la dédicace, avec sa grosse tache d'encre et ses pattes de mouche presque illisibles. « Sûrement le même Dieu, qui est le même de l'autre ; et il n'y a plus d'autre entre nous. Pierre Boutang. »

Second temps. Maurras lui-même. Sa vie. Son œuvre. Les malentendus innombrables qui se seraient, selon son héraut, amoncelés autour de ce nom. « Est-ce que vous l'avez lu au moins ? Non ? Alors de quoi parlez-vous ? Vous parlez de ce que vous ne connaissez pas. Je vais vous dire. Vous expliquer. Ah ! comme je suis fatigué d'avoir raison. » Boutang plaide, cette fois. Argumente. C'est le Boutang raisonneur, pinailleur, dialecticien. C'est Boutang le preux. Boutang le justicier. C'est le Boutang sans peur ni reproche qui, seul contre tous et, pour le moment, contre moi, entend démontrer la supériorité de la monarchie, l'excellence du « politique d'abord », la similitude de destin entre Socrate buvant la ciguë et le vieux prisonnier de Clairvaux, la beauté formelle d'*Anthinéa* et de « L'Avenir de l'intelligence », la prescience de *Kiehl et Tanger* et l'extrême modernité, enfin, de sa critique du romantisme — « j'ai cru comprendre, tout à l'heure, tandis que vous parliez avec Maurice, que vous écriviez contre les romantiques ? non ? si ? eh bien, lisez Maurras ! allez vous balader dans ses paysages épurés, tout en contrastes, en ombres et lumières ! ah ! en voilà, une critique du romantisme ! » Boutang, manifestement, a repris du poil de la bête. Il retrouve même, par moments, les accents, les regards, les fureurs de son ami Clavel. Et c'est moi, au contraire, qui, devant tant de flamme et de conviction, tant de science et d'érudition, me vois contraint, non de reculer, mais d'avouer mon incompétence. « Maurras est peut-être ce que vous me dites. Mais permettez-moi de vous répéter mon refus, ma nausée, mon allergie définitive. »

Et puis troisième étape enfin — la principale : la démonstration du rôle qui, selon lui toujours, fut celui de l'Action française. « L'Action française, dit-il en substance, n'était pas un parti fasciste. Vous ne comprenez rien à ce qu'elle a pu représenter et à la fonction qu'elle a remplie si vous dites que c'était du fascisme. Il y avait le fascisme, d'un côté. Il y avait l'Action française, de l'autre. Et c'est la seconde qui a empêché un tas de jeunes gens de basculer dans le premier. » Puis, comme j'avais l'air pour le moins sceptique : « je vais prendre une comparaison qui vous touchera ; vous connaissez la pensée de Maurice sur les grands intellectuels qui auraient, il y a dix ans, retenu les jeunes gauchistes sur la pente du terrorisme ? eh bien c'est la même chose ! toutes proportions gardées, c'est la même chose ! ce que vos Lacan et consorts ont fait vis-à-vis des gauchistes, les maurrassiens l'ont fait vis-à-vis de ces autres terroristes en puissance qu'étaient, à l'époque, les jeunes gens énervés par ce qu'ils appelaient "l'inaction française" ; ils voulaient passer à un engagement plus radical ; ils voulaient y aller carrément dans le plus pur style hitlérien ; nous les avons retenus, ces jeunes gens ; nous avons tout fait pour les retenir ; tant que nous avons été forts, nous les avons retenus ; et c'est quand l'Action française s'est effondrée, quand l'énervement l'a emporté, que le fascisme a triomphé ». Et puis enfin, comme je trouvais pour le moins audacieuse la comparaison avec Lacan et que je n'étais manifestement pas prêt à verser la moindre larme sur le sort d'une Action française dont l'infamie, à mes yeux, n'était pas loin de celle des autres : « il ne s'agit pas de savoir si le rapprochement est audacieux ; et vos états d'âme, en l'occurrence, sont indifférents à la question ; on fait de l'histoire des idées ou on n'en fait pas ; du point de vue de l'histoire des idées, du point de vue de la pure histoire des idées, il est incontestable que le maurrassisme a fonctionné comme une digue ; vos psychanalystes diraient un surmoi ; et cette digue, ce surmoi, ont fait rempart à des débordements dont je vous prie de croire qu'ils étaient autre chose que nos bagarres de jeunesse ; ce n'est pas fini, d'ailleurs ; je ne suis pas du tout sûr que ce soit fini ; et j'espère que vous n'aurez pas à prendre la mesure, un jour, de ce que la mort de l'Action française aura coûté à ce pays ».

J'ai souvent repensé, depuis, à cette conversation. J'y ai pensé, cinq ou six ans plus tard, quand Boutang a enfin donné le monumental, et beau, *Maurras* qu'il annonçait depuis longtemps et où je retrouvais l'écho, bien sûr, de ses propos de ce jour-là. Mais j'y ai pensé également, je n'ai pas pu m'empêcher d'y penser, quand, plus tard encore, en France mais aussi en Europe, s'est trouvée pulvérisée cette idéologie de granit qu'était, à nos yeux, le communisme. Ici aussi, une idéologie criminelle. Ici aussi, un mort-vivant sur le destin final duquel bien peu, et en tout cas pas moi, songèrent à verser une larme. Mais ici aussi le sentiment — que l'on entendit vite s'exprimer — qu'elle avait eu le mérite, cette infamie, d'en endiguer une autre, plus infâme encore et qui, maintenant que la digue avait sauté, ne demandait qu'à déferler. Je ne crois personnellement pas que Maurras ait été ce Lacan de droite dont m'entretenait Boutang. Mais je n'ai cessé, en revanche, après que le Mur est tombé, de croiser des Boutang de gauche qui, en regrettant que la banquise ait fondu et que soit remontée alors toute la lie qu'elle avait figée, tenaient le même discours que lui. Ce que vaut ce discours ? et si, en histoire des idées donc, en pure histoire des idées, cette idée d'un surmoi politique évitant aux sociétés les dérèglements extrêmes, mérite de garder un sens ? Tout cela me paraît bien étrange. Bien douteux. Il y aurait là, soyons-en sûrs, une défaite, pour le coup bien réelle, de l'idée démocratique et de ses pouvoirs. Attendons. Observons. L'Histoire, une fois n'est pas coutume, aura vite le dernier mot.

2

« Pierre Drieu La Rochelle »

Le cas Drieu. Il n'y a pas de cas Drieu. Il ne devrait pas y avoir de cas Drieu. Si l'on entend par là je ne sais quelle incertitude, ou équivoque, de son engagement, si l'on imagine un fascisme tempéré par l'intelligence, l'élégance ou le dandysme, si l'on se représente un Drieu charmant, nonchalant, voire distant, dont le cas serait moins simple, et par conséquent moins condamnable, que celui du collabo de base, il faut se rendre à l'évidence : loin d'être un tiède ou un ambigu, il fut un frénétique, un forcené du pronazisme — et s'il a une originalité dans le tableau c'est celle, bien au contraire, d'avoir porté à son extrême cette tentation en France.

Image de lui, à Nuremberg, au fameux congrès nazi de 1935. On parle toujours de Brasillach. On cite — et on n'a pas tort — sa découverte, l'année précédente, au milieu des danses, des tambours, des oriflammes, de la « poésie du XXe siècle ». Mais que dire d'un homme qui, devant le même spectacle, le matin de l'inauguration du congrès de l'année suivante, nous parle de « grandeur », d'« élan », de « force », de « joie » ? Que dire quand, le soir même, perdu dans cette foule venue acclamer Hitler, il soupire, et s'extasie : « il y a une espèce de volupté virile qui flotte partout, qui n'est pas sexuelle mais très enivrante » ; puis : « mon cœur tressaille, s'affole... ah ! ce soir, je meurs, je meurs de passion... » ? Et comment qualifier un écrivain, qui le lendemain, dans une lettre à sa maîtresse, tentant, comme il se doit, de lui exprimer, et son émoi, et sa tristesse de l'avoir ressenti en son absence, est capable de dire que le spectacle a « dépassé tout ce qu'il attendait » ; que c'est, et de très loin, ce qu'il a vu « de plus beau depuis l'Acropole » ; que c'était une manière de « tragédie antique », presque « écrasante de beauté » avec « chœurs et chants admirables » ; et que d'y avoir assisté sans elle, de ne pouvoir « partager » une « émotion » qui est, il y insiste, « l'une des plus grandes de sa vie » lui fait « éclater le cœur » ? Image, oui — c'est toujours lui qui parle et nous sommes loin, on en conviendra, du Drieu dandy, dédaigneux, artiste — de ces « cinq ou six Français serrés les uns contre les autres et tordus d'angoisse » qui, devant ce sommet du sublime qu'est la manifestation nazie, se demandent : « qui sommes-nous ? que faisons-nous dans la vie ? que sommes-nous en face de cela ? que signifions-nous ? »

Image, le surlendemain, 14 septembre, du même Drieu, à peine remis de son émotion, que l'on emmène en voiture à Dachau. Oui, vous avez bien lu : Dachau. Le camp de concentration de Dachau. Ce haut lieu du nazisme, non plus « esthétique », mais assassin. Et un lieu qui est, précisons-le, opérationnel depuis deux ans. Va-t-il s'émouvoir ? s'indigner ? va-t-il, l'exquis Drieu, commencer à trouver que la « tragédie antique » tourne au cauchemar ? Eh bien non. Pas le moins du monde. « La visite du camp, raconte-t-il, a été étonnante, je crois qu'ils ne m'ont pas caché grand-chose. » Puis, dans le même texte : « la note dominante c'est l'admirable confort et la franche sévérité, et aussi la résistance persistante et déterminée de certains éléments ». On croit rêver. Mais on ne rêve pas. Il dit bien le confort. Et la franche sévérité. Un écrivain français, anglomane et distingué, un écrivain qui, aujourd'hui encore, a ses nostalgiques et ses dévots, peut visiter un camp de la mort en cette année 1935 et, face à ses baraquements gris, face à ce peuple de bagnards dont on ne lui a, dit-il, rien caché, ne trouve rien d'autre à noter que « la résistance persistante et déterminée, etc. ». Rentré à Nuremberg après cette charmante excursion, retrouvant les cinq ou six Français dont la dramaturgie nazie avait fait éclater le cœur, il soupire d'aise encore une fois, boit beaucoup, s'amuse, fait rire les journalistes présents et dort du sommeil du juste.

Retour à Paris. Un an plus tard. Ou deux. L'homme couvert de femmes a adhéré au PPF, le grand parti qui, en France, espère se mettre à l'heure de la révolution allemande. Là aussi, on imagine une distance. Une ironie peut-être. On l'imagine, avec ses costumes bien coupés, ses chaussettes anglaises et son long visage empâté de faux aristocrate, prendre d'un peu haut, forcément, la frénésie populacière dont la salle des fêtes de Saint-Denis — le fief de Doriot — est de plus en plus souvent le théâtre. Or c'est l'inverse à nouveau. Exactement l'inverse. Et les images que l'on a de lui — par Bertrand de Jouvenel, Emmanuel d'Astier de La Vigerie ou par son amie Claudine Loste — sont celles, au contraire, d'un militant. Mieux : d'un fanatique. Ce sont celles d'un intellectuel qui a trouvé en Doriot le grand homme selon ses rêves. Drieu dans les meetings du PPF. Drieu au coude à coude avec ce chef providentiel, dont les bretelles, la chemise noire, la corpulence, la sueur le grisent. Drieu en bras de chemise. Drieu suant. Braillant. Drieu évoquant face à la foule déchaînée la pusillanimité, pêle-mêle, des communistes, des libéraux et de ses amis de la NRF : « allons ! ça leur ferait mal aux seins de crier vive la France ! » S'il a une originalité dans ces grand-messes, s'il prend une liberté vis-à-vis des consignes du parti, c'est celle, et celle seulement, de prononcer à tout propos le mot que, par un mélange de prudence, d'habileté tactique — à moins que ce ne soit de quant-à-soi nationaliste — le Führer français répugne alors à prononcer et qui est le mot de « fascisme ». Drieu, le seul porte-parole du PPF à se déclarer ouvertement fasciste.

Paris encore. Un peu plus tard. Ses « idées » ont triomphé. Enfin : elles ont à demi triomphé. Car si l'ordre allemand règne en Europe, si le mélange de la « grande vie grecque » et de la « grande vie du Moyen Âge » qu'il a reconnu en Poméranie a triomphé presque partout, si ce magnifique déploiement de jeunesse, de force, de santé qu'il admirait à Nuremberg est en passe de gagner l'essentiel de la planète et si, en France même, nous avons, grâce au ciel, fini par nous mettre à bonne école, il reste encore à faire, hélas, pour que la victoire soit totale. Drieu est de ceux (nombreux, il faut bien le dire, dans les milieux collabos) qui trouvent Pétain trop ancien régime — « beaucoup trop vieux, écrit-il, animé d'un esprit archaïque qui relève du vieux centre droit ». Mais il pousse l'originalité, et c'est déjà plus rare, jusqu'à soupçonner Laval d'être « un métis de juif et de tzigane », vraisemblablement « fait derrière une roulotte ». Et son nazisme est si extrême, il se veut si pur et orthodoxe, qu'il n'est pas jusqu'à l'ambassade d'Allemagne à Paris où il ne voie un repaire de libéraux, de salauds, de traîtres et, à nouveau, de demi-juifs. Heller, le fameux lieutenant Heller, patron de la censure et interlocuteur privilégié des écrivains parisiens, sortira épouvanté de sa première rencontre avec notre élégant. Et c'est lui, l'Allemand, qui, devant tant de zèle, devant un tel acharnement à veiller sur la doctrine, se surprendra à frémir et à redouter (c'est ce qu'il confie à son journal) d'être apparu, face à ce pur, comme un coupable et un décadent.

Car écoutons encore Drieu. Écoutons-le dans le secret de son journal à lui, quand il évoque sa soumission à la sublime figure du Reichsführer Adolf Hitler. Il y a mille manières de se soumettre. Il y a la manière cynique (les éditeurs). Étourdie (Cocteau). Lassée (Montherlant). Émoustillée (ça a failli être le cas de Gide). Il y a le style « tout cela est bien triste — mais le moyen de faire autrement ? » (ce fut le ton de nombre d'écrivains dans les semaines qui suivirent la défaite). Il y a la démarche des gens d'*Esprit* qui n'ont aucun goût pour l'hitlérisme mais ne sont pas fâchés (nous le verrons bientôt) de profiter de la débâcle, et de la table rase qu'elle a provoquée, pour construire une nouvelle France et faire la révolution nationale. Lui, Drieu, en propose une autre dont je ne suis pas sûr qu'il y ait tellement d'exemples et que j'appellerai l'adhésion par enthousiasme, identification et empathie. « Je sens les mouvements d'Hitler, dit-il, comme si j'étais lui-même. Je suis au centre de son impulsion. Mon œuvre, dans sa partie mâle et positive, est son incitation et son illustration. Étrange aventure que ces correspondances. » Et, un peu plus bas · « chez Hitler, même faiblesse et même force (sous-entendu : que moi) mais il a su passer par-dessus sa faiblesse, il ne la retrouvera que quand il aura épuisé sa force ; moi j'ai eu ma faiblesse au-delà de ma force et je suis resté immobile, chantant à peine ; à vingt-cinq ou trente ans j'avais, dans mes premiers écrits, lancé tout l'essentiel du cri fasciste ». Qui dit mieux ? Y avait-il plus étroite manière de coller à l'hitlérisme ?

Ajoutez à cela (car c'est une question que l'on pose souvent) un antisémitisme également incontestable. Ajoutez le « je meurs antisémite » du faux testament de 39. Puis, au lendemain de l'armistice, la délicate idée de renvoyer « tout originaire des pays d'Orient et d'Afrique » et de constituer une « colonie juive à Madagascar ». Ajoutez, au cas où vous penseriez, comme Berl dans ses entretiens avec Modiano, que l'antisémitisme lui est venu sur le tard, « comme une maladie honteuse ou un diabète », l'aveu, par Drieu toujours, qu'au moment de son mariage avec Colette Jeramec (le modèle de Myriam, la juive odieusement caricaturée de *Gilles*) il était « incapable de désirer une jeune femme, et encore moins une juive ». On peut, et c'est mon cas, trouver que *Gilles* est un beau roman. On peut, et je vais y venir, constater la séduction de son auteur. Il y a une chose que l'on ne peut pas dire, c'est qu'il ait été à demi nazi ; il y a une idée qu'on ne peut pas laisser s'accréditer, c'est que son hitlérisme ait été modéré par la désinvolture ou l'insolence. Drieu l'ultra. Drieu le salaud. S'il y a bien un « cas » qui, devant le tribunal, non de l'Histoire, mais de la conscience, ne souffre pas la moindre excuse, la moindre circonstance atténuante, c'est bien le cas de Drieu. C'est le premier point. C'est la première pièce du dossier Drieu.

Maintenant, le second point. La seconde pièce. Maintenant, et maintenant seulement, le fait que cet ultra, ce salaud, a dû avoir un charme, en effet. Ou une vertu. Ou une capacité, indiscutable, à plaire, fasciner, susciter l'indulgence ou la tendresse. Et cela dans la mesure où, malgré tout, malgré Dachau et Nuremberg, malgré la bassesse et l'infamie, malgré un nazisme qui, je le répète, ne pouvait pas ne pas apparaître aux contemporains eux-mêmes comme sans nuance et, donc, sans pardon, tant de gens si différents — et si différents, surtout, de lui ! — lui sont en effet restés, du début à la fin, attachés. Là, oui, il y a question. Là, oui, il y a mystère. S'il y a un mystère Drieu, c'est celui de la situation, dans son époque, au *cœur* de son époque, d'un homme que ses positions auraient au contraire dû marginaliser ou bannir.

Le jeune Drieu déjà. Il n'est pas fasciste bien sûr puisque ni la chose ni le mot n'existent encore vraiment. Mais il admire D'Annunzio. Il célèbre, dans la *NRF*, les « choses sacrées de la nation ». Il dit, dans *Les Nouvelles littéraires*, que Maurras, dans sa vie, a autant compté que Rimbaud. Interrogé, pour une autre revue, sur ses maîtres à penser, il cite, outre Maurras toujours, la longue chaîne des « réactionnaires français ». Et quand, début 23, le dirigeant royaliste Marius Plateau est assassiné par Germaine Breton, cette militante anarchiste que les surréalistes, de leur côté, qualifient de « femme en tout admirable », il prend parti, lui, pour Plateau et se rend à ses obsèques en compagnie de Montherlant. Or qui sont les amis de ce Drieu-là ? Qui sont, dans ces années, ses compagnons les plus proches ? C'est Aragon justement. C'est Breton. C'est le groupe surréaliste tout entier, qui, de deux choses l'une : soit feint de ne pas entendre (ce qui prouverait l'intérêt qu'il y a, pour de jeunes révolutionnaires, à rester proche de Drieu) soit n'entend réellement pas (ce qui pose un autre problème : celui de l'invisibilité, par les contemporains, d'une tentation fasciste qui affiche, un à un, ses symptômes les plus voyants). Et le résultat c'est en tout cas qu'on le retrouve, ce nationaliste conservateur et maurrassien, dans la plupart des manifestations du groupe — depuis le procès Barrès (c'est là, salle des Sociétés savantes, qu'il fait son éloge de D'Annunzio qualifié de « beau militaire ») jusqu'au *Cadavre* (ce pamphlet contre Anatole France dont il n'est pas exclu qu'il ait eu l'initiative) en passant par la plupart des réunions du groupe « Littérature » (où il semble qu'il ait occupé une place qui n'était pas celle d'un pur observateur).

Les années trente. Le Drieu de la tentation, puis de la conversion fasciste. Plus de doute. Plus de flottement ni d'équivoque. Or quand, fin 34, c'est-à-dire six mois après la conversion, il fait jouer une pièce, *Le Chef,* dont l'inspiration fasciste est évidente aux yeux de tous, qui en fait l'éloge ? Qui lui écrit qu'« il touche au plus grand des drames » ? Le communiste Dabit. Quand, en 35, il publie *Socialisme fasciste*, ce recueil dont le titre seul résume l'intention, qui réagit ? Qui salue ? Qui parle de « noblesse » et crie son « enthousiasme » ? Julien Benda, dans la *NRF* — et ce à six mois du grand congrès antifasciste dont il sera l'une des figures; puis Nizan, dans *Monde*, qui, même s'il voit dans « la faillite de Drieu » le signe de « la faillite générale de la pensée bourgeoise », ne peut s'empêcher d'admirer l'« authenticité » de ce livre, la « grandeur » de son auteur ainsi que son « style » qui est, dit-il, ce qui se fait de mieux « dans l'essai français d'aujourd'hui ». Et quand il va en Allemagne enfin, quand il fait son second voyage et qu'il admire, en Poméranie, dans son camp de jeunes nazis, « les traits essentiels de la grande vie grecque et de la grande vie du Moyen Âge », quand il laisse exploser son enthousiasme et qu'il enrage que « nous, Français, continuions à demeurer à la remorque et à la merci de tous les peuples qui risquent et qui créent », où s'exprime-t-il ? où ses reportages paraissent-ils ? qui, autrement dit, accorde crédit à sa parole ? *Marianne* qui est le journal de Berl en même temps que l'organe officieux du Front populaire triomphant.

Les années trente encore. Le premier voyage en Allemagne. Celui de Nuremberg, Dachau, etc. J'ai dit ses réactions. Ses transports sans mesure et sacrés. Mais ce que je n'ai pas dit — et qui est proprement sidérant — c'est qu'il ne s'arrête pas à Nuremberg et Dachau puisque, la visite finie, il reprend tranquillement son train en direction de l'URSS. Et ce que je n'ai pas dit non plus c'est que, avant de quitter Paris pour cette double expédition, il fait ce que font tous les voyageurs du monde quand ils vont dans des pays nouveaux et qu'ils prennent, par précaution, des contacts et des adresses. Or qui, pour la partie russe du voyage, lui donne ses contacts ? Qui va-t-il voir en priorité pour, à l'arrivée à Moscou, être recommandé ? Malraux, cela va de soi, l'ami Malraux, qu'il voit encore le matin du 5 septembre, jour de son départ, quasiment sur le quai de la gare et qui met à sa disposition toute une part de son réseau. Mais aussi Nizan, le militant Nizan qui, faillite de la pensée bourgeoise ou pas, est assez coopératif pour que Drieu, avant d'embarquer, lui poste le plus exquis des mots de remerciement. « Pardon, lui dit-il en substance, de vous avoir donné ce mal (ce qui tend à prouver que l'autre s'est en effet mobilisé) ; mais Malraux a fait le nécessaire et je pars. » Après quoi il ajoute, avec une désinvolture qui, rétrospectivement, laisse pantois et qui en dit long, surtout, sur ce que l'auteur des *Chiens de garde* était prêt à accepter avant de rompre à jamais : « toutefois, je passerai d'abord par Nuremberg où j'assisterai au Congrès nazi ». Drieu. Nizan. Le plus calmement du monde, Drieu annonce à Nizan qu'il s'en va acclamer Hitler.

La guerre. Le collabo. L'infâme éditorialiste qui, non content de se réjouir, pour des raisons, disons, idéologiques, de la défaite de son pays, en tire aussitôt profit pour prendre le contrôle d'une *NRF* où il avait, avant 40, de plus en plus de difficultés à faire passer ses textes. « Elle va ramper à mes pieds, éructe-t-il sur un ton dont l'élégance nous est désormais familière. Cet amas de juifs, de pédérastes, de surréalistes, va se gondoler misérablement. Et Paulhan, privé de son Benda, va filer le long des murs, la queue entre les jambes. » Or qu'en pense Paulhan ? Qu'en dit Benda ? Vont-ils enfin comprendre ce qu'est devenu Drieu ? Eh bien non. Toujours pas. « Je crois, dit par exemple Paulhan, dans une lettre à Jouhandeau, que tu fais bien de collaborer à la nouvelle *NRF*. Drieu est parfaitement loyal. Il lui semble faire une œuvre nécessaire, juste et, qui sait ? courageuse. » Je crois, écrit Mauriac à Drieu lui-même, que votre choix est erroné — « mais quelle joie de retrouver la *NRF* ! Soyez béni d'avoir rendu cette résurrection possible ; il faut que les écrivains français soient unis, groupés, affirmant la permanence de notre vie spirituelle ». Et si un Éluard, un Gide ou même un Malraux finissent par marquer la distance, ce n'est pas faute, pour le premier, d'avoir, en 41 encore, donné un texte à la revue ; pour le second, six mois plus tard, d'échanger avec son directeur la plus fervente des correspondances ; et, pour le troisième, de lui demander d'être le parrain de son second fils. On est en septembre 43. Il y a eu l'étoile jaune et les rafles. Les camps et les rumeurs d'extermination. L'engagement politique de Drieu n'a plus à faire la preuve, en d'autres termes, de l'horreur dont il est porteur. Or force est de constater que loin d'être l'exclu, le paria que l'on pourrait croire, l'homme conserve, jusqu'au bout, l'estime et l'amitié de ses pairs.

Et puis j'oubliais la fin. La toute fin. Avec les trois scènes fameuses qui occupent la place que l'on sait dans la légende dorée de Pierre Drieu La Rochelle — et qui ont de quoi troubler, en effet, l'historien des idées. L'appartement, d'abord, de la rue Saint-Ferdinand. Le collabo déchu, traqué, qui trouve refuge chez Colette, sa première femme. C'est la scène dite de « la juive » qui, pardonnant l'offense passée, tend à l'ignominieux la dernière main secourable. Le dernier dialogue ensuite (indirect évidemment puisqu'à travers Suzanne Tezenas —

mais d'autant plus romanesque, d'autant plus apte à faire rêver les admirateurs posthumes de l'écrivain) avec André Malraux. « Au nom des liens de l'amitié, m'accepteriez-vous dans la brigade Alsace-Lorraine ? — Oui, je vous accepte. Mais je vous demande de changer de nom. Mes hommes ne comprendraient pas. A cette condition je vous accueille. » C'est l'incroyable quitus, ou porte de sortie, qu'offre à l'ultranazi celui qui sera bientôt l'un des héros de la Résistance ; et que Drieu n'ait finalement pas accepté le quitus, que, rassuré sur la confiance dont lui témoignait encore Malraux, il ait préféré mourir, n'ôte rien au paradoxe de cette ultime indulgence. Et puis d'Astier de La Vigerie enfin qui, le 1er septembre 44, arrivant à Paris et occupant son bureau de ministre, apprend que son ancien ami a essayé de se tuer et lui envoie lui aussi un émissaire : « il faut que Drieu passe au plus vite en Suisse. Je peux vous aider, faire accompagner l'ambulance par quelqu'un de la Sûreté. Mais dépêchez-vous d'utiliser mon aide. Je ne suis ministre que pour trois jours ». Là non plus, Drieu ne répondra pas. Mais là encore l'offre est venue.

A la fin comme au début, donc, le même empressement et affairement. La même ronde des amitiés et des fidélités paradoxales. Et la même extraordinaire complaisance à l'endroit, non seulement d'une vie, mais d'une œuvre dont chacun sent, dès cette époque, qu'elle est très en dessous des ambitions de ses débuts. Brasillach n'en eut pas tant. Lui qui n'en a pas plus fait et dont la littérature valait, elle, largement celle de Drieu, n'a jamais vu s'agiter cet exquis ballet de femmes, de marquis rouge et d'écrivains qui est comme la signature des destins exceptionnels. Et si, pour finir, il a tout de même eu sa pétition, s'il a eu ses grandes consciences venant plaider sa cause, c'est la cause justement, pas l'homme, pour laquelle on s'est battu — rien de commun avec les émois que l'homme Drieu a suscités et qui en font aujourd'hui encore, pour certains, une figure attachante. Voilà, je le redis, l'énigme. Elle est dans ce décalage entre une vie, une personnalité finalement misérables — et puis cette séduction qu'on ne peut pas non plus nier. C'est ce décalage — cette séduction — qu'il faut essayer d'expliquer.

Donc, pourquoi ? D'où vient cette faveur ? D'où, ce

privilège ? Comment s'explique que ce personnage, encore une fois impardonnable, ait inspiré ces sentiments ? Sur les ressorts de cette séduction les avis sont aussi nombreux que les commentateurs et les témoins.

Il y a Borges, par exemple, qui l'a un peu connu, en 1931, à Buenos Aires, où il était venu, à l'initiative de Victoria Ocampo, faire une série de conférences sur la démocratie et l'Europe. Ils ont un peu parlé. Beaucoup marché. Ils ont, ces deux contemporains, inlassablement arpenté, de préférence à la nuit tombée, les grandes avenues rectilignes de la plus européenne des métropoles américaines. Lorsque, presque cinquante ans plus tard, rencontrant Borges à Milan, j'ai essayé de lui faire évoquer le souvenir que la rencontre lui avait laissé et ce qu'il avait deviné, surtout, de la nature de l'ascendant que pouvait exercer cet homme, il m'a répondu : « oh ! Drieu... c'est très simple, Drieu... c'était un aristocrate... ou du moins le laissait-il croire... et vous savez combien vous, les Français, vous êtes sensibles à l'aristocratie... » Explication courte, il en convenait lui-même. Boutade. Provocation. Mais cette version des choses devait m'être confirmée, quoique a contrario, par cette anecdote trouvée, un an plus tard, dans le *Journal* de Cocteau : lui donc, Cocteau, qui découvre qu'il y a une « Pharmacie Drieu La Rochelle » tenue, dans une banlieue, par un oncle du grand Drieu ; toute une bande de joyeux drilles qui vont, menés par « le prince des poètes », organiser, sur les lieux, un gigantesque chahut ; et Drieu fou de colère — comme s'il avait été démasqué, percé à jour et que l'on avait découvert le mensonge sur lequel sa carrière commençait de s'édifier.

Il y a Bernard Frank qui ne l'a pas connu, bien sûr, mais qui lui a consacré, dans sa *Panoplie littéraire*, le plus subtil des essais critiques. Son secret, dit-il, c'est sa faiblesse. Sa bouleversante faiblesse. Laquelle faiblesse est à la fois, d'ailleurs, la clé de son antisémitisme (sa fragilité, dit Frank, il l'a baptisée juive ; en sorte que sa haine des juifs et du judaïsme n'était peut-être rien, au fond, qu'une façon de se haïr, de se mortifier lui-même et de traquer en soi cet indéracinable « vieil homme » auquel en ont, comme chacun sait, tous les totalitaires) — et puis la principale raison, aussi, des émois que cet éternel blessé n'a cessé d'éveiller dans les âmes portées à la sensiblerie. Comment ne pas être touché par un homme qui, à tout propos, fait l'aveu de ses défaillances ? Comment, lorsqu'on est une femme, refuser le rôle qui vous est ainsi proposé — au pire l'infirmière, au mieux la rédemptrice, ces deux personnages de ses romans et les deux types de femmes dont il n'a cessé, dans la vie, d'attendre un regain de vigueur ? Et comme on imagine la pauvre joie d'une Colette Jeramec qui, après avoir été bafouée et traitée, dans les livres mêmes, comme la dernière des dernières, voit le méchant revenir à elle et lui dire, dans la fameuse dernière scène : « je suis faible ! si faible ! tout cela, toute cette méchanceté ancienne, n'était, tu le devines, que le reflet de cette faiblesse ! je reviens à toi maintenant, désarmé, démuni — implorant ton asile et ta miséricorde ».

Il y a son courage, à l'inverse. Car il eut, sans conteste, une forme de courage. Le suicide final, bien sûr — encore qu'il n'explique par définition pas la complaisance dont je parle et dont il a joui de son vivant. Mais aussi, dans les mois qui précèdent, une façon d'assumer ses choix, et d'aller au bout de leur égarement, qui ne pouvait pas ne pas forcer l'estime. Tout est foutu, songe-t-il. Hitler a virtuellement perdu. On est à la veille de ce débarquement allié en Afrique du Nord dont chacun sent bien qu'il sera le tournant de la guerre. Et les collaborateurs dans son genre ne songent qu'à s'enrôler dans ce qui va devenir la plus grande armée du pays : celle des résistants de la dernière heure. Or lui fait l'inverse. Exactement l'inverse. Dans l'épisode fameux où il fait demander à Malraux s'il l'accepte dans sa brigade, il se satisfait du oui et ne lui donne, bien sûr, pas suite. Et pour l'heure, en cette veille de débarquement, alors qu'on ne songe autour de lui qu'à se refaire une vertu, il se rend au Gaumont Palace où a lieu la journée de clôture du congrès du PPF ; et lui qui a quitté le parti depuis deux ans, lui qui n'y croit plus et dont le dossier, au demeurant, n'est encore, à ce stade, pas trop chargé, voilà qu'il reprend sa place à côté de Victor Barthélemy et signe en quelque sorte sa condamnation définitive. Ce panache, faut-il le préciser ? n'excuse, à mes yeux, rien. Mais il explique bien des choses. Et je conçois qu'il y ait eu là un type de posture qui, aux yeux d'un Malraux ou d'un d'Astier, contribuait à le sauver.

Il y a le courage *et* la faiblesse. Le courage acquis, gagné sur cette faiblesse. Le truc de Drieu ayant probablement été, en même temps qu'il donnait le spectacle d'un certain goût pour la bravoure, de ne jamais rien cacher de ce pauvre nœud de terreurs, de doutes ou de petites lâchetés dont nous savons que cette bravoure est la forme surmontée. Prenez ses récits de guerre. Ou sa *Comédie de Charleroi*. Un Montherlant, sur le même thème, nous aurait donné — nous a donné — des scènes martiales et vigoureuses avec héros impeccables et témérités sans faille. Drieu, lui, n'en fait pas moins dans la célébration, un peu ridicule et, il faut bien le dire, préfasciste de la guerre et de ses prestiges. Mais il nous parle aussi de ses peurs. De ses misérables faiblesses intérieures. Il ne nous épargne rien ni de sa colique à Verdun, ni de son désarroi après la mort de Jeramec, le frère de sa future épouse, ni même, dans la « Prière d'Hargeville », de l'exhortation que, avant chaque épreuve, il doit adresser à sa « chair », sa « force », son « âme », pour qu'elles ne défaillent pas face à l'épreuve. « Vous avez peur d'avoir peur », dira le pacifiste Debrye au héros de *Gilles*. Et le héros ne répondra rien car il sait que cela est vrai. Drieu, l'anti-Montherlant. Drieu ou le contraire de ce faux courage des matamores qui se veulent, et se croient, tout d'une pièce. Le résultat est là — et le ressort du charme : alors qu'on ne croit pas une seule seconde aux forfanteries du matamore, alors qu'on devine en secret que ses blessures sont des estafilades et qu'il n'a jamais été encorné par le taureau de Pampelune, il y a dans les aveux de Drieu quelque chose qui sonne juste et qui rend au courage (et pas seulement physique !) le véritable métal dans lequel il est trempé.

Il y a les femmes. La légende, complaisamment entretenue, de l'homme couvert de femmes. Il y a tout cet arrière-monde de tumultes et de passions, de belles séduites et abandonnées, dont, à tort ou à raison, Benda, Nizan ou même Malraux l'ont probablement crédité. J'ai toujours pensé, pour ma part, que dans l'ascendant qu'exerce un homme sur ses contemporains, ces histoires de femmes — et de séduction — sont, avec le courage, l'ingrédient dominant. Drieu en est une preuve. La plus belle preuve, peut-être. Avec d'ailleurs — et cela aussi, Bernard Frank l'a bien senti — ce subtil mais décisif retournement qu'il impose à la figure classique : alors que le séducteur est, d'habitude, un homme fatal, alors qu'il pose à l'homme de fer, irrésistible et arrogant, alors que tout son charme est de dominer de faibles femmes, Drieu ne cesse là aussi de dire que la faiblesse c'est lui; que la fragilité c'est encore lui; que loin d'être le roué qu'on croit, rompu à la manœuvre et à la stratégie, il est le premier jouet, hélas, des passions qu'il croit déclencher. L'anti-Montherlant encore. L'anti-Costals. Une sorte d'amant bovaryen qui ressemblerait plus à Rodolphe qu'à Costals donc ou à Valmont. Comme si Drieu (ou, ce qui revient au même, ses héros — Gilles en tête) avait tout de suite compris le profit que l'on pouvait tirer à renverser méthodiquement les figures imposées de la séduction et à rendre à ce goût des femmes sa part, non seulement d'ombre, mais de timidité, humilité et pitoyable incertitude.

Il y a le suicide enfin. Et avant même le suicide, avant cette aura romantique dont il nimbe, forcément, toute la vie antérieure, avant les questions qu'il laisse en suspens (que serait devenu Drieu si... quel académicien aurait-il fini par être... qu'aurait-il renié de sa vie passée... de quels livres nous a-t-il privés...) il y a cette tentation suicidaire qui court à travers tous ses romans et qui ne pouvait qu'impressionner, à nouveau, ses détracteurs comme ses amis. Le suicide de Blêche. Le suicide d'Alain dans *Feu follet*. Celui d'Hassib dans *Beloukia*. Dans *Gilles*, le suicide de Paul Morel, de Monsieur Falkenberg père et puis, d'une certaine façon, et à la toute fin du livre, de Gilles lui-même. Le suicide de Jaime dans *L'Homme à cheval*. Le suicide de Dirk Raspe. Y a-t-il une œuvre moderne qui se soit si clairement placée sous le signe du suicide ? Y a-t-il un écrivain qui ait pris un tel plaisir à décrire, comme par avance, les mille et une raisons d'en finir avec la difficulté d'être ? Et y a-t-il meilleure façon, enfin, de laisser paraître un peu de cette ambiguïté douloureuse dont on commence à comprendre qu'elle fut le ressort ultime de la fascination qu'il exerça et dont il importe peu de savoir, en l'occurrence, si elle était le reflet d'un malheur réel ou si c'était au contraire comme un interminable jeu de pistes, de labyrinthes et de faux-semblants où il aurait lui-même fini, à force, par se perdre ? L'essentiel est, ici aussi, dans l'image que donne Drieu — et dans le fait que toute l'époque ait cru pouvoir reconnaître en lui l'ultime et paradoxal héritier de ces jeunes hommes qui, vingt ans plus tôt, au sortir d'une première guerre qui les avait marqués au plus profond, entraient dans le siècle en portant, selon le mot de l'un d'entre eux, leur suicide à la boutonnière.

Bref, autant de raisons. Autant d'explications, plausibles ou raisonnables. Autant de traits, si l'on préfère, qui éclairent, à leur façon, un aspect de notre mystère. Même si aucun, on le sent bien, ne l'épuise non plus tout à fait. Et même si, après cela, après que l'on a parlé de Drieu et des femmes, de Drieu et du courage, de Drieu et du suicide, il reste le sentiment, dont on a peine à se départir, que l'on n'a fait qu'effleurer une vérité plus enfouie. Ma conviction, personnelle, c'est que cette vérité se trouve au-delà. Et qu'il faut, pour la trouver, aller chercher en cet autre lieu où les écrivains — car Drieu, après tout, est d'abord un écrivain — consignent leur secret. Ce lieu ce sont les textes. Et je crois que c'est dans ses textes, dans leur langue, leur ton, dans la façon qu'ils ont d'articuler cet éloge de Dachau, cet amour d'Hitler, etc. que se trouve, à la fin des fins, la clé de l'énigme Drieu.

Les textes donc. Les textes politiques, idéologiques, engagés. Plus personne ne les lit, ces textes. On lit les romans, bien sûr. Les nouvelles. On lit le moindre essai, ou essai de biographie sur Drieu. Mais *Socialisme fasciste* en revanche, ou *Avec Doriot*, ces autres livres où il expose le pourquoi et le comment de son choix, ces recueils d'articles ou de pamphlets où il s'explique et se justifie, on n'a bizarrement plus l'idée d'aller y regarder. Je l'ai fait, moi. Et j'y ai trouvé, je dois l'avouer, des choses tout à fait instructives.

Car que dit, au juste, Drieu ? Comment présente-t-il ce fascisme auquel il se rallie ? La première chose qui frappe et qui fera sursauter, j'imagine, bien des lecteurs d'aujourd'hui, c'est qu'il en parle comme d'un mouvement, non pas de droite, mais de gauche. Il dit de gauche. Il le dit expressément. Il le fait sans provocation d'ailleurs. Sans avoir le sentiment d'avancer une thèse particulièrement scandaleuse ou énorme. Le fascisme est de gauche, voilà tout. Il est rouge. Socialiste. Dans « national-socialisme », le deuxième terme, insiste-t-il, est au moins aussi important, aussi lourd de sens, que le premier. Et rien n'est plus significatif, à cet égard, que le portrait qu'il brosse de son fasciste à lui, Jacques Doriot. On cite toujours les pages un peu niaises sur « Doriot le bon athlète » qui « étreint le corps débilité » de cette vieille « mère malade » qu'est la France et qui « lui insuffle la santé dont il est plein ». Mais il y a aussi, tout aussi essentiel dans son choix, le fait que Doriot est un ouvrier ; que cet ouvrier admire Lénine ; que cet admirateur de Lénine a été, et s'en vante, l'un des hommes clés du Komintern ; qu'en 1934 encore, c'est-à-dire hier, Staline était au bord de le choisir contre Thorez pour diriger le PCF ; et que cet ouvrier, ce chef rouge, loin de renier ce passé, prétend au contraire l'accomplir en offrant une alternative à un petit peuple dérouté, pense-t-il, par l'embourgeoisement du Parti. Un socialisme national, en somme. Un communisme sans Moscou. Une sorte de titisme à la française — et avant la lettre — dont l'ouvrier de Saint-Denis serait le maréchal. C'est cela le doriotisme, pour Drieu. C'est comme cela qu'il l'entend. Et c'est cela que ses amis de gauche entendent qu'il y entend.

Mieux, plus troublant encore, il ne perd pas une occasion de dire que ce socialisme national, dans sa version allemande comme, bientôt, dans sa version française, est très clairement, pour lui, un mouvement révolutionnaire. Il le dit en 34, dans l'article de *Marianne* qui s'appelait « Mesure de l'Allemagne ». En 39, dans *Le Figaro*, quand il brosse le portrait d'un jeune Allemand entré dans les SA pour « faire la révolution ». En 40 encore, après la défaite, quand il va voir Abetz et qu'il l'avertit : « faites attention ! l'armée allemande ne doit surtout pas apparaître comme une armée d'occupation ! c'est une armée révolutionnaire ! une armée de libération ! c'est comme la grande armée de Napoléon qui portait en Europe la voix de la révolution ! » On peut trouver ce discours étrange. Délirant. C'est pourtant lui, encore une fois, que tient Drieu La Rochelle. Il y a, à ce moment-là, des gens qui voient dans le fascisme un retour au passé et à la tradition. Il y en a, notamment à Vichy, pour rêver d'un État conservateur, réactionnaire, etc. Drieu, lui, n'est pas de ceux-là. Il n'a rien, mais alors rien à voir avec ce courant intellectuel. Ce qui lui plaît dans le fascisme, c'est son aspect convulsif au contraire. C'est son côté violent, sismique, apocalyptique. C'est le fait que Hitler, à ses yeux toujours, est quelqu'un qui veut, non gérer, mais changer le monde. Hitler « civilisateur ». Hitler, « éducateur ». Une sorte de « Hitler-Auguste » jetant, dans la violence et le sang, les bases d'un monde futur. Comme Staline ? Eh oui, comme Staline. Comme Lénine ? Eh oui, comme Lénine. Il n'est pas si mal que ça, d'ailleurs, Lénine. Il y a quelque chose d'admirable dans son côté « abbé du Moyen Âge entrant dans la forêt avec ses moines pour y entamer un essart ». Et il est si admirable qu'il s'en est fallu d'un cheveu, répète-t-il, pour qu'il ne devienne lui-même léniniste et stalinien.

Il ne l'a pas fait, dira-t-on ? « Admirable » ou pas, c'est quand même de l'autre côté qu'il a fini par basculer ? Et il a, ce faisant, clairement choisi son camp ? Oui et non. Car écoutons plutôt les *raisons* qui justifient, selon lui, ce choix. Il y en a trois. La première : les choses étant ce qu'elles sont et les partis communistes européens étant devenus de grosses machines molles promises à l'effondrement, les fascistes sont, révolution pour révolution, plus révolutionnaires que les communistes : c'est, littéralement, ce que lui disait le jeune SA de l'article du *Figaro* ; c'est, littéralement aussi, ce qu'il écrivait lui-même dans l'article de 34 ; en sorte que c'est, non par reniement, mais par fidélité au désir de révolution qu'il explique son basculement. La seconde : du point de vue des buts cette fois et des moyens d'y parvenir, du point de vue de la stratégie concrète qu'un intellectuel responsable doit essayer de mettre en place, le fascisme est un progrès, un chemin vers le communisme : Drieu reste « communiste », autrement dit ; enfin : il continue de croire en quelque chose que, à tort ou à raison, il appelle le communisme ; et c'est tout naturellement que, dans son journal par exemple (en date du 19 avril 1944, mais dans un fragment où il est question des années d'avant-guerre), il parle de son fascisme comme d'une « étape vers le communisme » — les mêmes mots, exactement, que ceux de ses amis de gauche lorsqu'ils voient dans le socialisme cette étape vers le communisme. Et puis la troisième enfin : « dès 1918, j'ai flairé dans le communisme russe le moyen de produire une nouvelle aristocratie; je ne m'étais pas trompé; je cherche dans le socialisme de forme européenne, le fascisme, cette nouvelle aristocratie ». Le socialisme de forme européenne... Tout est là. Tout est dit. Le fascisme n'est plus une « étape », mais une « version ». Ce n'est plus un « moment », mais une « variante ». Pour Drieu, commente Berl, « le fascisme est la seule forme de communisme que puissent assimiler les petites nations vieillies de l'Occident ». Il y a des gens, là encore, et au même moment, qui deviennent fascistes par peur, haine ou refus du communisme. Drieu n'est toujours pas dans ce cas. Et il y a dans *Socialisme fasciste* une page qui, de ce point de vue, laisse rêveur : « je laisse aux pseudo-révolutionnaires la courte honte de me traiter de paradoxal, et je dirai que ma confiance dans l'avenir du socialisme vient du spectacle que donnent aujourd'hui les pays fascistes ».

D'ailleurs, pourquoi rompt-il? Sur quelles bases? A quel moment? Il y a mille raisons, là encore, de rompre avec le fascisme. On peut rompre à cause des camps. On peut se dire que Hitler est un monstre ou un dément. On peut, j'y reviendrai, être saisi d'informations sur la « solution finale de la question juive ». On peut penser à Colette. A Berl. Aux amis juifs des années 30, comme à tout ce peuple sans visage embarqué, au petit matin, vers Drancy puis Auschwitz. Eh bien non. Ce n'est pas ça que fait Drieu. Ce n'est pas pour ça qu'il prend ses distances. Il s'en moque, lui des enfants juifs et de ce qui va leur arriver. Il a une raison bien plus sérieuse de rompre. Bien plus intéressante. Il a une vraie raison d'intellectuel qui campe sur les cimes de l'Histoire et jongle avec ses majuscules. S'il rompt, dit-il, c'est qu'il a le sentiment, tout à coup, qu'on lui a raconté des blagues et que Hitler n'était pas le révolutionnaire qu'on avait cru. Pendant la guerre déjà, un signe l'avait troublé : les nazis bannissant de leurs musées les œuvres tourmentées, convulsées de Vincent Van Gogh; comment s'était-il inquiété ? de quoi? est-ce à dire que les Allemands veulent « sortir de cette convulsion qui les a eux-mêmes mis au monde » ? Au même moment, un autre signe : la publication, à Genève, de *La Révolution du nihilisme* de Hermann Rauschning; Rauschning confirme dans ce livre — encore que ce soit, lui, pour le déplorer — tout ce qu'il a pressenti, lui, « depuis longtemps », de la poussée révolutionnaire qui ébranle l'Allemagne hitlérienne ; or les hitlériens, apprend-il, n'apprécient pas ce livre et refusent de s'y reconnaître. Et puis, en 43 enfin, la confirmation terrible, les dernières illusions qui se dissipent et notre socialiste fasciste bien forcé, maintenant, de se rendre à l'évidence : « les Allemands ne sont pas du tout révolutionnaires » ; ils sont « complètement dépassés par les événements » ; ils ne font plus de « politique en Europe, je sais cela depuis un an et demi ». Ce constat désabusé se trouve dans le journal, en date du 5 mars. Il ajoutera, huit jours plus tard : « je ne crois plus au fascisme, trop peu de socialisme dans le fascisme ». Et c'est encore la preuve, a contrario cette fois, que c'est bien le « socialisme » et la « révolution » qu'il avait en tête aux temps passés de l'euphorie.

Dernière preuve enfin, et a contrario toujours, l'étrange attitude qu'il adopte après, donc, la rupture. Car tout était possible. Il pouvait devenir démocrate. Libéral. Il pouvait découvrir, sur le tard, la gloire et les vertus du gaullisme. Il pouvait surtout ne rien faire du tout, ne rien croire et, échaudé par son erreur, se défier désormais de ses propres emportements. Il aurait pu faire de la philosophie. Terminer *Dirk Raspe.* Se plonger complètement dans l'hindouisme. Il avait mille façons, en fait, de s'en tirer et de s'occuper. Mais non. Il replonge. Il remet en marche la machine à convictions. Et le voilà qui déclare, sur le ton de l'homme qui, cette fois, n'en démordra plus : ça y est, j'ai compris ; les choses sont claires à présent ; je suis, reste et mourrai communiste ! « Ainsi donc, murmure-t-il par exemple après la démission de Mussolini, le fascisme n'était que cela : maintenant, et il en est ainsi depuis un an, tous mes vœux vont au communisme. » Puis, dans *la Révolution nationale*, le journal ultra-collabo de son ami, et cadet, Lucien Combelle : « est-ce qu'il peut y avoir un autre drapeau que le drapeau rouge à la surface du continent enfin entièrement réduit au socialisme ? » Puis encore, quelques semaines plus tard, dans une conversation avec Karl Epting, le directeur de l'Institut franco-allemand : « s'il survit, ce que je souhaite, Combelle, en toute logique, dans la ligne que nous avons défendue, peut devenir communiste ; les communistes seront en Europe les héritiers du fascisme ». Et dès avril 43, dans le secret de son journal : « j'en reviens au point de vue de Boutros, d'*Une femme à sa fenêtre*, un de mes livres oubliés de tous et de moi-même — le communisme comme fin de tout, comme dernier terme de la décadence européenne ». Drieu amer, donc. Drieu floué. Mais Drieu qui reprend espoir. Drieu qui recommence à croire. Un Drieu plein de confiance dans cette Russie rouge dont il souhaite à présent la victoire. Et si Hitler comprenait lui aussi ? s'il se reprenait ? s'il renversait ses alliances et tendait à nouveau la main, comme en 39, à son jumeau ? Hélas ! Ne rêvons pas ! Les Allemands, enrage-t-il, sont trop « cons ». Et il est bien forcé d'admettre, en secret, que c'est Staline, et Staline seul, qui porte ses couleurs. Cette question, grotesque mais insistante, qu'il ne cesse de poser, d'après Grover, à l'une de ses maîtresses : « qu'est-ce que tu crois qu'on penserait si je passais aux Russes ? »

Alors, bien sûr, ce « communisme » est un peu spécial. Et il continue d'y entrer toute une camelote raciste, antisémite ou juvéniste qui, lui venant en droite ligne de la conviction déchue, n'aurait sans doute pas, comme telle, l'agrément des « vrais » communistes. Soit. Mais ce que je veux dire c'est que Drieu, une fois de plus, prononce les mêmes mots et se pose les mêmes questions. La même langue. Le même terrain. Le même système de préoccupations, de concepts, de rêves. Un épistémologue moderne dirait : la même problématique. Voilà, oui. Il nous manque une épistémologie des discours politiques. Il nous faudrait un Foucault sachant décrire la distribution des passions politiques d'une époque avec les mêmes méthodes, la même science, que la dispersion des sciences et des savoirs. Si cette épistémologie existait, on toucherait, je crois, du doigt cette extrême proximité que j'essaie de rendre sensible. On verrait qu'Aragon et Drieu, chacun dans ses genre et registre, brassaient le même stock d'images, obsessions, émotions. On irait à Roquebrune, à l'été 43, dans la villa qu'occupe Malraux avec Josette Clotis et qui est le théâtre, entre les deux hommes, d'une ahurissante discussion sur la question de savoir qui, de Doriot ou de De Gaulle, est le mieux placé — *sic* — pour « faire la révolution ». On comprendrait que lorsque Drieu, au milieu des années trente, ressasse ses idées fixes sur la décadence de l'Europe et l'irréversible déclin de l'idée démocratique, il pose les mêmes problèmes que ses amis soviétophiles. Ou que, lorsqu'il intitule *Les Derniers Jours* la petite revue qu'il fonde avec Berl, il choisit un titre qui aurait pu être celui d'un livre de Nizan.

L'indulgence de la gauche face à Drieu ? Cette incroyable sympathie dont il a bénéficié de bout en bout ? Eh bien c'est ça. Nous y sommes. Lors même qu'ils ferraillaient et s'anathémisaient l'un l'autre, ces gens demeuraient fondamentalement complices. Ce fascisme qui nous semble, à nous, aberrant et monstrueux, cet hitlérisme qui incarne, et tant mieux ! l'horreur définitive et absolue, il apparaissait comme un *mode* d'une substance commune. Et Drieu et Malraux par exemple, ou Drieu et Aragon, étaient comme ces deux théologiens de Borges qui ont passé leur existence à s'exclure et excommunier mais qui, au moment de mourir, s'avisent qu'ils étaient deux corps habités par la même âme. Dieu avait jeté une âme dans deux corps, commente ironiquement Borgès... Dieu a plus d'imagination pour les corps que pour les âmes... De même, nos intellectuels : ce Dieu de l'histoire des idées qu'est l'« épistémè » d'un moment jette volontiers les mêmes passions, les mêmes fantasmes, les mêmes systèmes d'aveuglement, dans des corps de discours différents. On aura compris, je suppose, que ce que je dis là n'excuse nullement Drieu et ne change évidemment rien à la réprobation morale que peuvent, et doivent, inspirer les textes de tout à l'heure. Je laisse ouverte, en revanche, l'autre question — qui serait de savoir ce que ces affinités de langue indiquent quant à la vraie nature d'une « gauche » qui s'ignorait, je pense, si proche de son double.

3

« Voici Berlin à Paris »

(DIALOGUE AVEC MOI-MÊME SUR LA QUESTION COCTEAU)

— Il y a quelque chose d'étrange dans votre affaire. Vous nous parlez de Drieu et de Brasillach. Vous ne nous ferez grâce, j'en suis sûr, d'aucun de ces Chardonne, Jouhandeau, Léautaud et autre Giraudoux qui sont, dans votre système, les figures emblématiques de *L'Idéologie française*. Que Paul Valéry lui-même passe quelques heures de trop dans un cimetière, et vous en faites déjà un profanateur de tombes fasciste. Or il y en a un, d'écrivain, dont vous ne parlez pas et qui jouit, à vos yeux, d'une extraordinaire impunité : c'est Jean Cocteau. Alors pourquoi ? Est-ce qu'il n'était pas là, lui aussi ? Est-ce qu'il n'avait pas sa table chez Maxim's ? Son déjeuner hebdomadaire avec Lise Deharme ? Ses amitiés allemandes ? Ses succès théâtraux ? Est-ce qu'il n'a pas écrit dans *La Gerbe* ? dans *Comœdia* ? Est-ce qu'il n'y a pas le témoignage du vieux José Corti qui, en mai 44, au restaurant Le Catalan où l'autre a ses habitudes, vient le voir sur le thème : « vous mangez avec les Allemands — que cela vous serve au moins à m'aider à sauver mon fils déporté » ? et est-ce qu'il n'est pas établi que le « prince des poètes », étourderie ou indifférence, ne bouge pas le petit doigt ? Est-ce qu'il n'y a pas eu le *Salut à Breker* enfin, dont il sent d'ailleurs lui-même, et tout de suite, qu'il sera, le moment venu, la pièce la plus lourde de son dossier ? Il y a toutes ces infamies, oui. Et pourtant vous l'épargnez.

— C'est vrai. Mais il y a, à cela, une première raison qui est : il ne faut pas non plus tout confondre — et, infamie pour infamie, ou indifférence pour indifférence, Cocteau fut, à tout prendre, moins compromis que ceux dont vous parlez. Le *Salut à Breker*, d'accord. Mais pas d'hymne à l'hitlérisme. Pas d'euphorie devant la victoire allemande. Pas de *Solstice de juin*.

Ni de *Chronique privée de l'an 40*. Ni de dénonciations, bien sûr. Ni, publiquement du moins, de déclarations antisémites. Et pour un manquement enfin, dans le cas du fils Corti, aux règles de l'honneur, combien d'interventions — à commencer par celle, vaine hélas, mais sincère, en faveur de Max Jacob ? Ajoutez à cela — c'est la seconde raison — qu'il y a un autre Cocteau dont il faut, si l'on va par là, parler autant que de celui-ci et qui est son opposé exact. C'est le Cocteau qui était, le saviez-nous ?, l'un des éditorialistes vedettes, avant la guerre, du journal d'Aragon, *Ce soir*. Un Cocteau de gauche. Un Cocteau antifasciste. Un Cocteau qui n'est pas, mais alors pas du tout, de cette famille pétainoïde.

— Bien entendu, je sais cela. C'est l'article sur Guernica, de juin 1936. Le « Songe et mensonge de Franco », le mois suivant. C'est, en 1938, quand commence à grossir le flot des persécutés, notamment juifs, qui fuient l'Allemagne nazie, l'appel à une France ouverte qui « sache offrir un asile aux exilés de l'univers ». Ce sont encore, je vous l'accorde, ses attaques contre l'antisémitisme wagnérien et ses éloges du Front populaire. Il y a eu, c'est l'évidence, tout un Cocteau première manière que l'on ne pouvait soupçonner d'indulgence vis-à-vis de l'ordre nazi. Mais, et après ? Qu'est-ce que cela prouve ? Depuis quand une position prise avant la guerre devrait-elle excuser celle que l'on a prise pendant ? Et est-ce à vous que j'apprendrai que Cocteau n'est pas le premier écrivain « progressiste », et vaguement marqué « à gauche », à avoir, en 40, carrément viré de bord ?

— Bien sûr. Mais il y a autre chose, dans ce cas, qui suffit à le distinguer. C'est qu'au lieu d'en rester là comme n'importe quel Jouhandeau ou Montherlant, au lieu de se dire : « bon, voilà, je suis un écrivain de gauche qui est passé au pétainisme, c'est parfait comme ça, restons-y, et continuons », il revient, lui, après la guerre, à ses positions d'avant et devient l'un des proches compagnons de route du PCF. Cocteau aux funérailles d'Éluard. Cocteau, au premier rang des manifestations et des appels en faveur des Rosenberg. Cocteau derrière Sartre, dans l'affaire Henri Martin. Cocteau derrière Aragon, dans la plupart des grands épisodes qui font l'histoire politique du moment Cocteau, enfin, qui est le seul artiste, avec Picasso et

Aragon, à avoir droit à sa photo avec Maurice Thorez. Vous ne trouvez pas ça étrange ? Intéressant ? Ce qui m'intéresse, moi, là-dedans, c'est l'acharnement puis le zèle avec lequel l'auteur du *Salut à Breker* rejoint, dans ces années, ce qu'il tient, manifestement, pour sa vraie famille d'origine. J'écris une histoire des idées. C'est-à-dire une histoire des familles. Et je ne peux pas ne pas faire un sort à ce singulier et insistant tropisme.

— Ne plaisantons pas, voulez-vous. Vous savez fort bien ce qui se passe à ce moment-là entre Cocteau et les communistes, et Aragon en particulier. Aragon le déteste. Trop proche, dit Berl. Trop loin, dit Elsa. Mais il devine, quoi qu'il en soit, qu'il y a là un gros coup à jouer pour le Parti : « tu es fait, dit-il à Cocteau ; mouillé jusqu'à la moelle ; tu as un dossier épais comme ça et aucune chance de t'en tirer ; alors le Parti te tend la main ; il t'offre de te blanchir pour le passé et de te couvrir pour l'avenir ; mais, en échange de cette paix, il te demande des manifestes, des photos, des éditos ; il attend de toi une fidélité, une docilité sans faille ». Marché classique à l'époque. Tout à fait dans la manière de ce Parti communiste triomphant. Et on imagine bien le « fou d'Elsa », promu régent des lettres, tenir un langage de cette espèce. Cocteau, pas téméraire, accepte.

— Admettons qu'il y ait de cela. Mais outre le fait que, là encore et à tout prendre, je préfère le salaud qui se rachète, qui *éprouve le besoin* de se racheter, à celui qui s'installe au contraire dans une indignité béate, je vous réponds que ce marché est plus répandu que vous ne croyez. Tous les intellectuels en passent par là. Tous les engagements ressemblent à ça. C'est toujours — et pas seulement en 45 ! et pas seulement avec le PC ! — quelque chose comme : « tu es fautif ; tu es monstrueux ; il y a dans le fait même de faire de la littérature quelque chose qui met à l'écart du commun ; alors si tu veux qu'on passe l'éponge, si tu veux être tranquille et pouvoir continuer de mener en paix tes sombres trafics littéraires, il faut que tu payes l'impôt, et cet impôt c'est l'engagement ». Depuis le temps que je dis ça ! depuis le temps que je répète qu'un écrivain politisé c'est toujours un irrégulier qui éprouve soudain le besoin d'une cure de positivité ! Eh bien, en voici un exemple. Il est particulièrement corsé, j'en conviens. Mais c'est pour ça qu'il m'intéresse.

— Comment ça un irrégulier ? Pourquoi pas un maudit tant que vous y êtes ? Le Cocteau de ces années est ce qu'on aura fait de mieux — de pire ? — dans le genre poète mondain, à l'aise dans son siècle, et étranger à cette idée d'un écrivain farouche et noir, à l'écart de son époque. Il est écouté, lui, à ce moment-là. Fêté. Admiré. Il a une cour autour de lui. Des bandes de flatteurs à ses basques. Il y a l'image fameuse des jeunes admirateurs grimpés en haut des lampadaires, la nuit, en face de chez lui, pour avoir une petite chance de l'apercevoir derrière ses fenêtres. Il y a le lever de Cocteau, auquel le Tout-Paris se presse. La toilette de Cocteau, réservée à quelques élus. Il y a les innombrables soirées et fêtes parisiennes qui se disputent, et obtiennent, son éclatante présence. Pardon d'insister : mais cela nous met assez loin du poète haï et damné !

— Eh bien justement, je n'en suis pas sûr. Et je me demande, moi, si Cocteau n'aurait pas été l'écrivain *le plus haï* de son époque, et de la nôtre. On a oublié cette haine. On a oublié l'invraisemblable persécution dont les surréalistes, par exemple, n'ont cessé de le poursuivre. Breton : « l'être le plus haïssable de ce temps ». Péret : « Cocteau ? une crotte d'ange ». Éluard : « et puis, sans rougir, car nous parviendrons bien à l'abattre comme une bête puante, prononçons le nom de Jean Cocteau ». Les numéros de *La Révolution surréaliste* où l'on évoque, sans se gêner, ses mœurs. Les coups de téléphone délateurs à sa mère. Les courses-poursuites dans la rue. Savez-vous qu'on tabasse Cocteau dans ces années ? que ses spectacles sont systématiquement perturbés ? savez-vous que, pendant toute cette période, il a dû quitter les salles de cinéma avant la fin de la séance car il savait que René Char l'attendait à la sortie ? « Ils y mêlent de la magie, écrira-t-il avec un accablement touchant, ils y mêlent de l'envoûtement. » Et Max Jacob, pour le consoler : ces hommes sont des « possédés du démon ». Ce dont je suis sûr, pour ma part, c'est, primo, qu'il y a là de quoi tempérer votre jugement sur le poète fêté, couvert de fleurs et d'honneurs ; et c'est, secundo, qu'un homme à ce point haï, un écrivain qui cristallise sur sa personne une telle réprobation, ne peut être si mauvais que vous feignez de le croire.

— Tout dépend de la haine, voyons. Et des *raisons* qui font que l'on réprouve un homme. Dans le cas de Cocteau, c'est quand même clair. L'équivoque. Le côté douteux. L'affaire Breker toujours, avec...

— Non, justement, ce n'est pas clair. Car les scènes dont je vous parle sont toutes antérieures à la guerre. Et d'ailleurs, ne vous y trompez pas : cette affaire Brecker est loin, sur l'instant, de faire le boucan qu'elle mériterait. Ça passe, finalement. Personne n'y trouve trop à redire. Et c'est même le moment, ces mois, puis ces années de l'après-guerre, où le cas de Cocteau s'arrange. L'effet PC. L'absolution par le PC. Le calcul qu'avait fait Cocteau, en somme, et qui s'avère payant. Sauf qu'il faut bien, pour la haine, trouver une autre explication.

— Alors ?

— Alors, des questions de style.

— De style ?

— De style, oui. Il y avait un style Cocteau, une manière d'être et de vivre, qui ne pouvait pas coller avec la lourdeur d'esprit surréaliste. Breton, ne l'oubliez pas, ne s'est jamais remis d'être le fils d'un gendarme de Nantes. Il y avait dans l'aisance de Cocteau, dans sa désinvolture, quelque chose qui lui était insupportable.

— Est-ce qu'il n'y a pas quelque chose d'insupportable, aussi, dans cette façon de réduire une querelle d'intellectuels à je ne sais quel affrontement entre un fils de ceci et un enfant de cela ?

— Disons la chose autrement. Il y avait la gloire de Cocteau. Son talent. Il y avait cette « facilité » légendaire (vous savez : ces histoires, que l'on racontait, de poèmes écrits en une heure, de romans en une nuit et de dessins géniaux griffonnés sur le coin d'une nappe...). Il y avait l'homosexualité, également, qui était intolérable à ces gens — Crevel en savait quelque chose.

— Je vous arrête à nouveau. Crevel, ça n'a rien à voir. Il était de la bande. De la famille, comme vous diriez. Et justiciable, à ce titre, de la légalité surréaliste.

— Justement : Cocteau aussi était de la bande. Ou du moins était-il, de l'extérieur, considéré comme tel. Et c'est bien ce qui, ajouté au reste, achevait d'exaspérer Breton. Songez que, lorsque sort *Le Sang d'un poète*, la presse le salue comme le chef-d'œuvre du cinéma surréaliste !

— Un conflit de frontière, alors ? Une lutte pour le contrôle des brevets, des estampilles, des créneaux ? Une guerre de marchés, à la mode littéraire ?

— Il y a de cela. Et on le voit d'ailleurs très bien quand ils se disputent le contrôle de tel mécène ou marchand de tableaux dont ils ont également besoin. Mais je ne veux pas trop insister là-dessus. Car je vous l'ai dit : au-delà de tout ça, au-delà de ces bagarres de boutiquiers qui auraient pu se solder à l'amiable, il y avait ce dandysme, cette insouciance ostentatoire, cet humour, qui étaient intolérables pour un André Breton. Je ne vais pas vous dire, comme les amis de Cocteau : « ils le haïssaient parce qu'il avait plus de grâce, de talent, de génie, etc. ». Mais c'est vrai que face à la terreur des surréalistes, face à leurs âmes de plomb, je serais presque tenté de défendre l'insoutenable légèreté de Jean Cocteau.

— Mais enfin, qu'appelez-vous la légèreté de Cocteau ? Et qu'en reste-t-il, si vous en excluez le talent, le génie, etc. ? Je vois du beau monde, ça, oui. Je vois du fric. Du luxe. De la frivolité tant qu'on en veut. Je vois des photos avec les Rochas. D'autres avec les Molyneux. Je vois un ambulancier grotesque qui, en 14, fait dessiner son uniforme par Poiret. Et je vois un vieux jeune homme courant les bals et les soirées avant d'en être réduit, pour de bon, à faire le génie devant les mondains. Question de style, en effet. La question est de savoir si le style de vie qu'il a choisi était compatible, ou non, avec le souci d'une œuvre.

— Nous y sommes. Mettons que ce soit cela qui me passionne chez ce bonhomme. J'ai toujours aimé les perdants. Les has been. J'ai toujours eu un faible pour les gens qui rôdent autour de leur échec. Et j'aime cette idée d'un écrivain qui organise sa vie pour qu'elle parasite, sabote et finisse par saborder son œuvre.

— Jusqu'à dessiner des robes pour Schiaparelli ? Des chandails pour Coco Chanel ? Jusqu'à autoriser Jeanne Lanvin à baptiser une de ses robes « Heurtebise » ? et permettre à des boîtes de nuit de prendre pour nom « Les Enfants terribles », ou « Le Grand Écart » ? Non. Ce n'est plus de l'« insolence ». Ni de la « légèreté ». C'est du crime de lèse-littérature. C'est un formidable mépris de soi, et de la dignité de sa propre œuvre. C'est, pour un écrivain, le sacrilège suprême. Et tout cela pour se pousser du col dans quelques hôtels de la Côte d'Azur. Il a eu du talent, votre Cocteau. Mais ce qui me trouble, c'est ce talent gâché, frelaté par une vie absurde. De la nocivité des duchesses pour le destin des écrivains.

— Chacun son trouble. Ce qui m'émeut, moi, c'est de l'entendre gémir contre la « monstrueuse injustice » qui lui est faite. C'est de le voir se battre comme un diable pour se faire reconnaître comme l'un des leurs par les gens de la *NRF*. C'est de le savoir si bouleversé quand on l'écarte. Si heureux quand on l'accueille. C'est cette phrase : « mon nom court plus vite que mon œuvre ». Cette autre : « Malraux, Montherlant, Sartre, Camus, Anouilh, on les envisage; moi, on me dévisage ». C'est la haine qu'il se témoigne. Les coups qu'il se porte à lui-même. C'est qu'il soit un cinéaste génial, un prosateur de premier ordre et qu'il ait tout organisé, en effet, pour occuper ce rôle mineur dans le paysage de son époque. J'aime, je vous le répète, que cet homme ait entrepris, sans le vouloir ni le savoir, de jouer si clairement sa vie contre son œuvre.

— Je crains de vous paraître décidément bien rabat-joie. Mais j'ai un sentiment, moi, exactement inverse. Et je suis prêt à soutenir que Cocteau était un roué qui savait ce qu'il faisait et qui, loin de mettre sa vie en travers de son œuvre, inventa la meilleure manière, au contraire, de les adosser l'une à l'autre. Il avait, vous le savez bien, un flair extraordinaire. Il n'avait pas son pareil pour repérer, chez les autres, les talents ou le génie. C'était un radar, Cocteau. Un détecteur presque infaillible. Genet... Radiguet... J'en passe... Car je voudrais surtout vous dire que cette perspicacité qu'il avait pour autrui, il l'avait sûrement aussi pour lui. Et je l'imagine bien, à l'âge de ses premiers succès, ébloui, mais accablé, par la diversité trop grande de ses dons. Je ne serai jamais Gide. Je ne serai jamais Picasso. Je n'ai probablement pas non plus la vocation pontificale d'un Breton. Je ne suis que Cocteau. Un écrivain moyen. Un dessinateur honnête. Un artiste écartelé, autrement dit, par la multiplicité de ses intérêts. Et la seule façon de m'en tirer, le seul moyen de ne pas finir dans la peau d'un autre Schwob ou d'un Sachs plus heureux sera d'emballer tout cela dans une biographie paradoxale. Avec, en prime, la chance de pouvoir poser ainsi à l'écrivain qui s'est perdu — et de laisser entendre qu'à une robe de Schiaparelli près, à une extravagance ou à une délicate folie, j'aurais été Gide ou Proust.

4

« Le temps des lynchages et des nuits de cristal »

(DEUX OU TROIS CHOSES QUE SAVAIENT NOS COLLABOS)

Savait-on ? Savaient-ils ? Étaient-ils informés, nos beaux esprits, de la destination réelle, et finale, des fameux convois de la mort ? Et quand un Brasillach par exemple — car ce n'est, hélas, qu'un exemple — adjurait ses amis allemands de « ne pas oublier les petits », était-il conscient de les envoyer, ces petits, aux chambres à gaz et aux fours ? Bizarrement, cela m'est égal. Je n'arrive pas à attacher tant d'importance au fait que l'on ait connu, ou pas, la vérité du processus. Et il me semble que, l'eût-on même ignorée, n'eût-on rien su de l'horreur extrême qui attendait les voyageurs, qu'il y avait dans le fait de les mettre dans le train, dans le principe de la déportation et de la folle haine qu'elle impliquait, quelque chose qui, en soi, aurait déjà dû soulever le cœur.

Replacez-vous dans l'époque. Imaginez votre ami astreint à porter l'étoile. Votre médecin, contraint de ne plus exercer. Un camarade de classe qui, du jour au lendemain, ne vient plus. Un professeur qui disparaît. Un commerçant qui ferme boutique. Des rues qui changent de nom. Des acteurs interdits d'écran. Imaginez les restaurants où l'on affiche : « interdit aux juifs ». Les compartiments spéciaux dans le métro. Les brimades. Les vexations. Imaginez les policiers en pèlerine qui débarquent un matin, frappent à la porte des voisins. Vous les connaissez, ces voisins. Vous les côtoyez depuis des années. Ils ont une vie, leur vie, semblable à toutes les vies, avec ses manies, ses habitudes, ses petits bonheurs, ses grands chagrins. Et d'une minute à l'autre tout est fini ! tout est brisé ! Car on leur a donné une minute, oui, pour boucler un bagage, enfiler un vêtement — et allez! en voiture! en route pour Drancy! finis les petits bonheurs! finis les grands chagrins! fini le cours d'une vie qui n'était pas bien brillante mais qui était leur vie! Est-ce que ça ne suffit pas? Est-ce que ça ne *vous* suffirait pas? Est-ce qu'il en fallait vraiment plus pour être indigné, épouvanté? Et est-ce qu'il en faut davantage aujourd'hui, est-ce qu'il faut vraiment démontrer que Drieu, Brasillach et consorts savaient, pardessus le marché, où l'on emmenait ces malheureux, à quel sort on les vouait et dans quelles conditions, atroces, ils mourraient pour avoir le droit de les juger comme des canailles absolues?

Bon. Admettons. Démontrons. Et posons-la, cette fameuse question, puisqu'elle semble tant passionner ceux qui, contre l'évidence, contre la dignité et contre l'honneur, persistent à défendre le cas des collabos. Savaient-ils donc? Savait-on? Pouvait-on avoir idée de ce qui allait se passer là-bas, très loin, au terme du mystérieux voyage? Et le coup de génie des nazis n'a-t-il pas été de se taire justement, d'intimer silence autour d'eux et d'entourer toute cette affaire du fameux et terrifiant « secret »? Réponse : oui, si l'on veut, ils eurent ce génie; ils prirent la précaution de ne pas crier sur les toits que la solution finale était en marche; ils évitèrent les photos; firent la chasse aux témoins; et la censure était, de toute façon, telle que rares étaient les grands journaux populaires qui, tant en zone libre qu'à Paris, prenaient le parti d'en parler. Mais cela dit, et malgré cette réserve, que d'aveux! que de témoignages! que de ratés, inévitables, dans le système de la censure! et que de preuves en fait, de plus en plus nombreuses à mesure que la guerre avance — et qui, si elles n'arrivent sans doute pas jusqu'au plus profond de la France profonde, ne peuvent en revanche pas échapper à nos élites!

Un exemple : une émission de la BBC diffusée le 2 juin 42 et suivie, le 29, d'une conférence de presse que donne, à Londres, la section britannique du Congrès juif mondial et que prolonge, aussitôt, toute une série d'articles dans le très sérieux *Daily Telegraph*. Cette émission de la BBC se fait l'écho d'informations venues du Bund polonais et transmises à travers une tortueuse, mais sûre, « filière suédoise ». On y parle d'extermination physique. De villes et de villages méthodiquement vidés de leurs juifs. De camions à gaz. De dizaines de milliers d'hommes, femmes, enfants, embarqués, à Lublin, dans des wagons à bestiaux et disparus, à partir de là, sans laisser la moindre trace. Et on y évalue à sept cent mille le nombre des juifs polonais qui ont, à cette date, été déjà liquidés. Chiffre énorme ! Et précis ! Ce chiffre, je le répète, est publié par un grand journal britannique. Et nul, sur le moment, ne songe à le contester.

Autre exemple : les deux conférences de presse, reprises par les journaux du monde entier, que donne, les 24 et 25 novembre 1942, à Washington puis à New York, l'Américain Stephen Wise. Qui est Stephen Wise ? Un dirigeant, encore, du Congrès juif mondial. Que dit Stephen Wise ? Que le plan d'extermination, si souvent annoncé par le Führer, est entré en application puisqu'on dénombre déjà, pour la seule Europe de l'Est, la bagatelle de deux millions de juifs massacrés et souvent gazés. Et d'où tient-il ces chiffres ? d'où tire-t-il son assurance ? D'une série de témoignages qu'il a commencé, bien sûr, par traiter avec prudence mais qu'une enquête du Département d'État, elle-même corroborée par des informations arrivées au Vatican, a malheureusement authentifiés. Ces deux conférences de presse, faut-il le préciser ? sont reprises par tous les journaux du monde. Répercutées par toutes les radios. Commentées. Discutées. Et il est évidemment impensable que l'écho, au moins l'écho, n'en soit pas parvenu aux oreilles de ces gens hyper-informés qu'étaient les vedettes de la collaboration française.

Propagande, dira-t-on ? Ils se disent, ces collabos, que c'est trop gros pour être vrai et qu'il y a là le type même de l'opération médiatique téléguidée ? Soit. Autre exemple alors — peu sujet, lui, à contestation : les déclarations de Hitler lui-même qui, terrifiant secret ou pas, et nonobstant ce que l'on dit toujours de sa volonté d'agir à couvert, n'a jamais cessé de crier, de proclamer ses intentions. Avant la guerre déjà, le 30 janvier 39, dans un grand discours devant le Reichstag : « si la finance juive internationale, en Europe et hors d'Europe, parvenait à jeter une fois de plus les peuples du monde dans une guerre mondiale, le résultat ne serait pas la bolchévisation de la terre, et donc la victoire du judaïsme, mais l'extermination de la race juive en Europe ». Et pendant la guerre ensuite, obsessionnellement, comme si c'était plus fort que lui et qu'il ne pouvait pas se retenir de lâcher un morceau de l'histoire, ces appels à l'extermination que relaient cette fois, les textes en témoignent, tous les journaux de la presse parisienne : « le juif ne pourra pas anéantir l'Europe, il sera lui-même anéanti », titre *le Matin* du 2 janvier 42 ; « une longue ère de compréhension et de vraie paix s'ouvrira entre les peuples quand les juifs seront éliminés », poursuit-il le 26 février ; « les juifs seront exterminés », annonce, citant toujours le Führer, *Le Cri du peuple* du même 26 février ; *L'Œuvre*, rendant compte du même discours, écrit de manière plus sibylline : « des préparatifs sont en cours en vue du règlement de compte définitif » ; et quand Hitler annonce, le 1er octobre, que « la juiverie a déchaîné une guerre mondiale internationale pour anéantir les peuples aryens d'Europe » et que « ce ne sont pas les peuples aryens qui seront anéantis mais la juiverie », la même presse collabo, unanime à nouveau, reprend le propos, le cite et en fait bien entendu ses titres.

Ajoutez à cela la déclaration commune signée le 17 décembre 1942 par les onze gouvernements alliés et dont le retentissement fut immense : « les autorités allemandes mettent en application l'intention si souvent répétée de Hitler d'exterminer le peuple juif en Europe ; de tous les pays occupés, les juifs sont transportés dans des conditions d'une horreur terrifiante et de brutalité extrême en Europe orientale ». Ajoutez-y les témoignages recueillis par la Croix-Rouge. Jean Marin, le futur patron de l'agence France-Presse qui, le 1er juillet 42, au micro de la BBC, évoque l'existence des chambres à gaz. Une autre émission qui, le 8 juillet 43, parle de groupes entiers de juifs « asphyxiés au gaz, brûlés vifs par la vapeur ou électrocutés ». La presse clandestine — *Combat, Franc-tireur, Le Populaire, Libération Sud, Libération Nord* —, qui ne se prive pas, elle, de relayer les nouvelles qui lui arrivent sur Auschwitz ou Buchenwald. Et ajoutez-y enfin, au cas où vous jugeriez — et vous n'auriez pas tort — que cette presse clandestine n'était pas la source d'information la plus fiable aux yeux de ceux dont nous parlons, la façon dont *leur* presse répercute, elle aussi, les effroyables nouvelles : prudemment sans doute, souvent à demi-mots, mais dans des termes tels qu'on ne peut pas douter un seul instant que les auteurs de ces articles ne soient dans le secret. Un Costantini par exemple n'écrit-il pas, le 26 mars 42, dans *L'Appel* : « une des premières conséquences de cette guerre se développe déjà : c'est l'élimination progressive des juifs » ? Et dans un journal comme *Le Pilori*, au lendemain de la rafle du Vél' d'Hiv', ne lit-on pas de fermes déclarations du genre : « nous savons maintenant que le règne du juif va prendre fin » ? ou : « les décisions prises envers la race maudite sont inéluctables, sans appel » ? ou encore : la race juive « est sur le point de disparaître de façon absolue de l'Europe, de l'Asie et de l'Afrique ; le "statut des juifs" n'est qu'une "mesure préliminaire" visant à préparer les mesures d'ordre général *et définitives* (c'est *Le Pilori* qui souligne) qui vont être appliquées » ? ou bien : « que l'on ne prenne pas cette affirmation pour des mots en l'air, nous n'avons pas l'habitude de parler pour ne rien dire » ?

En faut-il davantage ? Peut-on être plus clair ? Plus net ? Y a-t-il moyen de montrer plus nettement que la solution finale, dans le Paris de l'époque et pour les lecteurs, donc, de *L'Appel*, du *Pilori* et autres feuilles du même acabit, était de notoriété publique ? Nos écrivains savaient. Ils avaient les informations. Ils en connaissaient aussi long, en tout cas, que les éditorialistes que je cite et qu'ils lisaient quotidiennement. Qu'ils aient eu, à partir de là, des problèmes d'intelligence, qu'ils aient eu de la peine à se figurer, à croire même ce qu'ils savaient, qu'ils aient eu, comme toujours (et je pense, notamment, à la situation des communistes apprenant, ou réapprenant, l'existence du Goulag) du mal à imaginer cette inimaginable réalité, c'est bien possible. C'est même probable. Et on a d'ailleurs, là-dessus, le témoignage d'un Aron avouant, dans ses *Mémoires*, qu'il parvenait mal à concevoir « l'assassinat industriel d'êtres humains » et que, le concevant mal, il ne l'a qu'à demi « su ». L'erreur, cependant, serait de tout mélanger. Ce serait de confondre une question métaphysique (comme se représenter par l'entendement une réalité qui, à la lettre, défie l'entendement ?) et une question toute concrète (les intellectuels collabos avaient-ils entendu parler de ce qui attendait les enfants de

Drancy quand ils arrivaient en Pologne ?). Car autant la première est obscure, autant la seconde est limpide. Autant l'une mérite d'être posée, méditée, autant l'autre n'appelle, en guise de méditation, que l'accumulation de faits, indices, textes et témoignages dont j'ai donné quelques exemples. Oui, Drieu connaissait l'existence des camps. Oui, Brasillach lisait tous les jours, dans ses journaux favoris, les dernières nouvelles de la solution finale et de son avancement. Non, il n'y a pas vraiment eu, autour de ça, le pesant et prudent silence qu'évoquent les mauvais historiens. Et vous êtes des menteurs, vous qui nous présentez ces fascistes comme de purs idéalistes, égarés dans leur songe et qui auraient ignoré jusqu'au bout l'autre face de la chimère.

5

« L'aventure vivante qui inaugure le régime de Vichy »

(ULTIMES REMARQUES SUR LE CAS MOUNIER)

1. Emmanuel Mounier, que nous le voulions ou non, fut de ces intellectuels qui vécurent la défaite de 40, non comme une tragédie, mais comme une chance et une délivrance. Entre autres textes, cette lettre du 6 septembre 1940, adressée à une amie : « il y a beaucoup à faire et nous sommes délivrés de tant de morts. Je suis à la fois pessimiste car je crois que les épreuves commencent seulement et que nous verrons pire — et optimiste parce que nous entrons dans une époque ardente » ; et, à sa femme, quelques semaines plus tôt, alors que Adolf Hitler (celui que, dans cette seconde lettre, il appelle pudiquement « il ») est en train de gagner la guerre : « il faut pour la France que l'épreuve aille toucher jusqu'au dernier de ces petits bourgeois, de ces petits jardiniers. "Il" ira jusqu'à Marseille et Bordeaux, par besoin de violer tout le pays. Mais, pour tous, ce sera salubre. » Vous avez bien lu. Il s'agit bien d'Emmanuel Mounier. Il s'agit bien du directeur d'*Esprit*. Nous sommes bien en 40, alors que la guerre fait encore rage. Et il a le front, le directeur d'*Esprit*, de voir la défaite de son pays, et la victoire du nazisme, comme une opération de « salubrité ».

2. Dès l'automne 40, en même temps qu'il demande (et obtient) l'autorisation de faire reparaître sa revue, il affirme son adhésion au régime qui s'installe à Vichy. Il parle de la « grâce » de l'État français. D'un « paysage sévère », mais où « foisonnent les vertus politiques ». Il sait que la censure existe et qu'elle ne sera pas toujours clémente pour les intellectuels comme lui — mais à cela aussi il consent ! de cela aussi il se réjouit ! ne va-t-il pas jusqu'à s'écrier, dans un accès de remords

et de mortification bien dans l'esprit du moment : « *felix culpa*, crierons-nous à notre tour, si la pensée du crayon bleu nous retient chaque fois que, dans le silence de la recherche, nous laisserions la facilité critique prendre le pas sur l'invention créatrice, la mauvaise humeur sur la pensée, la négation sur l'être » ? Ce texte est terrible. On ne saurait mieux justifier la censure. Ni le climat d'ordre moral qui s'instaure. On ne saurait mieux abdiquer l'honneur, la fonction même du clerc. C'est un extrait du premier numéro d'*Esprit* nouvelle manière — celui que les occupants, en novembre, ont obligeamment autorisé.

3. Non content d'approuver, il offre de participer. Et c'est ainsi que, dès septembre, il rédige un long rapport sur les mouvements de jeunesse — qu'il transmet aux autorités compétentes. Ce qu'en pensent lesdites autorités ? Ses propres carnets en font foi : « mon rapport de septembre, que je pense publier, sur les mouvements de jeunesse revient de Vichy avec un mot aimable du Ministère disant que, précisément, parce qu'ils se sont beaucoup inspirés de ce rapport, il ne leur semble pas publiable sans remaniement ». Ce que le rapport lui-même contenait ? On le sait par le numéro de janvier 41 de la revue où il finit tout de même par le faire paraître. C'est un interminable catalogue de « thèmes de vie » que notre vaillant réformateur propose à la jeunesse de son pays et où le moins que l'on puisse dire est que l'on retrouve l'écho des obsessions du nouveau régime. Entre autres — et pour aller droit à la conclusion : « Neuvième thème : nous déclarons la guerre au monde de l'argent... Dixième thème : nous voulons restituer le goût du travail bien fait... Onzième thème : nous allons restaurer le sens du commandement et de la discipline collective... Douzième thème : nous sommes de joyeux garçons... Nous redécouvrirons la chanson française, la fête collective, le théâtre issu du métier et du village, la joie de bâtir, l'ébaudissement. Car un peuple sain est un peuple bourdonnant de travail, mais c'est aussi un peuple tout couronné de fêtes, de liturgies et d'activités de jeu. »

4. Non content, et d'applaudir et de participer, il aspire à ce qu'on lui reconnaisse une sorte d'antériorité intellectuelle et

que, de la « révolution » dont chacun parle, on veuille bien convenir qu'il fut l'un des premiers et des plus dignes inspirateurs. Cette révolution, dit-il par exemple, dans l'éditorial du même *Esprit* de novembre 40, « elle n'était pas pour nous une opinion parmi d'autres, elle était le sens et la vocation de nos vingt-cinq ans ; toute une jeunesse s'y est retrouvée avec nous ; notre rupture est donc faite, largement faite ; j'ose même croire qu'elle déborde sur l'événement actuel ». Puis, dans le même texte, un peu plus loin : « toutes les formules lancées aujourd'hui en gage d'espérance à la jeunesse de France » — entendons : les « formules » lancées et proposées par le régime de Vichy — « nous les approfondissons et les répandons depuis des années ». Puis encore, en conclusion : « parmi la poussière soulevée par l'effondrement d'un monde, dans la confusion souvent inextricable de ce qui naît déjà et de ce qui meurt encore, quelques formules de vie ressortent, où nous reconnaissons les traits dominants de notre héritage : lutte contre l'individualisme, sens de la responsabilité, sens de la communauté, restauration de la fonction du chef, sens rénové de la nation et sens réaliste des solidarités internationales, restauration du sens de l'État lié à la déflation de l'État, sens de l'homme total, chair et esprit, personne et membre de corps vivant ». Mounier, en d'autres termes, revendique la paternité de la plupart des maîtres thèmes de l'idéologie maréchaliste. Ces thèmes sont les nôtres, clame-t-il. Ils sont notre bagage. Notre mémoire. Ils sont tout ce que nous disons, répétons depuis des années. Et les ministres de Vichy ne sont que les épigones d'une pensée plus ancienne — et dont nous nous honorons d'être les premiers auteurs. Est-il possible de réclamer plus clairement, plus ouvertement, ses quartiers de noblesse pétainiste ?

5. S'il a un regret, s'il a un reproche, et un seul, à se faire, c'est de n'avoir pas, dans ces années anciennes, toujours été assez ferme dans sa critique de la démocratie. « Nous croyions, se rappelle-t-il, qu'elle parasitait la France comme une poussière ou un lichen ; nous ne réalisions pas qu'elle la rongeait comme une vermine, aussi sûrement que le mal spirituel ou le désordre social. »

6. Les gaullistes ? La résistance gaulliste ? « Nous comp-

terons parmi les morts, tonne-t-il, ceux qui, aujourd'hui, s'apprêtent à encombrer de leur fuite les routes qui restent toujours libres, vers le travail et la création » (*Esprit,* novembre 40, « Les nouvelles conditions de la vie publique en France »). Puis (même article — et à l'intention, maintenant, des mauvaises têtes qui seraient tentées d'élever la voix contre le régime) : « par le ciel, puisque la grâce nous en est donnée, apprenons d'abord la vertu du silence, la profonde, la chaste innocence du silence... Et puisque chacun, aujourd'hui, a le regard tourné vers l'homme qui s'est chargé du destin collectif de la France, chacun se représente-t-il assez souvent que, devant certaines souffrances qui ne parlent pas, il est un usage indécent de la parole ? » Puis (*Esprit* toujours, janvier 41, « « Le mangeur de nouvelles » — à l'attention, cette fois, de ceux qu'il voit, autour de lui, s'intéresser d'un peu trop près aux émissions de la BBC) : « il vaudrait mieux, mes chers Français, bâtir des poèmes vivants avec nos mains, avec notre courage, avec notre fidélité, avec notre imagination créatrice, avec notre présence d'esprit, que de chercher derrière un bouton de radio le miracle que notre résolution seule peut réaliser. On croit au mensonge de l'information : on est peu attentif à cette inconsciente éducation au mensonge que propage la transmission de l'information clandestine ». Le langage est fleuri. La rhétorique chantournée. Mais le message est très clair. Et il a dû l'être, soyons-en sûrs, aux oreilles de ceux qui entendaient, dans les émissions de la France libre, un message d'espoir et de courage. Pour Emmanuel Mounier, pas de doute : ils étaient, au choix, des mélancoliques, des naïfs, des mauvais esprits ou des traîtres.

Que le directeur d'*Esprit* ait pu changer par la suite, qu'il ait fini par se rallier au camp de la Résistance et par faire, à cause de cela, quelques semaines de prison n'a rien à voir avec ce fait qui est, lui aussi, indubitable : de juin 40 à la fin 41 il aura été l'un des intellectuels pétainistes les plus authentiquement enthousiastes. Et cela pour des raisons qui ne sont, bien entendu, pas de morale ; encore moins de compromission ou de lâcheté ; mais parce que son idéologie — ce mélange de traditionalisme et de défiance vis-à-vis de l'individualisme classique, cette haine de l'argent et de la démocratie parlementaire, ce sentiment que la civilisation libérale était à bout de souffle et qu'il fallait la repenser, la révolutionner de fond en comble — recoupait, pour l'essentiel, celle des hommes de Vichy.

6

« Et puis il y a Uriage »

Même démonstration. Même distinction à faire entre l'honneur des hommes d'un côté, leur éthique, leur vaillance — et puis le fait (qui n'a rien à voir) que cette « école de chefs » fondée en septembre 40 sous l'autorité du Secrétariat à la jeunesse ait été, avec les Jeune France, les Chantiers de jeunesse ou les Compagnons, l'un des lieux où, pendant deux ans et demi, se formaient les élites de Vichy. J'ai, il y a dix ans, rappelé cette évidence. J'ai souligné ce fait tout simple que tant que Vichy a fonctionné, tant qu'il a joui, ou cru jouir, d'une véritable autonomie, tant qu'il a eu des raisons, par conséquent, de croire en une révolution nationale découplée de la révolution allemande, les hommes d'Uriage (parmi lesquels, à nouveau, toute une noria d'anciens d'*Esprit*) ont marché avec lui. J'ai ajouté que ce n'est qu'ensuite, quand le rêve s'est effondré et que l'occupation de la zone sud a sonné le glas de cette idée d'un fascisme vraiment français, qu'ils sont, pour certains d'entre eux, entrés en Résistance. D'avoir rappelé cela, de m'être attardé, oh ! bien prudemment ! avec toutes les précautions requises ! sur cet épisode après tout passionnant de notre histoire récente, de l'avoir pris pour exemple de l'obscurité tenace où elle continue souvent de baigner, m'a valu, de la part d'une petite mafia apparemment terrorisée à l'idée de voir éventer ses précieux secrets de famille, une campagne de désinformation, et de calomnie, dont je raconterai un jour les péripéties et les dessous. D'y revenir aujourd'hui, de persister et de signer, de redire, en somme, que la France est un pays où l'on peut avoir été pétainiste puis résistant (voire, plus paradoxal : pétainiste *et* résistant, pétainiste d'idées, de pensée, de vision du monde — et puis, dans le même temps, sans vraiment changer de système, physiquement engagé dans le combat de la Résistance) me vaudra-t-il d'être mieux entendu ?

7

« La sainte famille »

(UN MOT SUR LE CAS GIRAUDOUX)

Prenez le cas Giraudoux. Bonté et poésie. Harmonie des choses et des êtres. Tendre intelligence. Élégance. Féerie. Pudeur des sentiments. Effusion. Évasion. L'amour des jardins à parterres et celui des maisons bien tenues. L'homme qui écrit d'un seul jet et qui aime Laforgue et Debussy. *Ondine*. *Intermezzo*. Le portrait de Jacques-Émile Blanche. Le Quai d'Orsay. *La Folle de Chaillot*. La vie est belle et jeune. Les femmes sont sans malice. Émerveillement discret. Déchirures tenues secrètes. *La guerre de Troie n'aura pas lieu*. La guerre mondiale non plus. Et puis, au bout de tout ça, tranquillement, élégamment : « nous sommes pleinement d'accord avec Hitler pour proclamer qu'une politique n'atteint sa forme supérieure que si elle est raciale ». Ou bien, sur le ton d'extrême malice qui faisait, j'en suis sûr, son succès dans les salons : « pourquoi écrivez-vous ? — parce que je ne suis ni suisse ni juif ». On parle peu du cas Giraudoux. On a tort. Car c'est peut-être l'un des plus exemplaires de ce fascisme doux.

8

« Albert Cohen, dix ans avant Solal »

Albert Cohen vieilli. Albert Cohen glorieux. Le Cohen en exil à Genève, dans ce grand appartement sans grâce de l'avenue Krieg, où j'avais pris l'habitude, l'avant-dernière année, de venir lui rendre visite presque une semaine sur deux. Cohen et ses robes de chambre. Cohen et son chapelet d'ambre. Cohen le capricieux, et le vaniteux, et le séducteur, qui était capable, pour séduire, des pires goujateries à l'endroit d'une Yourcenar et qui, lorsque vous lui disiez : « les deux écrivains que j'admire le plus sont Albert Cohen et Marcel Proust » répondait, l'air faussement affable, et dissimulant mal son dépit : « oui ? et pourquoi Marcel Proust ? » Cohen qui lorsqu'il vous parlait lui-même de Proust, lorsqu'il daignait admirer telle scène du *Temps retrouvé* ou d'*Albertine disparue*, le faisait sur le ton pincé de l'homme de lettres qui, beau joueur, consent à trouver du talent au rival moins doué qui vient de lui souffler son Goncourt. Cohen le rêveur. Cohen le conteur. Cohen que j'aurais tant aimé aider à exaucer le rêve de voir sa *Belle du seigneur* portée un jour à l'écran — « est-il vrai que vous connaissez le grand et puissant producteur Daniel T. ? — Oui je le connais un peu. — Est-il vrai, comme son patronyme l'indique, qu'il est d'aristocratique ascendance ? — Oui, sans doute, il doit l'être. — Dites-lui alors, oh ! s'il vous plaît, dites-lui que nous sommes nous aussi, avec nos hauts lignages et nos noms de longue mémoire, des espèces d'aristocrates ! — Je le lui dirai, je vous le promets. — Mais le veut-il, ce film ? — Oui, je crois qu'il le veut. — Faites alors, oui faites qu'il le veuille plus, et plus encore ! » Et c'était le moment de la conversation où, comme pour me donner plus de cœur à l'ouvrage, il me distribuait du « cher Solal » par-ci, du « prince de Samarie » par-là. Cohen n'aura eu, pour finir, pas plus de film que de Nobel. Ce Cohen-là, on le connaît. Quand on ne le connaît pas, on le devine. J'en ai moi-même, à maintes reprises, évoqué la figure convenue. Et j'ai raconté nos dialogues, joueurs, farfelus ou sérieux.

Quelle n'est pas mon émotion, alors, de le retrouver là, un demi-siècle plus tôt, à la tête de cette *Revue juive* presque inconnue, elle, en revanche, qu'il fonde en 1925 avec Sigmund Freud, Albert Einstein, Charles Gide et Léon Zadoc-Kahn — et que parrainent conjointement les éditions Gallimard et le leader sioniste Albert Weizman. Peu m'importe, d'ailleurs, qui la parraine. Peu m'importe — j'ai sans doute tort, mais c'est ainsi — le détail de ses sommaires et la lettre de ses éditoriaux. Je me moque de savoir que l'on croise, dans ce périodique juif, les signatures de Pierre Benoit ou de Jacques de Lacretelle. Je me moque de ce singulier échange avec Morand : « vous me demandez si votre nouvelle doit avoir un héros ou une héroïne juive ; si cela est possible, oui ». De même que je n'ai pas non plus envie d'entamer une longue réflexion sur ce que veut dire le futur auteur de *Belle du seigneur*, pourfendeur de la « meurtrière loi de nature », quand il parle, dans cette *Revue juive*, de la nécessité de « soumettre notre esprit aux lois infaillibles du sang ». Ou, plus exactement, si tout cela m'importe c'est pour autant, et pour autant seulement, que s'y donne à voir un autre Cohen — méconnaissable, invraisemblable ; ce Cohen d'avant Cohen dont je n'ai pas besoin de me dire qu'il recèle le secret de l'autre pour le trouver fascinant.

On a envie de le voir, ce proto-Cohen. Pas de l'écouter, de le voir. Pas de le discuter — de l'observer, de le mettre en scène, de l'animer. On a envie de se poser, à son sujet, les questions les plus simples, les plus plates — quelle est son allure ? sa voix ? s'il est maigre ou corpulent ? chevelu ou déjà chauve ? s'il a son sourire d'enfant ? son monocle ? ses mules noires sur ses pieds nus ? cette pochette blanche sur une robe de chambre de soie prune ou bleu marine ? à quoi il ressemble, là, dans la vie, dans la ville, quand on ne l'a connu, et même imaginé, qu'en exil et retiré de tout ? On se force à l'imaginer, en fait, avec Einstein à la SDN. Avec Morhange, l'ami de Nizan, qui est aussi, allez savoir pourquoi ! l'un de ses amis de l'époque. Avec Rivière, chez Gallimard, « l'une des plus puissantes et en même temps les plus aristocratiques, une des plus réputées et en même temps les plus respectées » des maisons d'édition parisiennes : le ton, apparemment, est déjà là — mais l'accent ? l'intonation ? a-t-il, alors, ce parler chantant, légèrement psalmodié, que je l'ai toujours soupçonné d'avoir composé et un peu joué ? On a peine à croire à sa rencontre avec Crevel, en 25 toujours, au Lutetia. Et je pourrais, en ce qui me concerne, rêver des heures entières à l'improbable, et pourtant bien réel, face-à-face du jeune militant sioniste, soucieux de faire de sa revue « la maison de tous les juifs », et du poète surréaliste, futur auteur de *La Mort difficile*, qui est venu l'interviewer pour *Les Nouvelles littéraires*.

Ce qui émeut chaque fois c'est la surimpression des deux images : celle de ce premier Cohen, inconnu ou, en tout cas, imprévu ; — et puis, de l'autre côté, celle du « grand » Cohen que le poncif, ou la légende, avaient cru figer à jamais. Et ce qui bouleverse, plus encore, c'est le sentiment, entre ces deux images, d'un lien très mince, d'une filiation problématique — comme si demeurait, dans l'intervalle, toute une zone obscure qui aurait servi de théâtre à la plus mystérieuse des chimies. Ainsi de ces personnages de roman, célèbres, mythologiques — dont on retrouve une esquisse dans un texte de jeunesse. Ainsi, dans les vastes constructions romanesques type « Comédie humaine », de ces premiers rôles que l'on a découverts et, donc, appris à aimer au tout devant de la scène d'un grand roman canonique — et dont on retrouve, au détour d'un livre moins connu et, si possible, antérieur, le nom, la silhouette ou même un trait de caractère que rien ne laissait présager. Ainsi, dans l'œuvre de Cohen lui-même, et pour ceux qui, comme moi, placent cette œuvre très haut, l'incomparable volupté qui survient quand, après avoir lu *Belle du seigneur*, après s'être attaché aux personnages d'Ariane et de Solal tels que ce dernier ouvrage achève de les incarner, on a la chance de tomber sur *Solal* — ce brouillon, cette esquisse, cette préhistoire de l'humanité cohénienne dont on surprend, ainsi, comme par effraction, les incalculables balbutiements. Cohen comme un roman. Cohen comme un feuilleton. Est-ce si étonnant pour un homme qui, à force d'étouffer ses propres pas, à force de nous faire croire qu'il n'avait ni biographie ni destin, avait fini, dans l'esprit de tous et dans le sien, par s'identifier à ses créatures ?

9

« Les mêmes Breton et Bataille... »

Étrange, cette façon que l'on a, dans les manuels de littérature, d'accoler le nom de Bataille à celui d'André Breton comme s'il y avait là deux rameaux de la même famille et que l'auteur de *L'Histoire de l'œil* représentait je ne sais quel sous-courant, ou quelle tribu, du surréalisme. Que les intéressés eux-mêmes aient parfois feint de le croire et qu'ils aient donné crédit à la fable ne prouve à cet égard pas grand-chose. Et la réalité c'est qu'il suffit de lire les textes pour voir s'opposer au contraire, presque terme à terme, deux sensibilités, deux systèmes, deux visions du monde et de l'homme aussi dissemblables que possible. Breton et Bataille, comme Voltaire et Rousseau. Ou Stendhal et Balzac. Ou Baudelaire et Hugo. Ou encore Guelfe et Gibelin, Orléans et Bourbons. Un partage décisif. Essentiel. Originaire. L'un de ces partages, quasi ontologiques, qui séparent les hommes en deux clans, deux tribus hétérogènes — et qui obligent à choisir, se déterminer et exclure.

Des exemples ? Breton le moraliste et Bataille le débauché. Breton et l'amour fou ; Bataille et l'érotisme. Breton qui veut interdire les bordels ; Bataille qui y passe son temps. Breton et le merveilleux ; Bataille et le sordide. Breton et son humanité surréelle, éthérée, poétique ; Bataille et sa fascination pour l'ordure, la souillure, l'excrément. Breton qui rêve, pour son âme, d'un « séjour pur et clair, tendu partout de tentures blanches » ; Bataille qui sait qu'elle aura toujours un pied — il dit, dans l'article fameux de *Documents*, un « gros orteil » — dans le sale, le nauséeux. Le premier qui ne croit qu'au bien ; le second qui ne croit qu'au mal. L'un qui ne lit que Jung ; l'autre qui ne connaît que Freud. L'un qui, lorsqu'il lit Sade, en fait une lecture bénisseuse qui consterne les vrais sadiens ; l'autre qui, lorsqu'il le lit aussi, lui rend sa dimension diabolique, cruelle, tragique. Et quand ils font de la politique enfin, quand ils essaient de se figurer la Cité selon leur cœur – une politique heureuse d'un côté, volontiers utopique et radieuse; et un vrai pessimisme, de l'autre, adossé à la conviction que l'on n'en finira jamais avec la part maudite et le malheur.

Entre Bataille et Breton, il faut choisir, oui. C'est inévitable. Obligatoire. C'est, je le répète, et je plaisante à peine, un choix presque aussi décisif qu'entre Nature et Culture, Matière et Idéal, Gaullisme et Maréchalisme – j'en passe. Étonnerai-je si je dis que, pour ma part, la décision ne fait pas de doute et qu'autant le philosophe, en moi, se sent évidemment tout proche du pessimisme de *La Souveraineté* – autant il se découvre loin, tout à coup, de la béatitude surréaliste?

10

« Acéphale »

(BATAILLE ET LE LE FASCISME)

Breton-Bataille, toujours. Mais Breton-Bataille dans leur temps. Dans leur milieu et leur époque. Breton et Bataille, Bataille et Breton tels qu'ils apparaissent à leurs contemporains — fût-ce au prix d'une certaine confusion et d'un effacement de ce qui les sépare. C'est le temps des sectes, je l'ai dit. Celui des sociétés secrètes. C'est le moment où, face à Hitler, on a le choix entre les gros appareils du style de l'AEAR, des Comités Amsterdam-Pleyel, etc. — ou de toutes petites structures, discrètes et quasi clandestines, dont ils sont, l'un et l'autre, les figures emblématiques. Il y a eu Contre-Attaque, qu'ils fondent ensemble en 1934. Acéphale, qui est l'affaire du seul Bataille. Il y a Le Collège de Sociologie, qui fut un des hauts lieux de la résistance à l'esprit de Munich. Comment fonctionnent ces structures ? que s'y passe-t-il en réalité ? sont-ce des laboratoires d'idées ? des réserves d'esprit ? d'idéal ? leurs promoteurs les voient-ils comme de microscopiques sociétés où, face à un totalitarisme jugé d'ores et déjà victorieux, les valeurs de la culture auraient commencé de se replier ? et que faut-il penser, à l'inverse, de la rumeur qui veut qu'à force de ruser avec le fascisme, à force de se mesurer à lui en venant, comme c'était le vœu de Bataille, sur le terrain où il excellait, quelques-unes de ces sociétés en ont, volontairement ou non, reproduit certaines attitudes ? En un mot : y a-t-il, comme on le dit parfois, une « pulsion fasciste » chez Bataille ? une attirance trouble pour « les forces noires » ? une complaisance dans le diabolique ? Et l'éloge que je fais de sa pensée, le rôle que je lui confère dans la mouvance antifasciste ne sont-ils pas exagérés ? Sur toutes ces questions, j'ai voulu essayer de voir plus clair. Et j'ai voulu le faire, surtout, en évitant le ton un peu ridicule que prennent souvent les commentateurs pour évoquer les « secrets d'Acéphale », les « mystères de Contre-Attaque », ou « les rites d'initiation » auxquels auraient été soumis, en 1937, les futurs membres du Collège. Je suis allé voir pour cela deux témoins. Et deux témoins qui sont aussi, surtout, parmi les très grands artistes de ce siècle.

11

« Cette drôle de société secrète »

(CONVERSATION AVEC PIERRE KLOSSOWSKI)

Premier témoin, donc : Pierre Klossowski. Je l'ai rencontré le 12 novembre 1990, chez lui, rue Vergnaud, dans son studio qui lui sert d'atelier, presque vide, au premier étage d'un immeuble sans grâce. Un lit de camp au milieu de la pièce. Une chaise. Une table de bois, minuscule, mais encombrée de pinceaux, de crayons, de croquis. Un bout de planche, qui me servira d'écritoire. Des tableaux entassés contre le mur. Un fatras de toiles, de cartons. Pas de livres. Pas d'objets. Difficile d'imaginer plus précaire. Difficile de rêver plus austère. Il faisait beau, heureusement, ce matin-là. Et l'ensemble était sauvé par une belle lumière d'hiver qui entrait par l'unique fenêtre. « Vous verrez, m'avait prévenu Pierre Nahon, son marchand, il vous attendra à la fenêtre, il guette toujours ses visiteurs à la fenêtre. » Et il est vrai que la première chose que je vis, en arrivant en bas de l'immeuble, fut le corps de Pierre Klossowski en équilibre sur le rebord de son balcon — immobile, attentif, et étrangement tendu.

— *Parlons de Bataille, voulez-vous ? Il vous est arrivé, à son sujet, de parler d'une « tentation du cynisme fasciste ».*

— Je n'ai jamais dit cela. C'est un mot tiré du livre de Surya où j'apparais là, comme le traître — et ce n'est pas juste.

— *Vous n'avez pas prononcé le mot. Mais l'idée ? Croyez-vous qu'il y ait eu, quelque nom qu'on lui donne, une tentation fasciste chez Bataille ?*

— Ce n'est pas du fascisme, non. Cela dit, je me souviens de son retour d'Italie par exemple. Il me parle de l'allure d'un officier fasciste la cape flottant au vent. Et il voit cela comme quelque chose de solaire. « C'était solaire », voilà ce qu'il dit à son retour, par opposition à la mortelle impuissance du marxisme d'alors.

— *Donc, pas de fascisme. Mais des propos troublants?*

— C'est ça, oui. Et je ne suis pas le seul à les avoir notés.

— *D'autres exemples?*

— Non. Enfin oui. Il lui arrivait de ne pas modérer ses propos. Je me souviens d'un jour par exemple. Au moment de Contre-Attaque. On était, comme souvent, au Café de la Régence. On faisait la « permanence ». Et je le revois me dire : « bon! ça va! les nazis ont cassé la gueule à quelques juifs! à quelques juifs...! » Ensuite, il fallait le voir quand les documents ont commencé à sortir. Je veux dire à la fin de la guerre, quand les Américains et les Russes ont révélé à la face du monde l'horreur des camps de concentration.

— *Il y a tout de même les initiatives remarquables qu'il prend à ce moment-là.*

— Au moment d'*Acéphale*. C'est-à-dire lors de la guerre d'Espagne et du Front populaire. Souvenez-vous du numéro d'*Acéphale* sur Nietzsche, contre l'exploitation nazie.

— *Et puis le Collège de Sociologie, qu'il fonde avec Caillois.*

— Caillois et lui se haïssaient. On ne l'a pas assez dit, mais ils se haïssaient. J'ai assisté à une scène de furieuse engueulade entre eux deux au Collège.

— *N'empêche. C'est tout de même un lieu où des choses importantes se sont dites et où, à propos de Munich notamment...*

— Bataille était autant intimidé par Caillois que par Breton. Il se voyait toujours dépassé. Sur sa droite! Sur sa gauche! Et il voulait toujours réconcilier les gens. Les mettre d'accord. Au moment de la brouille Camus-Sartre par exemple, après la guerre, il voulait absolument les rapprocher. C'était une maladie chez lui.

— *Au fond, c'était un stratège.*

— C'est ça, oui. Il pensait toujours suivant une stratégie

parisienne. Mais il avait tort. Et heureusement qu'il y a eu son étroite amitié avec Blanchot. C'est lui, Blanchot, qui l'a guéri de cette peur d'être toujours débordé sur sa gauche, sur sa droite. C'est lui qui l'a guéri de son prosélytisme.

— *De quelle façon ?*

— Blanchot l'a su convaincre que du fait même de son fond incommunicable s'exerçait sa propre autorité. En ce sens, il lui a été d'un grand soutien moral.

— *Restons-en à l'avant-guerre. Quel était le but de Bataille à ce moment-là ? Qu'est-ce qu'il voulait ?*

— Créer une religion, voilà ce qu'il voulait. Une religion sans dieu.

— *Ça ne collait pas vraiment avec vos préoccupations à vous ?*

— En effet. D'ailleurs, il ne comprenait pas bien. Il me disait : « pourquoi revenez-vous à l'Église romaine ? vous avez les gnostiques ! » Car c'est vrai que moi j'étais resté profondément romain. C'est certain. Mais non moins vrai que j'étais plongé dans la lecture des gnostiques.

— *Et Breton ? Vous vous souvenez de sa rupture avec Breton ?*

— Bien sûr ! Il y avait d'ailleurs dans tout ça quelque chose de ridicule. Un jour, Breton était arrivé en force, avec une centaine de personnes. Alors que du côté Bataille, ça se réduisait à une petite poignée de gens.

— *Comment étaient les deux hommes quand ils étaient ensemble ? A quoi ressemblait un face-à-face entre Bataille et Breton ?*

— C'était une lutte d'ascendants. On ne pouvait pas ne pas ressentir cela, quand on les voyait face à face.

— *Qui l'emportait, dans cette lutte ?*

— Breton ne pouvait pas ne pas être impressionné par Bataille. Alors que Bataille, lui, je le soupçonne d'avoir toujours eu une tendance à trouver Breton un peu niais.

— *Est-ce qu'on peut parler de cet ascendant de Bataille?*

— Je vais vous donner un exemple. Gide. Vous savez que j'allais souvent voir Gide. Je lui racontais ce qui se passait. Je lui donnais des nouvelles des uns et des autres. Or, voilà qu'un jour — ça devait être après son retour d'URSS — il me dit : « ce Bataille... ces gens d'Acéphale... j'aimerais bien participer à Acéphale moi aussi, collaborer, écrire... »

— *Alors?*

— Alors, je vais rapporter ça à Bataille et Bataille me répond : « si nous prenons Gide, nous sommes perdus! nous sommes coulés! » Gide, je vous le répète, rentrait d'URSS. Et puis il était la tête de turc de Breton. Bataille, manifestement, n'avait pas envie de se compromettre.

— *Je voudrais que nous parlions surtout de l'histoire d'Acéphale. On en parle toujours avec des airs de mystère. Comme s'il y avait des secrets d'Acéphale, une initiation à Acéphale.*

— Une initiation ? Je me souviens de la méditation devant « l'arbre foudroyé » dans la forêt de Marly. On y allait. Et il y avait une méditation. Vous avez connu Ambrosino? Non? C'est dommage. Il vous aurait parlé de cela mieux que personne.

— *A quoi ressemblait la cérémonie?*

— C'était très beau. Mais on avait tous le sentiment de participer à quelque chose qui se passait chez Bataille, dans la tête de Bataille. Il y avait, chez nous tous, une espèce de compassion. Pas une compassion au sens de pitié! Nous partagions... Nous participions...

— *Vous deveniez des personnages de Bataille? Des personnages de son œuvre?*

— Je ne sais pas. C'est peut-être beaucoup dire. Nous étions une vingtaine, à prendre le train jusqu'à... Comment s'appelle déjà cette station? Cette très belle station? Saint-Nom-la-Bretèche. Donc un soir nous arrivions là-bas. La recommandation était : « vous méditez; mais en secret! il ne faudra jamais rien dire de ce que vous avez ressenti, ou pensé! » Bataille lui-même ne nous en a jamais dit plus. Il ne nous a jamais communiqué ce que la sorte de cérémonie représentait. Ce que je peux vous dire, c'est qu'elle était fort belle. Je me souviens que ce soir-là, il pleuvait à torrents. Il y avait un feu grégeois au pied d'un arbre foudroyé. Toute une mise en scène. L'arbre foudroyé, c'était sans doute le dieu Acéphale. Comme la figure dessinée par Masson.

— *Est-ce que Masson était là ?*

— Non. Il gardait toujours une certaine réserve. Fervent spinoziste, il raisonnait autrement. Nonobstant, il avait donné la figure qui devait servir d'emblème à la revue mais n'est jamais allé plus loin.

— *Et cette histoire d'« initiation » ? Michel Surya en parle. Est-ce qu'il y avait une initiation à Acéphale ?*

— Je crois que cette initiation n'existe que dans l'esprit de M. Surya. Tout ça n'a jamais pris une structure maçonnique par exemple. L'idée était peut-être à l'arrière-plan. C'était peut-être le rêve de Bataille de créer quelque chose dans le style des loges. Mais ça n'a pas marché.

— *Certains ont même raconté que Bataille aurait pensé, pour sceller le lien entre les membres de la « loge », à un sacrifice humain.*

— C'est possible. Mais il ne m'en a jamais parlé sérieusement, sachant fort bien que je ne l'aurais pas suivi dans ce genre de plaisanterie.

12

« ... dont on ne sait, à vrai dire, pas grand-chose... »

(RENCONTRE AVEC MICHEL LEIRIS)

C'est le 18 septembre 1989 que j'ai rencontré Michel Leiris. J'avais d'abord essayé, sans trop y croire, de la convaincre de se laisser filmer. Il avait refusé — fidèle, en cela, à une éthique qu'il partageait avec quelques autres mais à laquelle il s'était, lui, toujours scrupuleusement tenu. Je suis revenu à la charge quelques mois plus tard pour une interview enregistrée, mais non filmée, et qui porterait, lui avais-je dit, sur quelques points restés obscurs de l'histoire d'Acéphale, de Contre-Attaque ou du Collège de Sociologie — et il avait, non sans hésitation, fini cette fois par accepter. L'entretien se déroula chez lui, quai des Grands-Augustins, dans le bel appartement bourgeois, rempli d'objets et de beaux meubles qu'il habitait déjà au temps des surréalistes et qui les impressionnait sûrement. Il était tel que je l'avais imaginé. Petit. Râblé. La même tête de boxeur qu'il avait lui-même décrite dans des pages de *l'Âge d'homme* que je connaissais par cœur. Et s'il n'y avait eu cette voix malade à laquelle je m'attendais un peu mais que je n'imaginais ni si cassée, ni si douloureuse, je l'aurais reconnu sans l'avoir jamais rencontré. Beaucoup de courtoisie avec cela. Une patience infinie. Des réponses précises, détaillées, aux questions que je lui posais. Dois-je dire le prix qu'attachait à cette rencontre le futur directeur de *La Règle du jeu* ?

— *On a souvent parlé, notamment Klossowski, d'une « tentation fasciste » chez Georges Bataille. Qu'en pensez-vous ?*

— Ce n'est pas une invention de Klossowski, cela s'est dit. A mon avis, Bataille était profondément antifasciste. Ce qui est certain, en revanche, c'est qu'il était impressionné par les moyens de propagande du fascisme, par le charisme de Hitler. Mais enfin, on ne peut pas dire qu'il était fasciné. Son rêve, ç'aurait été de trouver, au profit de la gauche, des moyens de propagande aussi efficaces que les moyens déployés à l'extrême droite. Je crois que c'est ça que l'on peut dire.

— *On a beaucoup parlé aussi de cette histoire d'Acéphale. C'était deux choses. Une revue. Et une société secrète. Qu'est-ce que c'était que cette société secrète ?*

— Je n'en étais pas !

— *Vous n'en étiez pas, oui, je sais. Mais pourquoi ?*

— C'était très personnel. Je trouvais que les choses se passaient entre un certain nombre d'entre nous comme si nous avions constitué une société secrète et que ça n'avait pas de sens de l'institutionnaliser. Il valait mieux que ça reste tacite, une entente tacite.

— *Est-ce que vous pensez que c'était sérieux ? Même dans l'esprit de Bataille ?*

— Je crois que c'était sérieux. Oui. J'en suis convaincu.

— *Avec tout de même des choses bizarres, des rites absurdes.*

— Je n'en sais rien ! Je n'ai pas été initié. Ceux qui étaient dans le secret ont été très corrects. Ils n'ont jamais livré les secrets d'Acéphale.

— *Vous pensez donc qu'il y avait une initiation ?*

— Il y avait une initiation, ça, je le sais. Ce qu'elle était, je l'ignore. Mais il y avait une initiation.

— *Donc la revue était la face exotérique de cette histoire ?*

— C'est ça.

— *On a parlé, notamment, de scènes étranges à Saint-Nom-la-Bretèche.*

— A Saint-Germain !

— *Non, non, Saint-Nom-la-Bretèche...*

— Saint-Nom-la-Bretèche aussi ? Ah, je ne le savais pas. Je

n'en sais rigoureusement rien. Je vous dis que je n'ai pas été initié. J'ai des amis qui l'ont été. Notamment un ami disparu maintenant, Patrick Waldberg. Mais ils n'ont jamais soufflé mot de ce qu'était cette initiation.

— *Tout cela ne vous paraissait pas un peu puéril?*

— Légèrement puéril, je vous l'accorde. Je considérais ça, je ne dirai pas comme un enfantillage, mais pas très loin.

— *Et puis c'est l'époque où il y a tout ce travail sur Nietzsche : reprendre Nietzsche aux fascistes, en gros...*

— C'est ça.

— *Quel était le sens de cette réhabilitation?*

— C'était cela. Arracher Nietzsche aux fascistes. Bataille était suffisamment antifasciste pour déplorer qu'ils se soient approprié Nietzsche. Vous savez comment ça s'est passé, cette appropriation de Nietzsche? Avec l'édition tout à fait tendancieuse, par les soins de la sœur de Nietzsche... Son nom m'échappe...

— *Elizabeth Foerster-Nietzsche.*

— C'est ça. L'idée de Bataille c'était de sauver Nietzsche des griffes des nazis.

— *Dans cette opération, j'imagine que vous vous sentez proche de Georges Bataille?*

— Tout à fait! Il connaissait Nietzsche beaucoup mieux que moi. Je dois avouer que je n'ai à peu près aucune culture philosophique. Mais enfin, je l'approuvais tout à fait. Ce n'était pas comme pour Acéphale.

— *Et puis il y a eu Contre-Attaque...*

— Contre-Attaque, je n'en ai jamais fait partie non plus. Je ne sais pas pourquoi, d'ailleurs. Si, je crois que ça me paraissait... Bataille parlait, par exemple, de fêter la décapitation de Louis XVI sur la place de la Concorde. Dans son esprit, c'était un moyen de propagande du côté gauche. Mais ça me paraissait puéril. De sorte que je n'ai pas fait partie de Contre-Attaque. J'étais d'accord sur les buts. Mais ça me paraissait prendre des formes, comment dire? pas très sérieuses...

— *Et pourtant Contre-Attaque c'était la réconciliation de Breton et de Bataille.*

— Évidemment.

— *Donc ça aurait dû vous passionner...*

— Si l'on veut.

— *Parlons de cette réconciliation, voulez-vous. Qui des deux venait sur le terrain de l'autre ?*

— Ils se sont rapprochés. Je ne crois pas que l'on puisse dire que l'un a fait des concessions à l'autre. Ils se sont rapprochés. C'est la menace fasciste, le danger commun, qui ont fait que les vieilles querelles ont été oubliées pour un temps.

— *Breton avait pardonné à Bataille ? Il avait oublié le second* Cadavre ?

— C'était du passé.

— *Un passé récent, tout de même ?*

— Sans doute.

— *Soupault m'a dit un jour que pour lui, au contraire, Breton n'avait jamais pardonné et qu'au moment de cette attaque contre lui des amis de Bataille, il a eu peur, très peur — comme s'il risquait de se retrouver très isolé...*

— J'ai l'impression, en effet, qu'il avait très mal vécu cette histoire du *Cadavre*. Comme chacun sait, Breton avait mauvais caractère. Il ne se laissait pas facilement marcher sur les pieds. Mais enfin, je ne crois pas que ça lui ait fait grand peur.

— *Qui a pris l'initiative du* Cadavre ?

— Je crois bien que c'est Bataille lui-même.

— *Parce qu'il y a deux versions : une version Bataille et une version Desnos.*

— Desnos ? tiens, je ne savais pas. Je ne connaissais pas cette version. Enfin, remarquez que moi je suis mauvais juge puisque c'est de Bataille que j'étais le plus proche et que c'est lui, Bataille, qui m'en a parlé. Donc, j'ai eu le sentiment que c'était une idée de Bataille.

— *Quelle était l'idée, au juste?*

— Je vous l'ai dit : c'était de faire pièce à la propagande...

— *Non, je vous parlais du* Cadavre.

— Ah! le *Cadavre*... C'est autre chose! L'idée était de descendre Breton en flammes et de l'attaquer sur son propre terrain. Il y avait eu « Un cadavre » à propos d'Anatole France. On voulait reprendre le même titre, et la même méthode, contre lui... Cela dit, soyons sérieux. Je ne sais plus très bien ce que j'en ai pensé sur le moment. Mais ce que je puis vous dire, aujourd'hui, c'est que tout ça me paraissait quand même assez canularesque.

— *Il y a deux ou trois hommes qui ont dominé cette époque. Bataille et Breton en tout cas. J'ai un peu de mal à les imaginer ensemble. Je crois que c'est vous qui les avez présentés l'un à l'autre...*

— Non, non, je ne les ai pas présentés. Si ? En tout cas, ça ne s'est pas fait de façon particulièrement cérémonieuse. Par contre, j'avais fait se rencontrer Bataille et Aragon. Ça, je me le rappelle. Aragon s'était montré assez dédaigneux vis-à-vis de Bataille. Il le considérait comme un dadaïste attardé. Il me l'avait dit. Je ne sais pas s'il avait employé exactement le terme de « dadaïste attardé ». Mais enfin, c'est ça que ça voulait dire.

— *Et Bataille? Il était impressionné par Aragon?*

— Hum... Pas vraiment. Bataille était certainement impressionné par Breton. Hostile, mais impressionné. Par Aragon, je ne crois pas.

— *C'est tout de même vous, si l'on en croit, notamment, le livre de Michel Surya, qui aviez organisé la première rencontre entre Breton et Bataille. Il était question, je crois, que celui-ci traduise les* Fatrasies *pour la* Révolution surréaliste.

— C'est cela, oui. J'ai été l'intermédiaire. C'est-à-dire que j'ai remis le texte des *Fatrasies* à Breton pour la *Révolution surréaliste*. Est-ce que je les ai présentés l'un à l'autre, à ce moment-là ? Peut-être... Peut-être, oui, que j'ai amené une fois Bataille au Cyrano. Mais, je vous le répète, ça n'avait rien de solennel. Ce n'était pas une entrevue, la chose sûre, en tout cas, c'est que Bataille, malgré mes efforts, s'est absolument refusé à signer le texte de présentation de ces *Fatrasies* ! Même par ses initiales ! Il a consenti à nous donner le texte, certes. Mais sans que son nom apparaisse en quoi que ce soit.

— *Pourquoi ?*

— Parce qu'il se méfiait du surréalisme. Par amitié pour moi, il a accepté de donner le texte. Mais il voulait que ça reste incognito.

— *Donc Bataille n'a jamais été fasciné par le surréalisme qui était, pourtant, l'aventure de toute votre génération. Il a échappé à cette fascination ?*

— Il n'y a aucun doute.

— *Si ce que vous dites est exact, c'est bien le seul parmi tous les esprits de cette époque...*

— Ce qu'il y a, c'est que Bataille était, au fond, un peu comme Breton. Il aimait beaucoup créer des revues, être entouré, avoir son équipe. Alors l'équipe surréaliste était une équipe rivale de celle qu'il souhaitait constituer.

— *Et qu'il a constituée ?*

— Oui, à l'époque de *Documents*. Et puis, ce qui est certain, c'est que Bataille considérait Breton comme un idéaliste ce qui, pour lui, était un péché mortel.

— *Que voulait-il dire par là ?*

— Il voulait dire que le matérialisme affiché de Breton était purement verbal — ce qui est la vérité vraie. Je ne reproche pas à Breton d'avoir été un idéaliste, mais le fait est qu'il l'était. Breton a vu la Révolution en idéaliste, ça c'est certain.

— *Bataille n'était pas impressionné par le charme de Breton ?*

— Sur le tard, peut-être. Puisque, comme vous le savez, les rapports Breton-Bataille se sont énormément adoucis quelques années après le *Cadavre*. Alors, il a pu être impressionné, un peu, par Breton qui n'était tout de même pas n'importe qui. Mais c'est venu sur le tard. A l'époque dont nous parlons, ce n'était pas du tout ça. Les manières mêmes de Breton ne pouvaient que déplaire à Bataille qui était beaucoup plus, comment dirais-je ? beaucoup plus sur ses pieds...

— *C'est ça. C'est le fameux article de* Documents *sur, justement, « Le gros orteil »...*

— Exactement. Je crois d'ailleurs que Breton s'est moqué de ce texte dans le « Second manifeste »... Je crois bien... Évidemment, « Le gros orteil », c'était comme cet autre article intitulé « Le bas matérialisme et la gnose ». Dans cet article, il y avait, il me semble, une note assassine contre Breton. Il s'agissait, en tout cas, d'un matérialisme moins abstrait que celui des surréalistes. Un authentique matérialisme.

— *Aujourd'hui, avec le recul, qui avait raison : Bataille ou Breton ?*

— Je me sens, bien sûr, beaucoup plus proche de Bataille. J'avais avec lui une intimité que je n'avais jamais eue avec Breton. Et puis cette idée selon laquelle le surréalisme serait resté trop idéaliste, je la partageais et je la partage encore.

— *On peut parler une seconde de* Documents *?*

— *Documents,* c'était une espèce de fourre-tout. Je ne sais pas si vous avez lu cet article que j'avais écrit qui s'appelait « De Bataille l'impossible à l'impossible Documents » ? Là, je dis à peu près ce que j'en pensais. C'était un rassemblement, assez hétéroclite, de gens de bords très différents...

— *Est-ce que, dans l'esprit de Bataille, c'était une alternative au groupe surréaliste ? Est-ce que c'était sa bande à lui ?*

— Ah oui ! Ça, certainement ! Il n'y a pas le moindre doute ! Il y avait d'ailleurs des dissidents surréalistes qui collaboraient à *Documents* — à commencer par moi.

— *Vous avez rompu avec Breton à ce moment-là ?*

— Évidemment. A l'époque du *Cadavre.*

— *Vous ne vous êtes jamais réconciliés ?*

— Si, on s'est réconciliés sur le tard ; mais, là non plus, sans solennité. On s'est rencontrés à un arrêt d'autobus... On s'est serré la main et on a fait le voyage ensemble, dans l'autobus.

— *C'était en quelle année ?*

— Je ne peux pas vous dire. C'était peu d'années avant la mort de Breton. Au Trocadéro. C'était l'autobus 63.

— *Si je comprends bien, il ne vous a, sur le moment, c'est-à-dire dans les années trente, pas pardonné votre alliance avec Bataille ?*

— Sûrement pas ! Quand le *Cadavre* était, si j'ose dire, encore tout frais, la rupture était franche, et sérieuse. Ça s'est adouci peu à peu.

— *Et tous les côtés religieux de Bataille ? Cette volonté de créer une nouvelle religion ou, en tout cas, de s'intéresser de très près à toutes ces histoires de Sacré ?*

— Son biographe, Michel Surya, a parlé de ça de manière très documentée. Le premier écrit de Bataille était un écrit pour vilipender le sacrilège qu'avaient commis les Allemands en 1914, quand ils ont bombardé la cathédrale de Reims.

— *Je pensais surtout à tout ce qui s'est passé autour du Collège de Sociologie...*

— C'était basé sur le Sacré, en effet.

— *Vous étiez proche du Collège ? Vous en étiez même l'un des fondateurs ?*

— Oui, bien sûr. Puisque j'étais même, avec Caillois et Bataille, l'auteur d'un des textes qui annonçaient tout ça à la *NRF*. Mais je trouvais (je l'ai exprimé dans une lettre qui a été publiée par Denis Hollier) que Bataille en prenait tout de même un peu trop à son aise avec les idées de Mauss.

— *C'est-à-dire ?*

— C'est-à-dire qu'il y avait des exagérations sur le Sacré. Comme si Mauss avait considéré le Sacré comme une explication de tous les phénomènes. En fait, c'était contradictoire avec l'idée même de « phénomène total » que Mauss avait mise en avant. Quand il parle de « phénomène total », il dit que les phénomènes ont toujours un aspect religieux, un aspect économique, un aspect moral, etc. Ce n'est pas forcément le Sacré qui domine.

— *Qu'est-ce que Bataille répondait à ça?*

— Il reconnaissait qu'il y avait un problème. Mais dans la lettre dont je vous parle, je demandais qu'on organise une grande séance, une sorte de congrès pour discuter de ça. Ça ne s'est jamais fait. Il faut dire, aussi, que j'ai envoyé cette lettre peu de temps avant la guerre. On a dû être empêchés par la guerre de donner suite.

— *On voit bien, dans le livre de Denis Hollier, que vous êtes présent la première année et puis que, ensuite, vous disparaissez...*

— C'est ça. Je trouvais que Bataille y allait un peu fort. Il exagérait. Il ne faut pas oublier que moi j'étais l'élève direct de Mauss. J'avais suivi ses cours. Je me serais considéré un peu comme un traître vis-à-vis de Mauss si je n'avais pas formulé ces objections, marqué ces distances.

— *Pardon d'y revenir une dernière fois. Mais est-ce que, dans ces distances que vous prenez, entre aussi cette histoire de fascination pour le nazisme?*

— Je n'ai jamais pensé ça. Jamais. Klossowski l'a peut-être dit. Je lui laisse la responsabilité de cette déclaration. Ça n'a jamais été mon point de vue.

— *Il y a quand même des textes bizarres à propos, par exemple, de la guerre.*

— Que Bataille ait été fasciné par la guerre, ça c'est sûr. Il disait qu'il fallait être à la hauteur de la guerre. Ça se reflète d'ailleurs dans la déclaration du Collège de sociologie à propos de Munich.

— *Dont vous étiez signataire...*

— Dont j'étais signataire. Un peu réticent, mais signataire quand même.

— *Réticent pourquoi?*

— Je vous le dis franchement : j'étais bien content que le spectre de la guerre soit écarté. Mais j'étais d'accord, peut-être un peu hypocritement, avec l'idée que les démocraties, et la France en tout cas, n'avaient pas su fournir aux gens les mythes qui auraient permis d'affronter la guerre.

— *Toute cette littérature sur la guerre, ces appels à la destruction, à la convulsion généralisée..., ça ne vous gênait pas?*

— Je vous dis que j'étais réticent. Un texte, on peut le signer d'enthousiasme. Et puis on peut le signer en se disant qu'on est en désaccord avec certains de ses aspects...

— *Le Collège, finalement, c'était surtout Bataille.*

— Évidemment.

— *Est-ce que Bataille avait un charisme aussi puissant que celui de Breton? Est-ce qu'il avait la même autorité?*

— Je ne crois pas. La preuve, d'ailleurs, c'est qu'il n'a jamais fondé de mouvement analogue à ce qu'a été le surréalisme — lequel, vous le savez, n'aurait pas existé s'il n'y avait pas eu Breton.

— *Bataille était plus solitaire.*

— Ce n'est pas ça. Vous parliez tout à l'heure du charme de Breton. Eh bien, Bataille n'avait pas ce charme. Il avait un charme à lui, c'est entendu. Mais ce n'était pas Breton. Et puis son idéologie était, il faut bien le dire, encore plus dure que celle de Breton...

— *Vous voulez dire qu'il était plus facile de se rallier à Breton?*

— Oui, bien sûr. C'était un poète très poète, quoi. Il écrivait de jolies choses. Je ne dis pas ça pour le minimiser, mais pour dire que c'était plus attrayant que ce qu'écrivait Bataille. Je ne dis pas que c'était meilleur, mais plus attrayant.

— *Bataille faisait peur?*

— Ah! Beaucoup!

— *Il avait cette réputation?*

— Il avait surtout la réputation de quelqu'un d'extrêmement débauché.

— *Et puis il y a encore autre chose. Ce projet que vous avez eu, bien avant tout ça, du côté de 1924 ou 1925 : une organisation qui devait s'appeler « Oui »...*

— Ça, c'était une idée de Bataille...

— *Je croyais que c'était une idée de vous.*

— Non, non, c'était une idée de Bataille. C'était un mouvement d'acquiescement. Dans un esprit zen. Je ne sais pas s'il connaissait le zen, à cette époque. Mais c'était bien dans l'esprit zen. Une espèce d'acquiescement apporté à toute chose. Une absolue non-résistance. Il trouvait qu'au mouvement « Non » qu'avait été dada, il fallait opposer un mouvement « Oui » qui serait un dadaïsme d'acquiescement au lieu d'être de négation...

— *Et alors? Pourquoi est-ce que ça ne s'est pas fait?*

— Je n'en sais rien. C'est resté comme ça, dans des conversations.

— *A cette époque-là il n'avait rien écrit, n'est-ce pas? En tout cas rien publié? Or, ce qui est frappant c'est l'extraordinaire autorité dont il jouissait quand même. Ça reste très mystérieux pour quelqu'un comme moi. Sur quoi se fondait cette autorité?*

— Sur sa conversation. Sur les propos qu'il tenait. Il avait, en effet, un très grand rayonnement...

— *Là aussi, c'était le contraire de Breton qui s'appuyait, lui, sur des monceaux de textes?*

— Naturellement.

— *Vous gardez du respect pour Breton aujourd'hui?*

— Beaucoup. Je ne suis pas un thuriféraire de Breton, c'est entendu. Je sais qu'il avait de gros défauts. Mais enfin je garde beaucoup de respect. Je sais que je lui dois beaucoup puisque je dois beaucoup au surréalisme et que, comme je vous l'ai dit tout à l'heure, il n'y aurait, à mon sens, pas eu de surréalisme sans Breton.

— *Dans ces années-là, vous avez croisé Lacan, j'imagine? Il était proche de Bataille?*

— Lacan, je l'ai connu, en effet. Je l'ai même connu très bien. Je le voyais tout le temps. Je n'ai jamais suivi ses séminaires. Mais enfin, nous étions amis. Surtout par sa femme, Sylvia, qui avait été la première femme de Bataille.

— *Vous l'avez rencontré quand ?*

— Lacan, j'ai dû le rencontrer, attendez... Je l'ai rencontré chez Marie Bonaparte... Quand je suis rentré d'Afrique. Ça devait être en 1934... Marie Bonaparte s'était intéressée beaucoup à la mission à Djibouti dont j'avais fait partie. Alors il m'arrivait d'aller chez elle. Et elle m'avait dit une fois qu'elle connaissait un jeune psychanalyse qui serait très content de me rencontrer. C'était Lacan.

— *Vous vous êtes liés tout de suite ?*

— Je dois dire qu'il m'a tout de suite époustouflé avec ce que j'appellerai son hyperintellectualisme. Il y a toute une part de ses écrits qui me passent au-dessus de la tête, littéralement. Mais ça n'empêche pas une certaine sympathie.

— *Il était proche des surréalistes, réellement, à ce moment-là ?*

— Oui, il était assez proche.

— *Par quel biais ?*

— Par ce que Dali appelait « la méthode paranoïa-critique ». Je crois que c'était par là.

— *Il avait des rapports avec Breton, par exemple ?*

— Bien sûr. Ils avaient de la déférence réciproque.

— *Revenons à vous. Quand vous vous rapprochez des surréalistes, c'est Bataille, cette fois, qui en prend ombrage, j'imagine ?*

— C'est exact. J'aurais voulu qu'il devînt surréaliste lui aussi. Mais rien à faire. Il a considéré, non pas exactement que je passais à l'ennemi, mais enfin que c'était un peu une trahison amicale, que je cessais d'être tout à fait de son bord pour devenir du bord Breton.

— *Et vous lui répondez quoi ?*

— Tout ça était implicite... Tacite... Il en a parlé, cela dit, je ne sais plus où... Dans *Le Surréalisme au jour le jour*, je crois...

— *L'impression qu'on a de Bataille c'est celle d'un personnage très noir.*

— Impression superficielle.

— *C'est ça. Voilà.*

— Le reproche que je fais au livre de Surya, qui est très bien fait, très bien documenté, c'est qu'il n'a, justement, pas connu Bataille et qu'il en fait un portrait un peu trop noir. Bataille avait un côté bon vivant. Il ne faut pas s'imaginer que ces histoires de partouzes, etc. ressemblaient à des messes noires. Je n'y ai jamais participé. Mais enfin, je crois que ce n'était pas si noir que ça. C'est lui-même (là, c'était son vieux fond de catholicisme) qui dépeignait ça sous l'angle de la transgression, c'est-à-dire du péché. Mais, cela dit, il était quelqu'un, dans les rapports qu'on pouvait avoir avec lui, de souvent gai. Je ne dirai pas plutôt gai, mais souvent gai.

— *Vous avez bien connu Colette Peignot qui était, à la fin de sa vie, la compagne de Bataille.*

— Très bien. C'était quelqu'un de très fascinant, pour le coup. Sa beauté... son intelligence... son côté inexorable... Elle ne supportait pas les demi-mesures... Elle avait d'ailleurs été l'amie de Souvarine. Pendant plusieurs années, je crois. Et c'est de là qu'est venue l'hostilité absolue Bataille-Souvarine, que Souvarine a exprimée avec beaucoup d'injustice dans la préface à la réédition de la *Critique Sociale*, lorsqu'il taxe Bataille d'« antisémitisme ». C'est une accusation aberrante. De la méchanceté pure. Le fait est que Bataille ne pouvait pas souffrir Simone Weil. Mais cela n'avait, évidemment, rien à voir.

— *Est-ce que Colette Peignot avait un rôle dans la* Critique Sociale*?*

— Elle y écrivait. Il y a des articles d'elle, des comptes rendus de livres signés Claude Arax.

— *Est-ce qu'elle n'en était pas également un peu le financier?*

— Je crois qu'elle était de famille, sinon riche, du moins très aisée — ce qui n'était pas le cas de Souvarine. Elle a donc dû participer au financement de la *Critique Sociale*.

— *Est-ce que c'est quelqu'un qui s'intéressait à la politique?*

— S'intéresser à la politique, je ne sais pas. Elle n'était pas une personne de compromis et quelqu'un de « politique » c'est quelqu'un qui est nécessairement obligé d'accepter certains compromis. En ce sens-là, elle n'avait pas la tête politique. Mais elle était, en revanche, passionnément révolutionnaire.

— *Il y avait aussi, dans le paysage, Jean Bernier qui fut également l'amant de Colette Peignot et qui était lui aussi un singulier personnage.*

— J'ai connu un peu Bernier. Pas très bien. Mais je l'ai connu au moment du rapprochement entre *Clarté* et *la Révolution surréaliste.*

— *Parce que vous étiez là, en 1925, rue Jacques-Callot, au moment de la fameuse grande réunion?*

— Oui, parfaitement. Avec aussi Morhange, Politzer, Guterman. J'étais parmi les surréalistes qui étaient d'accord avec ce rapprochement. Tout cela remonte à si longtemps!

— *Merci en tout cas de tous ces témoignages. L'important, pour moi, c'était cette question d'une éventuelle fascination de Bataille pour le fascisme. Je tenais absolument, sur ce point, à avoir votre sentiment.*

— Mon sentiment c'est que, vraiment, Bataille n'a *jamais* été fasciste. Il était, si vous voulez, fasciné par le génie de la propagande qu'avaient les nazis. Son souhait c'était que la gauche manifeste un égal génie de la propagande, dans le sens opposé. Voilà. Je ne sais pas si le nom de « Contre-Attaque » est de lui. Mais cela se pourrait. Car c'était vraiment comme ça que Bataille voyait les choses. C'était une contre-attaque. Il y avait l'attaque fasciste, avec ses moyens massifs de propagande. Et il fallait arriver à trouver des moyens aussi puissants pour la contre-attaque.

— *Vous souvenez-vous de la manifestation du 12 février 1934 à laquelle vous allez avec lui et Roland Tual?*

— Oui, je crois. Je me rappelle, comme ça, vaguement, cette manifestation. Nous y étions avec Bataille. Mais cela ne m'a pas laissé, je vous l'avoue, un souvenir très précis. Si, tout de même... Attendez... C'est bien la fameuse manifestation où s'est matérialisé, dans la rue, le Front populaire? Je me rappelle. C'était très émouvant.

— *Le Front populaire, pour vous, c'était quelque chose d'important ou vous vous en moquiez?*

— Non, je ne m'en moquais pas. Je travaillais au musée de l'Homme à ce moment-là qui était, grâce à Rivet, en plein Front populaire.

— *Parce que vous étiez membre du Comité de Vigilance des Intellectuels antifascistes?*

— Oui, bien sûr.

— *Je ne le savais pas.*

— Oui, oui. Je n'étais pas un cadre du Comité mais j'en faisais partie. De même que Breton, d'ailleurs, qui lui aussi avait signé.

— *Je ne savais pas, non, que les surréalistes étaient là-dedans.*

— Si. Pour ma part, j'étais un peu, là-dedans, l'homme de Rivet. J'y étais plus à ce titre que comme surréaliste puisque, à cette époque, j'étais en rupture avec eux.

— *Je vous remercie vraiment beaucoup. Je suis confus d'avoir tant insisté. Je sais que...*

— Je vous en prie! Je sais bien que je suis l'un des survivants. Peut-être le dernier. Avec Klossowski en effet.

13

« Le Collège de Sociologie »

(BATAILLE OU CAILLOIS ?)

La scène se passe rue Gay-Lussac, en février 1938, dans l'arrière-boutique d'une librairie spécialisée dans la littérature religieuse, où se réunissent à jour fixe, dans un climat de conspiration tout à fait typique de l'époque, les membres d'un groupe étrange : le Collège de Sociologie.

Pourquoi « collège » ? Pourquoi « sociologie » ? Nul ne le sait vraiment. Car il s'agit en fait d'une de ces petites sociétés qui pullulent depuis quelques années dans les marges du surréalisme et où l'on parle de tout — la religion par exemple, la politique, Hegel, le marquis de Sade et la Révolution, la fête, Kierkegaard, l'hitlérisme triomphant, la façon de lui résister — sauf de sociologie proprement dite.

Il y a là des gens très divers, au demeurant. Paulhan et Kojève. Jean Wahl et Pierre Mabille. Drieu La Rochelle passe parfois, rêveur, bizarrement incertain — qui croise Benda ou Walter Benjamin. Anatole Lewitzky qui sera à l'origine, en 1940, du premier réseau de résistance de la France libre, intervient sur le chamanisme et croise Pierre Klossowski. Il y a aussi Jules Monnerot. Adorno et Horkheimer. Et si ces gens sont là, assidus ou de passage, c'est à cause de trois hommes qui sont les initiateurs de toute l'affaire et qui prennent chaque fois, ou presque, la parole : Bataille, Leiris et Caillois.

Ce soir-là, donc — un mardi comme d'habitude... il doit être neuf ou dix heures... et la petite salle est particulièrement bourrée... —, c'est Caillois qui doit parler. Il est attendu. Très attendu. N'annonce-t-on pas depuis des semaines que sa conférence sur le pouvoir et sur ses rapports avec la mort, le sacré et la tragédie sera, compte tenu des circonstances (février 1938, ne l'oublions pas!) d'une importance exceptionnelle? Or, mauvaise nouvelle : Caillois n'est pas là. Il est empêché, annonce Bataille, lugubre. Cloué au lit par une maladie tenace. Mais qu'à cela ne tienne, ajoute-t-il : il y a quelques notes que le malade a préparées en vue de cette petite séance et dont il va, lui, Bataille, essayer de s'inspirer pour prononcer à sa place l'exposé tant attendu.

A sa place? Oui, à sa place. C'est ce que dit Bataille. C'est même ce qu'il va faire. Car il est déjà sur la petite estrade où il officiait quinze jours plus tôt pour sa propre conférence. Il est là, avec sa belle tête blanche, ses yeux bleus faussement innocents et, dans la main, les deux ou trois maigres feuillets écrits de la main de Caillois. Et le voilà qui, d'une voix douce, un peu sourde, qu'il semble avoir, d'abord, un peu de mal à placer, commence : « je dois d'abord excuser Caillois; c'est lui qui devait faire l'exposé que je ferai aujourd'hui à sa place; j'ai seulement pu le voir et envisager avec lui ce qu'il aurait dit si je n'avais dû le remplacer » ; puis le voilà qui, ce préambule passé, s'échauffe, s'emballe, jette un coup d'œil sur les notes, un autre — il n'en a plus vraiment besoin... car les mots viennent... se bousculent... ils se dévident à toute allure... et le voilà qui, au bout d'un moment, après un développement sur la sacralisation du roi dans les sociétés primitives et sur la façon dont la fascination qu'il inspire peut se retourner en son contraire et se transformer en pulsion meurtrière (développement où les habitués ne peuvent pas ne pas reconnaître l'un des thèmes favoris de Caillois), décroche tout à coup, s'absente de lui-même et, à la façon d'un astre qui changerait d'orbite, donne le sentiment que les mots qu'il prononce flottent à côté de lui et ne sont plus les siens : il n'est plus Bataille, Georges Bataille, l'auteur ô combien singulier des articles de *Documents*, mais le très commun truchement d'une voix qui ne lui appartient pas et où l'assistance, médusée, n'a pas de mal à identifier celle de son ami absent.

On peut trouver la scène belle. Émouvante. On peut être séduit par un tel degré de proximité, et donc d'amitié, entre deux êtres. Mais on peut également y voir une illustration ultime de cette « collectivisation de la pensée » dont les surréalistes, depuis dix ans, se faisaient obligation. Rêver chacun pour l'autre, recommandait Breton. Parler chacun pour l'autre, propose à présent Bataille. Que l'idée même en soit possible, que des hommes de la singularité de Bataille — et de Caillois — s'y soient concrètement prêtés, que personne, dans l'assistance, n'ait ricané, protesté, ou trouvé l'expérience extravagante, bref qu'un écrivain puisse, à partir de simples notes, réinventer la pensée d'un autre écrivain qui n'est pas là et que ce numéro de reconstitution (mieux : de ventriloquie) débouche sur un texte qui, à l'arrivée, dans l'archive générale de l'époque, portera la signature du second, n'est-ce pas le comble de cette tentation communautaire qui fut le propre des surréalistes et qui, ici, leur survit ?

14

« Une espèce inédite d'écrivains »

(MALRAUX EN ESPAGNE)

Sur le rôle de Malraux en Espagne, il y a, comme toujours avec lui, deux thèses en présence.

D'un côté des témoignages ironiques, ou dépréciateurs, qui mettent en doute l'efficacité et, parfois, la réalité de l'engagement de l'auteur de *L'Espoir*. Mais ces témoignages, il faut le savoir, émanent toujours des mêmes sources. A savoir de ces milieux communistes ou communisants dont il fut, dans ces années, un compagnon de route assez zélé et qui ne lui pardonneront pas, après la guerre, son éloignement puis sa rupture. Dépit. Vengeance. Volonté de salir un homme dont on s'est senti assez proche pour s'estimer trahi quand il s'en va. Exemple : Garaudy et son infecte *Littérature de fossoyeurs* publiée en 47 — Malraux arrive en Espagne, a-t-il le culot d'écrire, avec un contrat dûment signé lui assurant « paie double versée en dollars à Paris et en pesetas à Madrid ». Autre exemple : Hidalgo de Cisneros qui fut le commandant en chef de l'aviation républicaine et dont les souvenirs auraient, a priori, plus de raisons d'être crédibles — sauf qu'ils viennent tard, très tard, trente-cinq ans après les faits et qu'ils émanent d'un homme qui est resté jusqu'à sa mort un communiste pur et dur. « Je ne doute pas, écrit-il (et tout dans le contexte, dans le ton, désigne le règlement de comptes), je ne doute pas que Malraux ne fût à sa manière un progressiste ou qu'il ne cherchât de bonne foi à nous aider; peut-être aspirait-il à tenir chez nous un rôle analogue à celui que joua Lord Byron en Grèce, je ne sais; mais ce que je peux affirmer c'est que si l'adhésion d'un écrivain de grand renom pouvait utilement servir notre cause, sa contribution en tant que chef d'escadrille s'avéra tout à fait négative. » Puis : « André Malraux n'avait pas la moindre idée de ce qu'était un avion et il ne se rendait, je crois, pas compte qu'on ne s'improvise pas aviateur, surtout en temps de guerre. » Je rappelle ces témoignages. Je le fais par souci d'honnêteté et pour ne pas passer sous silence une thèse qui eut ses défenseurs. Mais j'insiste sur leur partialité. Voire sur leur malveillance. J'insiste sur le fait que la position même de leurs auteurs les rend aussi douteux, sinon plus, que les faits qu'ils entendent contester. Quel crédit faut-il accorder à des procès qui, à l'évidence, sont dictés par la déception, le ressentiment, l'amertume ?

De l'autre côté, en revanche, des témoignages directs et, surtout, désintéressés. Des récits de compagnons de combat ou même de reporters de guerre qui ont eu l'occasion de le voir en action et qui n'avaient pas plus de raisons, eux, de le dénigrer que de l'idolâtrer. Louis Fischer par exemple, journaliste américain qui s'occupa, lui aussi, d'approvisionner en armes le camp républicain : « les avions gouvernementaux étaient de vieilles carcasses ; arriva alors André Malraux qui joua un rôle inappréciable et proprement historique ». Herbert Matthews, correspondant du *New York Times* : « mon Français préféré était André Malraux, vrai idéaliste et homme d'un grand courage qui commandait un groupe d'aviateurs français qui manquèrent tous se faire tuer au tout début de la guerre ». Pietro Nenni, le célèbre socialiste italien, antifasciste s'il en fut, et qui commandait un bataillon des Brigades Internationales : « Malraux a organisé une aviation de fortune qui rend des services inestimables ». Tom Wintringham qui commandait le bataillon britannique de la 11e Brigade et qui, quoique communiste, rend un hommage vibrant à l'écrivain-aventurier et à sa poignée d'amis : bravo, écrit-il, à ce groupe d'hommes « à peine armés » qui « tentèrent de tenir le ciel » pendant les premiers mois de la guerre et qui furent d'« héroïques figures » livrant héroïquement bataille « dans la solitude la plus extrême ». Ilya Ehrenbourg : « les volontaires français avaient de vieux avions en mauvais état mais, jusqu'au jour où les républicains reçurent du matériel soviétique, l'escadrille créée par Malraux leur rendit de très grands services ». Et je ne parle pas, enfin, de ce diplôme de « bienfaiteur de l'Espagne républicaine » qui sera longtemps la fierté de notre intellectuel et que lui a remis, pour services rendus, la députée rouge Dolorès Ibarruri, mieux connue sous le nom glorieux de la Pasionaria.

Car la vérité c'est que Malraux s'est battu, bien sûr. Honorablement battu. Et qu'à l'échelle de l'Histoire, il est loin d'être certain que son rôle ait été négligeable. Des exemples ? Un bilan. Entre le 1er août 1936, date à laquelle il constitue sa première escadrille, et la dissolution, à la mi-février 1937, de la seconde escadrille, on dénombre au moins six missions qui ont très concrètement pesé sur le cours et le visage de la guerre.

— A la mi-août, une colonne franquiste motorisée prend Merida, dans la province de Badajoz. Contre-attaque républicaine. Combats acharnés aux abords de la ville. Tous les témoins de l'affrontement notent — et apprécient — l'appui que viennent apporter les Potez et les DC2 de l'escadrille d'André Malraux.

— Le 1er septembre, dans une scène digne de *L'Espoir*, un paysan d'Olmedo, dans la province de Valladolid, parvient à franchir les lignes rebelles pour prévenir les loyalistes de l'existence, près de son village, d'un camp d'aviation clandestin. Branle-bas de combat. Neutralisation, immédiate, de ce camp d'aviation. C'est encore à l'escadrille que l'on confie le soin de ce bombardement.

— Le 3, les colonnes de Yagüe, le général franquiste, avancent sur Madrid. La ville de Talavera tombe sous leurs assauts. Le colonel Asencio Torrado, qui lance une contre-attaque, doit presque aussitôt reculer et c'est, pour ses troupes, la débandade qui commence. C'est à l'aviation et, à nouveau, aux avions de Malraux qu'il doit de rétablir, in extremis, la situation.

— Fin septembre, au lieu de poursuivre sur Madrid, les chefs franquistes décident de faire un crochet par Tolède, histoire de libérer un Alcazar qui est en train de devenir le symbole de leur mouvement. Les rouges résistent. Se battent pied à pied. Ils causent, dans les rangs adverses, des dommages considérables. C'est l'escadrille, toujours, qui fournit l'appui aérien.

— Décembre. La 13e Brigade Internationale lance l'attaque sur Teruel. Front secondaire ? Diversion ? En effet. Mais il s'agit d'attirer là une partie des troupes fascistes et de desserrer ainsi l'étau autour de la capitale. L'escadrille André Malraux, raconte cette fois Jacques Delperrie de Bayac, vient en soutien et bombarde quotidiennement la ville.

— Février 1937 enfin. Les nationalistes ont pris Malaga et se livrent, aussitôt, à une impitoyable répression. Affolement. Exode des populations civiles. Milliers de fuyards errant sur la route d'Almeria. Et les appareils de chasse italiens, en rase-mottes, qui les mitraillent. L'escadrille est basée, à ce moment-là, à Tabernas, près d'Almeria. C'est à elle que l'on fait appel pour protéger les fugitifs. Ce sera sa dernière mission. Avant sa dissolution, à la mi-février.

Que penser de ce rapide bilan ? Est-il si négligeable que l'insinuent Garaudy, Hidalgo de Cisneros et tous les anciens camarades devenus adversaires politiques ? Et peut-on, lorsqu'on sait tout cela, poursuivre la rengaine du Malraux mythomane qui ne serait allé là-bas que pour alimenter sa légende ? Les faits sont là. Les dates sont là. Le détail même des batailles est dûment consigné dans les meilleures histoires de la guerre d'Espagne. Et si l'escadrille n'a pas changé le cours de la guerre, si elle n'a bien évidemment pas empêché — qui l'eût empêchée ? — la débâcle finale et le bain de sang, il est parfaitement clair, en revanche, qu'elle a joué un rôle, parfois crucial, dans quelques-unes de ses batailles. Honneur à Malraux le combattant. Honneur à Malraux le condottiere. Connaissez-vous un autre écrivain qui se soit rêvé — *et vécu* — chef de guerre ?

15

« Écoutez Paul Nothomb »

(MALRAUX EN ESPAGNE, SUITE)

Paul Nothomb est le dernier survivant de l'escadrille André Malraux. C'est un beau vieillard très droit, très maigre, avec des cheveux blancs, une allure un peu militaire et un regard bleu pâle, d'une intensité extraordinaire, qui semble s'enquérir à tout instant de l'effet que produisent sur moi les anecdotes qu'il me raconte. Il vit dans le Midi de la France. A publié, sous le pseudonyme de Julien Segnaire, un ou deux romans chez Gallimard. S'intéresse, depuis quelques années, à la mystique juive. Pour moi il est d'abord, bien entendu, celui qui a connu Malraux. L'homme qui s'est battu à ses côtés et qui l'a vu, surtout, se battre. Le seul vivant, en somme, à pouvoir me raconter, dans le détail, une conversation sur la route de Teruel ou un raid sur Malaga. Un monument, là encore. Un bloc de mémoire et d'images. Écoutez.

— *Est-ce qu'on peut commencer par parler des circonstances dans lesquelles vous avez rencontré Malraux ?*

— Écoutez, j'ai rencontré Malraux pour la première fois de ma vie à Bruxelles, en 1935 je pense, ou au début 36. Ce soir-là, Malraux était venu présider une sorte de meeting antifasciste. Il était sur le point d'aller à Berlin apporter une pétition à Goebbels en faveur de Dimitrov. Et la réunion se tenait dans une salle très populaire de Bruxelles, bourrée d'ouvriers belges, mais où la fine fleur de l'intelligentsia parisienne était venue — jusqu'à Gide et Jean-Richard Bloch. Malraux parle donc. C'est lui la grande vedette. Je le revois allant et venant sur la scène avec l'air de Bonaparte au pont d'Arcole. Il parle de l'Armée Rouge, de la Révolution d'Octobre, de la grande mythologie révolutionnaire.

— *Vous dites qu'il y avait Gide dans la salle ?*

— Oui, oui, Gide était dans la salle. Mais, quand le président de séance lui a demandé de venir à la tribune, il a répondu : « non, non, je suis venu pour écouter Malraux ». Je crois qu'il était très épaté par Malraux et qu'il se sentait, comment dirais-je?, très « littérateur » en face de lui.

— *Alors que Malraux, lui...*

— L'opinion de Malraux sur Gide vous la connaissez : seul le *Journal* comptait à ses yeux. Il considérait que l'œuvre de Gide, à l'exception du *Journal*, n'était pas très intéressante.

— *Vous, en tout cas, vous rencontrez Malraux à Bruxelles et, l'année suivante, vous le retrouvez à Madrid.*

— Oui. Enfin non. Quand je suis parti en Espagne, je ne savais pas du tout que j'allais le retrouver. J'étais, je vous l'ai dit, membre du Parti. Le Parti, au début, ne permettait pas à ses membres d'aller en Espagne (c'était la politique de la Russie, ralliée à la non-intervention), sauf dans un cas : celui des techniciens. Or il se fait que j'avais été aviateur pendant un an ou deux. Navigateur-observateur, pour être précis. Et donc tout au début de septembre, je vais rue Lafayette, au siège du Parti. De là on m'envoie dans un bureau de l'ambassade d'Espagne je ne sais plus où. On me présente un contrat mirobolant avec une assurance terrible, en cas de décès, et un grand salaire. Et je m'en vais le jour même. A Barcelone, puis à Madrid, à l'hôtel Florida, qui était un hôtel de luxe au centre de la ville. C'est là que je revois Malraux.

— *Il a l'air de quoi à ce moment-là?*

— C'était toujours le Bonaparte au pont d'Arcole que j'avais connu à Bruxelles. Avec une allure formidable. Et surtout la plus grande impression d'intelligence que j'aie jamais rencontrée dans ma vie.

— *D'accord. Mais je voulais dire : est-ce qu'il ressemble à un écrivain, un militaire, un chef de guerre, un rêveur?*

— Il ne faut pas faire ces catégories. Je crois que Malraux était Malraux et, s'il a fondé cette escadrille, s'il l'a inventée lui-même, c'est parce qu'il était tout cela à la fois. Malraux a eu le génie, au moment de la guerre d'Espagne, de voir ce qu'il fallait faire. Pas aller au café de Flore pour discuter – mais faire vraiment quelque chose.

– *C'était quoi cette escadrille ? combien d'avions, combien de pilotes ?*

– Concrètement, ça faisait trente personnes et jamais plus de dix avions (quand ce n'était pas deux ou trois) en état de marche. C'était le maximum. Seulement, ça a joué un rôle tout à fait en disproportion avec la grandeur de l'escadrille. Car c'est ça, je vous le répète, que Malraux a compris tout de suite : si on voulait aider l'Espagne, pas en faisant des meetings, des rassemblements, etc. mais en faisant concrètement quelque chose, c'était en envoyant des avions. Les avions, il fallait les acheter, ça il s'y est employé avec le concours de Clara, en les achetant en Europe centrale, peut-être via des trafiquants, je ne sais pas. Vous savez : des avions, ça ne s'achète pas au supermarché. Et puis il a fait le raisonnement suivant : il faut des pilotes pour ces avions qui coûtent un prix fou ; il ne faut pas les casser, il faut des pilotes expérimentés, pas des romantiques. Donc, ces gens, en général, ne sont pas de gauche. Donc, engageons des gens à prix d'or s'il le faut, mais au moins ils jetteront des bombes sur les fascistes tandis que des pilotes révolutionnaires, ils vont casser l'avion et ça ne servira à rien du tout. C'est ce qu'il a fait. Comme l'Espagne avait de l'argent, on a mis de l'argent à la disposition de Malraux et on a fait des contrats pour tous ces gens parce que, encore une fois, on s'est dit : pour avoir des professionnels, il faut les payer, c'est la seule façon. Malraux a eu tendance, par la suite, à passer sous silence cet épisode de sa vie. Il a eu tort. Parce que ça prouve que c'était un homme sérieux qui avait le souci de l'efficacité. Vous n'imaginez pas ce que c'était. Tout au début, je me rappelle, il y avait deux avions des lignes civiles espagnoles dans lesquels les gens montaient et puis on ouvrait les portes de l'avion et on jetait les bombes à la main, comme ça, comme si on les balayait. Alors vous voyez le genre de précision ! C'était nul ! Mais ça n'empêche que ça a été la première résistance.

– *Vous, par exemple, vous aviez un contrat ?*

– J'avais un contrat, oui. Tout le monde avait un contrat. On ne pouvait pas arriver en Espagne sans avoir de contrat, plus un certain nombre de laissez-passer...

— *Donc, vous étiez un « mercenaire »...*

— Je n'étais pas un mercenaire, j'étais parti comme volontaire. Mais on m'a dit que je devais signer un papier ; car le gouvernement espagnol, vis-à-vis des ressortissants étrangers, devait avoir des garanties, notamment d'assurance, pour le cas où ils mourraient et où leur gouvernement serait tenté de faire une réclamation. Donc des assurances-vie très fortes. Qui étaient conditionnées par le salaire. En tout cas je me souviens que j'avais un salaire faramineux. Je n'avais jamais connu ça. Et encore : j'étais dans la catégorie des navigateurs, ce qui était beaucoup moins que les pilotes ! Les pilotes, eux, c'était des sommes extraordinaires ! Bref, c'est comme ça qu'on a recruté un certain nombre de pilotes, y compris des gens qui avaient participé à l'histoire de la Prohibition aux États-Unis, qui avaient importé de l'alcool depuis le Canada. Des aventuriers purs, qui faisaient ça pour de l'argent. Cela dit, la majorité d'entre eux ne l'auraient pas fait, même pour de l'argent, chez Franco.

— *Tout cela ne ressemble guère à l'image classique de l'escadrille de révolutionnaires...*

— Si. A cause de Malraux lui-même. Et puis de quelques types dans mon genre. Plus les mécaniciens, qui étaient souvent des ouvriers, et qui venaient du civil.

— *On a dit de vous que vous étiez le « commissaire politique » de la Brigade.*

— Non, pas encore. Je n'étais pas encore commissaire politique parce que l'escadrille n'avait aucune structure à ce moment-là. C'était au coup par coup. Il y avait des gens qu'on voyait disparaître après une mission, ils avaient disparu dans la nature. C'était tout à fait l'anarchie. Ça a duré comme ça jusqu'en novembre, au moment de l'arrivée des Brigades Internationales, qui a aussi été le moment de la crise de l'escadrille. Malraux a tout de suite saisi l'occasion pour supprimer les contrats C'était possible à cause de l'arrivée des Brigades. Nous pouvions recruter. Les Brigades étaient à Albacete. Nous avions un bureau à Albacete. Tous les gens qui avaient eu des accointances avec l'aviation pouvaient s'y adresser. On leur faisait passer un examen. Alors, à ce moment-là, l'escadrille n'a plus compté de mercenaires, sauf quelques exceptions. La majorité a été rattachée à l'Armée espagnole et du coup l'escadrille qui s'appelait España s'est appelée « escadrille André Malraux ».

— *Qui a décidé ce changement de nom?*

— C'est moi qui ai décidé ça parce que, en l'absence de Malraux, c'était moi qui étais chargé des relations avec le ministère de l'Air espagnol. J'ai été les trouver en leur disant : il faut marquer le renouveau de l'escadrille et pour nous, ce qui compte, c'est André Malraux. Tout le monde sera galvanisé par le fait qu'on s'appelle « escadrille André Malraux ». Et ça s'est appelé « escadrille André Malraux ». C'était sur le papier à lettres... Sur l'autobus de l'escadrille... Enfin bref, on était tous très fiers d'être sous le nom d'André Malraux. Même si cette escadrille était rattachée à l'Armée espagnole.

— *Qui payait les soldes?*

— L'Armée espagnole. On avait tous des uniformes de l'Armée espagnole. Malraux a donné l'exemple. Parce que, au début, c'était mixte. Il était en pantalon civil avec une casquette militaire. Moi j'étais un des rares qui étaient passés par l'armée, donc j'étais peut-être le plus « militariste » d'aspect là-dedans...

— *Sur les photos, vous avez l'air d'un officier sorti de Saumur!*

— Ça m'a d'ailleurs causé les plus graves ennuis parce qu'au moment où j'ai été abattu, à la fin février 37, sur la route d'Almeria-Malaga, quand je suis sorti de la mer où j'étais tombé avec l'avion, et que j'ai émergé, les réfugiés sur la route se sont enfuis en disant : c'est un nazi qui sort de l'avion! Il paraît que j'avais l'allure germanique. J'ai dû crier : Republica, Republica!

— *Et Malraux est-ce qu'il avait l'allure militaire, lui?*

— Je n'ai jamais vu quelqu'un d'aussi peu militariste que Malraux — mais en même temps si habile! Quand on se souvient des discours un peu emphatiques qu'il a pu faire, par exemple, pour Jean Moulin, eh bien je peux dire que Malraux pouvait faire des discours tout à fait d'un autre genre. Je me souviens, une fois. Il avait réuni toute l'escadrille. Je vois une grande salle à manger. On était trente peut-être, trente-cinq. C'était le maximum qu'on ait jamais atteint comme effectif. Et alors il a expliqué à tout le monde qu'il fallait que nous mettions tous des uniformes, c'était fini de jouer aux petits soldats, il fallait qu'on mette des uniformes. Eh bien il a fait ça sur un ton d'humour extraordinaire, c'est-à-dire qu'il s'est présenté comme le colonel Scrogneugneu, qui allait donner des instructions. Tout le monde s'est amusé. Et, du coup, on a porté les uniformes en rigolant.

— *On se pose souvent la question de l'efficacité de l'escadrille.*

— J'ai déjà dit plusieurs fois que ce qui m'a intéressé dans la guerre d'Espagne, c'est non seulement la rencontre avec Malraux mais l'expérience unique d'une unité militaire tout à fait efficace. Et qui fonctionnait sans aucune discipline, sans aucune contrainte. Si quelqu'un de l'escadrille disait : « je ne marche pas », on lui répondait : « très bien, voilà, tu prends l'avion pour la France demain ». C'était la seule sanction. Si quelqu'un voulait cesser de combattre, dans la demi-heure il partait en France. Je n'ai jamais vu une unité combattante dans laquelle les combattants pouvaient décider s'ils allaient participer à la mission suivante ! Et ça a marché ! Comparez ça aux tribunaux qui fonctionnaient à Albacete, aux sanctions, etc. Nous étions la liberté vécue. Tout ça, bien sûr, marchait uniquement sur le prestige de Malraux.

— *Malraux participait aux opérations ?*

— Plusieurs fois, oui. Il n'avait pas de capacité d'aviateur. Mais deux ou trois fois il a tout de même pris le rôle du mitrailleur-avant, parce que nous étions dans des Potez 42 dans lesquels il y avait sept personnes ! Il y avait trois mitrailleurs, un bombardier, moi en l'occurrence, deux pilotes et un mécanicien. Et il y avait trois postes de mitrailleur et Malraux a souvent pris l'un d'entre eux.

— *Des images précises de Malraux au combat ?*

— Je me rappelle très bien un raid sur Teruel. On avait la DCA qui secouait l'avion d'une façon très impressionnante. Et

Malraux, je le vois encore au milieu du couloir qui allait du poste de pilotage au mitrailleur-arrière et il était là sans rien faire, simplement parce qu'il voulait être avec nous. Pour montrer qu'il participait, même s'il n'était pas à un poste de combat. Il était là. C'est comme ça que l'escadrille pouvait marcher. On savait très bien que Malraux n'était pas là pour nous commander et puis rester dans son bureau.

— *Donc, vrai courage physique.*

— Grand courage physique. Et, je vous le répète, beaucoup d'humour. Jamais d'ostentation, jamais. Je me rappelle, quand on avait des camarades tués, que Malraux prononçait, si on peut dire, « l'oraison funèbre ». C'était magnifique! C'était quelques mots. Et, vraiment, aucune emphase! La sobriété même.

— *Est-ce que vous avez eu beaucoup de pertes dans l'escadrille?*

— A peu près tout le monde. Je veux dire que tous les avions ont été démolis. C'est comme ça que l'escadrille a disparu. De sa belle mort. La plupart des gens aussi. Il y en a qui se sont échappés. Par miracle. Moi par exemple : la dernière mission à laquelle j'ai participé. On était deux avions. Les deux avions ont été abattus. Dans le mien il y a eu un mort seulement, mais il y a eu quatre blessés. On était tout de même très exposés. Parce qu'on n'avait pas de chasse. On n'avait pas de chasse du tout. C'est d'ailleurs pour ça qu'on faisait des missions la nuit. En face de nous il y avait les avions allemands et italiens...

— *Est-ce que vous n'avez pas eu des appareils russes à un moment?*

— Si, on a eu quelques Russes qui sont venus avec des chasseurs. J'ai, personnellement, participé à la soirée du 7 novembre 1936, anniversaire de la Révolution russe, avec des aviateurs soviétiques, sur le champ d'aviation d'Alcala. Ils étaient tous en civil mais ils se tenaient tout à fait à part. Ils ne se tenaient pas avec nous. Mais enfin, à cette occasion, on a tout de même mangé ensemble. Et je me rappelle d'ailleurs, à ma grande honte, que c'est moi qui ai porté un toast à Staline. Et les Soviétiques étaient quelques peu estomaqués par le fait que ce soit un non-Russe qui invoque le nom (à ce moment-là, pour nous Staline, c'était la révolution hein ?) de leur chef. Pour nous, à l'époque, c'était le successeur de Lénine. Les procès de Moscou avaient déjà vaguement commencé. Mais enfin, pour nous, c'étaient des coupables. Tout ça pour vous dire l'état d'esprit.

— *Pour Malraux, Staline, c'était surtout le meilleur moyen de combattre les fascistes.*

— Absolument.

— *Je veux dire : pas de « conviction » mais de la pure « real-revolution »...*

— Malraux n'était pas communiste. Il approuvait les communistes en Espagne parce que c'étaient les seuls qui voulaient faire une armée efficace. Il disait tout le temps : pour battre une armée, il faut une autre armée. Malraux, de cœur, était avec les anarcho-syndicalistes, c'est sûr.

— *Vous parliez de tout ça?*

— Je vais vous dire : Malraux est un des premiers, dans ma bêtise stalinienne de l'époque, qui m'ait fait remarquer que l'Union soviétique était beaucoup plus intéressée par le détroit de Gibraltar que par la révolution mondiale. De Malraux, je l'ai accepté. Ça a été une des premières failles dans ma foi communiste.

— *Donc, efficacité d'abord!*

— C'est ça. C'est ce que je vous ai dit dans l'affaire des mercenaires. De même avec les Russes. Il savait que seuls les Russes pouvaient faire la guerre puisque les Français, les Anglais avaient décidé d'abandonner. C'était les Russes, seuls, qui pouvaient donner des armes à l'Espagne. Et donc il fallait s'allier avec eux. Quoiqu'il soit très sympathisant de Trotski, il avait considéré que Staline avait raison à ce moment-là.

— *Clara, elle, était à Madrid, du côté des anarcho-syndicalistes...*

— Oui je l'ai vue, Clara, dans une voiture du POUM venir klaxonner devant l'hôtel Florida avec des drapeaux du POUM pour faire enrager André. Elle était trotskisante. Et quoique Malraux aimât bien Trotski, à ce moment-là il trouvait qu'il ne fallait pas continuer là-dessus. Il fallait accepter momentanément la Russie et le Parti communiste. Mais, il n'a jamais été communiste, ça j'en suis absolument sûr. En Espagne, il me disait très souvent ce qu'il pensait des communistes.

— *A quoi pouvait bien ressembler une conversation avec Malraux dans ces jours-là ? on parlait politique ? guerre ? autre chose ?*

— On mangeait ensemble presque tous les jours au restaurant ou à l'hôtel... Je nous vois encore à Albacete, avec tous les gens de l'escadrille... En général, on avait des petites tables. J'étais souvent à la table de Malraux. Alors de quoi on parlait ? Des femmes par exemple... De la France... Une fois, je ne sais plus quel membre de l'escadrille a dit : « on est blousés, on est roulés. » Alors Malraux s'est fâché, en disant : « cessez de faire les Français râleurs, nous sommes ici pour faire la révolution »...

— *Faire la révolution ou arrêter le fascisme ?*

— Justement. Moi je ne crois pas que Malraux soit allé là pour la démocratie. Il faut être honnête, on était tous là pour rendre possibles les chances de la révolution. On voulait la faire par étapes. Pas comme les anarcho-syndicalistes qui voulaient faire la révolution tout de suite. Mais enfin on la voulait. On était loin des discours du Front populaire avec son côté : on défend la liberté, on défend la démocratie et tout et tout...

— *Est-ce que Malraux restait écrivain ? Est-ce qu'il parlait littérature par exemple, philosophie ? Ou est-ce qu'il était complètement « pris » par tout ça ?*

— Je sais maintenant qu'il écrivait *L'Espoir*. Mais, bien sûr, on n'en parlait pas. Il était assez secret sur ses activités. J'ai su des choses après, que je ne savais pas à l'époque.

— *Oui mais est-ce que vous parliez ? et de quoi ?*

— L'étincelle entre Malraux et moi, c'est un jour entre Valence et le champ d'aviation, dans une voiture. Nous étions tous les deux derrière et tout d'un coup, je ne sais pourquoi, je lui cite Nietzsche. Malraux sursaute et dit : « quoi ? tu connais Nietzsche, tu l'as lu ? » Je lui réponds que Nietzsche est une des choses les plus importantes de ma vie. Alors pour Malraux (il me l'a dit après), dans ce milieu de techniciens et de mécaniciens, quelqu'un qui parlait de Nietzsche, c'était assez inattendu.

— *Vous apparaissez d'ailleurs dans* L'Espoir *comme...*

— Oui, il me décrit plus ou moins. Je suis le fils d'un militant d'extrême droite, etc., etc.

— *Vous disiez tout à l'heure que vous parliez souvent des femmes. Il était, lui, à l'époque, entre Clara et Josette Clotis...*

— Oui, il y avait Josette. Mais il n'en a jamais parlé de Josette. J'ai su, après, qu'elle était venue en Espagne.

— *Vous ne l'avez pas vue ?*

— Jamais, non. Je l'ai appris après. Il y a des choses comme ça que j'ai apprises après. Il nous le cachait, je pense. Clara, je vous l'ai dit, s'est manifestée. Mais uniquement pour le faire enrager. Vous ne voyez pas Malraux parler de ses rapports personnels avec les femmes !

— *Quelle était la vie à l'hôtel Florida ?*

— On ne vivait pas comme des prolétaires, c'est sûr. On avait des chambres d'hôtel luxueuses. Il y avait toujours le portier de l'hôtel avec ses galons et tout ça. Il n'y avait plus de propriétaires. Ils avaient disparu. Mais les galons étaient toujours là.

— *Et vous ? Votre rôle ? Vous ne m'avez pas répondu sur la question du « commissaire politique ».*

— Lacouture a expliqué que Malraux avait pris ses précautions vis-à-vis du Parti communiste, en nommant un commissaire politique communiste. C'est risible ! J'avais vingt-deux ans. Malraux était un personnage international, qui avait déjà été plusieurs fois à Moscou, qui était en rapport avec l'ambassadeur d'Union soviétique en Espagne, etc. Il n'avait pas besoin de garanties vis-à-vis du Parti communiste, c'est de la blague.

— *D'où vient cette idée alors ?*

— Ce qu'il y a c'est que, quand on a formé l'escadrille, il a fallu donner des grades. Malraux était colonel par exemple. Moi j'étais lieutenant. Et puis, on nous a donné des fonctions. Il y avait le chef des mécaniciens, le chef des pilotes, le chef des... Qu'est-ce qu'il y avait ? Je ne sais plus... Bon. Le chef des mécaniciens et le chef des pilotes. Et puis comme il fallait bien me donner une fonction, il m'a dit : « tu seras commissaire politique ». C'était la mode à l'époque. Chaque unité avait un commissaire politique. Mais le commissaire politique, dans l'imagerie actuelle, c'est le type à la schlague qui est derrière les soldats, qui leur remonte le moral et qui abat les opposants. Vous pensez bien que ce n'était pas le cas dans l'escadrille Malraux ! Je crois que, au fond, il m'avait donné ce titre parce que j'allais tous les matins au ministère de l'Air à Valence et que j'avais de bonnes relations avec eux.

— *La direction stratégique était espagnole, bien sûr ?*

— En effet, nous n'avions pas d'autonomie stratégique. Les missions étaient données par les Espagnols. Et je dois dire que parfois, les Espagnols nous disaient : « on va vous envoyer, on est contents que vous soyez là parce que nous on n'irait pas bombarder une de nos villes ».

— *Comment Malraux était-il traité par les Espagnols ? Est-ce qu'ils le voyaient comme un chef militaire ? ou est-ce qu'ils avaient conscience d'avoir avec eux un très grand écrivain ?*

— Non. Je ne le pense pas du tout. Ils étaient d'ailleurs plutôt contre, les chefs militaires espagnols. Malraux était copain avec les chefs du gouvernement, avec les hommes politiques. Mais les chefs de l'armée, on le leur avait imposé.

— *Ce n'est pas ce que je voulais dire. Je vous demandais : les Espagnols* savaient *qui était Malraux...*

— A peine... A peine... Ils savaient que c'était un écrivain. Mais ça ne leur disait rien de plus. Enfin, je pense. Les militaires espagnols étaient contents qu'on soit là pour faire leur travail, un point c'est tout. La majorité des aviateurs, ne l'oubliez pas, était passée chez Franco. Il ne restait plus que quelques mécaniciens. L'aviation républicaine n'existait plus. D'ailleurs, quand on a pris des Espagnols, on les a mis en seconds pilotes sur nos avions. Pas comme pilotes, car il n'y a rien de plus facile avec un avion que de passer de l'autre côté, de passer à l'ennemi.

— *Quand vous regardez les choses aujourd'hui, comment appréciez-vous l'efficacité de tout ça ? Est-ce que ça a pesé sur le cours de la guerre ?*

— Je crois que ça a pesé et je crois que ça aurait pu peser encore davantage. C'est grâce à ces avions bricolés par Malraux qu'on a arrêté par exemple l'avance des fascistes à Talavera, à cent kilomètres de Madrid pendant plusieurs semaines. Ils ne sont arrivés qu'en novembre devant Madrid et la révolte était de juillet ! Pendant deux mois ils sont restés sur la route de Madrid, au même endroit. Là je crois que l'escadrille a joué. Et puis, après, il y a eu la bataille de Teruel. Nous étions à Valence à ce moment-là, et on a fait quantité de missions sur Teruel. C'était l'escadrille, presque uniquement l'escadrille. Puis, ensuite, nous avons participé, j'ai participé personnellement, à la défense d'Almeria après la prise de Malaga par les fascistes. Et là nous avons bombardé la route. Et après le bombardement de la route, le front est resté longtemps au même endroit. Là aussi, nous avons arrêté, retardé l'avance fasciste.

— *Il y a aussi Bernanos qui était en Espagne à cette époque. Je crois que vous le connaissiez. Est-ce que vous vous êtes vus ?*

— Bernanos était à Majorque, oui. Il était d'extrême droite à ce moment-là. Il était dans l'Action française et il avait écrit un livre sur Drumont. Et puis, on apprend qu'il a rompu avec Franco ! Malraux admirait énormément Bernanos. Il considérait que c'était le seul romancier de son temps — beaucoup plus que Mauriac. Pour lui, Bernanos c'était *le* romancier. J'avoue que je ne suis pas tellement d'accord avec lui mais enfin, peu importe. Et donc, quand il a appris que je connaissais Bernanos, il a dit : « je voudrais bien le rencontrer ». C'était en 37. Le milieu de 37. L'escadrille n'existait plus, et nous nous sommes rencontrés à Paris, place des Victoires, au Roi Gourmet, qui était un restaurant que Malraux fréquentait beaucoup. Nous étions trois, Bernanos, Malraux et moi. Bernanos a raconté cette entrevue dans *Le Chemin de la croix des âmes*. Et il prête à

Malraux un propos qu'il n'a jamais tenu. Malraux lui aurait dit : « jamais je n'attaquerai le Parti communiste ». C'est faux! C'est effarant! J'ai assisté à cette conversation et vous affirme que ce n'est pas du tout comme ça que Malraux s'est exprimé. La vérité c'est que Bernanos lui avait dit : « vous Malraux, comment pouvez-vous supporter les mensonges de *l'Humanité* et être avec *l'Humanité* qui est un journal qui ne fait que mentir ? » Malraux lui a répondu : « écoutez ; je serai toujours moins gêné par les mensonges de *l'Humanité* que vous ne devriez l'être par ceux de *l'Écho de Paris* (à moins que ce ne soient ceux de *L'Ami du peuple* ou je ne sais plus quel autre journal de l'époque) parce que derrière *l'Humanité* il y a tout de même les pauvres et les opprimés ; alors que derrière *L'Écho de Paris*, il y a les riches et les exploiteurs ».

— *Est-ce que vous l'avez revu par la suite ? Est-ce que vous êtes restés liés ?*

— On est toujours restés liés. Et il y a eu un épisode peu connu : un Front populaire au Chili, vers 1938, je ne sais pas si on a gardé un souvenir de ça. Malraux rêvait de faire la suite de l'escadrille au Chili. Alors il y a eu une réunion ou deux ici avec les anciens de l'escadrille. On n'avait plus d'avions en Espagne. On s'est dit qu'on en trouverait peut-être au Chili. C'est resté à l'état de projet (rire)... A part ça on s'est revus très régulièrement jusqu'à la guerre, puis après la guerre, quand il a fait ses premiers livres d'art chez Gallimard et que j'ai fait, pour lui, un certain nombre de recherches bibliographiques à la Nationale.

16

« La part d'ombre du tableau »

(MALRAUX ENCORE)

Des milliers d'anarchistes catalans assassinés en juillet et août 37. Le POUM décapité. La Guépéou qui étend son empire sur tout le camp républicain. Et Malraux qui, malgré son prestige, choisit de se taire et de cautionner l'intolérable. Faut-il, comme Trotski, en conclure qu'il est venu ici, en Espagne, « défendre le travail judiciaire de Staline » ? Et doit-on penser que l'écrivain antifasciste est devenu là, en Espagne, un intellectuel à la botte ? Non, bien sûr. Mais une chose, cependant, me trouble — car cette chose, qu'on le veuille ou non, condamne André Malraux. C'est que, dans les mêmes conditions, présents aussi sur le terrain, saisis des mêmes informations et aussi fondés que lui à se soucier du sérieux, de l'efficacité de leur engagement, d'autres écrivains ont pris le parti inverse et ont prouvé que, par conséquent, il est *toujours* possible de dénoncer l'intolérable. Ce sont Bertrand Russell, George Orwell, John Dos Passos — ces autres intellectuels, moins héroïques mais plus lucides.

17

« Avec les surréalistes à New York... »

(CONVERSATION AVEC CLAUDE LÉVI-STRAUSS)

J'avais voulu voir Claude Lévi-Strauss pour évoquer ce fameux « structuralisme » dont il était, depuis la mort de Barthes, Foucault, Lacan et bientôt Althusser, l'un des derniers représentants. Mais chemin faisant, et devant l'agacement que suscitait visiblement en lui ce seul mot de structuralisme, j'ai tenté d'aborder d'autres sujets. A commencer par celui de son séjour à New York, en 40-44, à l'époque où la capitale culturelle des États-Unis était aussi celle de l'Europe. Un Lévi-Strauss inattendu. Plus proche d'André Breton ou de Max Ernst que d'un althusséro-derridien. Portrait de l'ethnologue en anti-fasciste placide.

— *Fin 40, vous arrivez donc à New York...*

— J'arrive à New York en 1941, puisque c'est à la fin 40 que j'ai été radié, en raison des lois de Vichy, de ma position de professeur. J'arrive donc en 41. Et je rentre, rappelé par le ministère des Affaires étrangères, tout de suite après la Libération de Paris. Et puis quelques mois après, moins de six mois je crois, je suis à nouveau renvoyé à New York, cette fois comme conseiller culturel de l'ambassade de France, et j'y reste jusqu'en 47.

— *A quoi ressemblait ce New York de 41-44 ? Quel y était le climat intellectuel, politique ? Les rapports entre les uns et les autres ?*

— New York était à ce moment-là au sommet de son cosmopolitisme. Il y avait des réfugiés de tous les coins du monde. Il y avait des Allemands, il y avait des Italiens, il y avait des Français... Et donc c'était un lieu extraordinaire pour vivre la pensée européenne, bien qu'on ne soit pas en Europe.

Politiquement, limitons-nous à la colonie française. La colonie française était divisée en plusieurs chapelles ou factions, comme vous voudrez, dont les unes étaient politiquement engagées, et dont les autres se tenaient en dehors de la politique. Bon, la grande division c'était d'un côté les vichystes et les prudents (c'était, en gros, les vieilles institutions françaises de New York comme l'Alliance française), et puis, de l'autre le camp gaulliste qui lui-même comportait plusieurs factions internes. Et puis, autour de ça, il y avait des gens qui étaient peu mêlés à la politique, comme des peintres, des écrivains — les surréalistes notamment. Et, entre tous ces groupes, il y avait soit des recouvrements partiels, soit, au contraire, très peu de contacts. Moi il se trouve que j'étais, si je puis dire, à cheval sur trois groupes qui étaient d'une part les milieux de la France libre, avec l'École libre des Hautes Études de New York que nous avons fondée à ce moment-là ; d'autre part les surréalistes, peintres ou écrivains ; et puis les psychanalystes — mais qui étaient en majorité étrangers.

— *L'École libre des Hautes Études de New York c'était quoi ?*

— C'était une institution créée à l'initiative de Maritain, Focillon, Francis Perrin (et aussi, d'ailleurs, Jean Perrin, son père, qui était là), quelques autres grands noms français, qui avaient voulu attester la présence de la pensée et de la culture françaises aux États-Unis, en rassemblant non seulement les Français exilés mais les francophones. Nous donnions des cours. Nous faisions passer des examens qui étaient, si je puis dire, tolérés avec bienveillance par les autorités de l'État de New York, et reconnus par le gouvernement de la France Libre.

— *Parallèlement à ça vous travailliez à la radio.*

— C'est-à-dire que j'enseignais à la New School for Social Research, avec de très modestes appointements puisque la fondation Rockefeller, qui avait entrepris le sauvetage du plus grand nombre possible d'intellectuels menacés, leur assurait, par l'intermédiaire de la New School, une sorte de minimum vital. Bon. Alors, en plus de ça, à la radio américaine qui s'appelait l'OWI — l'Office of War Information —, j'étais speaker.

— *Comme André Breton.*

— C'est ça, oui. Il y avait lui, Robert Lebel, Georges Duthuit. Nous faisions une équipe de quatre; et notre rôle c'était, sous forme dialoguée, d'envoyer à Londres des émissions qui étaient relayées et retransmises en France.

— *Des émissions dont vous étiez les auteurs et que...*

— Absolument pas...

— *Donc « speakers » seulement?*

— Nous recevions des textes. Notre rôle était de les lire, avec autant d'éloquence que possible, mais scrupuleusement.

— *C'est quand même étrange que des gens comme Breton ou vous aient été utilisés pour « transmettre » des textes écrits par d'autres. Est-ce qu'on n'a pas pensé à vous utiliser autrement?*

— Ces services des émissions en français étaient dirigés par Lazareff — qui était infiniment plus compétent que l'un quelconque d'entre nous pour ce genre d'exercice; et je dois dire que non, nous étions beaucoup plus contents comme ça. Après tout nous aurions été très maladroits pour rédiger de la propagande.

— *Les textes étaient écrits par qui?*

— Par toute une équipe dirigée par Lazareff.

— *Donc une équipe de journalistes...*

— Une équipe de journalistes.

— *Est-ce que vous avez tenté, dans ces années, de quitter New York pour Londres? Est-ce qu'il en a été question?*

— Il en a été question en ce sens que Soustelle qui, à ce moment-là, s'occupait de regrouper les colonies françaises des Antilles — et que j'avais d'ailleurs rencontré quelques mois plus tôt à Porto Rico où j'étais en situation difficile et d'où il m'avait aidé à sortir en certifiant aux Américains que je n'étais ni un espion ni un agent de Vichy —, donc Soustelle est passé par New York et, avec beaucoup de gentillesse, a insisté pour que je l'accompagne à Londres. Mais j'ai préféré rester à New York.

En position très régulière, d'ailleurs, vis-à-vis de la France Libre, puisque j'avais signé un engagement volontaire et que j'étais membre de ce qui s'appelait le Bureau scientifique de la France Libre à New York. Je dois avouer, par ailleurs, que j'étais très ébloui par les bibliothèques américaines ainsi que par mes premiers contacts avec ces collègues américains qui, pour moi, avaient toujours eu, jusqu'alors, une existence fantomatique. Ils siégeaient à l'empyrée. Dans une sorte de panthéon. Enfin, je pouvais les connaître. Je pouvais dialoguer avec eux. Je pouvais m'instruire. Je n'ai pas résisté à cette tentation.

— *Autant j'imagine bien vos relations avec Merleau-Ponty, ou Lacan, autant je vous vois moins bien avec Breton — que vous deviez pourtant, et par la force des choses, rencontrer quotidiennement.*

— Quotidiennement c'est beaucoup dire, sauf pendant les trois semaines de traversée où nous étions sur le même bateau qui nous emmenait de Marseille à Fort-de-France, où, là, nos relations étaient vraiment quotidiennes. Breton aimait échanger des idées. Il aimait la discussion qu'il menait de façon extrêmement courtoise, jusqu'au moment, bien sûr, où tout explosait. Mais enfin pendant très longtemps ça pouvait rester sur un plan, je dirais, presque universitaire. Breton aurait fait un merveilleux professeur de faculté. Donc les relations étaient bonnes. Ensuite, aux États-Unis, le rapprochement venait essentiellement de l'intérêt que nous portions, lui et moi, aux arts dits primitifs. C'était un terrain sur lequel nous pouvions parfaitement nous entendre. Breton, bien sûr, n'aimait pas beaucoup l'ethnographie. Il n'aimait pas qu'on fasse de la science sur des objets qui, pour lui, étaient magiques ou sacrés. Ça ne lui plaisait pas.

— *Et vous, inversement, vous deviez être parfois très agacé par toutes ces histoires, justement, de magie, de sacré, etc.*

— Oui, sauf que Breton ne se trompait jamais sur la qualité d'un objet. C'est un don étonnant qu'il avait. Chacun connaît l'histoire célèbre du faux Rimbaud. Mais même sur l'objet le plus exotique, même sur un objet dont on ne connaissait pas la provenance, Breton pouvait vous dire immédiatement : c'est un bel objet ou ce n'est pas un bel objet; c'est un bon objet ou ce n'est pas un bon objet; et ça, ça m'inspirait beaucoup de respect parce que, après tout, je suis un homme de musée.

18

« Retour de captivité »

(NOUVELLES RÉFLEXIONS SUR LA QUESTION SARTRE)

Comment Sartre s'est-il conduit de 40 à 44 ? Mal, dit la rumeur. Très mal, répète la légende. Et ce serait, du reste, une des curiosités de cette histoire de voir comment une telle rumeur — une telle légende — a pu se former, s'enfler, courir les intelligences et les mémoires, se colporter, se déformer, se nourrir petit à petit de son évidence indémontrée, s'archiver, prendre corps. On a eu beau faire, à partir de là. On a eu beau plaider, corriger. On a eu beau leur produire, leur mettre sous le nez, les mille et un gestes ou initiatives d'un homme qui, tout compte fait, se sera au moins aussi bien tenu que les maîtres de vertu qui instruisent le procès. Rien n'y fait. C'est trop tard. Les jeux — terribles — des images et du destin sont faits à tout jamais. Et, quoi que vous objectiez, il se trouvera toujours un malin pour, comme si cela allait de soi et, bien entendu, sans vérifier, aller ressassant : « Sartre s'est mal conduit ! Sartre s'est mal conduit ! » — et faire de lui, dérision suprême, le symbole presque parfait des intellectuels qui, au mieux, n'ont rien compris et, au pire, se sont déshonorés. Je sais de quoi je parle. Car j'ai été de ces malins. Et je m'entends encore, moi aussi, développer la thèse fameuse — et toujours reprise, je le répète, sans l'ombre d'un scrupule — du Sartre qui n'en aurait pas tant fait, dans sa théorie de l'engagement, s'il n'avait pas porté le remords d'une résistance ratée.

Aujourd'hui, donc, je reprends. Oui, même si cela ne sert à rien et que ce ne sont pas ces quelques lignes qui répareront quoi que ce soit, je me dois, ne fût-ce qu'en conscience, de reprendre la question. Et je voudrais — à défaut de la rumeur dont il faudrait, pour reconstituer le chemin, le talent d'un historien — essayer de retracer au moins l'itinéraire concret de l'homme pendant ces années de l'Occupation. On est en 41. En janvier 41. L'auteur des *Carnets de la drôle de guerre* rentre du stalag XII D où des troubles oculaires, en partie, d'ailleurs, simulés, ont réussi à le faire libérer. Il y a passé huit mois, au stalag. Comme tout le monde, il a souffert. Comme tout le monde, il a connu le froid, la faim, la vermine, la promiscuité. Mais comme tout le monde, aussi, il s'est habitué. Il s'est débrouillé pour survivre. Il s'est fait des amis. S'est amusé. Pour amuser ses amis et, lui-même, passer le temps, il a écrit, et monté, une mauvaise pièce de théâtre. Et il aura la franchise d'avouer, à l'arrivée, qu'il a « trouvé au stalag une forme de vie collective » qu'il n'avait « plus connue depuis l'École normale » et que, d'une certaine manière, il y a donc été « heureux ». Mais enfin la question, pour l'heure, n'est pas là. Car il est libéré maintenant. Rendu à la vie normale. Il est de retour à Paris, retrouve Simone de Beauvoir. Il lui fait gentiment reproche d'avoir, en son absence, acheté du thé au marché noir et signé, surtout, l'indigne formulaire où les professeurs doivent déclarer n'être ni juifs ni francs-maçons. Et il prend aussitôt — puis, régulièrement, au fil des mois — un certain nombre d'initiatives dont le moins que l'on puisse dire est qu'elles ne cadrent pas avec l'image convenue du pétainiste et du salaud.

1. Dès les premiers jours d'avril, soit deux semaines après son retour, il convoque ses amis les plus proches (Bost et Olga, Pouillon, le Castor, Wanda) dans un petit hôtel derrière la gare Montparnasse. Puis, quelques jours plus tard, dans un autre hôtel, au cœur du Quartier latin, il rassemble, outre les premiers, les amis et élèves de Maurice Merleau-Ponty qui, tels François Cuzin, Simone Debout, Georges Chazelas ou le couple Desanti, ont, dès l'automne 40, dans l'effervescence un peu brouillonne des lendemains de l'armistice, créé le groupe « Sous la botte ». Les témoins de ces deux réunions en ont gardé un souvenir plus amusé qu'ému. Et il semble qu'il y ait régné un climat de joyeuse pagaille qui n'était pas le mieux indiqué pour une entrée en clandestinité. Mais enfin ils sont là. Ils sont rassemblés autour de Sartre, qui, d'une voix que l'on devine nette, sans réplique, formule devant ces jeunes gens la ligne dont ils ne démordront plus : « si nous acceptons le régime de Vichy, nous ne sommes pas des hommes ; aucune

compromission n'est possible avec la collaboration ; car il s'agit dès maintenant de construire une société où la revendication de liberté ne sera pas un vain mot ». Et joyeuse pagaille ou pas, c'est bel et bien là, ces jours-là, dans ces chambres d'hôtel minables et, avec le recul, un rien folkloriques, que les deux petites bandes décident de joindre leurs efforts pour jeter les bases d'un nouveau groupe qui, absorbant « Sous la botte », s'appellera « Socialisme et Liberté ». Ce que les milieux résistants de la capitale baptisent déjà « le groupe Sartre » exhorte à la violence ; justifie le sabotage et le terrorisme ; il distribue textes et tracts qui invitent à la lutte armée. Certains de ses membres seront d'ailleurs arrêtés. D'autres, tel Georges Chazelas (surpris en train de coller sur les murs de la faculté de médecine des affiches censées apprendre aux étudiants le maniement des grenades et des bombes), passeront de longs mois en prison. Et la Gestapo — c'est un signe ! — ne ménagera pas sa peine pour démanteler un réseau qui, au début de l'été, commençait à s'étoffer. On est en 41, ne l'oublions pas. C'est l'heure où le futur « parti des fusillés », prisonnier du pacte germano-soviétique et de la nécessité de le justifier, en est, lui, à condamner l'« aventurisme » d'un Chazelas et à inviter les prolétaires français à « fraterniser » avec ces « frères » que sont les soldats de la Wehrmacht. Et force est d'admettre donc qu'à ce moment tout de même crucial, alors que les résistants, sérieux ou non, ne sont, comme on sait, pas légion, on tient en Jean-Paul Sartre l'initiateur plutôt lucide d'un des tout premiers mouvements de lutte antinazie.

2. Arrive l'été. Il a beau faire, Sartre, il n'est que Sartre. Ou plus exactement : il n'est pas encore Sartre, le grand Sartre, celui qu'imposeront *L'Être et le Néant*, le théâtre, la guerre elle-même et les reclassements de l'après-guerre. Et il a besoin, cet écrivain-professeur qui n'a finalement à son actif que le maigre bagage d'un roman *(La Nausée)* et d'une nouvelle *(Le Mur)* de rallier à ses idées les vrais maîtres à penser dont le nom, plus que le sien, saura parler aux foules. Alors comme c'est l'été, qu'il fait beau et que la plupart des maîtres en question tuent agréablement le temps au soleil de la Côte d'Azur, il prend un billet pour Montceau-les-Mines, met les bagages et les vélos dans le train — et le voilà, avec Simone de Beauvoir,

sillonnant les routes de la zone sud à la recherche des grands aînés qu'il voudrait tant persuader de le rejoindre dans son combat. Visite à Daniel Mayer, à Marseille, sur laquelle je ne m'étends pas. Visite à Gide, à Cabris, qui n'est pas non plus très significative (Gide, en cet été 41, est quasi maréchaliste et ne pouvait accorder à ce couple d'exaltés qu'une attention vaguement curieuse). Mais visite, plus intéressante, à Malraux qui reçoit, lui, le jeune romancier ; l'écoute ; l'observe sans doute ; il lui fait, raconte Beauvoir, le coup du déjeuner grand genre dans la villa de Roquebrune ; mais il finit tout de même par l'interrompre : « non, mon petit ami ; tout ça n'est pas sérieux ; nous en reparlerons, voulez-vous, quand les avions américains seront là ». De nouveau, on peut trouver Sartre naïf. Boy-scout. On peut trouver l'équipée grotesque. La scène, pathétique et absurde. On peut voir le représentant de Socialisme et Liberté comme une sorte de VRP éconduit — et reprenant, tout penaud, le chemin du retour. On peut le regarder comme un petit bonhomme qui est venu déranger le grand Malraux et que le grand Malraux, bon prince, a gratifié d'un déjeuner avant de le remettre sur son vélo — « tenez, mon brave ; voici un casse-croûte pour le voyage ; bonne route et bonjour chez vous ». Mais bon. On ne peut pas, pour autant, dire tout à fait n'importe quoi — ni négliger, là non plus, la simple vérité des faits. Grotesque ou pas, c'est lui le résistant, et Malraux l'indécis. Petit bonhomme ou non, c'est lui qui a traversé la France pour convaincre un grand écrivain — et c'est l'écrivain qui, à tort ou à raison, juge que l'heure n'est pas venue. En sorte que l'on peut, encore une fois, faire tous les reproches que l'on voudra à l'auteur de *La Nausée* ; on peut le juger naïf, ingénu, maladroit ou amateur ; on peut lui imputer une certaine, et fâcheuse, tendance à confondre résistance et pique-niques, lutte armée et parties de campagne ; et il n'est pas difficile d'observer que Malraux, lorsqu'il franchira le pas, ira, lui, jusqu'au bout et prendra personnellement les armes ; il y en a un, de reproche, que l'on ne peut, en tout cas, pas lui faire : c'est celui d'avoir été un résistant tardif, incertain ou temporisateur.

3. Que faire à ce moment-là ? que peut-on bien faire quand on est le petit Sartre, que l'on a tristement échoué dans la tentative de ralliement des grandes consciences de la Côte

d'Azur, quand la Gestapo, pendant ce temps, a démantelé votre organisation et que les communistes surtout (car les communistes ont fini par se réveiller et, rattrapant le temps perdu, par étendre leur influence sur toute une partie de la résistance) ne vous pardonnent apparemment pas d'avoir été l'ami de Nizan, le disciple de Heidegger et puis aussi, c'est le crime suprême ! d'être un antifasciste de la première heure qui les a largement précédés sur les chemins de l'insoumission ? Eh bien, on se replie. On ronge son frein. On passe l'essentiel de son temps — l'année 42, en fait — à peaufiner cette doctrine de la liberté, et donc cette bombe politique qu'est, soit dit en passant, et sous ses dehors ingrats, l'énorme *Être et le Néant*. Mais que tourne le vent, que les communistes, changeant de tactique, viennent trouver l'ami de Nizan, s'expliquent, s'excusent presque et lui proposent de faire alliance — et le voici qui répond présent ! tout de suite présent ! le voici qui, avec la même ardeur, le même vigoureux enthousiasme qu'à l'époque du retour à Paris, accepte la main tendue de ceux qui, la veille encore, l'accusaient d'être un agent allemand ! Sartre n'est toujours pas un héros. Il n'est, il ne sera jamais — qui s'en plaindrait ? — de ceux qui auront à affronter la torture, la prison, voire les pelotons d'exécution. Mais il entre au CNE. Donne des articles aux *Lettres françaises*. Il démolit Drieu. Condamne Céline ou Rebatet. Il monte en première ligne chaque fois qu'il est question de pourfendre l'un de ces infâmes dont la voix, comme il dit, « grelotte dans le silence ». Et il est également là, chez Édith Thomas, rue Pierre-Nicole, quand se réunissent les intellectuels antifascistes et qu'il s'agit, tous ensemble, de commencer à jeter les bases de la France d'après-demain. Bref, il est à sa place. Rien que sa place, mais toute sa place. A l'heure où, faut-il le redire aussi ? nombre de futurs partisans hésitent encore à se prononcer, il est de ceux qui, naturellement, sans en faire un drame ni un objet de fierté, parce que leur famille, leur vraie famille, est tout simplement là, militent contre les nazis. Et je ne vois toujours pas au nom de quelle étrange conception de l'engagement on ferait de cet homme-là un tiède qui aurait eu, pour le régime en place, des complaisances ou de l'indulgence.

4. Arrive l'affaire des *Mouches*. Ah voilà… L'affaire des

Mouches... L'erreur! Le faux pas! L'argument le plus solide, disent-ils, dans le dossier de l'accusation! Et la preuve que, famille ou pas, Sartre est d'abord un carriériste qui, lorsque ses intérêts contrarient sa conviction, n'hésite tout à coup plus à frayer avec l'ennemi. Eh bien parlons-en, de l'affaire des *Mouches*. Je ne dis bien entendu pas qu'il ait été particulièrement heureux de représenter cette pièce dans le climat de l'Occupation et de le faire, de surcroît, sur cette scène « aryanisée » qu'était le théâtre Sarah-Bernhardt devenu, sur ordre de la Gestapo, « Théâtre de la cité ». Mais, cela étant admis, je tiens à préciser : primo qu'il faut pas mal de malveillance pour ne pas voir, dans le texte même, une apologie de l'esprit de révolte incarné par Oreste ou Électre — ainsi qu'une critique à peine voilée des régimes qui, tel Argos, font de l'esprit de pénitence un principe de gouvernement; le Sartre qui parle ici est toujours le même Sartre, antipétainiste et antifasciste, que celui qui s'exprimait dans Socialisme et Liberté. Secundo : que ceux dont la voix compte ne se trompent évidemment pas sur le sens crypté de la pièce — à commencer par Michel Leiris qui, chargé par *les Lettres françaises* d'en assurer le compte rendu, souligne la « grande leçon morale » qui, selon lui, s'en dégage; de même d'ailleurs que les autres, les collabos, qui, Alain Laubraux en tête, se déchaînent contre « ce bric-à-brac cubiste et dadaïste que l'on ose ainsi étaler aux yeux de l'opinion » ; *Les Mouches*, si l'on préfère, sont prises dans une bataille dont l'issue est en suspens mais où il ne fait de doute pour personne que l'auteur a choisi son camp. Et puis je précise enfin, et tertio, que si la pièce n'a pu être jouée qu'avec l'accord des occupants, si elle a obtenu, et donc demandé, le visa de la censure allemande, elle a également sollicité, et obtenu, celui d'un CNE qui, n'en déplaise aux censeurs de la vingt-cinquième heure, n'a pas trouvé à y redire. Pourquoi ? demandera-t-on. En vertu de quel raisonnement ? La question n'est pas là. Elle n'est pas non plus de savoir, d'ailleurs, au nom de quel autre calcul et de quelle autre évaluation du rapport des forces, Abetz et Heller ont consenti, de leur côté, à un spectacle qui les défiait. La vérité, la seule, c'est qu'il y avait un rapport de forces, en effet; que chaque parti, comme il se doit, l'appréciait à sa manière; que chacun, comme il se doit aussi, attendait un profit de l'affaire; que les Allemands, bien sûr, espéraient récolter là un brevet de tolérance tandis que les résistants y voyaient l'occasion, eux, d'illustrer leurs convictions ; et la vérité c'est que, pour cette raison au moins, la représentation des *Mouches* n'a rigoureusement rien à voir avec celle, par exemple, de *la Reine de Césarée*.

5. D'autant qu'au même moment — et je terminerai là-dessus — l'artiste « dégénéré » que fustigeait Alain Laubraux reprend langue avec Pierre Kaan, cet ancien condisciple de la rue d'Ulm qui est devenu, depuis le temps, un collaborateur de Jean Moulin. Kaan est à Paris. Chargé par le CNR de monter des « groupes d'action technique » spécialisés dans le renseignement mais aussi dans le sabotage et la protection des personnalités menacées. Et c'est dans le cadre de cette mission que, à différentes reprises, il rencontre et consulte celui que l'on voudrait nous présenter comme un presque collabo. Annie Cohen-Solal raconte ces rencontres. Elle évoque les réflexions de Sartre jugeant que « la période est à l'action » et qu'« il est bon qu'un écrivain puisse mettre la parole du canon à sa disposition ». Elle le cite, disant à un interlocuteur qui est lui-même un des contacts de Kaan : « nous avons des armes, nous avons des cachettes et dès que nous en aurons les moyens nous pourrons déclencher d'autres actions terroristes, faire sauter des wagons ». Il n'en fera finalement rien ? Et tous ces beaux projets tomberont à l'eau ? Sans doute. Mais c'est que Kaan est arrêté ; que les étudiants des corps francs « Liberté », sur lesquels on comptait beaucoup, sont arrêtés aussi et fusillés ; et c'est que l'ensemble du réseau tombe avant d'avoir fonctionné. De là à insinuer que rien ne *devait* se faire, de là à décréter que notre philosophe était en soi, et quoi qu'il fût advenu, fondamentalement incapable de mettre à exécution ses intentions, il y a un pas que seuls autoriseraient à franchir l'hostilité, le parti pris — le principe fameux de Nimier sur ces guerres que l'on ne fera ni avec la poitrine de Monsieur Camus ni avec les épaules de Monsieur Sartre... J'ajoute enfin que, connaissant un peu la haine sartrienne de la mauvaise foi et des positions avantageuses, me souvenant de ce qu'il a pu dire (je crois que c'est dans le *Saint Genet*) des « comédies qui encombrent les âmes et nous vendent la noblesse à bon marché », j'hésiterais à deux fois avant de mettre le « nous avons des armes, nous avons des cachettes, etc. » au compte d'une

fanfaronnade ou de l'exaltation gratuite. Ce qui est incontestable, en l'occurrence, c'est qu'un authentique activiste — Pierre Kaan — n'a pas jugé inutile d'entrer en contact avec lui ; que lui, de son côté, a manifestement jugé bon de répondre à l'appel de Kaan ; et que si les mots ont un sens il est donc, en cette fin 43, un partisan (je dis bien un partisan — mais, pour un intellectuel, n'est-ce pas déjà assez ?) de la lutte armée, et à outrance, contre les soldats de Hitler.

Voilà. Je répète une dernière fois qu'il n'est pas question de faire de cet homme un saint ou un martyr. Je précise — car, dans cet ordre, toutes les distinctions comptent — qu'il n'eut pas, dans ces années, la vie d'un Cavaillès, d'un Politzer, d'un Jacques Decour ou même d'un Canguilhem. Je rappelle, pour que les choses soient claires, que je ne suis ni de près ni de loin un dévot de la philosophie ni des romans de ce personnage. N'empêche. Sartrien ou pas, je ne vois réellement pas comment assimiler à un pétainisme, même soft, l'attitude d'un intellectuel qui n'a jamais cessé de dire son refus, sa révolte, sa haine. Je ne comprends pas par quel miracle on a pu lui coller sur le dos cette image du type douteux, fricotant avec l'ennemi et qui aurait raté le train de l'Histoire. Et il me semble qu'il y a là un de ces malentendus énormes — et, au fond, incompréhensibles — qui jalonnent l'histoire des idées, l'encombrent, l'obscurcissent et interdisent en fait de la penser. Sartre s'est assez trompé dans sa vie pour qu'on aille lui imputer aussi les erreurs qu'il n'a pas commises. Il a dit, et fait, assez de sottises pour qu'on ne défigure pas ce visage de lui que la guerre a révélé et qui est, somme toute, plutôt très honorable. Il y va de la justice. C'est-à-dire, pour l'historien, de la vérité.

19

« Tard dans la Résistance »

(MALRAUX ET JOSETTE CLOTIS)

Parmi les raisons possibles de l'étrange retard de Malraux à entrer dans la Résistance, il y en a une qu'on ne cite guère, ou en tout cas pas assez, et qui est le rôle, devenu considérable, de sa compagne du moment, Josette Clotis. Car qui est Josette Clotis ? Une exquise créature, sans doute. Jolie. Spirituelle. Un côté étourdi, gentiment tête en l'air, qui devait le distraire et le changer de Clara. Mais aussi, à côté de cela, une drôle de pécore, pourrie de principes et de snobisme, qui ne rêvait depuis des années que de l'arracher à des combats — et à des amitiés — dont nous savons par Suzanne Chantal, sa confidente et biographe, qu'elle les réprouvait de toute son âme. A bas les Anglais ! dit la charmante. A bas les fichus Espagnols ! A bas ces juifs fauteurs de guerre qui voudraient lui ravir son André ! A bas Clara, bien sûr — dont le nez, dit-elle gracieusement, n'est pas en « harmonie » avec celui de l'écrivain ! Et vive Drieu qui, de tous les familiers de son aimé, est le seul qu'elle daigne trouver et fréquentable et beau !

Il faut l'imaginer, cette grue, gloussant que l'« avantage », avec l'Occupation, c'est que le climat y est propice aux amours irrégulières. Il faut les imaginer, les amoureux, sur la baie de Monte-Carlo, à Roquebrune, dans la luxueuse villa prêtée par Dorothy Bussy, l'amie de Gide. Déjeuners plantureux. Grand train. Maître d'hôtel en gants blancs. Luxe. Volupté. Et la petite romancière, ex-titulaire de la chronique mondaine de *Marianne*, qui minaude qu'elle ne veut pas voir chez elle la hideuse troupe « des intellectuels hors la vie, des pédérastes, des cinglés, des gens qui ont besoin de se saouler, de se droguer, de coucher avec tout le monde, de se faire psychanalyser ». Qu'en pense le colonel rouge ? L'homme de l'escadrille España ?

Qu'en pense l'orateur-combattant qui a passé les dernières années, avec ces « intellectuels hors la vie », à battre les estrades des grands congrès antifascistes ? Tout ce que l'on peut dire c'est que parmi ces fâcheux qui sont venus, en effet, et malgré la mise en garde, troubler le tête-à-tête, il y a eu Sartre et Sperber, Bourdet et Roger Stéphane — tous personnages dont le point commun est, outre leur tendance naturelle à la « saoulographie » et à la « drogue », d'être venus plaider la cause de la Résistance et d'avoir été, chaque fois, et tant que Josette régnait, aimablement découragés...

Jean Lacouture observe que Malraux, en 1945, se rallie à de Gaulle et au gaullisme quelque temps avant que ne meure Bernard Groethuysen, le mentor et professeur de marxisme dont la présence, même muette, suffisait à l'en empêcher. Josette Clotis, elle aussi, disparaît peu de mois après que son amant s'est décidé à prendre le chemin des maquis et les deux situations sont donc, toutes proportions gardées, étrangement comparables. On a suffisamment d'indices, par ailleurs, sur la colère de la jeune femme et sur sa mauvaise humeur, on en sait assez — j'en sais assez, moi-même, ne serait-ce qu'à travers le témoignage de Madeleine, qui était alors l'épouse de Roland, le frère cadet de Malraux — sur la façon qu'elle avait, pendant ces pauvres dernier mois, de proclamer qu'elle était un « otage des maquisards » pour ne pas soupçonner que c'est bel et bien contre elle que l'auteur de *L'Espoir* a fini, en mars 44, par renouer avec son passé. L'hypothèse en vaut une autre. Elle a le mérite, une fois de plus, d'être romanesque, donc vraisemblable.

20

« Un écrivain est-il responsable des crimes, etc. ? »

La responsabilité du clerc ? Il y a l'affaire Brasillach, bien sûr, particulièrement dramatique. Mais il y a aussi, dans le genre, la phrase bien connue de Drieu à qui l'on demandait si, en cas de guerre civile, se trouvant face à face avec Malraux, il aurait le courage de le tuer et qui répondit, en substance : « oui, certes, je le tuerais, car si je ne le faisais pas, je ne le prendrais pas au sérieux ». Et puis il y a le jeune Aragon, celui qui vient de rejoindre les rangs du Parti communiste et qui, pour avoir commis le fameux poème *Front rouge*, se voit inculper, le 16 janvier 1932, d'« incitation de militaires à la désobéissance et de provocation au meurtre dans un but de propagande anarchiste ». Émotion. Protestations. Pétitions en tout genre. Toute l'intelligentsia qui y va de son couplet pour la liberté et contre la censure. Breton fait un tract. Les autres surréalistes multiplient les déclarations. Tout ce petit monde s'agite pour établir, et clamer, l'irresponsabilité de l'écrivain. Réponse d'Aragon, superbe : « je signerais volontiers une pétition qui réclamerait, pour l'écrivain, toutes les responsabilités et tous les droits — jusqu'à celui d'aller en prison ».

III

Les illusions perdues

1

« La belle et légendaire Colette Peignot »

(BRÈVE REMARQUE SUR LE RÔLE, DANS LA LITTÉRATURE, DES FEMMES QUI N'ÉCRIVENT PAS)

Depuis que je travaille à cette enquête, je ne cesse de rencontrer Colette Peignot. Oh ! discrètement. Presque toujours en coulisse. Une ombre tout au plus. Un second rôle. Mais enfin un rôle tout de même. Un personnage à part entière. Et un personnage qui, chaque fois qu'il apparaît et chaque fois, notamment, qu'en parlent les témoins qui l'ont connu, semble avoir pour vertu de susciter un ton tout en demi-teintes, demi-mots, sous-entendus — à croire que flotte, autour de cette femme, je ne sais quel parfum de mystère et qu'il suffit de l'évoquer, voire de prononcer son nom, pour entrer dans une société dont elle serait le totem et dont certains, qui lui survivent, cultiveraient encore les mots de passe et les secrets.

Elle est là par exemple, en marge du surréalisme, grâce à Jean Bernier, son amant, qui est aussi, on s'en souvient, l'homme du rapprochement, si difficile, entre les communistes et Breton. Elle est là, un peu plus tard, grâce à Boris Souvarine, son autre amant, au cœur des premiers cercles de l'opposition de gauche au stalinisme — ne contribue-t-elle pas à la fondation (et, sans doute, au financement) de la fameuse *Critique sociale* qui est la revue de Souvarine et où s'exprimeront la plupart des grands exclus de l'Internationale bolchevique ? On la retrouve, plus tard encore, aux côtés de Georges Bataille qui fut son dernier amour et entre les bras duquel la légende veut qu'elle soit morte — jeune encore, jolie, avec ce beau regard lassé que montraient déjà ses photos du temps de Jean Bernier.

Quand je ne la vois pas, on me la signale. Quand on ne la

signale pas, je la devine. Elle est présente, d'une manière ou d'une autre, à chacun des rendez-vous que l'actualité du jour, vu ce qu'elle incarnait, était amenée à lui fixer. Elle paie *(La Critique sociale).* Elle intervient (à *Documents*). Elle arbitre (l'affaire des surréalistes et de leur dialogue avec *Clarté*). Elle accompagne un écrivain (Bataille) dans l'une des aventures les plus sombres, mais aussi les plus singulières, de l'histoire de la littérature. Et cela, non pas grâce à des livres (elle est l'auteur d'un livre, un seul, ces fameux *Écrits* qui paraissent après sa mort sous le pseudonyme de Laure et dont je doute qu'ils eussent, de toute façon, suffi à lui assurer ce rayonnement), mais grâce à une série de passions qui constituent, mine de rien, un tiercé érotique assez extraordinaire et qui la mettent en relation, du coup, avec quelques-uns des pôles les plus « magnétiques » du moment.

Une sorte de Milena, en somme. Une Anaïs Nin sans Journal. Une Lou Salomé que ses amours auraient mêlée aux débats les plus politiques. Une de ces femmes, en d'autres termes — et il faudrait ajouter à la liste, pour rester dans la mouvance du para-surréalisme, Nusch, Gala ou Simone Breton — qui mirent, selon la formule, moins de talent dans leur œuvre que de génie dans leur vie et qui eurent le génie, en tout cas, de détecter les hommes symboles d'une époque, de s'y attacher, de les attacher et de jouer leur propre partie en entrant, simplement, dans leur œuvre et dans leur vie. Colette Peignot, je le répète, a écrit un livre. Elle en avait, aux dires des témoins, d'autres en projet et dans la tête. Mais tout se passe comme si un infaillible calcul l'avait dissuadée de jouer cette carte et comme si une autre voix, mystérieuse elle aussi, insistante, était venue lui souffler — ainsi qu'à Nusch, Gala, Lou Andreas-Salomé, les autres — les termes de ce curieux marché : « oublie tout cela; oublie tes livres; du strict point de vue de cette immortalité qui, apparemment, te tient à cœur, il sera plus rentable, sois-en certaine, de devenir l'objet d'un mythe que l'auteur d'une œuvre mineure. »

Il faudra raconter un jour l'histoire de ces femmes. Il faudra — au-delà du cas Peignot — raconter leur choix, leur renoncement, leur vie. Il faudra formuler pour chacune, et pour parler comme Kundera, le pacte d'immortalité tel qu'elles l'ont pensé ou murmuré. Il faudra faire les comptes. Voir si réellement, comme la voix le leur a soufflé, elles ont gagné au change et s'il valait effectivement mieux, du point de vue de l'immortalité, être Gala qu'Elsa, Colette Peignot que Clara Malraux — une femme qui n'écrit pas mais qui entre dans la légende, plutôt qu'un écrivain aux livres inutiles. Il faudra évaluer leur apport. Leur rôle. Il faudra prendre la mesure de ce qu'elles ont, en se taisant, ajouté à ce stock d'images que l'on a coutume de nommer l'histoire de la littérature. Il faudra repérer ces ajouts. Les évaluer. Il faudra soigneusement isoler tout ce dont, sans elles — et sans elles qui, je le redis, se sont obligées à ne pas produire —, cette histoire de la littérature se fût immanquablement privée. Et je rêve d'un historien opérant comme ces géographes qui, selon le lieu du monde où ils se placent pour y installer leur point de vue, en donnent une carte chaque fois différente et déformée —, je rêve d'un géographe des idées qui aurait le goût, et le temps, de réécrire toute l'histoire en fonction de ces femmes-là et des mille et une façons qu'elles ont eues d'y intervenir.

Il y aurait les médiatrices, d'abord. Les entremetteuses. Il y aurait ces cumulardes dont le bonheur a, semble-t-il, été de collectionner les têtes lettrées et dont le rôle fut donc, délibérément ou pas, d'établir entre les intéressés tout un réseau de relations qui, sans elles, n'aurait pas été. On rêve de ce que la Peignot a pu dire, simplement dire, de Bernier à Souvarine ou de Souvarine à Georges Bataille. On rêve de ce que Lou Salomé a pu transmettre, simplement transmettre, de Nietzsche à Rilke, puis de ceux-ci à Sigmund Freud. On rêve — je rêve — au cas de ces quatre sœurs (Sylvia, Rose, Bianca et Simone Maklès) qui, en épousant Bataille, Masson, Fraenkel et Piel, réalisent la plus étrange OPA, familiale et sexuelle, de l'histoire des lettres modernes et contribuent à sceller l'unité d'un des « sous-groupes » les plus en vue de la mouvance surréaliste. Et puis il y a le cas d'Alma Mahler enfin, dont l'image d'égérie a fini par occulter le rôle, à mon avis plus essentiel, de véritable agent de liaison entre les divers fronts de l'art et de la culture : car songez au parcours, là aussi ; à l'immensité de l'espace couvert ; songez à tout ce qui a pu, et dû, transiter à travers elle entre Klimt, Mahler, Gropius, Oskar Kokoschka, Werfel enfin. Ces femmes-là ne sont pas des femmes. Ce sont des passerelles. Ce sont des relais vivants. Ce sont les satellites du siècle avec leurs canaux, leurs stations, la pluie d'informations qui y arrive et en repart. Des femmes comme des standards. Des femmes comme des opératrices. Des femmes qui n'aiment que relier, connecter, faire circuler. C'est le premier rôle de ces femmes.

Il y aurait, variante de ce premier rôle, ce que j'appellerai le syndrome de « Jules et Jim ». Une femme encore. Deux hommes. Mais deux hommes qui se mesurent, s'affrontent à travers cette femme — et, au sein de ce trio, toute une logique du désir médié, rival ou mimétique qui, pour être bien connue dans sa structure et sa mécanique d'ensemble, n'en a pas moins ici, dans cette histoire en particulier, des effets que l'on soupçonne mais dont on n'a jamais fait l'analyse. Cas d'Eluard et de Dali se disputant Gala, et, à travers Gala, un vrai filon surréaliste. Aragon et Drieu, avec leur énigmatique « Dame des Buttes-Chaumont » qui ne fut évidemment pas étrangère à leur brouille de 1925, ni donc à la gestation de *Gilles*, puis à celle d'*Aurélien*. Aragon toujours, dont les biographes se gardent de nous dire que la Bérénice s'appelait en fait Denise et qu'elle n'était autre, cette Denise, que la très convoitée compagne du surréalisto-trotskiste Pierre Naville — il suffit d'une femme à nouveau... une femme légendaire et désirée... et c'est toute l'histoire politique du surréalisme qui, avec ses renversements, ses paradoxes, ses zones obscures et ses secrets commence de se profiler. Cas de Roland Tual encore, ce surréaliste marginal qui ne peut pas ignorer, lui, quand il épouse Colette Jeramec, qu'il s'est épris de cet autre mythe qu'est la première femme de Drieu — pouvons-nous ignorer, nous, dans ce cas, le lien maintenu de la sorte entre le futur nazi qui viendra, ne l'oublions pas, se suicider chez la même Colette et le représentant d'un groupe dont il fut proche dans sa jeunesse mais dont la vie l'a éloigné ? Et puis j'oubliais le cas de Lacan, dont on connaît la proximité de génération, mais aussi d'inspiration, avec celui qui fut son véritable maître et qui n'était autre que Georges Bataille : ne la connaîtrait-on pas encore mieux, cette proximité, si l'on prenait la peine de réfléchir au fait, extraordinaire, qu'il épouse, à la veille de la guerre, l'inévitable Sylvia, née Maklès, et ex-Bataille ?

Il y aurait les femmes interface. Ou intermonde. Il y aurait toute une série d'autres femmes — parfois les mêmes ! — dont le charme, et le pouvoir, vient de ce qu'elles mettent en rapport, non plus des hommes, mais des univers. Elsa — à cause de la Russie. Nancy Cunard — à cause des riches et des mondains. Florence Gould, Anna de Noailles, Louise de Vilmorin — un monde chaque fois ; tout un monde ; ou, plus exactement, une frontière entre deux mondes ; un carrefour ; une sorte de no man's land où les hommes ont le sentiment, tout à coup, de participer à deux, plusieurs systèmes galaxiques différents. Des femmes sidérales, donc. Intersidérales. Des femmes cosmopolites, si l'on veut — mais vraiment, profondément cosmopolites, d'un cosmopolitisme qui est celui, non des lieux, mais de l'âme et du style. C'est Germaine de Staël encore — dont je doute que le règne eût été si brillant si elle avait eu son trône à Paris, dans un banal hôtel du faubourg Saint-Germain, au lieu de Genève qui était l'incarnation de l'esprit européen. Et ce sont, à la limite, ces fameuses Américaines de Paris qui, telles Sylvia Beach ou Adrienne Monnier, ont branché les uns sur les autres Joyce d'une part, Pound, Fitzgerald, Hemingway — et puis Gide, Paulhan, Larbaud, Breton ou Valéry. N'importe quel salonnard eût fait l'affaire ? Un Halévy ? Un Du Bos ? Pas sûr. Pas toujours. Et le fait est que, lorsque nos intellectuels ont voulu donner un visage à cette chimère de deux mondes qui entrent en résonance, c'est toujours vers des femmes qu'ils se sont plu à regarder.

D'autant qu'elles ont un autre rôle que l'on voit mal tenir à un Halévy ou un Du Bos, et qui est celui de la dédicataire muette, de la destinataire des œuvres. « Pourquoi écrivez-vous ? », demande-t-on, régulièrement, à nos professionnels de l'écriture. La question, en réalité, ferait mieux d'être : « *pour qui* écrivez-vous ? » Car pour un Flaubert qui écrit, ou prétend écrire, en haine du genre humain et, en particulier, des femmes, pour un Balzac dont la doctrine sur la question est fixée dans la très misogyne *Physiologie du mariage*, l'histoire de la littérature est pleine de gens qui nous racontent qu'ils n'ont jamais écrit que pour les femmes, à cause des femmes et en direction des femmes. Dois-je à nouveau citer Aragon ? Les surréalistes ? Dois-je évoquer le cas de Sartre expliquant, dans les *Carnets de la drôle de guerre*, qu'il est devenu écrivain pour pallier sa laideur et trouver une autre façon de séduire les jolies femmes ? Drieu, dont les livres sont tous, comme dit drôlement Frank, de gigantesques prière d'insérer, aux femmes adressés, de ses qualités morales, physiques et amoureuses — ou bien des hommes-sandwichs qui, sans se lasser, distribueraient la bonne adresse ? La plus belle histoire que je connaisse, dans le genre, est celle de Dante dont Borges prétendait qu'il aurait écrit toute *La Divine Comédie*, c'est-à-dire l'un des plus grands, des plus somptueux monuments de langue, dans le seul but de mettre en scène et, donc, de retrouver un dernier regard de Béatrice. Vraie ? Fausse ? La morale de l'histoire est, en tout cas, fort claire. Et si elle ne nous renseigne guère sur Dante, elle en dit long, en revanche, sur Borges et sur cette conviction qu'il partage avec Drieu, Sartre, etc. : les femmes sont comme les aimants, les attracteurs du désir d'écrire.

Et puis il y aurait enfin, lié au précédent, mais leur faisant la part encore plus belle, le rôle d'inspiratrice, non plus du désir d'écrire, dans ce qu'il a de vague ou d'abstrait, mais des œuvres, très concrètes, que ce désir induit. Le premier exemple qui me vienne à l'esprit est celui de Hemingway avouant tout crûment — je crois que c'est à Fitzgerald — qu'il change de femme à chaque roman. C'est celui de Fitzgerald émerveillé d'avoir rencontré — avec, bien sûr, Zelda — le prototype de la femme dont il rêvait dans ses nouvelles et qui, une fois incarné, va lui donner *Tendre est la nuit*. Ce sont les surréalistes à nouveau. C'est l'émoi de Breton voyant paraître au Cyrano, puis dans la piscine du Colisée où elle gagne sa vie en faisant la sirène, la femme — Jacqueline Lamba — dont il devine à la minute l'usage qu'il pourra faire. C'est Joyce et Nora, la petite serveuse du Finn's Hotel qu'il épie, surveille et pille avant de la faire passer — à son insu sans doute, mais, dans ce type-là de transmission, les intéressées n'ont pas à être soucieuses, ni même informées, de l'opération — dans le personnage de Molly Bloom. Et puis c'est enfin André Malraux qui ne nous a guère, sur ces questions, laissé de confidences mais dont il n'est pas interdit de noter qu'il cesse d'écrire des romans au moment très précis où Clara sort de sa vie. Hasard ? Coïncidence ? Il y aurait d'autres raisons — plus « sérieuses » — à ce qui peut apparaître aussi comme une conversion voulue, calculée, à d'autres styles d'intervention ? C'est possible. Mais j'ai trop entendu Clara, justement, m'expliquer son fonctionnement, je l'ai trop écoutée raconter comme elle voyait, entendait, sentait parfois à la place de son époux et comme, certains soirs, aux temps anciens de la rue du Bac, il la dévalisait carrément de tout le stock d'histoires, croquis, anecdotes ou images glané dans la journée, pour ne pas croire qu'il y ait relation à cause à effet — et qu'en rompant avec la femme, il acceptait de tarir la source.

Alors, bien sûr, tout n'est pas toujours aussi rose — ni, surtout, si glorieux — dans la longue histoire des rapports entre la littérature et les femmes. Et on pourrait reprendre l'affaire par l'autre bout — celui de la misère de ces femmes, de leur défaite et du prix qu'il leur a fallu payer pour entrer ainsi, toutes vives, dans le grand chaudron littéraire. Femmes prises et abandonnées. Femmes spoliées. Détroussées. Femmes usées, brûlées par l'œuvre qu'elles ont inspirée et qui, une fois inspirée, se moque, n'est-ce pas Hemingway ? de sa dérisoire inspiratrice. Femmes grimace. Femmes caricature. Femmes qui ne supportent plus, justement, cette grimace d'elles-mêmes et qui, lorsqu'elles se voient ou s'entendent telles que les représente l'artiste de leur vie, ont le mouvement de recul, ou de révolte, qu'a dû avoir Zelda à la lecture de *Tendre est la nuit*. Femmes folles. Ou affolées. Femmes figées dans leur espèce, épinglées comme des insectes et qui, lorsqu'elles comprennent ce qui leur est arrivé, lorsqu'elles s'avisent de la duperie qu'était aussi ce pacte, essaient, mais il est trop tard! d'ultimes petites manœuvres : je romps le pacte, dit Zelda ; je reprends mes billes et mon personnage; toute cette âme que tu m'as volée, tout ce dont tu m'as dépouillée et que je t'ai parfois donné, c'est fini, je le récupère — et c'est l'épisode fameux d'*Accordez-moi une valse*, ce pauvre petit roman dont elle lui a fauché le sujet, l'intrigue, les héros, et dont elle ne comprend pas, à l'arrivée, qu'il ne soit que du sous-Fitzgerald. Femmes vaincues. Exsangues. Oh ! ces pauvres femmes qui n'ont plus la force de se révolter et deviennent semblables à l'héroïne du *Portrait ovale* d'Edgar Poe, cette humble jeune fille qui s'étiole en silence tandis que, face à elle, dans la lumière lugubre d'une tour transformée en atelier, son peintre de mari travaille à son portrait : lorsque l'artiste aura fini, lorsqu'il aura posé, enfin, sa palette et son pinceau, lorsqu'il aura mis la dernière touche, le dernier glacis sous l'œil de la dame de couleurs, lorsqu'il s'écriera, ravi, presque en extase : « en vérité c'est la vie même », elle palpitera une dernière fois telle la flamme dans le bec d'une lampe et, comme absorbée, ou desséchée, par ce portrait qui la remplace, rendra doucement l'âme.

On pourra la raconter, oui, cette histoire. Sans doute même le faudra-t-il. Et il y aurait là, je le conçois, un utile contrepoint à tout ce que j'ai pu dire de l'entrée en littérature des femmes qui n'écrivent pas. A tort ou à raison, pourtant, je ne m'en sens pas le goût. Et le fait est que, du point de vue qui est ici le mien — et qui est celui des coulisses, du non-dit, de la part inavouée ou obscure de cette histoire des clercs — il y a là un drame qui, pour bouleversant qu'il soit, ne compte malheureusement guère. Que l'on me pardonne, autrement dit, si je maintiens que la mort prématurée de Colette Peignot, ses tentatives de suicide ou son talent, m'intéressent infiniment moins que la part d'elle qui s'est inscrite dans les textes et la mémoire des autres. Ou encore, et dans un ordre d'idées apparemment un peu différent, que l'on me permette de dire que la fameuse lettre de Gustav à Alma Mahler, cet incroyable document qui, depuis un siècle maintenant, déclenche, non sans raison, l'ire de ce que la musicologie peut compter d'âmes féministes et où l'on voit le grand artiste, sans la moindre gêne apparente, prier sa future compagne de renoncer à une musique qui les mettrait, sans cela, dans une situation de rivalité aussi étrange que — je le cite — « ridicule » et « dégradante », que l'on me permette de dire que ce texte m'indigne moins que ne me passionnent les raisons qui font qu'Alma acquiesce, se plie et renonce en effet — faisant, pour son malheur, mais aussi pour l'honneur de l'art, le choix du mythe contre l'œuvre.

2

« Boukharine »

(UN RENDEZ-VOUS MANQUÉ D'ANDRÉ GIDE)

Gide toujours. Cette histoire terrible que raconte Pierre Herbart à propos du voyage en URSS.

Il est à Moscou. Dans sa chambre de l'hôtel Métropole. Il travaille, aidé de son ami, au discours qu'il doit prononcer le lendemain, place Rouge et en présence de Staline, à l'occasion des obsèques de Gorki. Et voilà que tout à coup, alors qu'il peaufine sa péroraison, quelqu'un sonne à la porte et qu'Herbart, allant ouvrir, a la surprise de reconnaître Boukharine qui est là, devant lui, et lui dit simplement : « je voudrais parler à Gide ».

« Oui ? dit à peu près Gide, sans lever le nez de son papier — et après que son compagnon l'a rapidement informé de l'identité, et de l'importance, du visiteur. Je suis à vous... Je trouve mon mot de la fin, et je suis à vous... Pierre me dit que vous fûtes compagnon de Lénine... Eh bien vous allez, dans ce cas, m'être d'un grand secours... ! » Après quoi s'instaure, entre l'écrivain et le chef bolchevique déjà traqué, un extravagant dialogue de sourds qui serait désopilant si les circonstances, ainsi que la suite des événements et l'arrestation imminente de l'« ancien compagnon de Lénine », ne le rendaient rétrospectivement terrifiant et tragique.

Gide qui, enflant grotesquement la voix, essaie son texte sur le visiteur. Le visiteur qui, profitant des interruptions de la lecture, essaie désespérément de glisser qu'il a quelque chose d'important à lui dire. L'autre, comme sourd, se moquant éperdument de tout ce qui pourrait le distraire de trouver une chute à son discours, qui l'appelle, non Boukharine, mais

Bounine et ne sait que répéter, sans le laisser parler bien sûr : « parlez en confiance, Monsieur Bounine » ou « le camarade Bounine comprend ». Et le « camarade Bounine » enfin qui, ne comprenant que trop, s'en va sans avoir rien dit — et en adressant aux deux Français un regard qui, dans mon imagination, ne peut être qu'ironique, méprisant ou définitivement navré.

Ce qu'il était venu dire ? Nul ne le saura jamais puisque c'est quelques mois seulement après cette scène qu'il sera arrêté, exclu du Parti, condamné à mort, puis exécuté. « Périssent les Polonais pourvu que vive *Finnegans Wake* », aurait dit Joyce dans un propos au demeurant pas attesté. « Crève Monsieur Bounine pourvu que s'achève mon *Retour de l'URSS* », a forcément pensé Gide en ce jour de juillet 36 où il était en son pouvoir d'écouter et peut-être, qui sait ? de sauver l'une des cibles les mieux désignées du régime qu'il allait dénoncer. Un livre contre une vie. Une vie pour prix d'un livre. Mais à quoi servent-ils donc, ces livres, si ce n'est pas à sauver ces vies ? Le scandale, cette fois-ci, était trop gros. Et on notera que la vie — à moins que ce ne soit le livre — a trouvé à se venger : n'a-t-elle pas privé Gide (et ses lecteurs avec lui) de ce portrait de Boukharine qu'il aurait, on le devine, mieux réussi que celui de Gorki ?

3

« Une étrange régression »

(CE QUE LA POLITIQUE COÛTE AUX ÉCRIVAINS)

Une question que l'on ne pose pas assez à propos de la participation des écrivains à l'histoire de leur époque : celle de son coût ; de sa contrepartie ; celle de la rançon, symbolique ou réelle, qu'il leur faut le plus souvent payer pour que leur action ait quelque conséquence.

Dans l'ordre politique strict, le mécanisme est bien connu. Je prends l'exemple, dans le film, des années d'après-guerre et de la façon dont « l'effet Stalingrad », le prestige retrouvé du Parti, le mythe des « fusillés », le crédit de Staline lui-même et de sa « glorieuse Armée Rouge », fer de lance de la victoire alliée, effacent comme par enchantement, et le pacte germano-soviétique, et le goulag, et les premiers acquis de la critique du stalinisme entamée dans les années trente. Mais je pourrais prendre aussi bien — et déjà — le cas des années trente elles-mêmes et de ces quantités de gens qui savaient ce qu'étaient les camps, qui n'ignoraient à peu près rien de la nature perverse, non seulement du stalinisme, mais déjà du léninisme — et qui, antifascisme oblige, trouvèrent raisonnable et responsable d'oublier ce qu'ils savaient pour faire alliance avec l'URSS. C'est l'histoire d'Aragon. Celle de Rolland qui, dès 1921, dans une polémique avec Barbusse qu'on a tort de ne pas citer davantage, développait déjà tous les arguments d'un antitotalitarisme sans concession — et qui, en 33, sous prétexte d'efficacité, élimine tout cela de son esprit et tend la main aux staliniens. Mais c'est surtout l'histoire de Malraux, le grand Malraux qui, depuis son retour de Chine, incarnait un rêve révolutionnaire aussi détaché que possible de la réalité soviétique — et qui, à partir, lui aussi, de 35-36, au moment où il sent le fascisme étendre sur l'Europe « ses grandes ailes noires », multiplie les gestes d'allégeance à l'endroit d'un Kremlin où, à tort ou à raison, il voit l'épicentre de la riposte ; c'est le Malraux qui, *par discipline antifasciste,* choisit de se taire quand on assassine Andres Nin, qu'on liquide, sous ses yeux ou presque, les anarchistes de Barcelone et que s'ouvrent, place Rouge, les procès de Zinoviev, Kamenev, Boukharine et les autres. Antifasciste, Malraux ? Bien sûr ! O combien ! Mais un antifascisme qui se traduit, et aussitôt, par un appauvrissement sans précédent de sa propre pensée politique. Comment, lorsqu'on a aimé l'auteur de *La Condition humaine*, ne pas ressentir un malaise lorsqu'on l'entend, à New York, en pleine guerre d'Espagne, hurler, le poing levé, son attachement sans faille aux soldats de l'Armée Rouge ? Toutes proportions gardées, je connais cela. Nous connaissons tous un peu cela. Nous avons tous connu de ces moments où l'urgence d'un combat, la nécessité d'isoler ou de marginaliser un adversaire, incitent à nouer des alliances qui pouvaient, la veille encore, sembler immorales ou contre nature. Misère de la politique. Ruineuse simplicité à laquelle elle contraint. Je me revois, moi, par exemple — et, je le répète, toutes proportions gardées — soutenir dans tel meeting antiraciste le contraire de ce que je pensais des relations si complexes, si difficiles à exprimer, entre le racisme par exemple, l'antisémitisme et la xénophobie. Même combat ! criais-je. Même infamie ! J'avais raison, bien sûr, si l'on entendait par là qu'il convenait de lutter, avec une ardeur égale, sur chacun de ces trois fronts. Mais j'avais tort en revanche, je savais que j'avais tort, d'identifier l'un à l'autre des délires dont la nature était fondamentalement différente. Je le criais cependant. J'acceptais qu'on le crie près de moi. Parce que c'était le seul langage, me disais-je, que le public du jour semblait disposé à recevoir. C'est le premier prix à payer. La première rançon.

Même chose côté esthétique. Car il est impensable que des approximations, ou des régressions, de cette ampleur n'aient pas, s'agissant d'écrivains, des effets dans leurs textes mêmes. Cas de Gide qui, dans sa période compagnon de route, veut mettre son talent au service de sa nouvelle foi et donne ce remake des *Nourritures terrestres* que sont les *Nouvelles Nourritures* : ce livre, dit drôlement Berl, et je crois qu'il a raison, est le plus mauvais, non seulement de l'œuvre gidienne, mais de la littérature du XXe siècle. Et puis cas, encore plus net, de Malraux qui, tant dans *Les Conquérants* que dans *La Condition humaine*, peignait des personnages subtils, complexes, qui luttaient contre l'absurde en même temps que contre le capitalisme ou l'oppression — et dont la révolte conservait une tonalité pessimiste, voire romantique, qui préservait les droits du roman. Il y avait bien des personnages noirs, dans ces romans. Il y avait des Borodine, Vologuine, Nicolaïeff. Il y avait de ces communistes mécanisés, tout d'une pièce, dont Garine, dans le livre même, pourfendait la « mentalité bolchevique ». Mais ils étaient critiqués justement; jugés; relativisés; ils avaient un Garine, ou un Kyo, qui, face à eux, leur interdisaient d'incarner le point de vue privilégié du récit. Alors que là, en 36, au moment où Malraux accepte le scandale des procès et du meurtre d'Andres Nin, il publie *L'Espoir*. Puis *Le Temps du mépris*. Il publie deux romans dont l'ambition est de plaider, démontrer, défendre une thèse et une cause. La littérature est au service, réellement au service, d'une politique qui est devenue, tout à coup, la seule chose qui compte à ses yeux. Et voilà tous ses principes qui, du coup, volent en éclats. Son art poétique bafoué. Toute la subtilité des livres précédents, tout ce qu'ils avaient d'équivoque, d'hypothétique, de complexe, tout ce qui témoignait d'un souci, d'un vertige métaphysique — voilà tout cela qui laisse à présent la place au pur besoin de prouver. Borodine s'appelle maintenant Kassner. Ou, dans *L'Espoir*, Enrique. Il est toujours, aux yeux du lecteur comme à ceux des autres personnages, le même être borné, simplet, bêtement calculateur et militant. Mais il jouit, et c'est ce qui est nouveau! des faveurs d'un auteur qui ne met plus, face à lui, de contrepoids sérieux. Et il jouit aussi — quelle dérision! — de celles d'un Aragon qui, malin, vaguement goguenard, et adoptant déjà le ton dont il usera beaucoup plus tard pour faire l'éloge de Fougeron, salue la « vraisemblance » de Kassner, ce « fils du peuple » devenu communiste. *Le Temps du mépris*, un navet? Ce n'est pas moi qui le dis, mais Malraux. Et il est vrai que le délicieux émoi qui nous envahit à la lecture des plus belles scènes de *La Voie royale*, l'identification qui s'opère avec ces mythes vivants que sont les héros de *La Condition* ou des *Conquérants*, je mets au défi de les ressentir au contact de ces personnages massifs, désincarnés, trop bavards, qui encombrent ce roman à thèse. Malraux devenu écrivain militant a moins de talent voilà tout. Et toutes proportions gardées là encore (car comment comparer l'incomparable ?) il arrive aux malruciens qui découvrent *Le Temps du mépris*, la même mésaventure qu'aux admirateurs de Céline qui tombent pour la première fois sur un des trois fameux pamphlets : c'est bien le même auteur ; la même marque de fabrique ; mais la voix n'y est pas ; ni le rythme ; ni ce je ne sais quoi où tenait le charme des livres anciens ; à croire que lorsqu'un grand écrivain milite, lorsqu'il plaide pour des idées, lorsqu'il transforme ses perspectives en positions, ses hypothèses en thèses, lorsqu'il assigne à son livre un but politique simple, aux effets immédiats et visibles, eh bien ce grand écrivain n'est plus tout à fait ce qu'il était — une ombre tout au plus, qui le pastiche et signe avec lui.

Car — et c'est le troisième aspect des choses — il n'a sans doute plus le temps, oui, tout simplement plus le temps, de son génie et de son œuvre. Il faudra écrire un jour l'histoire du temps volé par la politique aux écrivains. Temps perdu. Temps envolé. Tout ce temps qui, hélas, ne sera jamais retrouvé. Et tous ces écrivains qui, le sachant, n'en continuent pas moins, bizarrement, de battre les estrades des congrès ou de consacrer du temps, encore, à leurs éternelles pétitions. Il y a des contre-exemples, sans doute. Il y a celui de Barrès soutenant — mais le croyait-il vraiment ? — qu'on ne peut pas écrire toute la journée et que c'est la raison pour laquelle il va à l'Assemblée l'après-midi. Il y a celui d'Aragon qui entre au Parti communiste — mais il sortait, ne l'oublions pas, de ce super-parti qu'était la « Centrale » surréaliste — pour avoir enfin le droit, et le temps, d'écrire de vrais romans. Mais pour ces contre-exemples, combien d'exemples ! Pour ces exceptions, combien de cas où l'on voit s'illustrer l'implacable loi de la dilapidation des œuvres ! Et pour un Aragon qui, en effet, se voit contraint par Breton de brûler sa *Défense de l'infini* et trouve dans le Parti, en comparaison, une miraculeuse liberté d'esprit, combien de vies mangées, dévorées par le souci partisan, combien de biographies d'écrivains où l'on enrage à l'idée de tout ce temps passé à des tâches souvent si vaines alors que les livres, eux, n'attendaient pas et que la fin, parfois, approchait. Gide donc qui, à la réserve de son remake, ne publie rien dans sa période engagée. Malraux et son navet. Sartre et son *Flaubert*, si péniblement arraché à la folie militante de ses amis maos. Camus dont les périodes les plus politiques sont, du point de vue de l'œuvre, les plus pauvres. Bataille, dont Klossowski me disait bien qu'il a retrouvé sa pleine « souveraineté » du jour, et seulement du jour, où il a renoncé à la politique. J'en passe, évidemment. Car il y a là, je le répète, une sorte de loi : à politique plus forte, littérature plus rare ; et une tendance, je dis bien une tendance, à la stérilité chaque fois que les écrivains, pour parler comme Bernard Lazare, ont dû ou voulu « mettre quelque chose au-dessus de la littérature ». Je ne suis pas en train de dire, entendons-nous bien, que le geste soit inutile, illégitime ou douteux. Et j'aurais mauvaise grâce à le faire moi qui, depuis quinze ans et plus, n'ai cessé de payer mon tribut à un devoir d'engagement auquel je reste fidèle quels qu'en soient le coût et le risque. Le tribut, cependant, existe. On n'y échappe pas. Je n'y échapperai pas. Je le sais. Je le dis. Avec le secret espoir que de le savoir — et de le dire — contribuera à l'alléger.

4

« C'est l'époque où Aragon... »

(DE L'INTÉRÊT D'ÊTRE COMMUNISTE QUAND ON ÉTAIT UN GRAND ÉCRIVAIN)

La grande question, dans le cas d'Aragon, c'est bien entendu celle du communisme. Oh ! pas la question théorique du communisme. Ni politique. Pas les raisons qu'il a pu donner, et auxquelles il a peut-être cru, de marcher dans l'aventure. Pas celles que *nous* pourrions donner et, sans doute condamner (homme nouveau... fascination du chef... volonté de pureté... etc., etc.). Non. La question concrète, existentielle, presque physique, de sa présence, cinquante ans durant, dans un parti comme le Parti français. La question de ce qu'il y a fait. De ce qu'il y a pensé. La question de ce qu'on peut bien se dire, lorsqu'on s'appelle Louis Aragon, et que l'on passe un demi-siècle au cœur du Parti le plus bête, le plus réactionnaire du monde.

La Hongrie. La Tchécoslovaquie. Que pense Aragon ? Que dit Aragon ? Comment peut-il laisser dire ci ? Laisser faire ça ? Comment ce rebelle-né a-t-il accepté de capituler ? Comment l'ancien surréaliste, l'ami d'Artaud et de Jacques Vaché, comment le provocateur qui, à vingt ans, trouvait qu'à l'échelle des idées la révolution d'Octobre ne pesait pas beaucoup plus qu'une vague crise ministérielle a-t-il pu avaler sans broncher l'épouvantable « Biafra de l'esprit » ? Comment peut-il écrire pour eux ? A la gloire d'eux ? Comment l'auteur d'*Aurélien* a-t-il pu crier « Hourra l'Oural ! » ? puis écrire des odes à la Guépéou ? puis, maintenant, accepter de couvrir la quotidienne saloperie ? Sartre est acclamé par la Sorbonne ; lui est insulté par Cohn-Bendit. Sartre joue la jeunesse éternelle ; lui se fige sous le masque du hiérarque cynique. Quelle dérision !

Aragon au Comité central. Aragon à la fête de l'Huma.

Aragon sommé de trouver du charme à Jeannette, du génie à Maurice Thorez. Aragon jouant les utilités dans la moindre kermesse du Parti. Aragon et Benoît Frachon. Aragon et l'affaire du « portrait ». Aragon appelé à la rescousse — qui appellerait-on sinon lui ? — chaque fois qu'il faut une conscience pour justifier l'injustifiable. « Louis va se suicider », annonce régulièrement Elsa quand la pression se fait trop forte. Mais Louis, bien sûr, ne se suicide pas. Il rempile au contraire. Il en redemande. Il est le seul écrivain majeur du XXe siècle à donner le sentiment de s'être, véritablement, installé dans le Parti.

Tous les écrivains du XXe siècle, les grands, les gros, se sont, un jour ou l'autre, installés aussi quelque part. Ils ont erré. Tâtonné. Ils ont essayé un territoire. Un autre. Un beau matin ils ont trouvé. Et, à la façon de ces divas qui, après avoir cherché leur voix, fait leurs gammes et leurs vocalises, trouvent enfin l'accord parfait, ils ont décidé de s'y tenir. Ainsi Malraux avec le gaullisme. André Gide, qui ne quitte plus l'habit de l'immoraliste. Camus le juste. Sartre la conscience. Mauriac l'enfant terrible. Ainsi Aragon qui, après avoir un peu tourné, beaucoup hésité, après avoir tâté du dadaïsme, du surréalisme, de l'anarchisme, finit donc par s'ancrer dans cet improbable communisme.

Alors la question c'est, je répète : pourquoi ? qu'y trouve-t-il ? à quoi joue-t-il ? quel profit, pour lui, d'identifier son destin à ça ? Première raison : les livres. Aragon, ne l'oublions pas, revient du surréalisme. Je dis « revient du surréalisme » comme on dit « revient du front » ou « revient d'entre les morts ». Car il n'y a pas plus mortel pour un écrivain — et, plus encore, pour un romancier — que ce climat de terreur, de guerre civile dans les esprits, que faisait régner Breton et auquel nul, pas même lui, n'avait le privilège d'échapper. Feu sur les livres ! Feu sur la littérature ! Du passé faisons table rase ! Des romans faisons des feux de joie ! Ils lui ont fait brûler son roman, les salauds. Ils lui ont fait honte de son talent. Trop classique, ils disaient. Trop bourgeois. Il a encore, dans les oreilles, les quolibets de Péret, cet âne, le jour où il leur a lu sa *Défense de l'infini*.

Eh bien le Parti, lui, n'a rien contre les romans. Il en veut au contraire. Il en demande. Oh ! ils ne font pas la fine bouche, ceux-là. Ils vous respectent au contraire. Ils vous portent aux nues. Il est peut-être un peu simple, le camarade Maurice. Il n'y comprend peut-être rien. Mais vous pensez que Péret y comprenait grand-chose ? Lui au moins, Maurice, y croit. Il le traite en mamamouchi. Il n'y a pas un lieu au monde où les écrivains, s'ils marchent droit, sont si ardemment, si religieusement encouragés. Il n'y a pas un parti, en France, dont les dirigeants, quand vous êtes Aragon, vous traitent avec le même respect que votre valet de chambre ou votre chauffeur. Voilà. C'est tout simple. Breton l'empêchait d'écrire. Le Parti communiste l'y invite. C'est une première raison.

Seconde raison : la vie. Qu'est-ce qu'une vie d'écrivain ? Quelle est la vie rêvée pour un grand écrivain comme Aragon ? Voilà une vraie question. Ils se la sont tous posée, cette question. Ils y ont tous, d'ailleurs, répondu de la même façon. La vie rêvée, disent-ils, c'est la vie protégée. C'est la vie d'un intouchable. Ou mieux — si les deux mots n'étaient, d'une certaine façon, contradictoires — c'est la vie d'un brahmane dans une société démocratique. Or pour vivre comme un brahmane, pour mettre, entre la Cité et soi, le plus de distance possible, il n'y a qu'une solution : s'adosser à une grande institution. En France il n'y a pas dix institutions. Il y a l'Académie — ça ne lui ressemble pas. Un ministère — c'est plutôt le genre de Malraux. Il y aurait le Parlement — mais c'est déjà pris par Barrès. Alors, il reste le Parti dont Abetz dit bien qu'il est, avec la NRF et la Banque de France, l'une des trois vraies puissances d'où l'on règne sur Paris.

Admirable Parti ! Sa puissance ! Sa mafia ! Cette caution, aussi ! Cet alibi ! Cette façon, finalement, de tenir en respect la canaille ! Cette idée que tout ce qu'on fera — les livres certes, mais les blagues, les provocations, les déguisements intempestifs, tout le grand théâtre luxueux du dadaïste impénitent — que tout cela, donc, se fera dorénavant pour la plus grande gloire du Peuple et de la Justice ! Aragon ira au Parti comme Malraux chez les gaullistes, parce qu'il sait que c'est ici qu'il jouira de la protection, de l'impunité maximales. Fric. Farces.

Frasques. Toutes ces menues fantaisies qui lui coûtaient si cher du temps d'André Breton, les voilà couvertes ! bénies ! blanchies ! Osez donc vous frotter, maintenant, à l'aristocrate devenu rouge ! Osez le bousculer ! l'interpeller ! On n'arrête certes pas Voltaire. Mais on arrête encore moins l'ami du couple Thorez. Aragon devient communiste parce que c'est la meilleure façon qu'il ait trouvée de continuer, sans que ça se voie trop, de faire ses bêtises surréalistes.

J'ai rencontré Aragon, un soir de 1976, rue des Saints-Pères, à la hauteur du bar où j'avais l'habitude de prendre un dernier thé avant de rentrer me coucher. Il avait un grand manteau de laine blanche. Un feutre à large bord. Il marchait d'un pas vif, les épaules en avant, les yeux fixés au sol, avec une claudication qui m'a surpris. Le hasard voulut que je fusse précisément en train de me préparer à jouer le rôle de Paul Denis dans une version télévisée, adaptée par Françoise Verny, de son *Aurélien*. Je l'ai donc arrêté. Je lui ai dit : « voilà... pardon... il se trouve que je suis en train... » Il m'a regardé d'un air étonné. Puis, dur. Puis subitement attendri quand je lui ai répété que c'était bien de Paul Denis qu'il s'agissait. On a parlé du film. De Françoise Verny, qui lui avait, en effet, parlé de moi. La conversation a duré dix minutes. Peut-être cinq. Mais j'ai eu le temps, pendant ces cinq minutes, d'observer le visage de l'un des écrivains que j'admirais alors le plus.

Pas d'erreur. C'était bien lui. C'était bien le très grand poète, tel qu'en lui-même le temps ne l'avait pas changé. On racontait tant de choses à son sujet. Il courait tant de légendes folles sur les escapades nocturnes du clown-fantôme, du veuf, de l'inconsolé, en quête, disait-on, d'un avatar ultime. Eh bien non. C'était lui. Toujours lui. C'était le révolté, le facétieux, le fou d'Elsa, le fou tout court. C'était son regard clair et son port orgueilleux. Sa chevelure d'anar et son allure de vieux dandy. Il avait, malgré les rides, malgré ses mains tavelées et sa silhouette un peu tassée, l'air qu'il devait avoir lorsque, quarante ans plus tôt, il entrait avec Sadoul dans les bars de Montparnasse et qu'il en ressortait, après chahut, encadré par les gendarmes. C'était le même, oui. A la réserve près — et il le savait — que planait au-dessus de lui, comme une dernière farce, l'ombre du Parti qui, désormais, veillait sur lui.

(CONVERSATION AVEC EDMONDE CHARLES-ROUX)

Edmonde Charles-Roux a été, de 1956 à la mort d'Aragon, l'un de ses interlocuteurs les plus constants et, probablement, les plus proches. Elle a accepté avec joie le principe de ce témoignage. Tant de malentendus à dissiper ! Tant d'« infamies » à conjurer ! Je la retrouve au bar de l'hôtel Raphaël, à Paris — si belle, implacablement fidèle, et toujours prompte à venir défendre la mémoire, ou la réputation, d'un héros maltraité. Elle parle. Elle a cette voix nette, un peu dure, dont les intonations ne s'adoucissent qu'à dessein. Ses hypothèses, on va le voir, sont parfois éloignées des miennes. Comme si elle avait le souci de réinjecter de la bonté là où je ne voyais qu'énigmes, cynisme et facétie.

— *A quel moment faites-vous la connaissance d'Aragon ?*

— Je rencontre Aragon le lendemain de l'entrée des troupes soviétiques à Budapest. Je suis allée le voir au moulin de Saint-Arnoult-en-Yvelines qui était la maison de campagne qu'il avait depuis cinq ou six ans. Et je l'ai fait parce que je pensais qu'il devait — par les temps qui couraient — être étrangement seul. Et voilà, je vais donc passer la soirée avec lui et Elsa. Je les connaissais un peu. De vue probablement. Mais je n'avais jamais passé une soirée en tête à tête avec eux. La soirée fut longue puisque nous nous sommes quittés vers cinq heures du matin.

— *Dans quel état se trouve Aragon ? que fait-il ? que dit-il ?*

— J'ai trouvé Aragon profondément troublé, se demandant ce qu'il fallait croire et ne pas croire, et déjà tout à fait conscient que ce ne seraient pas les thèses officielles du Parti communiste qui pourraient le convaincre. Ces thèses, vous les connaissez ! On parlait de provocation. D'ingérence de la CIA... Et en fait, grosso modo, de la responsabilité américaine dans cette intervention. Alors, bien sûr, Aragon ne marchait pas. Il était trop européen, trop civilisé (et bizarrement civilisé, si vous réfléchissez combien son horizon avait été limité au début de sa vie à Paris, et même à quelques quartiers de Paris), il était de naissance trop européen pour ne pas sentir qu'il y avait quelque chose d'autre, là-dessous, d'affreusement grave. Je crois que ça a été un tournant qui ne l'a pas déstabilisé, ne l'a pas rendu moins communiste, mais qui, pour la première fois, l'a fait douter de l'URSS.

— *Il vous l'a dit ce soir-là ? Précisément ?*

— Oui. Il ne pouvait en aucune manière accepter le bain de sang. Ce n'était pas possible. Il était, je vous le répète, trop européen, trop mittel-européen pour pouvoir accepter une idée pareille. Même si, j'y insiste, il n'est pas pour autant en rupture de parti.

— *Aragon aurait donc compris, d'après vous, qu'il y avait dans cette insurrection de 56 comme un retour, ou un souci, ou une nostalgie de l'Europe ?*

— Absolument. Et bien sûr, symétriquement, un crime du côté de l'URSS, quelque chose qui ne fonctionnait plus dans la machine. Il ne faut jamais oublier le cosmopolitisme d'Aragon. Son cosmopolitisme naturel, spontané. L'amant de Nancy Cunard, le mari d'Elsa était spontanément cosmopolite. Ne jamais oublier les vers : « j'aimais déjà les étrangères/quand j'étais un petit enfant ».

— *Et sur le nationalisme ? Il y a quand même, dans les années 50, un nationalisme assez tonitruant !*

— Ça c'est normal. C'est Barrès. Il adorait.

— *Donc ce jour-là, en 1956, un réflexe « Europe centrale » ?*

— Bon. Attendez. Je ne voudrais pas, sur cette position, lui prêter ce qui a été ma propre réflexion. J'avais, moi, habité près de sept ans de ma vie en Europe centrale. Pour moi la Hongrie c'était presque le pays limitrophe de mon pays d'enfance. Donc peut-être qu'Aragon n'en était pas tout à fait là. Mais enfin le moins que l'on puisse dire c'est qu'il se posait des questions, et Elsa aussi. Même si leurs conclusions n'étaient pas tout à fait tirées.

— *Qu'est-ce qui les retenait de les tirer ?*

— Le poids de l'espoir je pense. L'espoir qu'ils avaient mis dans ce système. L'espoir qu'ils avaient mis dans l'idée du communisme — et qui est leur honneur et leur gloire.

— *J'ai une idée plus cynique d'Aragon.*

— Eh bien, vous avez tort. La caricature que l'on a faite d'Aragon et d'Elsa dans la presse française est une infamie. Ils étaient des êtres parfaitement généreux, parfaitement bons, parfaitement inquiets d'autrui, ne sachant comment aider — et en particulier les jeunes écrivains ; et pas seulement eux, mais aussi des gens anonymes. Donc c'est ça la situation : il y avait ce grand espoir et puis la page sanglante de l'affaire hongroise. Alors là on peut critiquer. Moi je ne le fais pas. Mais enfin je conçois qu'on puisse dire : « mon dieu, il leur en a fallu beaucoup pour que les écailles leur tombent des yeux ». Oui, il leur en a fallu beaucoup. On ne peut pas le nier. Il leur a fallu aller jusqu'à l'affaire tchèque.

— *Arrêtons-nous une minute encore à ce premier jour, à ce premier soir. Vous revoyez la scène ? Ça se passe où ? Comment ? Où est Aragon ? où est Elsa ?*

— Aragon est dans la pièce à vivre du moulin qui est traversée par l'eau puisqu'il y avait une roue, et que cette roue fonctionnait. L'eau tombe. Il fait froid. Ils sont dans une solitude totale. Le téléphone ne sonne plus. Ils sont heureux, je crois, de cette visite. Il y a le samovar, le thé, et cette merveilleuse hospitalité d'Elsa. Le temps ne comptait pas avec les Aragon. C'était peut-être ce qu'Aragon avait pris à Elsa : le temps russe, le temps qui n'existe pas, le temps qui, en tout cas, n'a pas la même valeur que pour nous. Elsa était peut-être celle qui comprenait le mieux. C'était quelqu'un de sensible. Le contraire de ce qu'on a dit. On en a fait une sorte de virago. Là encore, j'en témoigne : elle était celle de nous trois qui était le plus près de la vérité cette nuit-là.

— *Vous connaissez le livre d'André Thirion,* Révolutionnaires sans révolution *?*

— Oui.

— *Il fait d'Elsa un portrait épouvantable.*

— Je sais, j'ai lu le livre quand il a paru, et je pense que c'est peut-être lui qui est responsable de cette image. Qu'est-ce qu'on pouvait reprocher à Elsa ? D'avoir été aimée d'un homme très beau — peut-être est-ce une chose qu'on ne pardonne pas à une femme. Que cet homme lui ait été fidèle et lui ait voué un culte — c'est peut-être intolérable à beaucoup de gens.

— *Moi, mon hypothèse c'est qu'Aragon est un aristocrate, un brahmane, que ce n'est pas un communiste.*

— Ça, c'est vous qui le dites... Je crois, moi, que c'est un communiste au contraire. Il faudrait essayer de comprendre pourquoi il était communiste.

— *Oui, en effet.*

— Je crois qu'il ne s'est jamais remis de son enfance ; qu'il n'a jamais toléré, finalement, d'avoir porté un faux nom, d'avoir été obligé, en public, de considérer sa mère comme sa sœur, etc., etc. Tout cela l'a terriblement marqué. De même que ce milieu où il a été élevé et qui n'était pas un milieu aristocratique du tout — mais un milieu de tout petits bourgeois, régleurs de comptes, étroits, sentant la poussière. C'est de tout ça qu'il a voulu s'échapper en faisant ce grand geste qui consistait à s'inscrire au Parti communiste. Peut-être aussi quelque chose qui venait du surréalisme. De Dada. « Vous allez voir ce que je vais faire, vous allez voir jusqu'où je vais aller... » De la bravade, si vous voulez. Il était quelqu'un plein de bravade et de bravoure. Mais enfin au commencement il y a l'enfance et ses terribles blessures. Ce parti ce sera celui de l'identité retrouvée, des enfants naturels, des femmes bafouées. Ce sera le parti de celles qui élèvent leur enfant et qui voient un monsieur venir leur demander des comptes une fois par mois.

— *Donc la rupture avec les surréalistes, la « trahison » à Kharkov, Breton et tout ça, ce serait...*

— Un geste d'hyper-surréalisme, oui. Aller plus loin que quelqu'un qui le dominait et qui était Breton. Il y a de ça. Mais il n'y a pas que ça bien entendu. Il y a aussi un raisonnement politique et, je répète, une forme de foi. C'était un être de foi, Aragon... Alors, vous dites un « aristocrate ». Si vous voulez. Parce qu'il y avait ça aussi, dans sa provocation. Il disait volontiers d'ailleurs qu'il ne sentait de complicité réelle que face à un homme du peuple ou face à un prince. Bon. Vous voyez bien comment tout ça peut se contredire et vivre ensemble.

— *Dans cette affaire d'adhésion au Parti il y a aussi la question de la littérature. Breton, au fond, l'empêchait d'écrire ses romans.*

— Il y a d'abord une question de « famille ». Pas de famille possible avec Breton. Il ne veut plus de son autorité. Alors où aller ? Il ne va quand même pas devenir papiste ! Donc il va chez les marxistes... Mais derrière ça il y a, vous avez raison, la littérature. Là, se dit-il en effet, on sera soutenus, honorés, on aura un vrai public... Mais bon. Il y a aussi les explications politiques. Mais que voulez-vous ? Nous ne parlions jamais politique...

— *Justement. C'est très bien. Je trouve ça tout à fait intéressant cette idée d'aller au PC parce qu'on s'y conduit bien avec les écrivains.*

— Je me rappelle la première fois où il m'a emmenée à la « Cité du Livre ». « Vous verrez, m'avait-il dit : des gens qui s'anoblissent avec l'achat d'un livre ! C'est ça notre vraie famille ! »

— *Est-ce qu'il vous parlait de Breton ?*

— Tout le temps.

— *Si longtemps après leur brouille ? vingt-cinq, trente ans après ?*

— Bien sûr. Il n'avait jamais accepté la brouille. C'était une plaie. Il ne comprenait pas. Parce que c'était un fidèle, Aragon, et que l'amitié comptait pour lui. Je crois qu'il a été frappé, blessé à mort par cette brouille. Il essayait toujours de rattraper, d'excuser Breton, de minimiser la brouille. Elle était pourtant là. Ça a peut-être été l'affaire de sa vie.

— *Vous avez des souvenirs précis ? des conversations ? des... ?*

— Oui bien sûr. Il sortait un dessin. Il citait un mot de Breton. Il s'inquiétait de qui il voyait, de ce qu'il faisait. Et puis il y avait les lettres. Quand il recevait une lettre de Breton. Alors là, affaire d'État ! On la relisait cinq fois, dix fois ! on ne parlait que de ça ! Nous, on finissait par ne plus vouloir en parler parce qu'on sentait que ça lui faisait du mal.

— *Quel genre de lettres lui écrivait Breton ?*

— Une lettre après un article, par exemple, paru dans *les Lettres françaises*. Pour lui dire : « allons, on n'est pas aussi brouillés que ça ! »

— *Et si Breton lui-même avait dit : « allons ! retrouvons-nous ! »...*

— Aragon aurait ouvert sa porte et aurait dit : « arrivez ! » Mais Breton était très fort. Il n'aurait jamais commis cette « erreur ».

— *Est-ce que vous sentiez encore l'ancien surréaliste chez cet Aragon de la maturité ? Est-ce qu'il était encore là ? Ou est-ce que c'était un tout autre homme ?*

— C'est difficile à savoir. Tant de choses avaient changé. D'abord il était devenu ce « mari » d'Elsa. Et on en concluait qu'il n'était plus le même. Peut-être. Mais en façade. Car quand on parlait avec lui, on sentait que le surréaliste était toujours là. Dans ses options. Dans sa liberté. Dans son désir de sortir des rails, de ne pas se laisser piéger. Voilà. Ça a l'air contradictoire ce que je vais dire. Il était piégé par le fait de son appartenance à un parti. Et puis aussi par son amour pour Elsa. Mais les gens qui étaient dans son intimité, qui vivaient avec lui à longueur de journée, à longueur de dimanches, savaient qu'il restait un homme incroyablement *libre*.

— *Vous dites l'amour pour Elsa et l'amour pour le Parti. Est-ce que c'était la même chose ? Est-ce que les deux étaient liés ?*

— A travers Elsa c'était la Russie... La Russie dont il avait appris la langue par jalousie, pour comprendre ce que l'on disait à Elsa. Il avait appris le russe en moins de deux mois parce qu'il ne supportait pas l'idée qu'on puisse parler à sa femme une langue qu'il ne comprenait pas. Ceci pour vous dire à quel point, dans son esprit, Elsa et la Russie étaient confondues. Et puis il n'y avait pas seulement ça. Il y avait Maïakovski. Il y avait Pouchkine, qui était son dieu à cette époque-là. On pouvait parler des heures de l'impossibilité de traduire Pouchkine. Donc voilà. Une extraordinaire emprise de la pensée, de la manière de vivre russes à travers une femme. Ou inversement. L'URSS à travers une femme, et cette femme à travers l'URSS. On peut discuter là-dessus. Mais c'est ça.

— *D'accord. Mais il y a aussi l'« emprise », comme vous dites, de l'URSS sur la littérature même. Et ça n'a pas toujours donné des résultats très heureux...*

— Vous voulez dire quoi ? Que sa poésie était, par moments, inégale ? que, parfois, il s'est laissé aller à la facilité ? D'accord ! Mais quel courage de vouloir tout publier ! Dans ses œuvres complètes, qu'il a dirigées de son vivant, il n'y a, à ma connaissance, pas de suppressions. Même pas d'odes à Staline qui soient supprimées. Donc l'absolu courage de ce qu'il avait été. Je trouve que c'est un exemple formidable. Je ne suis pas sûre que Claudel en ait fait autant. Je n'ai jamais pu comprendre que l'on puisse enlever d'un trait de plume le passé d'Aragon parce qu'il était communiste, voilà. Ni d'ailleurs que l'on puisse nier qu'il ait été surréaliste parce qu'il n'était devenu que communiste. Pour moi tout ça était lié, et le personnage était, comment dire ? intact.

— *Le charme d'Aragon ?*

— Le mot « charme » je n'aime pas trop. Évidemment c'était un charmeur. Mais c'était beaucoup plus que ça. C'était un génie. Je pense très sincèrement que l'homme qui a écrit *La Semaine sainte* est un génie. Pour moi c'est le génie français. C'est le bonheur des mots. C'est l'insolence. Vous me demandiez s'il était toujours surréaliste ? Eh bien voilà ! Il était totalement insolent par exemple. Ce qui est inattendu pour un monsieur de cet âge. Il aimait l'insolence. Et il la faisait aimer. Tout ça est assez bien et pas courant. On ne s'embêtait pas avec lui. Ce n'était pas un homme de lettres avec lequel on s'embêtait.

— *Vous récusez à juste titre ceux qui veulent effacer de la vie d'Aragon ce passé communiste ou ce passé surréaliste. Bon. Mais est-ce qu'il n'est pas le premier à l'avoir fait ? le premier à avoir effacé un morceau de lui-même ? Je pense à cette affaire de Kharkov et à tout ce qu'il a écrit, sur le moment, pour justifier sa séparation d'avec les surréalistes. Il y a là un cas tout de même assez rare. Peut-être Malraux après la guerre... Peut-être Barrès... Un écrivain qui s'ampute lui-même, publiquement, du moins, d'une part de sa mémoire.*

— Je vous l'ai dit : en privé, entre nous, on ne parlait que de ça. C'étaient les pages les plus précieuses de sa vie. Mais vous avez sans doute raison. Il a occulté cela pour vivre autre chose. Il est un de ces écrivains qui ont mené plusieurs vies. Et puis, attention ! Est-ce que les surréalistes ne l'ont pas un peu aidé en l'éjectant ? Il y a aussi ça. Il a quand même été exclu. On lui a quand même dit : « voilà, c'est fini, vous n'êtes pas digne ». Et sa réponse a été de plonger à l'intérieur du communisme encore plus profondément. Je vous répète que cette rupture avec Breton a été la grande souffrance de sa vie. Je le crois. C'est ressorti de tout ce qu'il m'a dit.

— *Donc nous sommes d'accord : occultation publique, obsession privée...*

— C'est cela, oui. Avec, aussi, une furieuse envie de léguer à ceux qu'il aimait une partie de son expérience. Il savait que j'arrivais d'une autre planète... l'Italie c'était une autre planète... Et il souhaitait beaucoup que je sache ce qu'était le surréalisme... Il m'en parlait dans cette optique-là...

— *Pardon d'insister. Mais est-ce qu'on pourrait évoquer, une fois encore, des exemples ? des cas précis ?*

— On parlait beaucoup d'Éluard par exemple. De Nusch. De l'amour d'Éluard pour Nusch. Des femmes du monde qui avaient aidé l'aventure surréaliste. Des films surréalistes. Marie-Laure de Noailles, tout ce qui tournait autour d'elle, ses jugements, etc. Et puis cette question qui l'obsédait : est-ce qu'on avait bien fait ? est-ce qu'on pouvait, quand on était les surréalistes, se lier à ce monde ? On parlait beaucoup de Buñuel. Et puis alors, naturellement, quand on arrivait dans ces eaux-là, on bifurquait très vite sur quelque chose qui avait compté encore bien plus et qui était la révolution espagnole. Les Espagnols donc qui avaient été autour du mouvement surréaliste. Dali bien sûr. Vous voyez. Je ne peux pas, on ne peut pas dissocier. C'est une méchante action, un mensonge.

Quand on a bien connu Aragon, on sait qu'on avait affaire à un surréaliste. Même s'il vivait d'une façon qui n'était plus conforme aux principes des surréalistes.

— *Et puis arrivent 68 et le printemps de Prague. Et là, en revanche, ce qu'il n'avait pas vu en 56, il le voit tout à coup...*

— C'est ça. Ça a été vraiment terrible. Là, lui comme Elsa, Elsa peut-être plus que lui, ont décroché d'avec l'URSS. Ils refusent les visites des fonctionnaires de l'ambassade soviétique. Je suis témoin. Je peux vous donner les noms. J'ai vu, j'ai été chargée de recevoir certains de leurs meilleurs amis. J'étais chargée de dire qu'ils n'étaient pas là. Et ils étaient là, bien sûr, ils étaient de l'autre côté de la porte. Il y a eu, là, une période de très grande tension. Bon. N'en faisons pas des actes héroïques. C'est vrai qu'ils ne risquaient pas grand-chose à le faire. Mais enfin ils le faisaient.

— *Et les rapports avec le parti français?*

— Ça c'est autre chose. Ils n'ont jamais rompu avec le parti communiste français. Ni l'un ni l'autre.

— *Et le communisme? L'idée du communisme? Cette foi dont vous parliez tout à l'heure?*

— Je ne me permettrai pas de répondre là-dessus. Je ne sais pas. Je pense qu'il a tout vu. Tout compris. Le jour où il a su que le coup de Prague avait eu lieu, alors qu'il soutenait, ne l'oublions pas, tous les artistes tchèques dans *les Lettres françaises*, il a compris que *les Lettres françaises* aussi c'était fini, et qu'une chose entraînerait l'autre. C'est sa deuxième exclusion. Exclu des *Lettres françaises*.

— *Vous l'avez vu dans ces jours-là?*

— Oui, je l'ai vu. Je l'attendais avec Elsa. On l'attendait. Il était au bureau des *Lettres françaises*. Parce que, encore une fois, Aragon était un homme excessif, fragile, capable de grandes folies. Il y avait un fond de folie en lui. Il l'a prouvé ensuite, après la mort d'Elsa. C'était un fou. Simplement, les gens donnaient à cette folie un nom différent.

— *Et malgré ça, pas de rupture. A peine une faille, un déchirement...*

— Il était comme ça. C'étaient ses compagnons de combat et puis... Bon. Il ne pouvait pas, c'est tout. Il était fidèle, simplement fidèle. D'ailleurs tout ça va assez bien ensemble. Amoureux... Fidèle... Il avait une approche qui était très amoureuse, très sensuelle de la politique et de l'histoire.

5

« L'obscurantisme esthétique du Parti »

(ET SI PICASSO N'AVAIT PAS TOUJOURS DU GÉNIE?)

Staline est mort. Le Parti est en deuil. Chacun y va de son hommage, de son compliment, de ses larmes. Le directeur des *Lettres françaises*, Aragon, qui ne veut surtout pas être en retrait, demande au plus grand des peintres communistes, Pablo Picasso, de lui donner un dessin qu'il mettra, la semaine suivante, en couverture de son numéro. Et c'est le fameux « portrait » d'un Staline mi-lunaire mi-cubiste qui, avec sa bouche trop dessinée, ses joues trop pleines, ses yeux trop grands qui mangent le reste du visage, sa frange de cheveux noirs que l'on dirait gribouillée à la hâte, à coups de mauvais fusain, ressemble plus à un personnage des *Demoiselles d'Avignon* qu'au chef suprême et génial dont tous les communistes, du plus humble au plus glorieux, sont sommés de dire la louange.

Éclate alors l'affaire... Le scandale... Explose la colère des militants qui hurlent à l'infamie, à la profanation... Dans ce qui va devenir une crise majeure et qui va ébranler jusqu'aux tréfonds l'ensemble de l'appareil du Parti — haro sur Aragon ! haro sur Picasso ! salauds d'intellectuels qui ont osé toucher au totem ! — on voit toujours la preuve, et ce n'est évidemment pas faux, d'un obscurantisme culturel dont l'insolence aragonienne a révélé la persistance. Il y a une autre explication, moins sérieuse, moins bien pensante — moins flatteuse aussi, avouons-le, pour la gloire d'un artiste persécuté par des niais qui n'entendraient rien à l'art — mais que je ne résiste pourtant pas au plaisir d'évoquer au moins d'un mot. C'est l'explication de Cocteau. Ce portrait, dit-il en substance, Picasso, l'a fait en cinq minutes. Trop vite donc. A la légère. Et il était — cela arrive — tout simplement raté.

6

« Ne pas désespérer Billancourt »

(ENCORE UNE LÉGENDE...)

« Il ne faut pas désespérer Billancourt », dit Jean-Paul Sartre. Et c'est même l'une des formules qui, dans sa simplicité robuste, dans sa représentation imagée d'un vaste peuple ouvrier (« Billancourt ») qui, recru d'outrages et de misère, persécuté par les patrons et par l'État-patron, ne supporterait pas que, en plus, on lui désenchante ce coin de paradis qu'est à ses yeux l'Union soviétique — c'est une des formules, donc, qui semblent illustrer ce que fut en effet, et pendant de bien longues années, l'attitude politique, voire le credo, de Sartre. Moi-même d'ailleurs, quand je veux aller vite et frapper fort, quand je veux clairement dénoncer le vilain procédé qui consiste à se taire sur la Hongrie pour ne pas donner d'états d'âme aux révolutionnaires français, n'est-ce pas cette phrase que je cite — et sur elle que je m'appuie pour produire tout mon effet ?

Question alors : quand Sartre a-t-il prononcé la phrase ? où ? dans quel contexte ? Réponse : jamais ; nulle part ; non, si incroyable que cela paraisse, on ne la trouve dans aucun de ses livres, aucun de ses essais ni articles ; et on peut écumer toute l'œuvre, on peut la traverser de bout en bout, sans jamais tomber, noirs sur blanc, sur ces mots qui, pourtant, suffisent aux yeux de certains à signer, ou résumer, la vision du monde sartrienne. Précision : il y a bien dans *Nekrassov* — je dis bien *Nekrassov*, c'est-à-dire une pièce de théâtre qui, si engagée, voire manichéenne, soit-elle, reste une pièce de théâtre et donc une œuvre de fiction — quelque chose qui y ressemble ; mais elle dit, cette réplique, le contraire — j'insiste bien : le contraire — de ce qu'on lui fait toujours dire puisque c'est un des personnages, Georges de Valera, qui s'exclame : « *désespérons* Billancourt ». Leçon : voilà un mot célèbre, voilà un mot qui colle à la peau d'un écrivain et à son œuvre, voilà un lieu commun que l'on recopie d'âge en âge, sans vérification ni contrôle — et il n'existe pas, ce mot, dans le seul endroit qui devrait compter et qui est, jusqu'à nouvel ordre, l'œuvre écrite de l'écrivain.

Que la pensée profonde de Sartre soit bien celle-là, que le Georges de Valera exhortant à désespérer Billancourt apparaisse comme un salaud, que l'auteur ait réellement cru, lui, au fond de lui, que la vérité n'est ni toujours ni partout bonne à divulguer, que cela ait même été, entre autres, le fond de sa polémique avec Maurice Merleau-Ponty, puis avec Albert Camus, puis avec les « nouveaux philosophes » qu'il soupçonnait, en 1977 encore, dans un article donné au quotidien italien d'extrême gauche *Lotta continua*, de ne dénoncer le Goulag que parce qu'ils étaient *(sic)* au service de la CIA, cela est incontestable — mais n'ôte rien ni à l'étrangeté de la situation ni à la légèreté, une fois de plus, de ce qu'on appelle l'histoire des idées.

7

« André Malraux, qui semble tourner le dos aux idéaux de sa jeunesse »

Voici l'homme de la guerre d'Espagne. Le rouge. Le « coronel ». Voici l'orateur, au poing levé, des meetings pour Thaelmann, Dimitrov, les communistes emprisonnés. Voici le résistant. Le combattant. Le révolutionnaire par excellence. Le compagnon de route. Le rebelle. Voici l'incarnation, s'il en est, de l'intellectuel d'extrême gauche tel que les années trente ont pu le produire et qu'il triomphe après la guerre. Voici l'homme dont elle a hâte, cette extrême gauche, qu'il s'exprime, se prononce et, en ces jours de semi-victoire que sont les heures de la Libération, contribue, comme il l'a toujours fait, à indiquer le chemin de l'espoir. Le voici à la Mutualité d'ailleurs, semblable à lui-même, comme autrefois — avec sa vareuse kaki, ses galons, son éternelle mèche noire sur un visage mangé de tics, sa fièvre, ses formules, sa voix sèche, parfois tremblante, que l'on imagine proche de ce qu'ont dû être les voix de Hoche ou de Saint-Just. Le voici qui s'exprime, oui. Le voici qui se prononce. Mais au lieu, comme on s'y attend, de réaffirmer sa foi dans la révolution mondiale, au lieu, comme naguère justement, d'en appeler à l'Armée Rouge et à ses bataillons dévastateurs, au lieu d'être l'éternel insurgé dont tous, amis et ennemis, ont finalement la nostalgie, il lance la nouvelle qui, aujourd'hui encore, et même grossièrement résumée, garde, me semble-t-il, toute sa force de scandale : je ne suis plus des vôtres... je ne suis plus ce rouge, ce révolutionnaire, etc., car j'ai, dans les maquis, puis ici, à Paris, dans l'euphorie d'une Libération dont nous serions criminels, et fous, de ne pas honorer toutes les promesses, rencontré le général de Gaulle, le gaullisme et les gaullistes.

Voici le romancier de l'époque. Le plus grand. Le plus

glorieux. Le seul qui, gauche ou pas, jouisse d'un pareil prestige et dont le talent n'ait d'égal que le courage ou les hauts faits. Voici le seul écrivain dont la légende affirme qu'il est aussi à l'aise aux commandes d'un char, d'un Potez 54 ou d'un Latécoère que devant la page blanche d'un roman en gestation. Il est l'exemple, Malraux. Le modèle. Il est l'écrivain libre auquel la jeunesse — et pas seulement la jeunesse ! — rêve de s'identifier et il n'en est pas un, du reste, qui songe ou ose lui disputer le rôle. Camus ? Il n'y a pas de Camus. Gide ? Il n'y a plus de Gide. Sartre ? Le grand Sartre ? Malraux l'eût-il voulu, eût-il, à ce moment-là, occupé la place du grand intellectuel rebelle qui, encore une fois, lui revenait que Sartre n'eût été, à jamais, qu'une sorte d'Aron de gauche ou de Merleau-Ponty amélioré. Aragon alors ? Le prince des années d'après-guerre ? Le régent absolu des lettres ? Il sent bien, lui aussi, qu'il suffirait que Malraux paraisse pour qu'il retrouve, non pas intacte, mais magnifiée par les années d'absence, la place qui était la sienne aux riches heures de l'antifascisme et qu'il ne le relègue alors, lui, Aragon, au rang d'un super Vercors ou d'un Éluard plus ambitieux. Or Malraux paraît. Avec fracas, comme il se doit. Et au lieu de cette place d'honneur que nul ne lui disputait et autour de laquelle se serait ordonné tout le paysage nouveau, le voici qui casse le jeu, brise son image et son destin — et, à la surprise générale, choisit de devenir ministre et d'entrer au RPF.

J'insiste. Je répète. Car nous avons trop l'habitude, aujourd'hui, du Malraux tardif et vieillissant. Nous nous sommes trop accommodés, au fond, de l'image du vieux ministre, hagard, vaguement affolé, que l'on voit, sur le cliché célèbre, défiler au coude à coude avec Michel Debré et Maurice Schumann en tête de la contre-manifestation du 30 mai 1968. Et nous avons de la peine alors — forcément de la peine — à imaginer ce qu'a pu être, sur l'instant et pour ses contemporains directs, le spectacle d'une métamorphose que rien ne semblait annoncer. C'est un peu, mais à une tout autre échelle ! le cas Kojève abandonnant la philo. Celui de Rimbaud, disant adieu à la poésie. C'est l'histoire d'un Rimbaud qui, au lieu d'aller à Harrar (trop chic, trop poétique) serait retourné à Charleville pour y enseigner le français-latin. Ou bien encore d'un Byron qui serait revenu de Missolonghi et aurait petitement fini sa vie sous les lambris de la Chambre des Lords. C'est, pour en rester aux contemporains, comme si Drieu ne s'était pas suicidé et était, comme bien d'autres, entré à l'Académie. Comme si Lawrence, l'héroïque Lawrence, au lieu de mourir sur sa moto, un matin de 1935, avait fait une longue carrière de journaliste, de conférencier ou de professeur. Ou bien encore comme si Sartre (et encore ! Sartre n'a bien évidemment jamais eu, ni avant ni pendant la guerre, le glorieux passé de Malraux !) comme si Sartre, donc, avec sa parka et ses Boyards, ses *Cause du peuple* plein les poches et sa dégaine de vieil anar, avait annoncé, après 68, qu'il devenait ministre de Pompidou. C'est ça, le cas Malraux. C'est ça le scandale Malraux. Et rien — aucune illusion rétrospective, aucune accoutumance de l'œil ou de la mémoire — n'empêchera qu'il y ait là, dans ce désaveu de toute une jeunesse et ce passage à une autre vie, l'une des énigmes les plus fortes de l'histoire littéraire contemporaine.

L'étrange, d'ailleurs, est que les contemporains directs, ceux qui ont assisté à la conversion, les témoins du premier Malraux qui, l'ayant pour ainsi dire quitté la veille, n'ont pas pu ne pas être choqués par la soudaineté du changement, l'étrange, oui, est que je n'en ai guère trouvé qui, tant sur le moment qu'avec le recul, aient produit des analyses à la hauteur de l'événement. Je suis allé voir du côté de la gauche, d'abord. Des anciens amis. Des trahis. J'ai compulsé les archives de la déception et de la colère telles qu'on les retrouve, entre autres, dans les collections de *Combat* et de *L'Huma*, des *Temps modernes* et d'*Esprit* : Malraux salaud... Malraux transfuge... on le savait que c'était un fasciste... on le sentait... on s'en doutait... il tombe le masque, à présent, et dévoile son vrai visage — des insultes donc ; des anathèmes tant qu'on en veut ; guère de réflexion, en revanche, d'interprétation de la « trahison ». Je suis allé voir de l'autre côté. Celui des ralliés. Des nouveaux amis. Je suis allé interroger — pensant que leur émerveillement, ou tout au moins son souvenir, les rendrait plus éloquents — quelques-uns des ténors du parti gaulliste d'alors et j'ai essayé de leur faire dire quel effet cela faisait quand on était prof, sous-préfet, député chrétien-démocrate ou petit bourgeois de centre-droit, de voir surgir ainsi, à la tribune d'un congrès qui restera dans les annales comme le congrès de rupture avec les communistes et avec leur ligne, le sublime combattant d'Espagne venant chanter, sans façons, la *Marseillaise* à vos côtés. Eh bien rien, là non plus. Ils ne se souviennent de rien. Ils ne ressentent rien. Et ils ont même eu le culot, comme j'insistais un peu lourdement sur leur « fascination », de me la jouer sur le ton : « non mais des fois ! que croyez-vous ? pour qui nous prenez-vous ? et pourquoi diable voulez-vous que l'arrivée de votre Malraux nous ait à ce point éberlués ? il était là, voilà tout... à sa place... parmi nous... et on était, lui et nous, une chouette bande de compagnons... » Bref, pas d'explication là non plus. Même pas de vraie mémoire. Rien que des faux blasés feignant de trouver naturel que le plus grand écrivain français, au zénith de sa gloire et de son œuvre, devienne le compagnon, en effet, de Jacques Baumel — en nous laissant, nous, du coup, bien démunis en face de notre énigme.

Alors ? Alors, j'essaie de comprendre. Voilà des années que, avec les moyens du bord — une scène... un signe... une bribe de confidence... une image... et, quand il n'y a ni image ni confidence, ma seule imagination de malrucien impénitent... — j'essaie de reconstituer ce qui s'est réellement passé dans cette tête, pendant ces semaines. Il y a le calcul d'abord. Le pur et froid calcul. Il y a — il y a forcément eu — l'examen méthodique et complet de la situation qu'il laissait derrière lui, des risques qu'il courait et des avantages que, néanmoins, il pouvait en escompter. C'est le calcul de Baudelaire, si l'on veut. Ou de Baudelaire selon Sainte-Beuve et Valéry. C'est le fameux : « Lamartine a pris les cieux, Victor Hugo a pris la terre et plus que la terre, Laprade a pris les forêts, Musset la passion et l'orgie, etc., etc. » Et je ne vois pas pourquoi l'on n'imaginerait pas ce Malraux quadragénaire faisant lui aussi le tour des positions possibles, évoquant tous les destins, toutes les images de soi disponibles et choisissant à la fin, en pleine connaissance de cause, de jouer la carte du converti. « Bon, a-t-il dû se dire... Je suis ce rouge, ce rebelle... Il y a là une rente à vie... Et je n'aurais pas assez d'une vie, en effet, pour tirer les profits de cet inappréciable capital... Mais est-ce là une vie, justement ? N'est-ce pas le comble du banal ? Et vais-je passer le restant de mes jours, moi qui ai fait l'Espagne justement et la brigade Alsace-Lorraine, moi qui ai connu Staline et défendu Thaelmann et Dimitrov, vais-je avoir le ridicule, moi qui suis monté si haut dans la hiérarchie et la mythologie rouges, de consacrer le temps qui me reste à présider des comités d'épuration ou à déjeuner avec Vercors ? » Malraux le cynique. Malraux le roué. Malraux l'extravagant, le joueur, le farfelu, qui était incapable, on le sent bien, de gérer indéfiniment les dividendes d'un passé. Malraux le costumier de génie. Le spécialiste en panoplies. Il a tout de suite compris, ce Malraux-là, qu'il n'était pas mort à Missolonghi ; qu'il n'avait pas avalé, chez Colette Jeramec, une overdose de luminal ; qu'il lui fallait trouver quelque chose ; improviser une issue ; qu'il fallait une idée pour, non pas gérer, mais reprendre, relancer plus loin la légende ; et on ne m'ôtera pas de la tête qu'à ce moment-là, dans la situation qui était la sienne et compte tenu de ses objectifs, la déroutante figure du révolutionnaire-devenu-ministre lui est apparue, tout compte fait — et malgré son caractère, de prime abord, un peu décevant — comme l'une des moins impropres à remplir le programme légendaire.

Il y a la nation ensuite. La découverte de la nation. Il a toujours su, Malraux, que l'histoire du XXe siècle était celle d'un affrontement entre les forces de la nation et celles d'un internationalisme dont Trotski, Staline, les républicains espagnols et Thaelmann étaient, en vrac et en bloc, les prestigieux héros. Il a joué les seconds jusqu'ici. Il l'a fait sans réserves, sans arrière-pensées. Et voilà qu'il a le sentiment, tout à coup, d'une escroquerie gigantesque doublée, de sa part à lui, d'une erreur de calcul accablante. « Le fait capital de ces vingt dernières années c'est, dit-il à présent, le primat de la nation. » Ou bien : « dans ce domaine (celui de la juste appréciation des forces qui mènent le monde et des vraies passions décisives qui régissent le manège humain), ce n'est pas Marx qui est prophète mais Nietzsche ». Et il n'est pas jusqu'au communisme dont il ne découvre qu'il doit lui aussi sa puissance à sa rencontre, quand elle s'opère, avec la même ferveur nationale : « le communisme russe, dit-il par exemple (je résume, mais c'est l'esprit), est russe avant d'être communiste ; et c'est pourquoi, nation pour nation, et puisque c'est la lutte des nations qui, semble-t-il, mène le monde, nous devons, nous, les Français, nous en défier absolument ». Malraux se souvient-il, à ce moment-là, qu'il a lu Barrès à quinze ans ? admiré D'Annunzio à dix-huit ? préfacé *Mademoiselle Monk* ? est-ce un pan de son être qui sort de l'ombre ? un quartier de mémoire qui fait retour ? Ce qui est sûr — il le claironne bien assez pour qu'il n'y ait pas lieu d'en douter — c'est que le combattant de Teruel est devenu, en cet été 44, un ardent nationaliste. Comme si, à quelque trente ans de distance, et toutes choses étant par ailleurs incomparables et inégales, il était en train de lui arriver le même genre d'aventure qu'à cet ami qui s'appelait Drieu et qui, au sortir d'une autre guerre, se convertissait lui aussi à l'idée que la nation, et la nation seule, est la raison dernière des choses.

Il y a le communisme ensuite. La vérité du communisme. Il y a ce curieux visage national qu'il a révélé aux yeux du monde et il y a l'idée donc, pour dire les choses crûment, qu'il n'était finalement rien, ce communisme, qu'une formidable machine de pouvoir au service de l'empire russe. Il le connaît, Malraux, ce communisme. Il l'a vu fonctionner. Il l'a, parfois, *fait* fonctionner. Il le connaît, en réalité, comme on connaît une machine qu'on a concrètement vue à l'ouvrage ou comme on devine une bête dont on a frôlé le museau et senti le souffle près de soi. Il le connaît intimement. De l'intérieur. Il est initié, si l'on préfère. Dans le secret du diable. Et c'est même, à mon avis, l'un des ressorts les plus probables de son ascendant sur le Général. « Racontez-moi, devait dire le nouvel ami qui n'y était, lui, pas allé voir. Allez-y. Racontez-moi ces terribles histoires dont vous fûtes témoin. » Et l'autre devait y aller, en effet. Il devait lui faire le coup, au choix, du voyage au bout de la nuit ou des souvenirs de la maison des morts. Il devait lui dire : « j'y étais, j'en reviens, voilà comment ils sont, voilà jusqu'où ils iront ». Car il y était, oui. Il était aux premières loges. Et parmi les premiers, aux premières loges, il a compris qu'il y avait là un danger qu'il fallait combattre avec la même ardeur, la même énergie que celles du combat, gagné, contre la catastrophe hitlérienne. Pourquoi l'a-t-il compris là ? à ce moment ? lui qui, en Espagne, quand les agents de la Guépéou liquidaient poumistes et anarchistes, ne voyait rien, n'entendait rien, qu'est-ce qui fait qu'il voit tout à coup ? qu'il entend ? et qu'est-ce qui fait, surtout, qu'il crie ce qu'il entend et voit ? La guerre, je viens de le dire. Ce curieux visage national que, etc.

Mais il y a cette autre raison que donne Jean Lacouture et qui ne pouvait, en effet, que renforcer sa conviction : ce moment où Malraux comprend, c'est aussi celui où meurt Bernard Groethuysen qui était, ne l'oublions pas, son maître ès communisme et intercesseur en stalinisme. Grout meurt, Malraux comprend. Le maître rend l'âme, le disciple retrouve la raison. J'aime cette hypothèse. Je la trouve assez romanesque pour être vraisemblable.

Il y a le gaullisme lui-même. La vérité du gaullisme. Il y a le vrai pouvoir d'attraction que, sur les hommes de son espèce, devait avoir le gaullisme. Car Malraux, prenons-y garde, était un homme d'espèce peu ordinaire. Sans famille, en fait. Sans ancrage. Un homme qui, dès le début, n'a cessé de tricher sur ses origines, de truquer sa biographie. Un de ces hommes de nulle part, aux pistes volontairement brouillées, aux repères à demi effacés, dont le Général disait en riant qu'ils furent les premiers, en 40, à le rejoindre à Londres. Eh bien, à ces hommes-là justement — dont l'autre prototype est évidemment Gary — il semble qu'il ait offert, ce gaullisme, ce qui manquait le plus, à savoir un ancrage, une généalogie de remplacement. Jugez donc : un père ! une famille ! des compagnons fraternels ! une légende ! de l'héroïsme en prime ! de la bravoure à revendre ! une mémoire, qui est celle de la France ! Jeanne d'Arc et Valmy ! les rois et la Révolution ! Qui dit mieux ? Qui offre mieux ? Le communisme, dites-vous ? Oui, sans doute, le communisme. Et c'est même, dans le cas de Malraux, l'une des raisons les plus plausibles de son attachement d'avant 40. Mais ça ne va plus, le communisme. Par définition, ça ne marche plus. Ça marcherait encore pour les Russes — mais, malheureusement, on n'est pas russes ! Ça ferait l'affaire s'il avait gagné, si la France était tombée (et je ne pense pas injurier Malraux en disant que, dans ce cas, si la Révolution avait triomphé, il ne s'en serait peut-être pas détourné) — mais la France a tenu bon ; le communisme a perdu la partie ; et la conversion arrive d'ailleurs au lendemain (autre signe !) de la rencontre Staline-de Gaulle et du désarmement, historique, des milices armées du PC. Fin du communisme, donc, comme système familial d'emprunt. Naissance du gaullisme, au contraire, comme généalogie de substitution. C'est, sans conteste, une autre clé. A coup sûr, une autre réponse. Même si tout cela, mis bout à bout, ne fait pas une explication et qu'il y manque, comme souvent, l'expression de la raison ultime. Étonnerai-je en disant qu'elle tient, cette ultime raison, à la rencontre personnelle — et ô combien romanesque ! — entre l'écrivain et le Général ?

On a tout dit, ou presque, sur ces rapports de Gaulle-Malraux. Le prince et son poète. Le seigneur et son féal. La rencontre de deux exceptions unissant leurs solitudes. Leur mépris commun des hommes. Leur commun besoin de grandeur. La part, inévitable, de grandiloquence (le féal comparant le prince à un saint Bernard de Clairvaux laïc). De malentendu (de Gaulle, c'est bien connu, n'aimait vraiment que Mauriac, quand ce n'était pas Maurras ou Chardonne, et n'avait sans doute, à l'époque, qu'une incertaine idée de *La Condition humaine* ou de *L'Espoir*). La part de cynisme, aussi : dire de l'homme du 18 juin qu'il a « désinfecté le nationalisme » est un hommage assurément mais, dans la bouche de l'antifasciste en train de se rallier, c'est un hommage qui ne va pas sans une pointe et un arrière-goût de calcul. On connaît les circonstances de la rencontre. On en connaît même, tant qu'à faire, plusieurs. On croule sous les versions, plus ressassées les unes que les autres. Et l'on dirait que l'épisode, à la façon des événements légendaires, a suscité toute une prolifération de récits, fabuleux et invérifiables. La chose s'est-elle faite dans les neiges d'Alsace, à l'automne 44, alors que la brigade d'André Malraux campait aux portes de Strasbourg ? A Paris, six mois plus tard, dans la forteresse assiégée qu'est devenu l'hôtel de Brienne et où le premier carré des gaullistes a établi ses quartiers ? De Gaulle a-t-il murmuré : « j'ai rencontré un homme » ? Malraux : « j'ai épousé la France » ? Ce qui est sûr, c'est qu'on connaît la suite. On a tous, au moins dans l'œil, l'image de ce curieux ministre assis, des années durant, à la droite de son Président — et cela sans qu'il se trouve un événement, incident ou accident pour troubler l'harmonie entre deux hommes si dissemblables. Et puis il y a la dernière scène, encore plus célèbre, quand, à Colombey, au cœur de l'hiver, les deux héros se retrouvent et que le vieil écrivain, faisant de son suzerain, comme autrefois de Borodine, de Sun Yat-sen ou d'Andres Nin, le héros d'un nouveau livre, *Les Chênes qu'on abat,* réaffirme une nouvelle fois, et avec quel éclat! une fidélité de vingt-cinq ans. On connaît tout cela. On l'a dit. Répété. Sauf que l'on n'en a rien dit tant que l'on n'a pas réinscrit ces images, avec leur beauté un peu facile et leur émotion garantie, dans la longue histoire de ce que j'appellerai — non sans une pensée pour ce que je disais, un peu plus haut, des rapports souterrains entre la littérature et les femmes — le pacte d'immortalité entre l'écrivain et le grand homme.

C'est Cocteau, je crois, qui disait que la France est un pays où la plupart des écrivains sont des hommes politiques ratés et la plupart des politiques des écrivains manqués. Je dirais, moi, qu'il y a toujours eu, en effet, chez les meilleurs de nos hommes d'État, l'idée que la véritable excellence est celle des livres et du verbe — de même qu'il n'y a pas de carrière littéraire, même et surtout réussie, où ne subsiste l'arrière-pensée que rien ne vaut, à la fin des fins, les valeurs de l'action et de l'épée. Et j'observe qu'entre ces deux figures alors, entre l'écrivain qui voudrait agir et l'homme d'action qui ne se console pas de n'écrire point, le moment vient toujours du pacte et du dialogue — l'un demandant à l'autre, et l'autre demandant à l'un, de lui ménager une sorte d'accès au territoire dont il rêve et où, le temps aidant et la résignation venant, il a fini par comprendre que la souveraineté même qu'il exerce dans ses propres domaine et terrain lui interdit, à jamais, d'espérer régner également. C'est l'histoire de Chateaubriand apostrophant Napoléon, et Napoléon Chateaubriand. C'est Voltaire et Catherine II. Descartes et la reine Christine. C'est l'étrange relation, dont nous ne savons à peu près rien (sinon qu'elle reposait sur un « échange » de ce type) entre Platon et le tyran Denys. Celle d'Auguste Comte et de Napoléon III. Des intellectuels marxistes et de Staline, Lénine et Mao. C'est peut-être même, allez savoir! le ralliement à Hitler d'un certain recteur de l'Université de Fribourg nommé Martin Heidegger. C'est Barrès misant sur Boulanger, ce Barrès dont Mauriac a si bien dit qu'il a, le soir de l'élection de Nancy, « tenu contre sa poitrine la gloire politique, la seule qui l'aurait assouvi ». Bref, c'est l'interminable aventure — car, pour le coup, c'en est une — de ces intellectuels qui, fascinés par l'Histoire mais désespérant d'y jouer un rôle, se cherchent un interlocuteur, ou un intercesseur, ou encore un correspondant — oui, voilà, je crois que « correspondant » est le mot qui convient le mieux — fasciné, lui, par la littérature et désespérant de s'y illustrer. Les clauses mêmes du pacte peuvent varier selon les cas. Il y a la formule numéro un, dite de l'intellectuel conseiller du prince : « des conseils, contre du pouvoir ». La formule numéro deux, celle du clerc courtisan : « des dithyrambes, contre de l'amour ou des faveurs ». Le contrat type numéro trois, connu depuis Platon comme celui du roi-philosophe et du philosophe-roi : « pas de discours, pas d'amour — mais le sentiment, pour moi, de légiférer à travers toi et pour toi, symétriquement, de philosopher à travers moi ». Il y a même ce cas limite, mais à ne surtout pas négliger puisqu'il s'agit notamment de Chateaubriand et Bonaparte : « je te hais, tu me hais, mais il y a dans cette haine une forme de reconnaissance qui, après tout, vaut bien les autres ». Car le principe, le seul principe, est toujours bien celui-là : avoir dans l'autre famille une sorte de figure élue qui, elle aussi, vous a élu et à travers laquelle le politique raté ou l'écrivain manqué auront ne fût-ce que l'illusion d'assouvir leur désir frustré.

Alors, bien sûr, dans la plupart des cas ça ne marche pas. Car il est parfait sur le papier, le pacte. Mais dans la réalité, il y a les hommes. Leur caractère. Leurs passions. Il y a les circonstances où ils sont pris, les autres rôles qu'ils ont à tenir. Et le fait est que le dialogue ne se noue pas. Ou que, s'il se noue, il tourne court. Non pas qu'il y ait rupture, d'ailleurs. Car d'une rupture, on se remet. Que dis-je ? on tire avantage. Et l'exemple de Chateaubriand-Napoléon (ainsi que, plus près de nous, celui de Maurice Clavel et de ses saintes colères contre celui qui, jusque dans la réprobation, l'invective, l'anathème, demeurait « son » Général) sont là pour rappeler que les grandes brouilles sont aussi des figures imposées du pacte et du programme. Non. Il y a maldonne plus tôt. Malentendu. Déception. Il y a toujours un moment où nos écrivains murmurent : « non ; ce n'est pas cela ; je n'ai pas voulu cela ; je ne me reconnais pas dans ce despote, ce petit homme, ce traître. » Il y a toujours un des contractants pour s'aviser — ou s'inquiéter — de ce que son désir s'ajuste mal, ou ne s'ajuste plus, à celui du partenaire. Et c'est un moment toujours très bouleversant que celui où un intellectuel

— mais aussi, bien sûr, un homme d'action — découvre que son élu, son correspondant rêvé, ce personnage magique qui était censé le représenter dans la zone de toutes les chimères, son double, son jumeau, celui qu'il avait chargé, non seulement de porter ses couleurs, mais d'accomplir à sa place la part de destin dont il s'était privé, est soit incapable soit, pire encore, insoucieux de s'acquitter de cette noble et redoutable tâche. C'est le sentiment de Barrès quand il voit que l'aventure de Boulanger, en laquelle il avait tant cru, s'achève dans la farce et la dérision. Celui de Martin Heidegger quand, à la fin de la guerre, dans les cendres de ces camps qu'il avait refusé de haïr et de condamner, il se voit contraint d'ouvrir les yeux sur le vrai visage d'Adolf Hitler. Celui de Platon, encore, tel qu'on le devine à travers la mélancolique Lettre VII. C'est Aron déçu par Giscard. Kissinger par Nixon. C'est Régis Debray découvrant, ou croyant découvrir, qu'il s'est trompé sur Mitterrand et que c'était par erreur qu'il en avait fait, lui aussi, son correspondant dans l'ordre du politique. Et puis c'est mon ami Jean-Marie Benoist que je revois si amer le jour — mais y a-t-il eu *un* jour ? — où il a fini par comprendre que celui qu'il tenait pour la réincarnation de Tocqueville, Churchill et John Locke réunis n'était, en fait, que Jacques Chirac. Eh bien, dans cette longue et triste histoire, dans cette suite de désillusions et de malentendus parfois tragiques, il y a — et c'est à quoi je voulais venir — une exception, et peut-être une seule : celle du colonel Berger reconnaissant dans l'auteur du *Fil de l'épée* la figure du double rêvé.

Car là, en revanche, tout y est. La grandeur, je l'ai dit. Les deux destins d'exception. Le même niveau d'excellence, chacun dans ses registre et talent. Mais aussi, chez chacun d'eux, et avant même la rencontre, une brève incursion dans le domaine de l'autre — Malraux chef d'escadrille, de Gaulle styliste de génie. Et de ce fait, chez tous les deux encore, le même niveau de regret, la même légère amertume, le même sentiment qu'en excellant dans un genre on se prive de persévérer dans l'autre et que l'éclat même d'une réussite vous ampute d'un destin potentiel; bref, le même profond désir — et sans maldonne cette fois, sans malentendu, dans une réciprocité miraculeuse — de rencontrer le frère par où s'incarnera, au moins, une part de ce rêve. Imaginez une dernière fois Charles de Gaulle et André Malraux au jour de leur rencontre. Imaginez-les découvrant, chacun chez l'autre, les gestes ou les mots qui auraient pu être les siens. Imaginez Malraux surtout. Pensez au temps qu'il a déjà passé — il a quarante-quatre ans ! — à guetter l'intercesseur et à ne point le voir venir. Pensez à Borodine et Trotski. A Saint-Just et à Hoche. Pensez à tous ces hommes d'action, en Chine ou en Russie autant qu'en France et en Espagne, dont son imagination débridée a successivement convoqué les figures. Il y a passé sa vie. Il y a consacré son œuvre. Elles n'ont rien été d'autre, cette œuvre et cette vie mêlées, qu'une folle tribulation à la poursuite du double perdu. Et voilà qu'il est là. Il le voit. Il le tient. Il l'aurait reconnu entre mille, ne fût-ce qu'à ce mélange de lucidité, de culture et d'aptitude à l'action dont la postface aux *Conquérants* fait la marque du héros — ou ne fût-ce, encore, qu'à cette rare aptitude à vivre sous l'invisible tutelle d'une étoile fixe (une grande Idée, un grand Mythe...) dont *La Tentation de l'Occident* faisait l'apanage du saint et que l'on sent si présente chez le fondateur de la France Libre. Il est donc là, le double. Sans aucun doute, il est là. Et ce rôle si souvent prêté à d'autres pour, aussitôt, le leur retirer, ce pouvoir d'intercession qu'il s'était forcé à leur offrir alors qu'ils ne le méritaient pas, voici qu'un homme paraît et que le pacte se formalise.

Il a encore pensé à Drieu, ce jour-là, notre Malraux. Il a pensé aux autres. A tous les autres. Il a pensé à tous ces mal lotis qui, comme lui, ont cherché leur double et qui, contrairement à lui, n'ont pas eu la chance de le trouver. Mais il a pensé à Drieu, ça c'est sûr. Il a pensé à son pauvre vieil ami Drieu qui a passé sa vie, lui aussi, à se poser cette question du double. Il a pensé à *Gilles* et à *L'Homme à cheval*. Il a repensé à ces livres qu'il aimait bien et qui étaient hantés, comme les siens, par la question de savoir s'il existerait un jour des hommes d'Histoire, c'est-à-dire de songe et d'action, avec lesquels les écrivains de leur espèce pourraient enfin s'entendre. Et il a repensé, forcément, à leur dernière vraie conversation, une nuit de l'été 43, à Roquebrune, sur la terrasse encore tiède de la jolie villa où il vivait alors avec Josette Clotis. Où est le double ? se demandaient les deux amis ce soir-là. Où se cache-t-il ? D'où surgirat-il ? Qui est le correspondant idéal avec lequel pourra se nouer le pacte d'immortalité ? De Gaulle ? Pétain ? Mussolini ? Hitler ? Doriot peut-être ? Lui, Malraux, ne savait pas trop. Il voyait bien qui ça ne serait pas. Mais il n'en savait pas plus. La rencontre, n'est-ce pas, n'avait pas encore eu lieu. Alors que Drieu, en revanche, savait. Enfin, il croyait savoir. Et il avait décidé, le pauvre diable, que ce serait Doriot. Pauvre Drieu ! Pauvre naïf qui rêve, sa vie durant, d'une épée qui réponde à sa plume et qui, à l'arrivée, choisit la plus minable des rapières ! Tout est là, bien entendu. Tout s'est joué là, dans ce choix-là, au moment de cette élection manquée. Et c'est bien de s'être trompé sur cette question décisive entre toutes, c'est bien d'avoir parié, lui, l'auteur de *L'Homme à cheval*, sur le plus mauvais cheval qui fût, qui a, comment en douter ? précipité sa perte. On ne badine pas avec son double. On ne plaisante pas avec les doubles. Une erreur de calcul... Un faux pas... Une méprise tragique, comme celle qui vous fait prendre Doriot pour un grand homme et le PPF pour un recours... Et hop ! Tant pis pour vous. Vous finissez la tête dans le lavabo, le robinet du gaz dans les narines. Il pense à Drieu, oui. Et rien que d'y penser, rien que de revoir le visage de ce frère maudit, un peu noir, qui s'est trompé de double ou qui n'a pas eu la chance — ce qui revient au même — de le reconnaître à temps, fait qu'il n'hésite pas. Adieu l'Espagne ! Adieu *L'Espoir* ! Adieu les intellectuels qui étaient sa famille et qui lui feront, maintenant, payer si cher sa désertion ! Adieu les romans ! Adieu le Nobel ! Quand le destin vient à votre rencontre et qu'il vous désigne si clairement cette autre face de vous-même dont vous n'avez eu, jusqu'ici, que le pressentiment contrarié, vous ne discutez pas — et vous obtempérez. Le mystère de Malraux gaulliste ? Voyez Drieu.

8

« La nuit de la Toussaint »

(NOTE A PROPOS DE l'ALGÉRIE FRANÇAISE ET DE SA POSSIBLE DIGNITÉ)

Lu dans une histoire de la guerre d'Algérie que la première victime de l'insurrection — et, donc, le premier mort d'une guerre qui en connaîtra tant d'autres — est un instituteur français de vingt-trois ans, Guy Monnerot, qui était venu, plein d'enthousiasme, diffuser lumières et culture dans ces « départements » lointains. Le fait, en soi, n'a pas d'importance. Et il n'a surtout pas beaucoup de sens lorsqu'on le rapporte à l'horreur immense de l'époque qui s'annonce. Si je le rappelle pourtant, et s'il me semble intéressant, c'est qu'il y a là une manière de symbole dont je ne peux pas ne pas imaginer qu'il ait frappé les contemporains. Pensez : un instituteur ! un hussard noir de la République ! un de ces héros mythiques de la France libérale, humaniste, démocrate ! ce personnage sacré qu'ont célébré, depuis tant d'années, Ferry, Péguy et compagnie ! De là à considérer qu'étaient en train de s'opposer les lumières donc, la démocratie, la culture et puis, en face, un douteux mélange d'obscurantisme, de fanatisme, de tribalisme, il n'y a qu'un pas que nombre d'intellectuels se sont, hélas, hâtés de franchir. On présente toujours l'Algérie française comme un ramassis de fascistes, pétainistes et autres salopards. C'est oublier cette autre logique. C'est méconnaître ce qui fut le réflexe d'une partie — et pas forcément la pire — de l'intelligentsia française et de la France. Et c'est faire l'impasse, en réalité, sur toute une foule de gens qui, aussi incroyable que cela paraisse, avaient le sentiment, en luttant contre l'indépendance, de défendre les valeurs de l'universalité démocratique.

Des exemples ? Albert Bayet, vieux prof anticlérical, président de la ligue de l'Enseignement. Paul Rivet, ancien du comité de vigilance des intellectuels antifascistes qui publie, en 1957, un long article sur les risques de régression qu'impliquerait à ses yeux, et pour les Algériens eux-mêmes, le découplage d'avec l'Europe. Jacques Soustelle, ancien du CVIA lui aussi, gaulliste, résistant, dont le raisonnement est à peu près : « nous serions de fieffés salauds si nous abandonnions à leur destin ces gens qui comptent sur nous pour s'affranchir de leurs tutelles ancestrales et religieuses ; ils ont fait la moitié du travail ; ils sont en route vers la démocratie — pouvons-nous, avons-nous le droit de les laisser au milieu du gué ? » Georges Bidault qui, avant d'être le factieux dont il a laissé l'image, a tout de même été, en 40, le fondateur du mouvement Combat, puis le président du CNR à la mort de Jean Moulin, puis ministre, à la Libération, du premier gouvernement de Gaulle — et dont l'argument est à nouveau : « de deux choses l'une ; ou bien nous croyons à l'inégalité des races humaines ; nous pensons que la démocratie, les Droits de l'Homme, le parlementarisme sont bons d'un côté de la Méditerranée mais ne valent rien de l'autre — et je comprendrai que l'on décide d'abandonner les Algériens ; ou bien on est humaniste au contraire, on est universaliste jusqu'au bout, on estime que, pour ces Algériens aussi, mieux vaut la démocratie parlementaire, l'habeas corpus généralisé, le règne du droit — et alors le seul devoir, le seul impératif républicain est de traiter ces gens comme on traitait, il y a un siècle, les Bretons et leur patois ». Robert Delavignette enfin, ancien gouverneur général des colonies et représentant, ô combien typique, d'un humanisme colonial que l'on peut trouver niais ou absurde, condamné par l'histoire ou condamnable, mais dont on ne peut pas dire qu'il fut parfaitement infâme — quand il est question, en mai 57, pour enquêter sur la torture à Alger, de constituer une « commission permanente de sauvegarde des droits et libertés individuelles », n'est-il pas au nombre des douze personnalités « à l'autorité morale indiscutable » désignées pour la constituer ? puis des trois qui, devant la médiocrité de leurs moyens d'enquête et devant le peu de cas, surtout, que le pouvoir semble faire de leurs premières et terribles conclusions, choisissent de démissionner plutôt que de cautionner ce qui apparaît déjà comme une odieuse mascarade ?

Et puis, il y a le cas de l'OAS, oui l'OAS, l'odieuse et

criminelle OAS, cette armée de tueurs dont il n'est évidemment pas question d'excuser les agissements, mais dont il faut se rappeler le ton tout de même très étrange qu'avaient *aussi* certains de ses tracts : l'état-major de l'OAS se réclame de la Résistance; il en reprend, singe, détourne jusqu'aux mots d'ordre; il va, mimétisme suprême! jusqu'à baptiser CNR, Conseil National de la Résistance, la super-organisation qui, le 30 mai 1962, est chargée de chapeauter l'ensemble des opérations; au point que lorsque, dans la presse ou ailleurs, certains crient au scandale, lorsqu'ils tentent de protester contre ce détournement de sens ou de légende, on prend un malin plaisir à répondre par le passé de Bidault (successeur, je l'ai dit, de Jean Moulin au premier CNR), de Soustelle (gaulliste de la première heure), de Château-Jobert (à Londres dès juillet 40), de Pierre Sergent (maquisard à dix-sept ans), d'André Jouhaud (chef d'état-major des FFI pour la région de Bordeaux), du colonel Godard (ancien du Plateau des Glières, dans le Vercors) ou encore de Roger Degueldre (qui, avant de prendre la tête des sinistres commandos Delta et de se rendre coupable, ainsi, de ces abominables crimes de sang que le jargon de l'Organisation qualifie pudiquement d'« opérations ponctuelles », mais qui lui valent tout de même, en 62, d'être fusillé au fort d'Ivry, a été, vingt ans plus tôt, ce très jeune maquisard FTP qui a laissé, dans la région du Nord, le souvenir d'une certaine bravoure).

Drôle d'histoire, n'est-ce pas... Drôle de France... Drôle d'histoire de France, tellement plus complexe, dès que l'on creuse un peu, que ce que nous en racontent les récits légendaires et les images. Je ne suis pas en train, que l'on m'entende bien, de minimiser si peu que ce soit la responsabilité des assassins ou de ceux qui les inspiraient; et c'est bien évidemment de l'*autre* côté (celui, pour aller vite, de l'anticolonialisme radical) que, pour ma part, et si j'en avais eu l'âge, je me serais sans doute rangé. Ce que je dis, simplement, c'est que cette histoire est obscure. Embrouillée. Que les gens se sont partagés selon des lignes de fracture beaucoup plus problématiques que, avec le recul, il n'y paraît. Ce que je dis surtout c'est qu'il n'y avait pas les « bons » et les « méchants », les « purs » et les « damnés » — et que tel choix qui semble clair à la lumière de l'histoire arbitrée, tel égarement absolu dont je rougirais aujourd'hui d'évoquer ne fût-ce que la possibilité, étaient, sur le moment, infiniment plus incertains. Dans l'ordre de la morale, on pouvait être Algérie française sans être automatiquement un monstre. Dans celui de la généalogie, dans l'ordre des filiations et des transmissions idéologiques, il y avait entre les uns et les autres, entre le parti du Bien et celui du Mal, entre les antifascistes devenus OAS et ceux qui, au contraire, portaient les valises du FLN, infiniment plus de contacts que ne le donnent à penser les prophètes de l'après-coup. La guerre d'Algérie ? Dans l'imaginaire collectif, un événement massif et simple qui devrait pouvoir se réduire à un clivage manichéen. Dans la réalité (celle à laquelle se sont trouvés confrontés les vrais acteurs de l'Histoire se faisant) un événement équivoque, hasardeux, dont il faudrait pouvoir recréer toute la part de contingence. Pour une histoire de la contingence, oui. Pour une histoire de l'ambiguïté. Face à un événement dont la première vertu aura été de troubler les repères et de faire vaciller les certitudes, je ne conçois qu'un discours : celui qui, loin de la réduire, rendrait ses droits à la confusion.

9

« Aron, qui prend position... »

(RAYMOND ARON ET L'ALGÉRIE)

L'autre grand exemple qui me vient à l'esprit quand je songe à ces lectures paresseuses et aux malentendus qu'elles engendrent, c'est celui de Raymond Aron et de ses positions sur l'affaire algérienne. On parle toujours de ces textes, en effet, comme d'un modèle d'engagement soustrait aux œillades partisanes. On vante leur clairvoyance. Leur audace et leur courage. On s'émerveille de cet homme de droite qui dément son origine, désavoue sa famille naturelle. On souligne son embarras, du coup. Sa position presque héroïque. On rappelle qu'il fut contraint, non pas de quitter le journal où il écrivait (en l'occurrence *Le Figaro*) mais, pour ses interventions sur l'Algérie, de demander à la revue *Preuves* une manière d'asile politique. En sorte que l'idée, avec le temps, a fini par s'imposer d'un Aron qui, sur ce dossier, et nonobstant le fossé demeuré certes infranchi entre sa vision du monde et la leur, se serait retrouvé « d'accord » avec les plus acharnés de ses ennemis — à commencer, romanesque oblige, par son « petit camarade » Jean-Paul Sartre.

Or quand on prend les textes, que disent-ils ? Ils disent qu'il faut quitter l'Algérie, c'est vrai. Ils le disent clairement. Sans l'ombre d'une réserve. Ils le disent même assez tôt puisque la première partie de *La Tragédie* est constituée d'un mémoire adressé, dès avril 56, au président du Conseil de l'époque, Guy Mollet. Mais quand on lit d'un peu plus près et qu'on regarde les raisons qui, selon notre héros, devraient exiger ce départ, on s'aperçoit que ce n'est ni le goût de la révolte (il s'opposera, le jour venu, au manifeste des 121) ; ni, cela va sans dire, le pari sur un socialisme algérien (rien ne lui est plus étranger, et heureusement ! que la démarche de cette gauche pour qui l'Indépendance n'était qu'une première étape); encore moins (alors que c'était, de nouveau, la motivation d'une partie de la gauche) la perspective d'une contagion qui porterait jusqu'en métropole le virus révolutionnaire; on s'aperçoit que ce n'est même pas la torture (dans le long chapitre des Mémoires consacré à réexaminer l'affaire, pas la moindre allusion à cette « gangrène » qui pouvait, selon certains, emporter la République) ni la peur de l'OAS (dans les Mémoires toujours, il est, là, en revanche, très net : « je ne prenais pas au tragique l'OAS, désavouée par la masse des Français »); bref on découvre un Aron dont les motifs ne sont qu'accessoirement moraux puisqu'ils tournent autour de ce message qu'il adresse à ses contemporains et dont j'emprunte à nouveau l'énoncé au récit reconstitué des Mémoires : cette Algérie que vous aimez, cette colonie dont vous semblez croire que l'indépendance vous causerait une perte irréparable, sachez qu'elle est une charge, un fardeau — et pas la richesse que vous pensiez.

En clair, la prise de position aronienne découle d'une analyse théorique : la colonisation, contrairement à ce qu'ont toujours dit les marxistes, n'est pas le corrélat d'un capitalisme aux abois — on peut aimer le capitalisme, redouter qu'il ne soit aux abois (et c'est, faut-il le préciser, son cas) et ne pas croire inévitable, pour autant, le maintien d'un empire colonial. Puis, d'un calcul économique : il peut, cet empire (et cela a été le cas, pour la France, dans un passé encore proche) être source de prospérité — mais il peut aussi (et c'est très exactement, selon Aron toujours, ce qui est en train d'arriver) devenir source de crise, voire, qui sait? d'appauvrissement. Elle découle, troisièmement, de considérations historiques — j'aurais presque dit « historicistes » si la rationalité fragmentaire de l'auteur de *L'Introduction à la philosophie de l'Histoire* ne répugnait à ce mot : « le temps de la domination européenne, dit-il (et le ton est bien celui du visionnaire accablé qui voit venir une tendance à laquelle il ne peut rien) est un temps qui est achevé »; et la France des temps nouveaux n'a « plus les moyens » (il dit bien « les moyens » et il le dit, tient-il à préciser, dès ses conversations de 43, à Londres, avec les gaullistes) de s'offrir le luxe d'un empire. En sorte que c'est un mélange de prévision et de raison, d'anticipation et de détachement, c'est aussi, venant en surcroît, (mais procédant, on le sent bien, de la même inspiration) la conviction que « l'intégration, quelque sens que l'on donne à ce mot, n'est plus praticable », que « le taux de croissance démographique est trop différent des deux côtés de la Méditerranée pour que ces peuples, de race et de religion différentes, puissent être fractions d'une même communauté » et qu'« une représentation algérienne à l'Assemblée nationale », si d'aventure on la rendait « proportionnelle à la population », serait le plus sûr moyen d'« achever la ruine du régime » — c'est cet ensemble de convictions et de raisons (où le moins que l'on puisse dire est que le souci éthique n'a pas la part la plus belle) qui fait que Raymond Aron a tout de suite compris qu'il fallait quitter l'Algérie.

Je ne dis pas, qu'on m'entende bien, qu'Aron ait tort ou raison. Je ne dis pas que son attitude « manque » de ceci ou de cela — de sentiment par exemple, de générosité ou de chaleur. Et d'ailleurs, à tout prendre, quand on pense à ce qu'était la « générosité » des autres, quand on sait le prix qu'il fallut payer, à l'arrivée, pour le si « sentimental » socialisme que les consciences dites de gauche destinaient aux Algériens, quand on se souvient des appels au meurtre de Fanon, des délires tiers-mondistes de Sartre ou de la « démocratie » selon Francis Jeanson, on se prend à trouver à la froide analyse aronienne un parfum d'humanité et de bienveillance incomparable. Ce que je prétends simplement c'est que ceci n'est pas cela ; que les positions des uns et des autres étaient homonymes, pas synonymes ; que lorsqu'ils prononçaient cette phrase simple : « l'Algérie sera indépendante », les mots étaient les mêmes, leur résonance était la même, mais que le contenu de conscience ne l'était, lui, absolument pas et qu'il y avait entre ces consciences la même différence essentielle que, selon Spinoza, entre le fou et le sain d'esprit qui, l'un par hasard, l'autre en connaissance de cause, notent tous deux, à midi, qu'« il fait jour » ; ce que je prétends c'est, en d'autres termes, que si on fait de l'histoire des idées, si on s'intéresse aux origines, aux soubassements réels des pensées, si on prend pour objet d'enquête ce que disent vraiment les textes — et aussi ce qu'ils impliquent, supposent ou sous-entendent — et non plus cette source de malentendu qu'est leur pure valeur faciale, alors il faut cesser d'ânonner, comme on le fait depuis trente ans, que sur-ce-point-au-moins, Aron était du-même-côté-que-Sartre.

Le côté d'Aron alors ? Son vrai côté ? Du point de vue de l'histoire des idées toujours, du point de vue des parentés, affinités réelles entre les pensées (celles qui, encore une fois, découlent moins de l'identité des énoncés que de la communauté, même invisible, de leur soubassement ou de leur principe) je le verrais plutôt, ce « côté », chez ces gens qui, au même moment, disaient aussi que la colonisation était coûteuse, qu'elle engloutissait des ressources énormes, que tout cet argent dilapidé pour intégrer de lointains Kabyles serait tellement mieux employé à développer l'espace français — et qui en tiraient, du coup, le slogan célèbre : « la Corrèze, pas le Zambèze ». Que ces gens — qu'on appelait les « cartiéristes », du nom de leur chef de file, Raymond Cartier — aient été de tristes sires ne change rien à l'affaire. Et que, sur l'Algérie même, ils aient eu des positions qui n'avaient rien à voir, et c'est souvent peu dire !, avec l'indépendantisme radical de l'éditorialiste du *Figaro* n'est pas non plus le problème. Car je parle de fondations, pas de positions. De principes, pas de conséquences. Je ne parle même pas des principes, mais des cultures. Même pas des cultures mais de ces socles ante-discursifs qui sont comme des machines à programmer des discours dont la lettre peut, après cela, différer du tout au tout. Et je dis que, de ce point de vue (qui est le seul, je le répète, qui intéresse l'histoire des idées), Aron était plus proche de Cartier que de Sartre ou de Jeanson et que sa vraie parentèle, sa consanguinité idéologique et morale, c'est à lui, pas à eux, qu'elles le tenaient fondamentalement attaché. Il pouvait partager la « thèse » des sartriens ; il avait en commun avec les cartiéristes quelque chose de bien plus important, qui était l'origine, la source de la thèse en question.

L'intérêt de cette mise au point ? L'Histoire d'abord. La pure vérité de l'Histoire. Mon agacement devant ces légendes idiotes qui s'accréditent avec les années et qui ne résistent heureusement pas à un examen sérieux des textes. Mais aussi — et c'est plus décisif — ma conviction que ce fameux « débat » dont nous sommes un certain nombre à déplorer l'affadissement, ce

« différend » qui s'exténue, ce goût de la « dispute démocratique » dont Aron lui-même me disait, dans une conversation maintenant ancienne, que la disparition est, d'après Montesquieu, l'un des signes les plus sûrs de la dérive tyrannique d'une société, la première chose à faire, pour espérer les voir renaître, est de réapprendre à les discerner là où ils existaient encore. Assez de consensus à tout prix ? Halte à cette manie que nous avons, tant dans l'ordre des idées que dans celui de la politique, de toujours, entre deux mots, choisir le moindre dénominateur commun ? C'est cela, oui. C'est ce à quoi, de texte en texte, et pendant des années, je n'ai cessé, quant à moi, d'appeler. On me permettra d'ajouter à présent que l'Histoire est, elle aussi, un opérateur de consensus ; qu'elle est peut-être même, finalement, l'opérateur premier et prototypal qui, gommant les différends sur les théâtres anciens, nous désapprend, non seulement de les voir, mais même de les attendre sur la scène contemporaine ; et que si l'on veut en finir avec ça, si l'on veut retrouver le goût du débat, de la dispute, etc., si on pense, autrement dit, qu'il n'y a pas d'esprit ni de culture démocratiques sans reconstitution d'un espace où s'entrechoquent les opinions, eh bien c'est par cette histoire qu'il faudra peut-être commencer.

Ce devrait être, en bonne logique, le second grand principe d'une histoire des intellectuels bien menée. Après les circonstances, les différends. Après Clausewitz, Montesquieu. Avec la voix muette du « moment » et de ses « contraintes » sur les acteurs, le tumulte des litiges et des conflits qu'il a provoqués. Et au lieu d'une histoire apaisée, au lieu d'une histoire heureuse qui, voyant les tumultes éteints, n'ignorant rien, et pour cause, du compromis final vers lequel, en secret, ils étaient déjà en route, entendant les disputeurs eux-mêmes qui, sur le tard, maintenant que tout est fini, vous murmurent, un peu las : « tant de bruit pour rien ! tant de querelles absurdes ! tous ces combats si vains », en infèrent que, sur le moment même, alors que la bataille battait son plein, il n'était déjà, ce tumulte, qu'une inessentielle écume à la bordure de l'événement — au lieu de cette histoire donc, au lieu de ces récits cosmétiques et, à la lettre, révisés qui ne sont là que pour conforter notre culte du consensus, une histoire polémique au contraire, guerrière, qui rendrait au débat toute sa virulence oubliée. Deuxième principe donc : rendre son sens à ce qui n'en a plus et, comme dans un paysage ancien devenu, avec le temps, sans relief et amorphe, retrouver le bouillonnement, le chaos initial et cataclysmique dont il est le produit sidéré.

(PORTRAIT DE RAYMOND ARON)

Contrairement à ce que l'on pourrait croire (et à ce que doivent croire, j'imagine, les aroniens patentés) mes rapports avec Aron n'ont pas toujours été mauvais. Il y a eu *L'Idéologie française*, c'est sûr. Son article incendiaire, dans *L'Express*. Ma réponse, dans *Les Nouvelles littéraires* de Paul Guilbert. Mais enfin, j'ai le souvenir, moi aussi, de ce temps plus ancien dont il gardait, disait-il, « la nostalgie » et où nous nous voyions parfois — soit chez Tiburce, le restaurant de la rue du Dragon où il avait ses habitudes, soit rue de Tournon dans ce bureau des Hautes Études qui ressemblait à un bureau de ministre. Et si, sur l'instant, je veux dire au moment même de la querelle, j'ai pu donner le sentiment de me moquer de cette « nostalgie », si j'ai joué à l'esprit fort raillant le portrait de « ce jeune homme » dont il était trop commode, disais-je, de vanter le « talent » ou la « noblesse de sentiments » alors que, pour le quart d'heure, on exécutait son livre, bref si j'ai pu traiter par l'arrogance ces « relations anciennes » que lui se plaisait à évoquer, eh bien je le regrette.

Sur le fond même de l'affaire, il n'y a pas grand-chose à ajouter à notre échange d'alors — non plus qu'à la façon, parfaitement loyale, dont il l'a lui-même résumé dans un chapitre de ses Mémoires. Sa position était nette. Sans l'ombre d'un état d'âme. Un juif, selon lui, était, sur certaines questions (le fascisme par exemple, ou le pétainisme, ou l'antisémitisme) astreint à la prudence. Il disait : à la retenue. Mieux : à une obligation de réserve, semblable *(sic!)* à celle des fonctionnaires. Et ce qu'il me reprochait n'était pas le livre même (il racontait avoir téléphoné à Revel pour lui dire que c'était « le meilleur » de mes essais) ni son contenu (il admettait par exemple que nombre d'intellectuels, à commencer par ceux d'*Esprit* ou d'Uriage, avaient attendu 1943 pour rompre avec Vichy), mais le fait simplement que je me sois appelé Lévy et qu'en publiant, sous ce nom, un tel « réquisitoire contre une partie de la France et de sa culture » j'avais pris le risque immense de compromettre mes coreligionnaires et de les porter à « détester » le « pays d'accueil » qu'ils avaient « choisi ».

Sur le moment, je fus atterré. J'imaginai mille pressions et sollicitations, pour qu'il en arrive à dire des choses aussi énormes. Et je ne me trompais d'ailleurs pas entièrement si j'en crois, dans le même chapitre des Mémoires, le passage où il révèle avoir « cédé à l'insistance d'amis, juifs pour la plupart, qui détestaient ce livre à cause de ses excès » et qui « ne voulaient pas que Bernard-Henri Lévy, dénonciateur d'une idéologie française commune à Maurice Thorez et au maréchal Pétain, passât pour l'interprète de la communauté juive ». Aujourd'hui, pourtant, j'en suis moins sûr. Je veux dire par là que je ne suis plus si sûr qu'il ait eu besoin de qui que ce soit pour retrouver le chemin de nos bons vieux « israélites de France » — avec leurs scrupules, leurs pudeurs et leur éternelle idée que l'on va, en parlant trop fort, « réveiller l'antisémitisme ». Juifs craintifs. Juifs honteux. Juifs tendance Zelig. Éternels juifs passe-muraille qui, depuis des générations, prenaient instantanément la teinte de la pierre où ils se posaient et redoutaient ceux des leurs qui, par leurs outrances (et l'outrance commençait, pour eux, avec le simple fait, par exemple, de défendre Alfred Dreyfus) risquaient d'ajouter à la couleur muraille une très légère nuance de spécificité juive.

Raymond Aron était des leurs. Par toutes les fibres de son être, il était de cette famille-là. De même que j'étais, moi, de la famille adverse. Qui, de nous deux, avait raison? Qui, à l'arrivée, aura raison ? Lui qui savait que je ne me trompais pas lorsque, de Thorez à Vichy en effet, je repérais les traces d'un antisémitisme virulent — mais qui, tout en le sachant, pensait qu'il ne fallait pas le dire ? Ou moi qui savais, de mon côté, qu'il n'avait pas tout à fait tort non plus de redouter qu'un livre comme celui-là n'agace les imbéciles et que, les agaçant, il n'attise la vieille haine — mais qui ajoutais aussitôt que, si tel était le cas, il fallait évidemment faire front, répondre coup pour coup, avoir foi dans les pouvoirs, les vertus de la parole et ne surtout pas commettre l'erreur de se laisser intimider et de se taire ? L'avenir tranchera. Peut-être même l'avenir proche. Ce dont je suis sûr, c'est qu'il y avait là deux conceptions, non seulement du judaïsme, mais de la nature même du discours (dangereux pour lui, porteur de maléfice ; bénéfique pour moi, capable d'exorciser le mal) — et que la polémique, de ce point de vue, était inévitable.

Bref. Si je fais la part de cette affaire et essaie de retrouver l'autre Aron, celui du Tiburce et du bureau de ministre, celui que j'interrogeais inlassablement sur Berlin en 1933, sur sa perception du nazisme ou sur la façon dont Nizan s'était, huit ans plus tôt, décidé à partir pour Aden, je garde une série d'images, certes mêlées, mais qui, dans l'ensemble, restent attachantes et sympathiques. Il y avait d'abord ce côté « prix de vertu » qui transparaissait, quoi qu'il fît, du moindre de ses propos. Car Aron était vertueux. Éminemment vertueux. Il était la vertu incarnée. La vertu faite homme et pensée. Il l'était, vertueux, comme Malraux était héroïque ou Mauriac catholique. On ne pouvait pas l'entendre raconter ses rapports avec de Gaulle ou sa rupture avec Hersant, son combat contre l'Union de la gauche ou ses rendez-vous manqués avec Giscard sans être, à chaque instant, tenté de s'écrier : « oh ! l'homme admirable... ah ! le caractère exemplaire... » Sans parler de cette extra-lucidité qu'il se prêtait lui-même et qu'il fallait bien, parfois, lui reconnaître en effet. Aron, l'homme infaillible. L'homme qui ne s'était jamais trompé. L'homme qui, en toute circonstance, avait désespérément vu juste. Pour l'amitié, c'était embêtant. Ça décourageait la connivence. Combien de fois ne suis-je pas sorti d'un déjeuner avec lui en me disant que je venais de passer deux heures avec un homme réduit à une intelligence, une conscience ! Un jour, je l'ai fait rire. On était en 1978. A la veille d'une élection législative qui pouvait voir la victoire d'une majorité socialiste, alliée aux communistes. Il m'avait patiemment démontré (et il avait, comme d'habitude, raison !) l'« absurdité » du « reste de tendresse » que je lui avais dit conserver à Mitterrand. Et je lui avais lancé, en sortant : « comme c'est fatigant de déjeuner avec un surmoi ! »

Dans le même ordre d'idées, il y avait le caractère toujours un peu décevant de sa conversation. Non pas qu'elle fût ennuyeuse. Ou peu brillante. Mais il y avait dans sa façon même de parler — et quelle que soit, encore une fois, l'accablante justesse du propos — quelque chose qui désamorçait l'intérêt et, à plus forte raison, l'enthousiasme. Une voix trop parfaite, je pense. Trop parfaitement gouvernée. Une voix sans trouble ni tremblé. Sans remords ni reprises. Une voix qui donnait l'impression de n'arriver à l'air libre qu'après un long séjour dans quelque chambre noire de l'arrière-arrière-conscience où elle se serait épurée de tout ce qui pouvait porter la trace d'un affect ou d'une passion. Une voix neutre. Brillante mais neutre. Une de ces voix impeccablement timbrées et cadencées qui font dire d'un homme qu'il parle comme il écrit (et de celui-là, d'ailleurs, on dira inversement — ce sera *la* grande déception des Mémoires — il écrit comme il parle...). Dukheim devait parler comme ça. Ou Brunschvicg. C'était la voix, j'en suis sûr, de tous ces grands professeurs d'avant 14 qui servaient, d'un même souffle, et la France, et l'Idée. Mais avec, dans son cas à lui, un surcroît d'épuration (de sophistication ?) qui lui avait fait également éliminer toutes ces modulations du ton qui font que l'on s'adresse à quelqu'un, que l'on sollicite son attention — et qui lui apparaissaient, j'imagine, comme d'inutiles, déshonorantes voire sataniques manœuvres de séduction. Homme exemplaire là aussi. Tout dans la vérité ! Dans la pure forme de la voix ! Tout dans le seul concept, réduit à son essence ! Même si l'interlocuteur avait parfois l'impression d'une parole sans échange — qui ne s'adressait plus vraiment à lui.

De l'autre côté, en revanche, corrigeant ce qui pouvait passer pour de l'inhumanité ou de la froideur, il y avait ce visage magnifique et qui respirait, lui, la bonté. J'ai une photo, là, sous les yeux. Elle date du début des années quarante. Aron est à Londres. Il dirige la revue *France Libre*. Il est jeune. Pas encore marqué par la vie. Mais il a autour des yeux, à la commissure des lèvres, aux pommettes, ce lacis de rides et d'expressions qui se creusera avec les années mais qui est déjà, à cette époque, comme un vivant démenti de ce que la voix pouvait signifier. Une expression de bonté, donc. De douceur. Un air de bienveillance qui éclaire le regard du dedans. Mais aussi — et c'est là que les choses deviennent passionnantes — une impression de lassitude, ou peut-être de déception, qui semble, sinon démentir, du moins atténuer, ce que la bonté, cette fois, pourrait avoir de trop prometteur. Voilà. Un mélange de bonté et de tristesse. De consolation et d'amertume. Une manière de dire à la fois : « je suis à vous, avec vous, je compatis à votre douleur » et: « n'attendez pas trop de cette sympathie ; n'imaginez pas, pauvres amis, que la pitié fasse des miracles ; l'humanité est un tel désastre ; l'histoire un tel chaos ; il y a tant de raisons, si vous saviez, de désespérer. » La première fois que j'ai vu Aron, je devais avoir vingt-cinq ans. J'étais encore un peu marxiste. Vaguement gauchiste. Je n'avais aucune raison apparente de désespérer de quoi que ce fût. Mais devant ce visage si étrangement composé, devant ce mixte, par conséquent, de promesse et de déception, de douceur extrême et de non moins extrême mélancolie, je me rappelle comment, pour la première fois de ma vie, je me suis surpris à penser, sans le moindre sarcasme ni dépréciation : « un visage de pessimiste libéral ».

Ce qui frappe aussi avec le recul et qui le rend, à nouveau, terriblement sympathique, c'est la façon qu'il avait de pousser le « pessimisme libéral » jusqu'à se dénier à lui-même la moindre once de talent. On le voyait dans la conversation que nous avions eue en 1975, pour *Le Nouvel Observateur* et où il disait, sur l'état de son œuvre, sur son inachèvement ou son caractère circonstanciel, des choses très émouvantes. Dans ses Mémoires : « d'aucun de mes livres je ne suis pleinement satisfait » ; ou : « ayant approché des philosophes de haut niveau, je savais que je ne serais jamais l'un d'entre eux » ; ou encore : « l'admiration m'empêche de viser trop haut et, du même coup, de souffrir du décalage entre mes ambitions et mon œuvre ». On le voit, on le voyait encore, chaque fois que, par écrit ou dans la conversation, il évoquait le destin de ses grands contemporains : Sartre, bien sûr, à l'égard duquel il fut, surtout à la fin, si peu avare de compliments — mais aussi Nizan ou Malraux dont il ne perdait pas une occasion de rappeler, comme pour se rabaisser, qu'il avait été après la guerre une sorte de chef de cabinet. Est-ce leurs romans qu'il admirait ?

Leur côté artiste ? Était-il bluffé — comme il me le laissa entendre un jour, avec un petit rire de gorge qui ne lui ressemblait pas — par l'image de Sartre au théâtre, fréquentant les coulisses et frayant avec les actrices ? Ou y avait-il autre chose ? Une autre blessure ? Un secret ? Le fait, en tout cas, était là. Cet homme couvert de gloire, entouré de disciples et de flatteurs, cet homme qui, de son vivant, a pu s'enorgueillir de faire réellement école et d'avoir même, dans certains cas, pesé sur la décision des acteurs majeurs de l'Histoire, cet homme-là passa finalement sa vie à répéter : « non, non, vous vous trompez... il y a maldonne... malentendu... mon œuvre ne vaut rien... elle mourra en même temps que moi... »

D'aucuns mettront cette insistance au compte de la coquetterie. Ils y verront une forme exacerbée de l'amour de soi et de l'orgueil. Voire. Car il arrive un moment où ce genre de ruse finit par prendre corps et où, à force de répéter : « je ne suis rien, je ne vaux rien, j'ai dilapidé mon temps, mon énergie, dans des interventions sans lendemain », on finit par en convaincre non seulement les autres mais soi-même. Aron, quand on y pense, est le seul intellectuel à avoir soutenu trois fois sa thèse. Une fois officiellement — c'était *L'Introduction à la philosophie de l'Histoire*. Deux autres, plus officieuses, comme s'il lui fallait repayer sans cesse le ticket d'entrée dans le saint des saints : c'était *Paix et guerre entre les nations*, ce pavé de sept cents pages, « médité pendant une quinzaine d'années », dont Pierre Nora lui aurait « amicalement » dit : « vous soutenez votre deuxième doctorat » — puis l'immense *Clausewitz*, écrit « à près de soixante-dix ans » et qu'il n'aurait « pas eu le courage d'écrire sans (c'est toujours lui qui parle) le désir de mériter sa place dans cette illustre maison » qu'était le Collège de France. Et il est surtout le seul qui, en matière justement de « places », dans la gestion même de sa carrière, a systématiquement boudé les vrais hauts lieux institutionnels auxquels les grands intellectuels de l'époque se devaient d'appartenir : *Le Figaro* au lieu du *Monde* ; *L'Express* et non *L'Observateur* ; Julliard ou Calmann-Lévy et non Gallimard qui s'imposait et avec lequel il n'eut, au fond, que des relations à éclipse. Chaque fois le second choix. Chaque fois le profil bas. Comme si un mélange d'orgueil en effet, mais aussi d'humilité extrême, l'avait constamment dissuadé de se retrouver sur le terrain de ses pairs, de se mesurer donc à eux et de faire ainsi l'aveu d'une infériorité dont lui ne doutait pas.

J'ajoute enfin — et ce n'était pas le moins émouvant — que ce drôle de personnage, en dépit, ou peut-être à cause, de cette infériorité supposée, passa le plus clair de sa vie à poursuivre avec ces pairs qui, lorsqu'ils n'étaient pas morts, étaient brouillés avec lui, un dialogue à distance où l'on ne sait trop ce qui l'emportait du désir de garder le contact ou de la volonté de s'expliquer, s'expliquer encore, avoir raison. L'histoire de la littérature offre d'autres exemples de ce type de relations. Il y a le cas de Drieu que l'on devine, à la toute fin, absorbé dans une conversation muette avec Malraux qu'il ne voit plus. Celui d'Aragon qui, vingt ou trente ans après la brouille, continue d'être hanté par l'ombre de Breton au point de donner le sentiment de n'écrire et n'agir que pour lui. Il y a tous ces surréalistes qui, alors que le maître est mort, continuent de vivre sous son regard — « que dira Breton de ce que je dis ? que pensera Breton de ce que je pense ? » Mais il y avait dans le cas d'Aron — et dans le cas, près précisément, de sa relation avec Sartre — quelque chose qui, dans le genre, atteignait les sommets du pathétique. L'humilité de l'homme, sans doute. Son côté si généreux, si peu avare d'admiration. Mais aussi — et c'est le plus poignant — le fait que ce dialogue était en fait un monologue et que si Aron passa sa vie, avec tant de touchante obstination, à provoquer et interpeller son « petit camarade » de la rue d'Ulm, le « petit camarade » passa, lui, la sienne, au mépris de tous les usages, à le fuir et esquiver le débat. Breton non plus ne répondait pas à Vitrac ? Il répondait à Aragon. Et l'envie de ne pas couper le fil, l'impression, quand on parle à la cantonade de s'adresser, en secret, à l'ami renié ou éloigné, on sentait qu'elles étaient partagées. Alors que jusqu'au bout (c'est-à-dire jusques et y compris la fameuse rencontre à l'Élysée, à l'époque du bateau *Vietnam* — dont il fit tant de cas et dont l'autre se fichait) les interpellations d'Aron resteront sans réponse, sans écho.

Je revois le vieil Aron, le jour de notre entretien pour l'*Observateur*. Je le revois si froid, ce jour-là. Si plein de lui et suffisant. Je revois sa bouche amère. Son regard plus pessimiste (moins libéral...) qu'à l'accoutumée. J'entends sa voix si nette, si tranchante, avec cet « il n'y a pas de question », sans réplique et désagréable, qu'il opposait aux questions, justement, qui lui semblaient agaçantes. Et puis je le revois tout ému, déstabilisé, presque effondré ; je l'entends un ton en dessous, hésitant, la voix peureuse, quand j'ai commencé à lui parler, au-delà même du cas Sartre, de cette gauche qui l'avait répudié mais qu'il continuait, lui, à tenir pour sa famille — ou bien quand je lui ai cité la boutade, devenue fameuse, de Jean Daniel se demandant s'il n'était pas « plus facile d'avoir tort avec Sartre que raison avec Aron ». Un Aron mélancolique, tout à coup. Infiniment assombri et las. Un Aron qui possédait jusqu'au vertige l'art d'épouser les raisons, les points de vue de l'adversaire. Le Aron complexe. Paradoxal. Incertain. Cet Aron dont, moi aussi, je « garde la nostalgie » et dont je ne veux me rappeler, à distance, que la « noblesse des sentiments ».

10

« Dans cette nouvelle bataille »

(MAURIAC ET L'ALGÉRIE)

C'est en 1952 que l'Académie de Stockholm décerne à François Mauriac le prix Nobel de littérature. Et lorsque l'écrivain déclare qu'il « jette ce Nobel à la mer » et qu'il compte en fait le vouer au combat pour la justice, la dignité, la liberté c'est au Maroc qu'il pense — et pas encore à l'Algérie. Est-ce à dire que l'auteur du *Bloc-Notes* ait été moins engagé, moins concerné quand arrive l'affaire algérienne ? Grands dieux, non ! Et à ceux qui en douteraient, à ceux qui, çà et là, ont essayé d'en faire douter, je rappellerai ce cri, dans un article paru au lendemain des émeutes de la Toussaint 54 : « coûte que coûte, il faut empêcher la police de torturer ». Puis : « la responsabilité des fellaghas dans l'immédiat n'atténue en rien celle qui, depuis cent vingt ans, pèse sur nous d'un poids accru, de génération en génération ». Puis encore, dans son discours de clôture à la « Semaine des intellectuels catholiques », cette protestation qui mérite d'être citée en entier : « Ce n'est pas l'imitation de Jésus-Christ, mais l'imitation des bourreaux de Jésus-Christ, au cours de l'histoire, qui est devenue trop souvent la règle de l'Occident chrétien (...). Nous avons feint de croire que le nazisme avait empoisonné les peuples qu'il avait asservis et que si la torture est pratiquement rétablie chez nous, il faut voir dans ce malheur une séquelle de l'Occupation (...). La flagellation, le couronnement d'épines ne tendaient pas à obtenir des aveux mais sans doute, dans l'esprit de Pilate, à donner (à Jésus) un aspect si misérable que ses ennemis eux-mêmes le prendraient en pitié. Nous n'avons pas aujourd'hui, quand nous attachons un homme à un poteau, dans une salle de police — je dis "nous" parce que nous sommes en démocratie et nous sommes tous solidaires de ces choses — nous n'avons aucun désir d'apitoyer personne (...). Après dix-neuf siècles de christianisme, le Christ n'apparaît jamais dans le supplice aux yeux des bourreaux d'aujourd'hui, la Sainte Face ne se révèle jamais dans la figure de cet Arabe sur laquelle le commissaire abat son poing.

« Que c'est étrange, après tout, ne trouvez-vous pas ? Qu'ils ne pensent jamais, surtout quand il s'agit d'un de ces visages sombres aux traits sémitiques, à leur Dieu attaché à une colonne, livré à la cohorte, qu'ils n'entendent pas à travers les cris et les gémissements de leur victime sa voix adorée : "C'est à moi que vous le faites !" »

Nous sommes en 1954. En novembre 54. Étaient-ils si nombreux, en novembre 54, les intellectuels qui avaient compris l'horreur — et les enjeux — de la longue bataille qui commençait alors ?

11

« Entre la justice et sa mère... »

(POUR ALBERT CAMUS)

C'est une phrase. Une seule phrase. Une phrase qu'il n'a pas écrite, d'ailleurs. Ni vraiment dite. C'est une petite phrase de rien du tout qu'il a prononcée comme ça, en passant, dans une vague conférence qu'il donnait à Stockholm et qui faisait partie des à côtés du cirque Nobel. Il est fatigué, Camus. Il n'en peut plus de ces discours, banquets, festivités en tous genres et des interviews qu'il faut accorder du soir au matin. Et il se trouve qu'ici, dans cet amphithéâtre où se tient sa conférence, il y a un homme qui, depuis une heure, ne cesse de l'interrompre et de l'interpeller sur l'Algérie. Ce type le cherche, ma parole ! Il fait tout pour le provoquer ! Non mais qu'est-ce que ça veut dire ? Quel est cet imbécile qui ignore ses dénonciations de la misère, de la torture, du colonialisme ? Il est épuisé, Camus. Presque à bout de nerfs. Il se sent comme autrefois, à Bab el-Oued, quand un gamin lui cherchait noise, et qu'il cherchait, lui, le coup qui le mettrait au tapis. Alors voilà, oui ! Il a trouvé le mot qui clouera le bec à l'homme ! Entre la justice et ma mère, je choisirai toujours ma mère. Est-ce que ça va comme ça ? Est-ce que c'est assez clair ? Camus est content. Le public a applaudi. Le type a ricané, mais il s'est tu. Et il peut, lui, continuer sa conférence.

Seulement voilà. La phrase est là. Elle est dite. A peine est-elle dite qu'un journaliste, présent dans la salle, s'en empare. Puis un autre, qui n'est pas là. Puis un troisième, un quatrième, et ainsi de suite — tous les journalistes de Stockholm, d'Europe, du monde, qui, en une chaîne infernale, répercutent à l'infini *la* phrase du dernier prix Nobel. Albert Camus a dit : « entre la justice et ma mère, je choisirai ma mère ». Albert Camus a dit : « entre la justice et ma mère, etc. » Albert Camus... Albert

Camus... La phrase est partout. Tout le monde reprend la phrase. Elle est archivée maintenant. Scellée pour l'éternité. Camus ne s'en rend pas compte — on ne se rend jamais compte, tout de suite, de ces choses — mais elle le suit déjà. Elle le poursuit, le précède. Pour des foules et des foules de gens qui découvrent à peine les syllabes de son nom, elle résume sa position. Que dis-je ? sa philosophie ! sa vie ! Et comme il se trouve qu'elle touche à sa fin, cette vie, comme il ne lui reste — il ne le sait pas non plus — que deux années à vivre, tout va se passer comme si, pour ces foules qui le découvrent et, hélas, aussi pour les autres, c'était la dernière phrase qu'il ait prononcée de sa vie.

Mourir sur une phrase. Mourir comme on rate une phrase. Tomber sur une petite phrase, comme on dit d'un gouvernement qu'il tombe sur un vote idiot ou sur un mot mal entendu. On ne sait jamais sur quoi on tombe. On ne sait jamais quelle est la phrase qui va résumer, pétrifier, figer toute l'aventure. Les écrivains devraient se méfier des phrases. Ils devraient les éviter. Ils devraient faire la chasse à ces petites phrases qui les assignent à leur mensonge. Ils en ont tant, déjà, dans leurs livres ! et qu'ils ont tant mûries ! et qu'ils ont tant pensées ! ils ont tant de vraies belles phrases qui ne les trahiront jamais ! Ils devraient faire comme les dandys, au fond. Vous savez bien : vivre chaque minute, comme si elle pouvait être la dernière. Ils devraient faire, eux, comme si chaque petite phrase pouvait être celle qui restera. Camus, lui, ne l'a pas fait. Il est à Stockholm, cet après-midi-là. Il est content. Fatigué mais content. Il va remettre, ce soir, sa jaquette de cérémonie qui, sur les documents d'archives, lui donne l'air d'un danseur mondain ou d'un gangster endimanché. Et il ne se doute pas qu'elle est déjà, la phrase, comme un déguisement supplémentaire, une grimace, une erreur de maquillage qui, pour toujours, lui colle à la peau. Cher Camus...

Moi, j'aime Camus. Je le trouve beau, d'abord. Courageux. C'est rare un intellectuel courageux, non ? C'est rare un écrivain que l'on ne prend à peu près jamais en défaut de noblesse ou de cœur. Je suis sûr, en plus, qu'il était drôle. Un peu pompeux d'accord, mais drôle. Bon copain. Joyeux fêtard. J'ai l'impression qu'on a le même humour, qu'on aime le même genre de femmes. Je suis convaincu que s'il avait vécu, il aurait été l'intellectuel — peut-être le seul, du coup — auquel j'aurais apporté les épreuves de *La Barbarie*. Voyons... Né en 1913... L'année de la *Barbarie*, il aurait donc eu soixante-quatre ans... Soixante-quatre ans seulement ! On ne pense jamais à quel point on est le contemporain de Camus. J'y ai pensé une fois, d'ailleurs. C'était en 1977, justement. Au plus fort de la bataille des « nouveaux philosophes ». On venait de voir, avec Jambet, *Casablanca* à la télé. Humphrey Bogart, Albert Camus. On s'était dit, presque en même temps, que la bataille serait différente, le climat serait plus respirable, si Camus était vivant. J'aime Camus, donc. C'est, dans cette galerie d'ancêtres, l'un des rares dont je me sente vraiment proche. Et c'est un de mes rêves que d'écrire un jour un livre qui rendrait justice à cet ancêtre. Camus « Algérie française » ? Pourquoi pas OAS, tant que vous y êtes ? Fasciste ? On l'a bien transformé, déjà, en philosophe de classes terminales... Imbéciles ! Attendez.

Camus et l'Algérie, oui. Camus et le colonialisme. Il faudra traiter la question, en effet. Mais vraiment ! A fond ! Il faudra reprendre les articles de 37. Relire cette *Misère en Kabylie* qui est, avec le *Voyage au Congo* de Gide, l'un des classiques de la tradition anticolonialiste. Il faudra dire qu'il a été le premier. Longtemps le premier. Il faudra citer, et commenter, la phrase sur la misère de Tizi-Ouzou qui est « un interdit sur la beauté du monde ». Et il faudra raconter le formidable tollé que provoquèrent ces reportages dans la communauté française, lectrice de *L'Écho d'Alger*. Camus et la torture ensuite. Camus et la « trêve civile ». Camus qui n'accepte pas, là non plus, la politique du crime et la terreur comme programme. Il n'ose franchir le pas ? Il ne parle pas d'indépendance ? Il s'accroche à sa vieille idée que les Français d'Algérie sont eux aussi des « indigènes », au même titre que les musulmans ? C'est vrai. Camus, complexe. Camus, déchiré. Camus s'efforçant, désespérément, d'imaginer une solution qui ne transige ni sur le droit des uns ni sur l'humiliation des autres. Je ne dis pas que Camus ait eu raison de s'efforcer à cela. Et il me semble que moi-même, à cette date, j'aurais été — exceptionnellement ! — plus proche de la position d'un Jeanson et de ses porteurs de valises. Mais il lui reste, encore une fois, deux ans à vivre. Et il reste les mêmes deux années aux partisans de l'Algérie française pour s'aviser de leur impasse — ou se résigner à l'infamie. Qu'aurait fait Camus de ces deux ans ? Quel parti aurait-il pris ? Nul ne le sait, bien entendu. Encore que j'aie, moi, mon idée. Ce qui est sûr c'est que, pour l'heure, ni ses « positions » ni ses « silences » n'ont jamais été bas.

Camus et Sartre. Camus qui a eu raison contre Sartre. On ne dira, on ne répétera jamais assez, combien il a eu raison contre Sartre et la bande des *Temps modernes*. Camus et *L'Homme révolté*. Camus et les camps rouges. Camus refusant de distinguer, comme toute la gauche l'y invitait, entre les bons et les mauvais morts, les victimes suspectes et les bourreaux privilégiés. Camus le juste. Camus le droit. Camus, philosophe du droit, des Droits de l'Homme, de la démocratie. La célèbre apostrophe à d'Astier : « c'est dans la rue, pas dans les livres, que j'ai appris, moi, la misère ». Cet autre mot que je me répète en secret chaque fois que les jeux du débat ou de la polémique intellectuelle m'isolent outre mesure : « solitaires, dites-vous ? vous seriez bien seuls sans ces solitaires ». Camus ou la noblesse de la pensée. Camus ou la prose infaillible. Camus qui a eu la force, jusqu'au bout, de résister aux facilités de la pensée paradoxale. Belle âme, oui — bel esprit, jamais. Erreurs, certes — cynisme, guère. J'arrête là. Car ça va pour le programme. Et, pour le livre, il faut du temps.

12

« Comme à l'époque de l'antifascisme »

(CONVERSATION AVEC FRANCIS JEANSON)

Souvenez-vous... *L'Homme révolté... Les Temps modernes*... Sartre qui veut en finir avec le cauchemar Camus... Depuis le temps que ça dure, cette histoire d'existentialisme. Depuis le temps qu'il lui empoisonne la vie (et l'image), ce faux philosophe doublé d'un bon écrivain. On va lui régler son compte, cette fois. Une bonne fois. On va faire éclater l'abcès. Lever le malentendu. Sartre, bien entendu, ne se charge pas de l'opération lui-même. Et comme dans toutes les bonnes mafias, il désigne l'exécuteur. Le voici. Il est ici, devant moi. Et ça fait un drôle d'effet, croyez-moi, de se trouver en face de l'homme qui a flingué Camus et qui lui a donné, pour commencer, une leçon de philosophie.

Ce n'est pas pour cela, d'ailleurs, que je suis venu jusqu'ici, près de Bordeaux, où l'homme vit aujourd'hui. On parlera de Camus, bien sûr. Je ne résisterai pas à la tentation de lui faire raconter l'histoire, *sa* version de l'histoire — comment ça s'est passé ? qui a commandité le crime ? pourquoi ? combien ? s'il le regrette aujourd'hui ? s'il le referait de la même façon ? Mais le vrai motif de ma visite, c'est *l'autre* grande affaire à laquelle il a été mêlé et qui est, elle, en revanche — et je le dis sans ironie — l'honneur de sa vie. Cet homme s'appelle Francis Jeanson. Il fut pendant la guerre d'Algérie l'un de ces intellectuels qui, outre leur honneur, sauvèrent celui de leur pays.

— *Nous sommes en 1954 : au début de la guerre d'Algérie. Vous faites quoi, à ce moment-là ? Vous êtes dans quel état d'esprit ?*

— A ce moment-là j'étais aux éditions du Seuil, non seulement en tant qu'auteur mais en tant que collaborateur au service littéraire. Mon état d'esprit ? J'étais dans l'état d'esprit de quelqu'un qui a vu l'Algérie à deux ou trois reprises ; qui y a rencontré quelques nationalistes ; et qui en est revenu assez effaré. D'autant que, quelques mois plus tard, j'ai pu aller de nouveau là-bas, dans des conditions très différentes, pour faire une tournée de conférences. J'ai été reçu cette fois par les gens de la haute colonisation. Et je dois dire que les discours qu'ils m'ont tenu recoupaient si gravement ce que m'avaient dit les nationalistes que j'ai vite été convaincu. Je me souviendrai toujours en particulier d'un sous-préfet qui, m'accompagnant à travers sa ville, m'a désigné un endroit sur une place publique, un tertre, qui était l'endroit où avaient été abattus tous les Algériens qui avaient manifesté au moment de l'Armistice, en mai 45. Le gars m'a dit : « regardez, Monsieur Jeanson, ils nous ont fait du mal mais nous les avons eus ! mille pour un ! » Alors en rentrant je fais un article pour la revue *Esprit* où j'annonce que, selon moi, ça ne pouvait plus durer ; que ça allait éclater à un moment quelconque. Je montrais qu'il y avait deux tendances dans le nationalisme algérien — l'une modérée, et l'autre assez « extrémiste » comme l'on disait — mais qu'en réalité il ne fallait pas compter sur leurs dissensions car elles étaient complémentaires et embarqueraient le peuple algérien dans une insurrection totale. C'est ce qui s'est produit quatre ans plus tard. Et à partir du moment où ça a eu lieu, mon premier souci a été de fournir une information aussi complète que possible. D'où le fait qu'avec ma première femme nous nous sommes mis à écrire *L'Algérie hors la loi.*

— *Vous êtes donc de ceux qui, apparemment, voient clair assez vite. Ce qui frappe, en revanche, c'est l'incroyable aveuglement de la classe politique, et notamment de la classe politique de gauche...*

— Oui. Le mythe des trois départements français a été efficace, semble-t-il, pour beaucoup. Mais ce qui est très étonnant c'est que, normalement, on aurait dû s'indigner du fait qu'une guerre s'établisse entre la France et trois de ses départements. Mais non ! On a parlé d'opération de police. Ensuite on a employé le terme de pacification. Et c'est beaucoup plus tard qu'on a accepté d'admettre qu'il y avait une guerre.

— *Comment viviez-vous ça à l'époque ? Je veux dire : cet aveuglement collectif ?*

— On est surpris d'abord. Accablé. Mais l'urgence est de montrer aux Algériens que la France n'est pas seulement cette politique officielle française. Et puis de marquer une solidarité avec ce peuple dont je ne comprenais même pas comment il avait pu tenir le coup si longtemps. Je veux dire : sans se révolter violemment, et compte tenu du fait que tous les moyens d'expression lui étaient refusés.

— *Alors, cette solidarité, elle passe par quoi?*

— Au début c'était être avec eux. Simplement être avec eux. Et puis ensuite ça a été des traversées de Paris. Des lieux de réunion. Des hébergements pour les membres du comité fédéral de la fédération de France du FLN. Puis peu à peu ça a été l'organisation de passages de frontières, l'obtention de faux papiers, la fabrication de faux papiers. Et puis la collecte de l'argent, des cotisations du FLN, le transfert de cet argent à l'extérieur, c'est-à-dire essentiellement en Suisse, et ainsi de suite.

— *Très vite la clandestinité?*

— Pendant la première année (et même jusqu'en juillet 1957), j'ai trouvé excellent de n'être pas clandestin et de faire, éventuellement même, des conférences sur l'Algérie où je disais ce que je pensais. Pour la police, il n'y avait pas de problème. Si je m'exprimais sur la question c'est que je n'avais rien d'autre à faire et je n'étais donc pas inquiétant. Et puis le responsable numéro 1 de la fédération de France du FLN a changé, et le nouveau venu a trouvé quand même que c'était un peu hardi et il m'a demandé, à ce moment-là, d'entrer dans la clandestinité. Ce que j'ai fait immédiatement.

— *Et là ça dure...*

— Cinq ans. J'ai mis fin à ma clandestinité le 5 juillet 1962, au moment où l'Algérie est devenue indépendante.

— *Pendant ces années, vous êtes où?*

— Presque tout le temps à Paris. Avec, en 60 et 61, des passages en Suisse, en Allemagne et en Belgique. Mais jusqu'au moment des arrestations j'étais constamment à Paris, c'est-à-dire jusqu'en février 60.

— *Qu'est-ce que ça veut dire la clandestinité ? Comment est-ce qu'on vit clandestin pendant cinq ans en étant la plupart du temps dans Paris ?*

— Personnellement je n'ai pas de mauvais souvenirs de cette période-là, d'abord parce que j'ai toujours été accueilli de façon merveilleuse par des quantités de gens et que je pouvais donc changer de lieu sans difficulté. Et puis je dirai que ma seule inquiétude pendant ces années-là ça a été : est-ce que nous n'allons pas faire une bêtise qui sera préjudiciable aux responsables algériens dont nous assurons, en principe, la sécurité. C'était ça ma hantise.

— *Question basique, élémentaire : pourquoi ? Oui, pourquoi est-ce que vous faites tout ça ? quelle est la motivation ? c'est l'idéalisme ? c'est... ?*

— Ah ! ça, je ne crois pas du tout que ce soit par idéalisme...

— *Alors ?*

— Ecoutez. Il y avait un peuple, là, qui n'avait pas le droit à la parole. Il était vraiment maintenu dans une humiliation permanente. Bon : il fallait y remédier ! Ce peuple avait choisi la violence, et personnellement j'ai horreur de la violence. C'est viscéral chez moi. Mais là, il était clair qu'il n'y avait pas d'autre choix. Je ne pouvais pas supporter que la France, en mon nom, s'offre le luxe de museler un peuple, de se moquer de lui. Ça allait de soi qu'il fallait être solidaire de ces gens qui cherchaient à exister. C'est tout. C'est venu tout à fait naturellement. Je ne me suis pas posé des quantités de questions.

— *Donc, quand vous entendiez vos ennemis vous parler de « défense de la France », « trahison », « désertion », c'était des mots qui n'avaient aucun sens pour vous ? Vous étiez convaincu de votre droit ?*

— Si, ça avait un sens pour moi. Mais dans l'autre sens. J'avais le sentiment que la France se trahissait en Algérie ; c'est la politique officielle française qui trahissait les valeurs françaises.

— *Vous dites que vous aviez une horreur viscérale de la violence. Qu'est-ce qui se passe lorsque le FLN décide de porter la guerre en France ? Vous en parlez avec eux ? Vous en pensez quoi ?*

— Je pense deux choses. Et je les dis aux responsables de l'époque. Je pense d'une part que ce serait une catastrophe pour les Algériens qui sont en France parce que, en effet, pendant quelques jours ils pourraient obtenir des résultats assez spectaculaires, mais que très rapidement ce serait la chasse au faciès à travers toute la France. Et puis je dis ensuite que ce serait la fin de toute possibilité de rapports ultérieurs entre le peuple algérien et le peuple français. Ces deux arguments étant sous-tendus, au demeurant, par mon horreur de la violence. C'est pourquoi j'ai demandé qu'il n'y ait pas d'attaque systématique contre les personnes. Contre les matériels ça ne me gênait pas, mais pas contre les personnes.

— *C'est ce qui est finalement décidé. Est-ce que vous pensez que dans cette attitude finalement raisonnable du FLN le débat ouvert avec les gens comme vous a joué un rôle ?*

— J'en suis sûr. Car j'ai quand même été amené à dire que je ne voyais pas la possibilité de maintenir le soutien du réseau à une fédération de France qui serait passée à l'attaque de cette manière-là. Les responsables ont envoyé un émissaire à Tunis pour faire valoir les arguments que j'avais indiqués, et ils ont obtenu l'autorisation de s'en tenir à des objectifs matériels.

— *Est-ce que vous étiez informé, par exemple, de l'attentat contre Soustelle ?*

— Nous n'avons pas été informés. L'aurions-nous été, que ce n'était pas notre problème. Nous avions une conception de la solidarité qui était globale. C'est-à-dire aussi très relative. Le contraire d'absolu en ce sens qu'il y avait, dans cette solidarité, des choses que nous pouvions approuver et d'autres qui nous étaient... qui nous étaient pénibles à accepter. Mais bon. Nous n'avions pas à nous interroger dans le détail. Nous n'avions pas à le faire parce que ce n'était pas nous qui menions cette lutte.

— *D'accord. Mais vous me disiez à l'instant qu'il pouvait y avoir débat, discussion, envoi d'émissaires à Tunis, etc.*

— Oui...

— *L'exécution (ou le projet d'exécution) d'un ministre*

est-ce que ça ne posait pas une vraie question? Est-ce que ça ne méritait pas aussi un message à Tunis?

— Non. Parce que le message à Tunis, pour moi, c'était sur un plan beaucoup plus fondamental, quand on risquait vraiment, encore une fois, de mettre en question l'avenir. Or l'attentat contre un ministre, ça ne pouvait pas mettre en question la suite. Et, après tout, c'était leur affaire s'ils avaient le sentiment que dans leur stratégie c'était important. Nous ne pouvions pas nous offrir le luxe de juger la chose, de juger le comportement algérien point par point comme ça. Ce n'était pas possible. Ou bien on arrêtait le soutien complètement. Ou on soutenait, et on soutenait la chose avec tout ce qu'elle avait de relatif et parfois de désagréable — c'est ça le vrai soutien; s'ils avaient fait uniquement tout ce que nous désirions, c'était nous qui menions la lutte, c'était notre lutte.

— *Donc, ils la menaient à leur manière?*

— C'était, je vous le répète, *leur* lutte. Et nous, nous pensions que la chose que nous avions à faire c'était d'être à leurs côtés. A partir de là ils la menaient à leur manière, mais dans certaines limites. Il y avait un réseau de soutien français. Et ce réseau de soutien français ne pouvait quand même pas être d'accord avec la liquidation de citoyens français qui étaient des quidams, qui étaient sans responsabilité particulière dans cette histoire. Alors que, ma foi, le cas d'un Soustelle...

— *Il y avait des intellectuels, à l'époque, qui pensaient qu'il était de leur devoir de manifester leur réserve, ou leur désapprobation, face à des choses comme le massacre Mélouza. Je pense à des gens comme Jean Daniel et quelques autres...*

— Je trouve que c'est toujours bon qu'il y ait des protestations de ce genre. Ce n'était pas tellement à nous de les formuler puisque, encore une fois, nous avions pris « l'ensemble ». Mais nous ne pouvions pas être en désaccord avec des protestations de ce genre. Tant mieux s'il y en avait qui le disaient! tant mieux!

— *Les Algériens, le FLN, étaient en guerre. Vous vous sentiez en guerre vous aussi?*

— C'est difficile de dire qu'on se sent en guerre quand on vit à Paris et qu'on ne court pas plus de risque que celui d'être un jour emprisonné. Eux, en revanche, je les sentais en guerre, oui.

— *Dans les deux dernières années vous couriez des risques réels. C'était l'époque, tout de même, de...*

— Le risque d'être emprisonné...

— *Oui. Et puis aussi des risques physiques. C'est quand même l'époque de l'OAS, des attentats...*

— Je vous dirai que, depuis les premiers temps du soutien, j'avais plutôt pensé la chose sous une autre forme. Je m'étais dit qu'un jour ou l'autre je serais descendu par un Algérien qui me prendrait pour un adversaire, étant donné que nous avions parfois à faire de drôles de choses et à nous trimbaler dans de drôles d'endroits où on pouvait se demander qui nous étions. Donc c'est plutôt à ça que je m'attendais. Mais bon, l'OAS... C'était aussi un risque, bien sûr.

— *Les réseaux Jeanson dans ces années c'était quoi? combien de gens? C'était une organisation? une infrastructure?*

— Une organisation bien sûr. Il y avait un certain nombre de filières. Et en fait moi je ne pouvais (et je ne devais) pas connaître la plupart des gens qui y travaillaient. Au début c'était moi qui faisais l'essentiel du recrutement. Par la suite, il a fallu que ce soient les responsables des différentes filières. Et le fait est que, aujourd'hui encore, il m'arrive de rencontrer des gens qui me disent : vous savez, j'ai travaillé dans le réseau... Alors, combien? Je pense qu'ils étaient en tout cas plusieurs centaines à avoir une action. Plus énormément de sympathisants. Je disais à l'époque que si nous avions pu passer des petites annonces dans la presse, nous n'aurions jamais manqué de monde; il y aurait eu tout ce qu'il fallait parce qu'il y a beaucoup de gens qui étaient prêts à fonctionner. Je n'ai subi, je crois, qu'un seul refus, une seule fois, dans mes propres tentatives de recrutement, et c'était un refus... mitigé.

— *Cela dit il n'y avait pas d'enthousiasme particulier dans la population.*

— Ah non bien sûr! Je vous parle d'une minorité bien

entendu, une petite minorité. Mais pas du tout aussi restreinte qu'on pouvait le penser. Et surtout, je ne crois pas qu'on puisse parler uniquement d'intellectuels. Enfin, je tiens également à préciser que nous avons eu un certain nombre de militants communistes qui ont voulu travailler avec nous et qui ont été obligés d'y renoncer, parce que leur fédération l'avait appris et les avait contraints à arrêter.

— *Parce que le Parti...*

— ... était pour le moins réservé... ! Il avait une obsession qui était d'être mis hors la loi.

— *Est-ce qu'il n'y avait pas aussi l'idée, au PC, enfin chez les dirigeants, que leur base ne suivrait pas ? que la classe ouvrière n'était pas mûre, etc. etc. ?*

— C'est ce que me disait Casanova les différentes fois où je l'ai rencontré. Il me disait : « la classe ouvrière est raciste, colonialiste, impérialiste ». Bon. Statistiquement, il y avait quelque chose de vrai. Seulement moi, ce que je lui répondais, c'est que le Parti communiste, qui se voulait un parti d'avant-garde, n'était pas tellement là pour être à la remorque de la classe ouvrière telle qu'elle était, mais pour essayer, au contraire, de la faire évoluer. D'autant qu'il y avait des signes d'une évolution possible puisque nous, nous rencontrions des militants du PC qui étaient prêts à fonctionner dans le soutien.

— *Vous avez vu Casanova plusieurs fois ?*

— J'ai dû le voir, je ne sais pas, six ou sept fois. La dernière rencontre que nous devions avoir — nous en avions une par semaine — ce n'est pas lui qui est venu, mais Waldeck Rochet, et ça a été le point final. Avec Casanova j'arrivais à dialoguer, ça ne servait peut-être pas à grand-chose, mais enfin à certains moments j'ai pu croire que ça servait à quelque chose. Les éditoriaux des jours suivants, dans *l'Humanité*, étaient un peu différents. Mais cette fois-là, avec Waldeck Rochet, il n'y a pas eu de dialogue. Ça a tourné court. Et la série de rencontres s'est achevée là.

— *L'objectif de ces rencontres c'était quoi ? Vous étiez mandaté par les Algériens ?*

— C'est-à-dire que je m'étais un peu mandaté moi-même. Et

en plus je crois que les responsables du FLN étaient désireux de savoir un peu à quoi s'en tenir sur les possibilités d'évolution du PC.

— *Alors, quand vous découvrez que c'est impossible, quelles conclusions en tirez-vous?*

— Vous savez, je ne suis pas très doué pour les déceptions. J'ai pu être agacé sur le moment. J'ai pu regretter. Mais bon, tant pis, il fallait passer à autre chose. J'en avais vu d'autres, hein! depuis quelques années, sur l'attitude générale de la gauche... Ce qui me paraissait bizarre c'était quand les gens continuaient à se réclamer de l'internationalisme prolétarien, et puis se révélaient incapables de s'affirmer solidaires d'un peuple qui luttait pour son indépendance. Ça c'était fâcheux.

— *Vous dites : « j'en avais vu d'autres avec la gauche ». Bien sûr. Mais le PC ce n'était pas seulement « la gauche ». C'était, ou ça prétendait être, le parti de la classe ouvrière, des intellectuels, etc. Alors est-ce qu'il n'y a pas une cassure, tout de même, à ce moment-là? Un basculement?*

— Je ne sais pas. La cassure je ne l'ai pas vue se produire comme ça, si brutalement. J'ai l'impression que le parti communiste qui a refusé de lutter pour l'indépendance, c'était bien celui qui existait sous nos yeux depuis quelque temps déjà et qu'on pouvait difficilement, sauf à être très optimiste, s'attendre à une attitude différente. Mais enfin c'est toujours fâcheux d'avoir à vérifier que c'en est là.

— *La nouveauté c'est quand même que, pour la première fois depuis vingt-cinq ou trente ans, il y a une extrême gauche qui s'organise autrement, ailleurs...*

— Voilà. C'est là qu'est la nouveauté. Parce que, jusque-là, un certain nombre de gens étaient déjà conscients du dérapage du parti communiste; mais on n'envisageait pas tellement d'y trouver des substituts, de militer différemment. C'est là, certainement, que ça a commencé.

— *A ce moment-là, c'est l'essentiel de l'intelligentsia qui, peu ou prou, se retrouve à l'extérieur du Parti.*

— On peut dire ça. Bizarrement, d'ailleurs, c'est au moment

où nous avons connu les difficultés, les arrestations, que cette attitude qui était latente, feutrée, a commencé à se cristalliser. Il y a eu les 121... Le témoignage de Sartre... le procès...

— *Sartre justement...*

— Eh bien Sartre, bon. Moi, mon rapport à Sartre avait été un peu mis entre parenthèses entre 56 et 59 à la suite d'un malentendu concernant la réaction que nous devions avoir face à l'entrée des troupes soviétiques à Budapest. Il se trouve que Sartre m'avait demandé à brûle-pourpoint comme ça, un soir — nous nous voyions tous les jours, le matin en général — un soir donc, il me rencontre sur le trottoir de la rue Jacob et il me demande de signer un texte. Je regarde ce texte. Il y avait, outre sa propre signature, celle de quatre autres, les quatre promoteurs du texte, et c'était des anticommunistes notoires, d'anciens communistes qui étaient passés vraiment à l'anticommunisme.

— *Eh bien?*

— Eh bien je n'ai pas beaucoup apprécié parce que j'ai eu l'impression que, pour eux, c'était une satisfaction de pouvoir dire : « ah! vous voyez, on vous l'avait bien dit! » J'ai donc demandé à Sartre de réfléchir. Et on est restés bêtement en froid. Et puis c'est quand même le moment où je suis entré dans une semi-clandestinité, puis, très peu après, dans une clandestinité totale. Bref, c'est en 59, ou début 60, oui, début 60, que je me suis dit : « ça ne peut pas durer, c'est absurde, il faut vraiment qu'on mette Sartre dans le coup ».

— *Où en étaient les* Temps modernes *à ce moment-là?*

— Ils étaient assez réservés. Sartre s'était montré très actif par rapport à la Chine et des choses comme ça. Il me disait d'ailleurs toujours, avant cette période de mise entre parenthèses : « oh, vos Algériens! ce sont des violents! ce sont des violents! » Et il m'expliquait que les Chinois, eux, n'étaient pas violents du tout, que c'étaient des gens beaucoup plus sereins jusque dans la révolution. Enfin je me suis dit : « ce n'est pas possible, il faut que Sartre soit dans le coup ». Et j'ai donc fait signe à Sartre. Je lui ai envoyé quelqu'un pour lui dire que quelqu'un qu'il connaissait bien voulait le rencontrer. Il a accepté instantanément. Sur-le-champ vraiment. Et dès qu'il m'a vu il m'a dit : « bon, je pensais bien que c'était vous et j'en profite pour vous dire que je suis entièrement d'accord avec ce que vous faites; je mets tout ce dont je dispose à votre disposition, voilà ». Et puis, sur un coin de table, immédiatement, il m'a donné une interview pour le bulletin clandestin *La Vérité pour.*

— *On est donc début 60. Comment interprétez-vous, jusque-là, donc pendant tout de même six ans, sa relative réserve?*

— Je pense que...

— *Je dis relative parce qu'il y a eu tout de même la torture sur laquelle il a pris position.*

— Oui. Mais le fond de l'affaire c'est, je crois, qu'il n'avait pas confiance dans la réalité algérienne, dans la réalité du peuple algérien. Pour *les Temps modernes* ce n'était pas clair. Et je me demande s'il n'y avait pas cette idée, aussi, qu'on ne s'engage dans une vraie libération qu'avec une idéologie marxiste. Je pense qu'il y avait de ça, que c'était un peu trop nationaliste. Et puis bon, ça leur a passé.

— *Plus étrange encore que le cas de Sartre, il y a le cas de Camus...*

— Ah oui...

— *Je ne vais pas vous interroger, vous, sur le cas Camus. Mais...*

— Bon. Le cas de Camus est à la fois plus étrange et, d'une certaine manière, plus compréhensible. Parce que Camus était pied-noir quand même. Camus a beaucoup lutté pour des causes très valables, et avec parfois une certaine énergie et un bonheur de plume. Mais voilà : je crois que le problème algérien, pour lui, c'était une épine dans sa chair. Mais c'est difficile pour moi d'en juger. Le fait est que j'ai vraiment très mal reçu la phrase de Camus. Enfin, sa déclaration solennelle à Stockholm, selon laquelle entre la justice et sa mère, il choisirait sa mère. Oui, ça me paraît assez redoutable.

— *Est-ce que ce n'était pas surtout la preuve d'un grand désarroi?*

— Je n'ai jamais eu, personnellement, à débattre avec Camus de cette histoire algérienne. En fait, le seul moment où j'aie eu affaire à la pensée de Camus, et de façon publique, c'est à propos de *L'Homme révolté*, en 54. Et, à ce moment-là, il ne s'agissait pas encore de l'Algérie.

— *C'est vrai qu'il y a eu cette histoire de* L'Homme révolté, *et de votre article des* Temps modernes, *qui a fait une telle histoire...*

— Oui. C'est ça qui a été fâcheux. Parce que, finalement, bon, on ne souhaitait pas du tout que ça se termine comme ça.

— *Qui « on »? Vous dites : « on ne souhaitait pas »...*

— Personne, aux *Temps modernes*, ne souhaitait que ça se termine comme ça. Nous étions depuis des mois en suspens. Aucun d'entre nous ne voulant écrire l'article. Et c'est Sartre qui a fini par dire : « ça ne peut plus durer, le silence c'est aussi blessant pour lui que si on critiquait le livre ». Et il a ajouté : « il faut peut-être que ce soit Jeanson qui le fasse, au moins il le fera poliment ». Je devais avoir la réputation d'être poli, je ne sais pas, enfin bon, c'est comme ça que j'ai été amené à faire ce qu'aucun d'entre nous ne souhaitait faire.

— *Sartre connaissait donc, d'avance, le ton de l'article? et sa teneur?*

— Évidemment! Il l'a lu...

— *Non, non. Avant que vous ne l'écriviez. Au moment où il vous le commande, il sait déjà que vous allez l'éreinter?*

— Oh il savait...

— *Il savait quoi? Ce que vous pensiez de lui?*

— Il savait que j'avais de sérieuses critiques à faire, oui. Mais enfin, il ne pouvait pas s'attendre à la réaction de Camus. Je dois dire que j'ai été surpris, moi, surtout par la suite. Il est arrivé à Camus de solliciter pour certains de ses amis une rencontre avec moi — ce que, par ailleurs, j'acceptais volontiers — mais il refusait, il a toujours refusé, de me voir. En sorte que je n'ai jamais échangé un mot avec Camus.

— *Cet article sur* L'Homme révolté, *si vous le relisiez aujourd'hui, vous l'assumeriez encore? vous ne regrettez rien?*

— Il y a longtemps que je ne l'ai pas relu

— *Dans le souvenir que vous en avez?*

— C'est une expérience à faire. Mais je pense que, si je relisais l'ensemble, ce que je regretterais c'est d'avoir enfoncé le clou dans un deuxième article ensuite. Mais ça c'est Sartre qui me l'avait proposé. Il m'avait dit : « je vais lui répondre mais répondez-lui aussi ». Ça, je pense que c'était superflu. Mais le premier article je ne vois pas pourquoi je le regretterais. Ce qui était tout à fait inacceptable à mes yeux c'était le type d'arguments qu'il employait. C'était le côté philosophesque, avec des lectures de seconde main de Marx, ou de Nietzsche. C'était vraiment très, très pénible. Et puis les manières de juger les choses à partir d'une certaine indifférence méditerranéenne et d'ignorer qu'il y avait quand même en France une classe ouvrière pour qui ça avait encore un sens d'appartenir à la mouvance communiste que lui bradait gentiment, en attaquant l'Union soviétique.

— *Pourquoi les* Temps modernes *ont-ils décidé d'éreinter le livre? Pourquoi est-ce que Sartre n'a pas décidé d'ouvrir un débat par exemple? De discuter?*

— Je me demande si ça aurait été possible. Si on avait ouvert un débat ça aurait tourné court.

— *Un dernier mot sur la guerre d'Algérie. A cette époque, quand vous êtes, donc, dans cette semi-clandestinité, puis dans la clandestinité totale, comment voyez-vous les autres intellectuels? est-ce que vous vous sentez toujours des leurs? Quand vous voyez Mauriac, par exemple, prendre des positions, ou Malraux, comment est-ce que vous jugez tout ce manège?*

— Je ne m'y suis pas beaucoup attardé. Par moment, j'ai pris des petites colères comme ça. Il m'est arrivé d'envoyer une lettre à Jean Daniel. Il m'est arrivé d'épingler des gens qui s'étaient prononcés de façon que je trouvais particulièrement inacceptable. Mais ce n'était pas ma préoccupation permanente. Nous faisions ce que nous pouvions et ça nous absorbait suffisamment pour qu'on ne passe pas son temps à se dire : untel devrait être différent, s'exprimer différemment, aller plus loin dans ses oppositions, etc. Tout cela étant dit, je vous avouerai que cette période-là moi j'ai été très content qu'elle se termine.

— *Qu'est-ce que vous faites en 62 après la guerre ?*

— On m'avait prédit d'énormes difficultés de réinsertion. Et en fait je n'en ai pas eu du tout. Je me suis mis à écrire, à publier de nouveau. La radio... Les gens... La presse... Tout s'est passé tout à fait normalement. Cela étant dit, je ne voudrais pas laisser croire que ce moment de la guerre d'Algérie a été le moment le plus important de ma vie. Je dirai même que j'ai eu le sentiment que mon engagement se concrétisait de plus en plus au fil des expériences suivantes. Je suis très content d'avoir vécu cette période-là. Mais ce que j'ai eu à faire par la suite dans deux contextes différents, à Chalon pour l'action culturelle, et dans le champ psychiatrique ensuite, m'a paru finalement plus réel. Le contraire de ce que j'appellerai, comment dire ? « l'exotisme politique ».

13

« 121 insoumis »

(APRÈS UNE LETTRE DE MAURICE BLANCHOT)

Parmi les bizarreries de cette histoire, il y a toujours eu, à mes yeux, l'idée de Maurice Blanchot rédigeant, avec quelques autres, le Manifeste des 121 pour l'insoumission, pendant la guerre d'Algérie.

Pensez ! L'auteur de *Thomas l'obscur*. L'apôtre d'une littérature blanche, lacunaire, évanescente. L'homme que l'on ne voit pas. Que l'on n'entend jamais. Le seul intellectuel français à avoir fait en sorte qu'il n'y ait dans aucun journal, dans aucune archive d'aucune espèce, une image de son visage. L'homme invisible, en somme. Le disparu absolu. Le premier écrivain à avoir rempli le programme du *Contre Sainte-Beuve* qui était, comme chacun sait, d'effacer sa propre biographie — ou celui de Valéry recommandant, lui, ce qui revenait au même, de « mourir sans avouer ». Eh bien c'est lui, cet homme-là, qui est derrière ce fameux Manifeste. C'est lui qui passe des jours, des nuits, non seulement à l'écrire, le discuter avec Nadeau ou Mascolo — mais à téléphoner aux gens, à recueillir leurs signatures. Il est sorti de son trou pour l'occasion. Il s'est montré, exposé. Cet homme dont personne, encore une fois, ne connaissait le visage, cet homme que l'on a peine à imaginer vivant, causant, circulant comme le commun des mortels (alors, à plus forte raison, militant ! manifestant ! prenant la parole dans une Mutualité quelconque !) le voilà qui se met, comme Sartre ou Zola, à « faire l'intellectuel ». Et il y a dans cette situation, dans cet écart d'un homme par rapport à lui-même et à son éthique, quelque chose qui, encore une fois, me semble presque impensable.

La preuve, d'ailleurs, c'est que personne, trente ans après, ne paraît avoir gardé de souvenir de l'épisode. Je suis allé voir les témoins. J'ai interrogé Nadeau, Claude Simon, d'autres. Je leur ai posé les questions les plus simples : que disait-il ? comment faisait-il ? quel genre de tête avait-il ? il avait bien une tête, tout de même ? une manière de se tenir ? d'entrer dans une pièce ou de porter son blouson ? comment a-t-il réagi, ce fameux après-midi, devant la Mutualité, quand la police a chargé et lui a brisé une côte ou un poignet ? bref, à quoi est-ce que ça ressemble, un écrivain fantôme qui revient ainsi, brutalement, à la surface ? Or j'ai eu beau faire. Insister. Aussi bavards soient-ils, aussi intarissables qu'ils aient été tout au long de l'entretien, il a suffi que j'aborde ce sujet pour les voir devenir mystérieusement muets. Blanchot était là. À côté d'eux. Il a été, pendant quelques semaines, un intellectuel « normal » qui faisait normalement son métier d'intellectuel. Eh bien rien. Ils ne se rappellent rien. Pas une scène. Pas une anecdote. Des airs gênés tout à coup. Des silences qui en disent long. Comme s'ils étaient tenus par on ne sait quelle omerta. Ou comme si, à la façon de ces couleurs qui n'impressionnent pas la pellicule, l'image de Blanchot-militant n'avait pas impressionné leurs mémoires.

Je lui ai écrit alors. Je lui ai écrit à lui, Blanchot, pour lui dire en substance : « je sais que vous ne me recevrez pas ; je sais que vous ne voyez personne et que vous ne parlez à personne ; mais j'aimerais, au moins par écrit, votre version de l'épisode ; comment cela s'est-il fait ? pourquoi ? dans quel genre de circonstances, à partir de quel degré d'horreur ou d'indignité, un disparu est-il tenté de revenir faire un tour du côté des vivants ? pourquoi l'Algérie ? pourquoi ce jour-là ? s'il est vrai qu'un intellectuel est, comme vous l'avez vous-même écrit dans un article célèbre, celui qui interrompt le face-à-face avec son œuvre pour, de loin en loin, rentrer dans le tumulte des humains, pourquoi ce tumulte-ci et pas, cinq ans plus tôt, celui, par exemple, de l'écrasement par les chars russes de la révolution polonaise ou hongroise ? » Et lui, alors, me répond. Il me répond presque tout de suite. Courtoisement. Sauf qu'au lieu de réagir, fût-ce de manière indirecte, aux préoccupations que j'exprimais, il prend visiblement plaisir à brouiller la piste encore davantage et répond, littéralement, *à côté* de mes questions. Je l'interrogeais sur l'Algérie. Contre toute attente, il me répond... sur le carmel d'Auschwitz.

Voici l'essentiel de cette lettre, telle que je la reçus à mon bureau, chez Grasset, le 15 septembre 1989. « Merci pour votre lettre. Mais pardonnez-moi de ne pouvoir répondre comme vous le souhaitez. Je ne revois même pas mes plus proches amis, sans que l'amitié soit diminuée. Et aujourd'hui je n'ai de pensée que pour Auschwitz. Comment ce lieu d'extrême douleur peut-il devenir un lieu de polémique ? O morts, morts pour nous et souvent par nous (par notre défaut), il ne faut pas que vous mouriez deux fois, mais il ne faut pas que le silence devienne oubli. Recevez, cher Bernard-Henri Lévy, l'expression de ma tristesse et de mes regrets. M.B. »

Ces lignes, quand je les lus, m'inspirèrent trois réflexions.

— D'abord, donc, une certaine déception. Car le fait est que, à ma question, il n'avait pas daigné répondre et que je n'étais pas plus avancé sur le cas de mon homme invisible refaisant, dans certaines conditions, surface dans la Cité. C'était un vrai rôle de ma commedia dell'arte. Il le connaissait comme personne. Je n'en avais pas le mode d'emploi.

— Ensuite, bien sûr, une vraie joie. Cette affaire du carmel d'Auschwitz me tenait, faut-il le préciser ? terriblement à cœur. J'étais — je suis — de ceux qui pensaient que le cimetière d'Auschwitz devait rester un lieu de silence. Et j'étais — je suis — donc de ceux pour qui l'idée même d'un établissement sur ce site, fût-il de contrition ou de prière, était profondément choquante. Quelle satisfaction, alors, de le savoir de ce bord ! Quel sentiment de reconnaissance à l'endroit de ce chrétien qui prononçait les mots que j'aurais aimé pouvoir prêter aux porte-parole du judaïsme ! Merci, Maurice Blanchot.

— Mais enfin, et troisièmement, une réflexion sur l'étrange trait de caractère, et de destin, qui se manifestait là. Je connaissais, comme tout le monde, le passé maurrassien, voire antisémite, de celui qui, à la fin des années trente, écrivait dans *Réaction* des articles qu'aurait pu signer un disciple talentueux de Drumont. Et je n'avais — je n'ai — nullement l'intention, dans ce livre, de m'appesantir sur un dossier qui, à tort ou à raison, me semblait avoir été clos par le livre précis, documenté, qu'avait fait paraître, dix ans plus tôt, l'Américain Jeffrey Mehlman. Ce qui était troublant, en revanche, c'était de voir comment l'écrivain, un demi-siècle après, réagissait. Je lui parlais de l'Algérie ; il répondait Auschwitz. Je lui parlais « engagement » ; il répliquait « extermination ». Je n'avais pas fait la moindre allusion à ce débat sur un antisémitisme de jeunesse dont je répète qu'il était, à mes yeux, virtuellement tranché ; tout se passait comme si c'était encore et toujours de cela qu'il éprouvait le besoin, face à moi, de s'expliquer. J'insiste sur la date. Le 15 septembre 1989. Soit le moment où ce qu'il était convenu d'appeler « l'affaire Heidegger » avait atteint son paroxysme en France. Quelle différence alors ! Quel contraste entre les deux façons de traiter une culpabilité incalculable ! D'un côté l'intellectuel national-socialiste que l'on découvrait — un peu tard ! — aux prises avec son passé, ses demi-aveux, ses vraies fautes ; le grand philosophe de *Sein und Zeit* évoquant du bout des lèvres, et après des années de silence, la « grosse bêtise » que fut son adhésion, puis sa fidélité, au parti nazi. De l'autre, le remords infini de Maurice Blanchot.

14

« Sur cette terre inspirée »

(ISRAËL EN EUROPE)

Quand Théodore Herzl a l'idée de son État juif, quand il en évoque le principe et qu'il essaie de formuler l'impératif qui, selon lui, devrait présider à sa naissance, il parle de Palestine évidemment. C'est-à-dire de terre et d'histoire saintes. Et il ne peut pas ne pas songer, fût-ce confusément, à ce livre saint qu'est la Bible et qui, depuis des millénaires, à toutes les communautés juives d'Europe et hors d'Europe, annonce le retour à Sion. Mais il dit encore autre chose qui n'a rien à voir avec tout cela et qui, à ses yeux comme aux miens, est infiniment plus important — même si ses adversaires autant que, soit dit en passant, certains de ses thuriféraires ont parfois tendance, aujourd'hui, à le passer sous silence.

On est en pleine Affaire Dreyfus. Herzl est journaliste et « couvre » le procès Zola. Il est épouvanté, dit-il, par l'extravagante poussée de fièvre que cette affaire a déclenchée. Une fièvre antisémite, certes. Mais aussi nationaliste. Chauvine. Militariste. Une espèce de régression communautaire et tribale qui défigure pour le moment la France mais pourrait, il le pressent, gagner de proche en proche l'ensemble de l'Europe et la détourner de l'humanisme qui était, jusqu'à nouvel ordre, le cœur de son héritage. S'il veut un État juif, alors, c'est pour lutter contre cette fièvre. Pour résister à ce courant. C'est pour qu'il y ait un lieu, un seul, où la régression nationale, tribale, etc. n'ait pas le dernier mot. Et c'est dans l'idée, autrement dit, qu'il y ait un État au moins où puisse continuer de s'illustrer cet universalisme libéral auquel la culture européenne, et pour l'instant française, commence de tourner le dos.

Israël, par conséquent, et toujours selon Herzl, n'est pas

d'abord un « État-refuge ». Ni un « État-foyer ». Encore moins un État tribal, national, communautaire. C'est un État-concept. Ou un État-idée. Et cette idée dont il procède c'est celle d'une reprise, ailleurs et à nouveaux frais, de ces valeurs de tolérance, libéralisme, laïcité qui étaient le propre de l'Europe et dont l'Europe, semble-t-il, oublie les commandements. A ceux qui, cinquante ans plus tard, au moment de la création de l'État, reprocheront à Israël d'être une « tête de pont » de l'Europe en terre non européenne, Herzl aurait répondu : « oui, bien sûr ! justement ! tel était le cœur, l'essence de mon projet ». A ceux qui attendent aujourd'hui qu'il se fonde dans la région et qu'il devienne un, parmi d'autres, des États du Proche-Orient, il lancerait : « non, malheureux ! surtout pas ! cette orientalisation serait une faute ! une erreur ! ce serait l'erreur fondamentale qu'un sioniste ne doit pas commettre. » Car tel est, en vérité, et même si les successeurs ont tendance à l'ignorer, l'article fondateur de son programme : non pas, certes, une réplique, copie ou démarcation mais une reprise donc, et une relance, de l'idée européenne — « cette Europe, semble-t-il dire, dont le naufrage est déjà patent, cette Europe de nos rêves qui sera peut-être, hélas, celle de notre nostalgie, il importe de la refaire ! de la recommencer ! et c'est aux juifs, ses meilleurs fils (et aussi, comment ne pas s'en souvenir ? ses tout premiers instituteurs) qu'incombera, le jour venu, cette historique et noble tâche. »

Disons les choses autrement. Idée pour Idée, tout dépend de l'idée que l'on se fait de l'Europe. Ou bien c'est une terre, un ensemble de pays, c'est ce fameux « cap de l'Asie » dont parle Valéry — et ce n'est pas à cela que songe Théodore Herzl. Ou bien c'est une idée, une valeur, l'Europe en tant que telle est déjà cette idée, cette catégorie de l'âme et de l'esprit, ou bien, oui, la terre, le territoire européens sont le berceau de ladite catégorie (et encore ! pas nécessairement ! et on pourrait soutenir que, l'idée européenne s'identifiant pour partie aux valeurs judéo-chrétiennes qui l'ont instituée, son berceau était *déjà* cette terre d'Orient où naquirent les prophètes, puis les apôtres des religions du Livre), ou bien, dis-je, le territoire européen est le berceau de l'idée mais n'en est en aucune façon l'aire unique de déploiement et alors, si l'on définit ainsi les choses et que

« Europe » désigne cette région, non du monde, mais de l'être, rien ne s'oppose à ce qu'Israël soit lui-même une région de cette région et de l'Europe.

Le sionisme selon Herzl et les premiers intellectuels qui l'ont suivi ? Une pensée voisine, au fond — et, étant donné ce qu'était l'homme, étant donné sa généalogie personnelle et nationale, il n'y a pas lieu de s'en étonner — de celle des grands écrivains centre-européens qui sont ses quasi-contemporains et qui pensent, eux aussi, l'Europe comme un espace mental, presque abstrait, où l'on est le fils d'une Idée avant que d'un sol ou d'une tribu. Une pensée cacanienne donc. Ou mitteleuropéenne. Une pensée qui ne pouvait naître que dans la tête d'un pur produit de cette monarchie austro-hongroise qui, coiffant toutes les tribus, tous les particularismes qui composaient l'Empire, obligeait ses citoyens à se reconnaître dans un principe (le principe centre-européen, justement) davantage que dans une identité (croate, slovaque, slovène, magyare, etc.). Une pensée à la Broch. Ou à la Musil. Une pensée qui aurait pu naître chez l'un quelconque — outre ces derniers, des gens comme Werfel, Thomas Mann ou Joseph Roth — de ces « zivilisationliteraten » qui étaient, au tournant du siècle, l'honneur de cette culture. Ils la faisaient, eux, cette culture. Ils la vivaient. Il leur suffisait pour cela de pousser la porte d'un de ces cafés de Vienne, Prague ou Budapest où, selon l'image consacrée, on trouvait, pendus au clou, tous les journaux du monde, dans toutes les langues du monde. Alors que lui, Herzl, a le sentiment que c'est déjà fini, que l'apocalypse est imminente et que cet État merveilleux où l'on garderait le sens des valeurs laïques et cosmopolites, est un État à venir, bâtir, imaginer. A cette réserve près cependant, l'inspiration est bien la même ; et on ne comprend rien au sionisme si on perd de vue que c'est bien là, dans cette région du savoir, de la sensibilité et du style qu'est son véritable contexte épistémologique et politique.

J'ignore si les héritiers de Théodore Herzl se reconnaîtront dans ce portrait. Je suis même, pour tout dire, à peu près persuadé qu'il s'en trouvera une foule — une majorité ? — pour faire semblant de ne rien entendre à la logique de ce lignage.

Tant pis pour eux. Tant pis pour ceux qui s'imaginent qu'Israël est d'abord une terre — pourquoi pas, tant qu'ils y sont, un terroir ? — et que, sur cette terre, doit s'implanter un État semblable aux autres États. Car ils passent, ceux-là, à côté de l'essentiel. Ils escamotent cet universalisme radical que le sionisme hérite de son ancrage européen et qui, faut-il le préciser ? recoupe et retrouve *aussi* celui d'une philosophie juive qui n'a jamais cessé, elle non plus, d'opposer le pur nom de la Loi à celui des particularités, des idiotismes et des tribus. L'Europe et la Bible. La Bible et l'Europe. L'universalité biblique réactivée par celle de la Renaissance et des Lumières. L'impératif de destruction des maudits « bosquets sacrés » repris, fût-ce à l'insu d'un Herzl qui connaissait mal ces classiques-là, dans le contexte d'une culture mitteleuropéenne où l'on ne sait concevoir d'appartenances que transcendées par une identité abstraite, sans couleur, sans odeur. Telle est la matrice du sionisme. Tel est son acte de baptême. Et voilà pourquoi il s'agit d'un des discours les plus beaux, et les plus nobles, qu'ait produits la modernité idéologique.

15

« Fanon, révolutionnaire et psychiatre »

Quelle surprise de découvrir que c'est Claude Lanzmann qui, en 1961, a été l'intermédiaire entre Fanon et Sartre ! Et quelle improbable situation, là encore ! Voici le futur auteur de *Shoah*. L'homme qui a écrit, tourné, voulu, cet extraordinaire monument de mémoire, unique dans les annales des représentations de la barbarie. Voici le Lanzmann dont je connais l'ombrageuse vigilance dès que, de près ou de loin, le sort du peuple juif paraît en question. Eh bien, c'est cet homme-là qui, un quart de siècle plus tôt, se charge de faire le trait d'union entre un Sartre qui n'est plus tout à fait celui des *Réflexions* et un Fanon qui est déjà l'apôtre d'un tiers-mondisme déchaîné. Autre époque ? Autres enjeux ? Un tiers-mondisme qui, en ce temps-là, ne rimait pas encore avec antisionisme ? C'est cela. C'est possible. Sans doute n'était-il alors, Fanon, que le prophète inspiré d'une révolution mondiale qui, partie de la « périphérie », gagnerait, de proche en proche, les « métropoles impérialistes ». Sans doute était-il l'un des plus âpres représentants de cette « volonté de pureté » dont Lanzmann, dans la conversation que nous avons, convient que, en ce temps-là, elle le subjuguait encore. Et peut-être y avait-il surtout, pour le philosophe qu'il était aussi, quelque chose de fascinant dans le spectacle de cet homme, mi-intellectuel mi-psychiatre, dont on ne savait trop si c'est en libérant les fous qu'il avait conçu le projet de libérer les peuples — ou en luttant, au contraire, pour la libération des peuples qu'il avait découvert les principes d'une psychiatrie révolutionnaire. L'étrange, cependant, c'est que la conversation a lieu aujourd'hui, vingt-cinq ans après, dans un climat idéologique où la postérité du tiers-mondisme ne fait de doute pour personne — et que l'intéressé, malgré cela, ne semble toujours pas s'aviser du caractère insolite de sa présence dans cette histoire. Il est là, raconte-t-il. Ils sont arrivés, avec Sartre et Beauvoir, dans l'hôtel romain où se fait la rencontre avec l'auteur des *Damnés de la terre*. Et il est même ému, *encore ému*, lorsqu'il se souvient de ces nuits de discussion avec un homme qui n'a plus, alors, que trois ou quatre mois à vivre et qui ne rêve, en attendant, que de voir le grand écrivain préfacer son maître livre. Urgence. Passion. Passage de témoin — je crois que c'est le mot — entre un Fanon agonisant et un Sartre déjà en gloire. J'aime, chez Lanzmann, cette sensibilité qui ne calcule pas.

IV

La fin des prophètes

1

« Cette inguérissable fascination de la jeunesse »

(POUR EN FINIR AVEC LE JUVÉNISME)

Au nom de quoi Lénine et Staline ouvrent-ils les premiers camps de concentration ? Au nom de la pureté, je l'ai dit. Ou de la chasse aux parasites. Soit. Mais ce qui est derrière l'entreprise, ce qui fait courir nos chasseurs et dont ils rêvent déjà à voix haute, c'est le mirage d'une société neuve, peuplée d'hommes et de femmes neufs où les façons même de vivre, mourir, penser ou rêver seront elles aussi inouïes — le communisme, répètent-ils, est la jeunesse du monde.

Que dit Hitler, un peu plus tard, quand il déclare la guerre aux juifs ? Qu'a-t-il donc en tête quand il se lance dans cette histoire étrange — tellement étrange, il faut le dire et répéter, qu'elle était, et reste encore, unique dans l'histoire humaine — qu'est la destruction, non seulement d'un peuple, mais de la mémoire dont il témoigne ? Il dit qu'il est ancien, ce peuple. Effroyablement ancien. Il dit qu'il est le reste d'une histoire, plus que mémorable, immémoriale. Et il sait que l'immémorial, tôt ou tard, sera son ennemi le moins réductible. Le nazisme veut « rajeunir » le monde lui aussi. Il rêve, comme les autres, d'un homme neuf et régénéré. Que ferait-il de cette vieille parole juive ?

Que disent les Cambodgiens, quarante ans plus tard ? Au nom de quoi sacrifient-ils le quart, ou le tiers, de leur peuple ? J'ai décrit la démarche, certes. J'ai démonté, ailleurs, la mécanique. A la réserve près d'un mot, cependant, qui revient tout le temps dans la phraséologie de ces gens. « Jeune », encore... Nous voulons un monde jeune... Nous espérons un homme jeune... Nous avons les moyens de vous rajeunir ce vieux monde, ce vieil homme, ces vieilles âmes... Et pour ceux qui résisteraient, pour les têtes trop pleines (trop vieilles...) nous avons la formule oh ! certes expéditive mais, du coup, sûre et sans bavure de notre saint patron Netchaïev, grand nihiliste devant l'Éternel et fondateur, en son temps, de l'illustre Société de la Hache : couper, tout simplement, celles de ces fortes têtes qui auraient dépassé l'âge de quinze ans. Pol Pot, soyons justes, a raffiné le dispositif. Il a hésité avant de couper. Parlé avant de tuer. On avait le choix, au Cambodge, entre la jouvence (les camps de rééducation) ou la mort (les camps d'extermination).

Nos totalitaires maintenant. Qu'est-ce que disent nos totalitaires ? Qu'est-ce qui les excite tant dans le spectacle de ces totalitarismes en marche ? Eh bien, relisez Brasillach par exemple. Lisez l'ancien normalien, féru de culture classique et, donc, de monde ancien, découvrant en 1937 que ce fascisme qui le tentait mais lui faisait en même temps si peur est finalement, « depuis longtemps », la « poésie même du XXe siècle ». Il a eu le message, Brasillach. Il l'a reçu cinq sur cinq. Car c'est dans un camp de *jeunesse* que, bien sûr, se fait la révélation. C'est « l'amitié entre *jeunesses* de toutes les nations réveillées » qui, comme de juste, l'enthousiasme. Et ce qui l'émeut le plus, ce qui, comme il dit, « l'émerveille » c'est le spectacle du « *jeune fasciste* » encore — « appuyé sur sa race et sur sa nation, fier de son corps vigoureux, de son esprit lucide, méprisant les biens épais de ce monde, le jeune fasciste dans son camp, au milieu de ses camarades, le jeune fasciste qui marche, qui travaille, qui rêve » et qui est « d'abord un être joyeux ».

Prenez Drieu. Le délicat Drieu. Cet anglomane distingué qui s'habille chez Diltich and Key, préface un roman de Hemingway et reste, jusqu'à la fin, l'ami d'André Malraux. Sa conviction c'est, dès 17, que lorsque « la vie » est « fatiguée d'avoir produit trop de pensée », elle « demande la jouvence au bain de sueur et de sang » qu'est une belle et saine guerre. Sa tristesse c'est, ensuite, revenu à la vie civile, de retrouver une France sénile où une « conspiration de femmes et de vieillards » semble acharnée à réduire « l'émeute des forces animales ». Sa position, du coup, est à peu près, à ce moment-là, celle de ce personnage d'un de ses romans qui, interrogé sur son appartenance politique, répond : « je ne suis pas de gauche ; êtes-vous de droite ? je ne suis pas de droite non plus ; qu'est-ce que vous êtes ? je suis contre les vieux ». Et ce qui tranche alors, ce qui le fait sortir de cet état d'indécision piteux c'est, on l'a vu, la révélation, à Nuremberg, de ce « magnifique déploiement de jeunesse, de force, de santé, de beauté, qui couvre maintenant la majeure partie de la planète ». Le mot important, là aussi, c'est, bien entendu, le mot jeunesse. De même que le moment important, dans cette période de la vie de Drieu, c'est le passage par une toute petite revue, aujourd'hui bien oubliée, et que dirigeait alors le jeune Bertrand de Jouvenel. Cette revue s'appelait *La Lutte des Jeunes*. Sa manchette portait : « tous les jeunes, rien que les jeunes ». Son programme était de rassembler les jeunes de tous les pays pour vaincre, disait-elle, « l'union nationale des vieillards ». Et elle eut la particularité surtout, essentielle pour ce qui m'occupe, d'être le lieu que choisit Drieu pour, au lendemain du 6 février, faire sa première et solennelle profession de foi fasciste. Le reste, si j'ose dire, suivra. A commencer par le voyage, donc, à Nuremberg ; le choc devant les défilés nazis « écrasants de beauté » ; sa mélancolie de petit Français songeant que « tout cela », cet « élan », ces « beaux hommes », cette « espèce de volupté virile qui flotte partout », cette « générosité » sont « inconnus en France » ; l'exaltation ; la transe ; et puis, last but not least, la fameuse visite à Dachau, suivie de son commentaire stupéfiant — mais incompréhensible, je crois, si on oublie de le rapporter à cette volonté de rajeunissement forcenée, fût-ce au prix du travail forcé, de la rééducation, du redressement ! (« la visite du camp a été étonnante ; je crois qu'ils ne m'ont pas caché etc., etc. »)

Prenez Gide. Le Gide compagnon de route. L'auteur, si mal inspiré soudain, de ces *Nouvelles Nourritures* qui, à trente ans de distance, nous ramènent un Nathanaël déguisé en prolétaire rouge. Ce qui le fascine, lui aussi, c'est la « vitalité » de son héros. C'est son « élan ». C'est sa « force ». Ce qui motive son « amour » (il dit bien « amour » dans le fameux passage du

Journal où, le 1er mai 1933, il fait lui aussi l'annonce de sa récente conversion) pour cette jeune République spartiate, désintéressée, fervente, c'est l'impression d'avoir affaire à une société neuve, presque vierge, rendue par la Révolution à un miraculeux état de nature. Et ce qui l'en détache encore, ce qui déclenche la crise de conscience et, ensuite, le reniement, ce n'est pas la répression (il l'avait d'avance acceptée) ; ni la disparition des libertés (« je crois de plus en plus, confie-t-il au même *Journal,* que l'idée de liberté n'est qu'un leurre ») ; mais c'est la découverte sidérée (et tel est, quand on le lit vraiment, le vrai sujet du *Retour de l'URSS)* d'un monde qui n'a finalement rien à voir avec cette communauté de jeunes titans qu'il s'était plu à imaginer. Il attendait la Cité joyeuse. L'enthousiasme à tous les carrefours. Il espérait une célébration de la jeunesse et de la beauté. Il découvre, à l'examen, un monde aussi vieux, aussi médiocre, que celui des démocraties auxquelles il voulait échapper.

Prenez Rolland. Le vieux Rolland. Celui de *Quinze ans de combat* ou, mieux, de *L'Annonciatrice,* ce dernier tome de *L'Ame enchantée,* le livre dont Radek disait : « c'est notre plus grande victoire ». Il sait, lui aussi. Il n'a rien à apprendre sur la réalité d'un soviétisme dont, en 1921 déjà, dans sa polémique avec Barbusse (1921 oui — dès ce débat célèbre, tout est dit, tout est sur la table et dans les têtes) il a démasqué les impostures. Mais il se sent si vieux, soudain. Si inexplicablement fatigué. C'est comme une langueur qui l'envahit, là, au soir de sa vie — et qui ressemble à la langueur qui, depuis quelque temps, paraît s'être emparée du monde autour de lui. Et l'image est si forte, à l'inverse, de ce pays qui, là-bas, à l'autre bout de l'Europe, incarne ce mélange de pureté, d'innocence angélique et de force qui est le meilleur remède aux maladies de cette espèce. Marc, « le jeune loup »... Assia, « la jeune chatte »... Toute cette « jeunesse du monde » qui vient miraculeusement au secours de sa virilité défaillante... « L'URSS, dit-il, représente malgré ses fautes le plus vivant et le plus fécond de l'avenir européen ; pas seulement pour le progrès social mais, par le fait de la prodigieuse vitalité de tous ces peuples renaissants, pour le renouveau de toutes les forces de l'esprit ». Et ailleurs : « malgré le dégoût, malgré l'horreur, malgré les erreurs féroces et les crimes — toujours le souvenir, donc, de sa polémique avec Barbusse — je vais à l'enfant, je prends le nouveau-né ; il est l'espoir, l'espoir misérable de l'avenir humain ».

Les uns parlent d'« enfant » ou de « nouveau-né ». Les autres de « jeunes géants » montant à l'assaut du ciel. D'autres encore, sophistiquant le modèle et contredisant en apparence, mais en apparence seulement, cette phobie de l'Ancien constante chez presque tous, rêvent d'une jeunesse si parfaite, d'une enfance si radicale et totale, qu'elles seront comme le retour d'un état que l'humanité aurait connu à ses débuts ; non plus exactement : « il y aura un jour, dans une histoire future et nouvelle, un homme que nul n'a jamais vu, entendu, ni même conçu » ; mais : « il était une fois, dans une histoire passée et, hélas, presque effacée, un homme dont nul ne se souvient — il a le visage, cet homme, de notre innocence perdue et, le jour où il reviendra, c'est la jeunesse même du monde qui fera retour avec lui ». Le résultat, pourtant, est le même. Toujours le même. C'est toujours la même idée d'une jeunesse qui, qu'elle soit oubliée ou pas encore née, en amont ou en aval, incarne de toute façon les valeurs du Juste et du Vrai. Au point que je me demande s'il n'y aurait pas dans ce juvénisme, plus encore que dans la « volonté de pureté », l'essence ultime de ces phénomènes que le siècle a appelés « totalitaires ». La barbarie à visage juvéniste ? C'est ce que j'annonçais dans *Le Testament de Dieu,* à la fin des années soixante-dix. C'était la forme la plus avenante, donc la plus redoutable, du délire. Et c'est celle qui, aujourd'hui, en ces heures de lucidité où nous croyons ne plus rien ignorer — et donc ne plus rien avoir à craindre — de l'enchaînement des logiques fatales, aurait le plus de chances d'abuser nos vigilances. Redouter le juvénisme. Le combattre plus que jamais. Ce pourrait être sous ce visage que reviendront rôder un jour les fantômes.

Un mot encore sur ces histoires de « jeunesse ». Et sur les questions que, j'imagine, appelle cette condamnation.

La première : si les totalitarismes ont toujours été des juvénismes, l'inverse était-il vrai et les juvénismes étaient-ils tous des fourriers de totalitarisme ? Ou, pour être plus précis : suffit-il de se laisser aller à cette pente, après tout fort commune, qu'est la sacralisation de la jeunesse pour être aussitôt menacé par des dérives plus grossières ? Au risque de choquer je répondrai, en effet, que oui. Ou plus exactement : que le culte de la jeunesse, la fascination démagogique d'une immaturité érigée en valeur suprême, sont parmi les signes les plus sûrs qu'un écrivain ou un penseur s'apprêtent à déraper. Un exemple parmi d'autres. Celui de Sartre. Je trouve que les procès qu'on lui fait sont souvent de faux procès. Et malgré les bévues et bêtises que chacun garde à l'esprit, malgré tant de textes idiots ou, pire, irresponsables, je le trouve, je ne saurais dire pourquoi (il *faudra,* d'ailleurs, dire pourquoi), globalement plus sympathique que bien des intellectuels qui se sont, comme on dit, « moins trompés ». S'il y a une idée fausse, cependant, dont il ne s'est jamais expliqué et qui l'aura, de fait, accompagné jusqu'à la fin, c'est l'idée selon laquelle « la jeunesse » serait, en soi, inclinée au Vrai et au Bien. En sorte que lorsque je le vois, au Havre, au tout début de sa carrière, demander à la jeune Olga d'être la première lectrice de *La Nausée,* lorsque je l'entends claironner que son jugement lui importe plus que celui de n'importe quel critique ou lettré, et lorsque je l'imagine frémissant d'aise, enfin, sous prétexte que « l'invitée » a tranché : « bravo ! bien plus qu'honnête ! », je ne peux pas ne pas songer que, de l'extrême tiers-mondisme de la fin de la guerre d'Algérie à l'ultra-maoïsme d'après mai 68, bien des égarements sartriens avaient, sinon leur source, du moins leur préfiguration dans cette très simple et très banale pétition de principe juvéniste.

Car, seconde question : qu'est-ce qui fait que le juvénisme a à voir avec ces égarements ? Qu'est-ce qui, dans le culte de la jeunesse, peut alimenter des délires dont le propre est, ne l'oublions pas, d'être aussi des délires meurtriers ? Et, pour être plus précis encore, qu'est-ce qui empêche donc Sartre, ou les autres, d'idolâtrer leur jeunesse en toute innocence et quiétude ? Réponse : qui dit jeunesse dit immaturité ; qui dit immaturité dit immédiateté ; qui dit immédiateté — c'est-à-dire économie, refus des médiations — dit pulsion, instinct, violence peut-être ; et qui dit cela, qui dit apologie de ces valeurs primaires ou primitives sera pour le moins démuni quand il s'agira, chez les autres ou surtout en soi, de ne pas céder à d'autres pulsions, d'autres violences, etc. Autre réponse : qui dit jeune dit inculte ; ou, au moins, inexpert ; qui dit inculte, ou inexpert, et qui fait l'apologie, surtout, de ces inculture et inexpertise, parie sur un savoir sans mots, sans mémoire, spontané ; et quelle que soit la valeur de ce savoir, quelle que soit la qualité des intuitions qu'il va instruire, il est clair qu'il n'est là que pour être préféré à l'autre — celui, qu'on le veuille ou non, des mots et de la culture. Quel moyen, quand on est juvéniste, c'est-à-dire, encore une fois, quand on croit à la grâce éminente de cette science infuse qui précède en chacun le savoir appris, de ne pas insulter, forcément, l'univers de la pensée et des livres ? Autre réponse : cette jeunesse, cette enfance essentielle et sacrée ne sont évidemment pas l'enfance « maligne » des théologiens ; ce n'est pas cet âge ingrat que Bossuet qualifiait de « bestial » et dont Bérulle disait qu'il est « l'état le plus vil et le plus abject de la nature humaine après la mort » ; ce n'est pas non plus ce règne, dont parlait Freud, d'une « perversité polymorphe » dont seul nous déprendrait le travail de la civilisation ; c'est une jeunesse heureuse, au contraire ; initialement heureuse ; c'est cette jeunesse essentielle et bénie que Rousseau voulait, dans l'*Émile*, arracher à sa malédiction ; c'est la jeunesse selon les romantiques (« l'enfance, notre avenir ») ; ou Céline (« l'enfance, notre seul salut ») ; c'est une enfance immaculée parce qu'au plus près de la nature ; c'est une enfance pure, parce qu'au contact de l'origine ; et ce que l'on chérit en elle, la bonne nouvelle qu'ils entrevoient, tous nos pédophiles-philosophes, c'est en réalité, et comme toujours, la possibilité d'un âge de la vie, et donc d'une région de l'Etre, qui seraient bienheureusement soustraits à l'insupportable loi du péché. Comme toujours ? Oui, comme toujours. Car qu'est-ce que le totalitarisme sinon le fantasme d'un monde (ou, pour commencer, d'un moment, d'un état ou d'un âge du monde) qui serait enfin purifié de cette énigmatique éternité du Mal ? Dernière raison donc — qui fait que ce culte de la jeunesse n'est pas « récupéré » par les fascismes mais qu'il y a, entre lui et eux, entre l'abord souriant du premier et le délire lugubre des seconds, une connivence qui tient à l'essence. Le juvénisme est, essentiellement, un thème barbare.

Troisième question : que faut-il répondre au juvénisme ? Comment le contrer ? Avec quels arguments ? Premier type d'argument — insuffisant, j'en conviens : l'argument politique ; ou historique ; l'argument par ce totalitarisme dont je viens de montrer la fascination pour la jeunesse ; voyez les films de Leni Riefenstahl ; voyez les films de propagande soviétique des années vingt et trente ; l'argument n'est pas suffisant — mais il est difficile de n'être pas frappé, et par la parenté des deux univers, et par la caractère trouble de ces hymnes parallèles. Second type d'argument : l'argument freudien justement ; ou catholique ; ou biblique ; l'argument, développé par Muray dans son *Dix-neuvième siècle*, selon lequel, loin d'indiquer une plus grande « pureté », la proximité de l'origine, c'est-à-dire, par conséquent, la jeunesse et l'enfance seraient plutôt synonymes au contraire de corruption ou d'impureté ; c'est, pour un théologien, l'argument qui justifie le baptême (si l'enfant est, dès l'origine donc, marqué par le péché, il faut rien moins que ce sacrement et ce coup de force symbolique et culturel pour, sinon effacer la souillure, du moins la contrecarrer) ; c'est, en littérature, la position constante de Baudelaire (l'enfant, rappelle-t-il à tout propos — mais il pourrait aussi bien dire « le jeune » — est plus proche du premier péché et donc plus « abominable ») ; c'est l'idée toute simple, au fond, qu'il faut de la patience et du temps, de la médiation et de la culture, pour faire d'un homme un civilisé. Troisième argument enfin : l'argument par l'art ; ou par la logique réelle, concrète, de la création ; l'argument, développé par Dispot dans son *Manifeste archaïque,* selon lequel les œuvres belles n'ont jamais rien eu à voir avec ces histoires d'âge ; si la jeunesse, dit-il, était en soi féconde, si elle avait quelque affinité avec la création et son génie, alors les vers latins de Rimbaud, ceux qu'il écrivait à quatorze ans dans la salle d'étude du lycée de Charleville seraient encore meilleurs que ceux des *Illuminations ;* les gammes que faisait Mozart, à cinq ans, devant la cour de

Vienne émerveillée seraient encore supérieures aux œuvres de la maturité et, à plus forte raison, au *Requiem ;* or ce n'est pas le cas ; c'est même très précisément le contraire ; car ce qui frappe c'est, pour l'un comme pour l'autre, non seulement l'évidente infériorité des promesses mais, comparé à l'originalité, à l'éclatante et sublime hardiesse des fruits de leurs maturités respectives, le côté petit vieux, un rien trop studieux et appliqué, qu'avaient les deux enfants prodiges ; de même que ce qui frappe encore c'est, chez un Chagall ou un Cézanne, chez le Matisse des papiers collés ou le Picasso des derniers tableaux, cette éclosion tardive d'une œuvre non seulement admirable mais neuve, lumineuse, fastueuse — bref dotée de tous les attributs que l'on attache, d'habitude, à la fameuse « jeunesse ».

En finir avec la jeunesse, alors ? N'en plus parler ? Proscrire le mot ? Évidemment non. Mais je dis en revanche qu'il faudrait ne plus l'employer, ce mot, que dans un sens qui, loin d'exclure le dernier Picasso ou le Chagall quasi centenaire, les inclurait au contraire et servirait à les qualifier. Une jeunesse selon l'esprit qui deviendrait une catégorie, non plus du temps, mais de l'Être. Cette jeunesse éternelle c'est la seule qui échappe au juvénisme. Et c'est la seule dont, pour ma part, je me réclamerai jusqu'au bout.

2

« Danton, quel programme »

(LETTRES À RÉGIS DEBRAY)

— *14 août 1989* —

Antipathique ? Mais oui ! Bien sûr ! Si tu savais comme j'aime ça, moi aussi ! Si tu savais comme je prends plaisir, dans mes livres et autour de mes livres, à flatter ce drôle de goût qu'ont, je crois, tous les écrivains et que j'appellerai, faute de mieux, le goût du désaveu ! Flaubert a dit de belles choses là-dessus. Et Kafka. Et Baudelaire dans la célèbre lettre où il projette de « mettre la race humaine tout entière contre lui ». Sans parler de notre Cocteau qui a fait tellement d'efforts, le pauvre, pour avoir l'air bon type et bien pensant, qui a copiné avec Aragon, éditorialisé dans *Ce soir,* qui a pris position pour ceci, s'est engagé sur cela, a même pris la tête (on l'oublie toujours) d'une pétition monstre en faveur des Rosenberg — tout ça pour s'apercevoir à la fin qu'il avait beau faire et surfaire : il restait l'éternel paria des lettres, moqué par les uns, vilipendé par les autres, et obligé, dans les années trente, de quitter les cinémas avant la fin du film de peur que les surréalistes ne lui cassent la gueule à la sortie. Il ne l'avait pas volé, diront ceux qui se souviennent du fameux *Salut à Breker.* C'est une façon de voir. Sauf qu'il n'avait pas écrit le *Salut,* à l'époque ; et que même après, dans les années quarante et suivantes, je ne suis pas du tout certain que ce soit de ça qu'il était réellement question quand une intelligentsia, au moins aussi mouillée que lui, continuait de faire la fine bouche devant *La Belle et la Bête* ou l'admirable *Potomak.*

Enfin bon. L'exemple de Cocteau n'est peut-être pas le mieux choisi. Mais il dit quand même assez bien que les écrivains ont tort d'essayer de séduire à tout prix ; qu'ils ont tort de faire tant d'efforts pour avoir l'air sympathiques, fréquentables ; qu'ils devraient peut-être, va savoir, faire un peu moins de politique (il faudra bien, du reste, se décider un jour à prendre la mesure de la part de mauvaise conscience, c'est-à-dire au fond de pénitence, de volonté de rachat, etc. qu'il y a derrière toute cette affaire de l'« engagement » des clercs) ; et s'ils ont tort de tant s'agiter c'est parce qu'à moins d'être des toquards, à moins d'être des bonimenteurs et doreurs de pilule professionnels, il y a dans leur existence même, dans le seul fait qu'ils écrivent et rendent leurs écrits publics, quelque chose — quoi ? c'est, évidemment, toute la question... — qui ne peut que les rendre furieusement insupportables. J'en connais que ça rend malheureux. Moi, je te le répète, ce serait plutôt le contraire. J'ai écrit, jusqu'ici, deux romans ; et je ne pense pas mentir en affirmant que ce qui m'a flatté dans les deux cas, ce qui m'a donné joie et fierté, c'est de sentir autour de mes petites histoires non l'enchantement mais la méfiance, non l'assentiment mais le malaise — quelle jubilation, par exemple, à les voir tous gamberger sur mon « devenir femme » dans *Le Diable* ou bien, dans *Les Derniers Jours,* sur mon « identification » à Baudelaire... !

Côté philo, c'est forcément pareil. Peut-être même encore pire. Car j'ai carrément pris le parti là, et depuis le tout début, de me colleter avec les croyances auxquelles j'avais des raisons de penser que mes contemporains tenaient le plus. Je ne voudrais pas avoir l'air de la ramener. Mais antipathie pour antipathie je te souhaite, mon cher Régis, de te faire un jour insulter par la gauche comme je l'ai été pour *La Barbarie ;* par la droite, comme je l'ai été pour *L'Idéologie ;* par les ayatollahs juifs, chrétiens, musulmans et laïcs comme je l'ai encore été au moment du *Testament de Dieu.* Je te souhaite d'être traité de faussaire, de truqueur, de sectaire. Je te souhaite de voir un grand quotidien titrer sans la moindre précaution, sans l'ombre d'une enquête ni d'une vérification, « l'honneur perdu de Régis Debray » le jour où une demi-folle t'aura reproché d'avoir plagié un livre que tu n'auras pas lu. Je te souhaite, en un mot, d'être mis au ban de toutes les communautés savantes et intellectuelles à l'exception d'un tout petit carré d'amis qui continueront, Dieu sait pourquoi, de te conserver confiance et amitié. Tu crois que j'exagère ? A peine. Car c'est vraiment comme ça que j'ai vécu pendant dix ans. Et si ça s'arrange un peu maintenant, si le poids de mes crimes idéologiques commence à peser moins lourd (encore que je ne crois pas qu'il y ait, en ces matières, de prescription véritable), je ne peux pas ne pas penser avec une pointe de nostalgie à cette époque où j'étais coupable a priori de tous les péchés de l'esprit et où la cléricature au grand complet en appelait — mais oui ! — aux « maître des médias » pour qu'ils tracent autour de moi une manière de « cordon sanitaire ».

Le plus drôle d'ailleurs c'est que je n'étais, dans le fond, probablement pas fait pour ça. De tempérament, je suis un orthodoxe. D'humeur, un conformiste. Dans la vie, je serais plutôt du genre civil, courtois — juste le contraire, en tout cas, de l'imprécateur furieux que tu désignes dans ta lettre. Et j'ai peine à me souvenir, pour le coup, de l'époque bien plus lointaine où, débutant parfait, nourri au meilleur lait des meilleures vulgates du moment, structuraliste en diable, sympathique au possible, aussi doctement révolté qu'il convenait de l'être et propagandiste, pour le reste, de toutes les langues de bois, j'allais d'Althusser à Foucault, de Foucault à Barthes et Derrida, en leur laissant croire à chacun qu'ils tenaient en ma personne le type même du zélateur. Bizarrement, j'ai cassé tout ça. Pourquoi ? Tu trouveras à cela, je suppose, mille explications « cyniques » : qu'il y avait notamment, en « médiologie » stricte, plus à gagner dans l'opération nouveaux philosophes que dans une fidélité plus modeste à nos bons maîtres d'autrefois. La mienne me fait la part à la fois plus et moins belle : je crois que tout s'est joué en bonne partie dans mon dos, et sans que j'aie eu besoin, comme tu dis, de « prier Dieu de me donner la force de devenir antipathique » ; et cela parce qu'il m'était tout bonnement impossible d'entreprendre de penser sans m'inscrire spontanément, *méthodiquement* en faux contre toutes les orthodoxies que nous imposait l'époque — à commencer, soit dit en passant, par celle que tu incarnais toi-même.

Tout ça me fait d'ailleurs penser qu'il y a comme un défaut dans la déclaration d'ourserie que tu fais à présent. Penser seul, proclames-tu... Contre tous les conformismes... Contre tous les principes de plaisir... Récolter le moins possible d'approbations, d'applaudissements... D'accord. Mais il faudrait que tu m'expliques alors comme tu te débrouillais avec tout ça quand tu étais conseiller de Mitterrand, que tu avais ton bureau à l'Élysée, que tu t'employais à vendre au bon peuple des raisons de croire et d'espérer — et quand, last but not least, tu affichais ton adhésion à cette pensée, rassurante s'il en est, que l'on appelait encore le marxisme. Car enfin, soyons clairs. Je disais à l'instant qu'il y a deux types d'écrivains : les désenchanteurs et les doreurs de pilule. Mais il y a de la même manière deux sortes de philosophes : les optimistes et les pessimistes ; ceux qui cajolent les hommes et ceux qui les bousculent ; ceux qui leur disent « mais non, mais non... tout va bien... l'histoire marche dans le bon sens... faites donc confiance au progrès, tout finira par s'arranger... » et ceux qui, au contraire, leur expliquent qu'il n'y a pas d'Histoire, pas de bonne communauté et que le malheur, comme dit la Bible, ne disparaîtra jamais de l'horizon. Aux dernières nouvelles, tu étais plutôt du premier bord. Peut-être as-tu changé depuis. Dans ce cas, welcome in the club. Mais sinon (c'est-à-dire, pour être très précis, tant que tu conserveras la moindre illusion philosophique quant à la validité, mettons, du « socialisme ») je ne vois pas bien comment ton « désir d'antipathie » sera autre chose qu'une pose, une position de surface ou un vœu pieux.

Ce qu'il faudrait que j'explique, moi, en revanche, c'est mon rapport aux médias. Car tu auras beau jeu, j'imagine, de me dire : pourquoi, dans ce cas, la télé ? pourquoi, si ton pessimisme est si radical, ta volonté de déplaire si totale, accepter de te prêter à ses jeux ? A ça, si tu permets, trois réponses. La première c'est que je suis un écrivain et qu'il reste en tout écrivain (Cioran le disait l'autre jour) un obscur désir de séduire qui est comme le contrepoint de ce goût du désaveu. La seconde c'est que je suis terriblement mal vu et que, à tort ou à raison, j'ai longtemps cru que ce recours aux médias était la seule façon que j'avais, non pas hélas de convaincre (je n'ai quand même pas cette naïveté !) mais simplement de survivre, de n'être pas complètement laminé. Et puis enfin la troisième — tu ne vas pas me croire mais tant pis : j'ai toujours eu le sentiment, en passant à la télé, en donnant des interviews, non pas d'arranger mon cas, d'améliorer mon image ou de me gagner des partisans — mais de progresser, au contraire, dans notre chère « antipathie ». J'ai eu l'idée l'autre jour, en parlant avec Jean-Paul Enthoven, d'un livre qui pourrait s'appeler *Lettre ouverte à ceux qui ne m'aiment pas*. Ce serait la fête à pas mal de monde. J'y réglerais les compte que tu imagines. Mais je le terminerais surtout par une adresse à celui que je tiens pour mon pire ennemi et qui n'est autre que moi-même. Pas le moi de la vie. Ni celui qui signe mes livres. Mais ce troisième personnage, pantinisé par les médias, insupportable, parfois odieux, dont je ne suis pas toujours sûr que j'aurais plaisir à le connaître ou à devenir son ami mais dont je prendrais un plaisir immense, d'interview en interview, d'émission en émission, à pister les avatars et reconstituer la biographie.

J'ajoute pour être complètement honnête — et pour te donner, moi aussi, ma « doctrine » sur la question — que je trouve *aussi* des charmes intrinsèques à ces petits jeux médiatiques. Je suis tombé hier soir, après avoir lu ta lettre, sur une page de Heidegger avec laquelle je me sens, une fois n'est pas coutume, d'accord. Qu'est-ce que la « gloire » ? demande-t-il. Les « journaux », certes... La « radio »... Une sorte d'« apparence », de « doxa »... Un « acquêt très douteux, jeté et distribué ici et là »... Bref, une foire aux vanités, aux illusions et aux reflets où il est difficile de ne pas voir « presque le contraire de l'être »... Sauf, ajoute-t-il aussitôt, que doxa signifie également « se montrer dans la lumière » et qu'il y a dans cette « mise en lumière », dans ce « fait d'accorder de la considération à quelqu'un et de manifester cette considération », une manière de le « glorifier » et de lui procurer donc « la stabilité et l'être ». Éminence de la gloire. Affinité de la glorification et du travail poétique. Conformité de ce « renom » et de la « production » la plus authentique. A la terminologie près, c'est tout à fait ma position pour la saga télévisée qui m'occupe en ce moment. Si ça ressemblera à une enquête ou à un règlement de comptes ? Tu verras, mon ami... Tu verras... Sache seulement que mon goût du désaveu, ou ma nostalgie de la séduction, ne m'ont pas encore fait renoncer à cette autre tentation, au moins aussi tenace, qu'est l'envie de tromper mon monde et, au sens fort, de le décevoir. Pardon de ces bavardages. A bientôt donc — et amitiés.

— *29 novembre* —

Tout à fait d'accord mon cher Régis, pour essayer de « mieux définir » ces histoires d'« imaginaire » et de « réel », de « politique » et de « roman ». Je le fais autant plus volontiers qu'il y a en ce moment, sur ces questions, tout un discours qui m'exaspère et dont j'ai peur que ta dernière lettre ne soit parfois l'illustration.

Ces histoires d'« enquêtes », par exemple. Cette religion du « fait », du « détail », du « concret » où tu sembles te complaire. Est-ce que tu ne sens pas ce qu'il y a de faux dans tout ça ? Est-ce que tu ne vois pas la part de blague, de pose et, pour tout dire, de *démagogie* qu'il y a dans cette façon de soi-disant faire le vide en soi, d'oublier ses idées et préjugés — et d'arriver ainsi tout nu, sans œillères ni présomptions, devant les prétendues « choses mêmes » ? Les écrivains, tu le sais, ont toujours fait le contraire. Ils arrivent toujours, quand ils voyagent, la tête farcie de pressentiments qu'ils n'ont rien de plus pressé que de mettre à l'épreuve des faits. Ils font le tour du monde, comme Roussel, sans sortir de leur cabine. Ils racontent l'Amérique (comme Kafka) ou la Chine (comme Malraux) sans jamais y avoir mis les pieds. Ils décrivent les stèles chinoises en y « plaçant simplement — c'est ce que dit Segalen dans une lettre à Jules de Gaultier — ce qu'ils ont à exprimer ». Et quand Claudel, à Tokyo, tombe sur un détail qui dément l'idée qu'il se faisait du théâtre japonais, il décide de passer outre, de persévérer dans le prestige, de préférer au véritable « bounraku » celui qui « s'était mis à marcher dans son imagination » — tout en donnant, du théâtre en question, une interprétation plus forte, plus riche de sens et d'intelligence que celle des spécialistes.

Claudel avait l'avantage d'être un immense écrivain ? Bien sûr. Et je t'accorde qu'il serait pour le moins hasardeux de recommander la méthode au correspondant moyen de nos gazettes favorites. Mais enfin ça veut quand même dire deux choses. Primo : que la littérature a par elle-même (et à l'égal, donc, de l'érudition ou de ta sacro-sainte observation) un pouvoir de connaissance tout à fait considérable. Il y a des gens qui écrivent des romans pour le seul plaisir de distraire et de raconter de belles histoires. Moi ce qui m'intéressait, dans *Le Diable en tête,* c'était de comprendre mon époque. Ce qui m'importait dans *Les Derniers Jours,* c'était de produire un savoir — le mot est lourdingue, mais je l'assume — sur un certain nombre de questions (la souffrance et la mort, le malentendu et la gloire, le destin des œuvres inachevées, la critique, la création) que j'aurais pu aborder, tout aussi bien, avec les outils plus classiques de l'entendement théoricien. Et ce que je pense en fait c'est qu'à cause de ses ressources techniques, à cause du loisir qu'il me donnait de prendre de l'intérieur des problèmes que, d'habitude, je n'abordais que du dehors, à cause de la fabuleuse puissance d'intégration qui me semble inhérente au genre et puis à cause, enfin, d'un style de narration qui, jouant sur la pluralité des voix, me permettait de multiplier les angles, les distances focales et les points de vue — à cause de tout ça, donc, je pense qu'il peut y avoir dans un roman une *quantité de conscience* incomparablement plus forte que dans un essai de philosophie.

Deuxio, cela veut dire que, roman ou pas, et dans notre intelligence du monde en général, on surestime à mon avis le rôle de cette fameuse « observation » que tu opposes à mon « enflure » et à mon « exaltation ». Tu as peut-être raison, du reste, sur l'enflure. Et il y a des livres de moi — *La Barbarie à visage humain* en tout cas — dont le ton, l'enthousiasme, la ferveur un rien convenue m'agacent aussi à la relecture. Mais la question, en l'occurrence, n'est pas là. Tu as voyagé — moi aussi. Tu as bourlingué à travers l'Europe — j'ai dû, à quelques années près, voir les mêmes gens, passer les mêmes carrefours, ébaucher les mêmes analyses que toi. Eh bien, je vais peut-être te choquer. Ou plutôt (car tu sais très bien que j'ai raison) je vais dire une chose qui choquerait, s'ils m'entendaient, tous les gogos qui ont envie de croire à la pieuse et belle légende de l'écrivain naïf, ouvert au monde et à ses surprises, qui, le regard vide et la tête molle, se contente d'enregistrer (c'était une fâcheuse expression de Foucault à propos d'un livre de Glucksmann) « la grande colère des faits ». Ce qui m'a frappé chaque fois, ce que j'ai retenu de chacun de ces voyages et reportages c'est l'extraordinaire minceur de la plus-value de savoir que m'apportait l'enquête elle-même. Des jours et des jours d'observations... Des semaines, parfois, d'investigations... Et tout ça pour un « supplément » qui, à l'échelle du stock d'informations accumulées et disponibles, était tout juste perceptible... Il fait, ce supplément, toute la différence ? Il est le mérite, et l'honneur, du journaliste véritable ? D'accord. Mais à la condition d'admettre que le gros de la partie se joue ailleurs ; que les meilleures analyses sont celles qui, pour l'essentiel, vérifient ce que nous savions ; que c'est l'œil de l'esprit qui travaille, autrement dit, bien plus que l'œil ordinaire ; et que rien n'est plus absurde que de laisser courir la légende du journaliste émerveillé qui mettrait en suspens ses préjugés pour découvrir le monde dans son innocente étrangeté.

De là bien sûr mon scepticisme — pour ne pas dire davantage — face à tes envolées sur les abus de l'imaginaire, de l'affabulation, etc. Là aussi ça fait de l'effet. Ça rassure les braves gens. Et je peux te garantir que c'est toi qui, avec un thème comme celui-là, te serais taillé le plus franc succès dans notre colloque de Blois. N'empêche. Sur le fond, ça ne tient pas. Ça n'a aucune espèce de rapport avec la façon dont les idées — politiques, scientifiques ou autres — s'engendrent en réalité. Et je serais d'ailleurs prêt à te le prouver, si nous en avions le temps et l'occasion, du strict point de vue de l'épistémologie la plus orthodoxe. Les hasards de la vie, c'est-à-dire en réalité de mon film sur les intellectuels, ont voulu que je relise ces temps-ci les livres de Canguilhem. Ce sont des analyses fouillées, comme tu sais. Des enquêtes ultra-scrupuleuses. Il fait dans une minutie, une méticulosité dont je suis sûr qu'elles te combleraient d'aise. Or qu'est-ce qu'il nous dit, ce méticuleux, quand il réfléchit à la naissance d'un concept ou à la cristallisation d'une découverte ? Il parle expérimentation. Outils et procédures techniques. Il rappelle l'importance des microscopes, des laboratoires, des théorèmes. Il insiste sur le rôle des modèles ou sur celui, négatif, des fameux « obstacles épistémologiques ». Mais il ajoute — et c'est ça qui est passionnant — que rien ne se produit tant que ne vient pas en renfort une autre faculté qui n'est ni la logique, ni la méthode expérimentale, ni même l'intuition, la déduction, que sais-je ? puisqu'il s'agit tout simplement de... l'esprit de fabulation !

Il y a cette très belle page, par exemple, où il dit tout ce que doit le darwinisme à une méditation rêveuse autour des lois de Malthus. Il y a cet autre passage où il raconte ce que la théorie cellulaire d'Oken doit aux conceptions politiques de Novalis et du romantisme allemand. Il y a tout le livre sur l'incroyable invention, par Willis, de la théorie moderne de l'arc réflexe. Willis, dit-il à peu près, était un grand savant. Un expérimentateur hors pair. C'est quelqu'un qui avait compris la nécessité de sortir de la physique cartésienne et de ses contraintes. Mais son coup de génie, le vrai, est d'avoir halluciné toute une folle vision des esprits animaux et de leur circulation. Il est d'avoir affabulé que le mécanisme du réflexe était plus ou moins comparable à celui de la réflexion de la lumière ou de la chaleur. Il est d'avoir gambergé si tu préfères — et pendant des années et des années ! — autour du fonctionnement de tout un tas d'instruments bizarres dont le moins qu'on puisse dire est qu'il ne les trouvait pas dans l'arsenal de la science : miroir à feu, briquet à air, poudre à canon et j'en passe... En sorte que l'invention d'où sort, peu ou prou, toute la physiologie moderne est le fruit d'une « imagination » bien plus que d'une « observation » ; elle est le fait d'un savant qui était un poète au moins autant qu'un physicien ou un mathématicien ; et dans ce cas comme dans les autres, il est bien évidemment impossible de démêler la part de la fable de celle de la rigueur — il n'y aurait aucune espèce de sens à séparer, comme tu le fais, le « mythos » d'un côté et, de l'autre, le « logos ».

Tout cela nous éloigne de notre colloque ? Oui et non. Car toutes proportions gardées, et sans vouloir défendre à toute force un discours qui ne valait guère plus que le temps — fort bref — qui m'avait été imparti, je n'ai pas eu le sentiment, ce jour-là, de déroger tant que tu crois aux exigences de la recherche telle que je la conçois. Je n'ai pas parlé de la Turquie, c'est entendu. Ni de la Scandinavie. Je n'ai pas dit un mot de la question, en effet capitale et complexe, de savoir qui paiera les billets d'avion de mon Académie européenne. Mais il y a une autre complexité dont tu auras compris qu'elle m'importait au moins autant et aux exigences de laquelle je ne pensais pas m'être dérobé. Cette complexité c'est celle, disons, des idées. Mieux : c'est celle de la *bataille* d'idées dont la « construction européenne » est plus que jamais le théâtre. Et c'est compte tenu de cette bataille que je me suis efforcé : 1. de mettre en garde contre la naïveté de ceux qui voient déjà les pays « libérés » d'Europe centrale rejoindre purement et simplement la grande utopie libérale : je ne crois pas, moi, à cette pure et simple convergence ; je ne pense pas que la fin du communisme signifie le ralliement ipso facto au libéralisme ; et c'est pourquoi j'ai insisté sur ce mixte d'écologie, d'organicisme communautaire et de socialisme rénové qui pourrait fort bien prendre la place des idéologies totalitaires. 2. de ne pas tomber dans la tentation qui consisterait à applaudir, sans nuance ni réserve, à tout ce qui se passe de l'autre côté du rideau de fer : nos amis de l'Est ont beaucoup à nous apprendre — à commencer par leur façon d'envisager l'Europe sous l'angle de la culture ; mais j'ai tenu à ajouter que nous avions, nous aussi, non seulement un message à leur apporter, mais des objections à leur opposer — et que si nous ne le faisions pas, si nous nous cantonnions à je ne sais quelle admiration béate et bêtement émue, ils seraient fondés à nous reprocher un paternalisme politique qui n'honorerait ni eux ni nous. 3. de souligner enfin que la partie qui se dispute en ce moment est celle, à peu de chose près, qu'ont déjà jouée à blanc une poignée d'écrivains comme Habermas d'un côté, Kis ou Kundera de l'autre : dire cela ce n'était pas « faire du name dropping » mais essayer de gagner du temps en décrivant un débat dont les balises, les enjeux, les lignes de pente et les horizons sont pour ainsi dire connus d'avance ; c'était rappeler, si tu préfères, que Mitteleuropa est le nom d'une nostalgie mais aussi d'un possible cauchemar et que toute la question des prochaines années sera de savoir ce qui l'emportera, dans les terres et dans les têtes, de la merveilleuse patrie de Freud, de Musil et de Mahler — ou de l'effroyable foyer de guerres, de querelles chauvines et nationales, d'irrédentismes en tous genres ou de romantismes déchaînés dont cette Europe du milieu est également le synonyme. Autre forme de la question, qui aurait peut-être été plus claire : tout le monde s'accorde à dire que l'on assiste à ce phénomène saisissant, rarissime dans l'histoire des sociétés, qu'est le retour d'une civilisation entrée en glaciation depuis presque un demi-siècle. Eh bien le retour est en effet parfait. Il est hallucinant de précision. A la réserve près, quand même, de ce tout petit « détail » que sont les millions de juifs, irrémédiablement disparus du paysage et du tableau. Question, donc — que je pose, je le précise, sans malignité ni arrière-pensée : quid, à l'aube du XXIe siècle, d'une *Mitteleuropa sans les juifs* ?

De ces affaires européennes, il faudrait d'ailleurs que nous prenions un jour le temps de discuter un peu plus à fond. Car c'est bien gentil de parler de « consensus ». C'est bien joli de dire — ce qui n'est, en soi, probablement pas faux — que tu as prévu avant beaucoup de monde l'effondrement du communisme et le retour de cette « Europe » dont tu redoutes à présent qu'elle soit en train de devenir notre « mythe de substitution ». Ce dont je ne suis pas sûr, personnellement, c'est que nous parlions de la même chose quand nous prononçons toi et moi (ou d'autres) les mêmes mots ; et que nous nous retrouvions donc, miraculeusement, sur la même ligne.

Une question par exemple. Si vraiment tu as annoncé tout ce qui vient de se passer, si tu as mené tes petites enquêtes d'un bout à l'autre du continent, si tu as dénombré (et je ne doute pas, encore une fois, que tu aies été, sur ce coup, plus clairvoyant que beaucoup d'autres) le nombre exact de prisonniers dans les camps de concentration soviétiques, d'où vient, mon cher Régis, que tu en sois resté, si j'ose dire, à ce minutieux dénombrement ? d'où vient qu'on t'ait si peu vu et entendu quand il s'est agi de tirer de prison les hommes (milliers ou millions peu importe) dont tu connaissais l'existence ? et comment se fait-il au contraire que tu te sois acharné, pendant toute cette période, à ridiculiser jusqu'à l'idée de cette réinvention démocratique dont je considère, moi, qu'elle était à la gloire d'une intelligentsia tout juste déstalinisée ? Mon soupçon, tu le devines, c'est que cette bataille n'était pas la tienne ; que tu te moquais comme d'une guigne des valeurs qui me semblaient alors essentielles ; bref, que c'est pure homonymie — et donc malentendu — si nous avons l'impression, aujourd'hui, avec le recul, d'avoir désiré l'un et l'autre le retour au même « esprit européen ».

Autre question. Les mots, tu le sais comme moi, ne sont pas que des mots. Ils emportent après eux toute une chaîne d'implications, de connotations, etc. qui leur donnent tout leur sérieux. Alors avant de savoir si nous communions dans le même « opium eurocentrique », j'aimerais que tu me dises par exemple si ton attachement à cette Europe qui est, m'écris-tu, la « rugueuse réalité de tes origines » va jusqu'à réhabiliter l'ensemble de ses valeurs ? La positivité de son message ? S'il va jusqu'à reconnaître aux droits de l'homme l'universalité que le tiers-mondisme leur a si longtemps refusée ? Si tu souhaites leur expansion ? Leur contagion ? Si tu es prêt à condamner les régimes dictatoriaux du Sud sans nous resservir l'éternel couplet sur la responsabilité de l'Occident et l'héritage du colonialisme ? J'aimerais savoir, à la limite, si tu es prêt à admettre que cette haine de l'Europe qui fut pendant longtemps l'une des plus singulières passions de l'humanité européenne était une noire connerie ?

Je m'arrête là, mon cher Régis. Car je sens que tu vas encore me refaire le coup de l'enflure et de l'emphase. Ce qui, soit dit en passant, ne manquerait pas de cocasserie au moment où, avec tes quatre acolytes néo-laïcs, tu nous sers, à propos de cette histoire de lycéennes en « foulard », un numéro de mélodrame tout de même assez gratiné. Emphase pour emphase, tu ne te portes pas mal non plus ! Amitiés.

3

« ... cette révolution structurale... »

(COMMENT NE PAS ÊTRE HÉGÉLIEN QUAND ON FAIT DE L'HISTOIRE DES IDÉES?)

Luc Ferry a bien entendu raison quand, sous le regard de l'éternité et de l'immuable ciel des principes, il instruit le procès de l'antihumanisme des années soixante. Il a raison quand il nous dit que cet antihumanisme, cette haine du « sujet » et de tous les discours qui s'y rapportent, condamnent d'une certaine façon les figures éponymes de la philosophie de ces années. Je le comprends lorsqu'il dit son regret que la pensée française se soit attardée dans ces paysages arides, glaciaires où l'idée même d'un homme libre, sujet de droit et citoyen d'une cité démocratique et laïque, était, du point de vue de la théorie, quasi inconcevable. Et peut-être n'a-t-il toujours pas tort lorsque, poursuivant son analyse, recherchant le sol commun à toutes ces « pensées 68 », il croit pouvoir identifier un « nietzschéisme à la française » dont l'influence aurait été d'autant plus sourde et pernicieuse qu'elle restait inavouée. De tout cela, donc, je lui donne acte. Et je le fais d'autant mieux que j'ai connu, moi aussi, la fin de cette histoire ; j'en ai observé, éprouvé parfois, les impasses ; j'ai vu un Michel Foucault se livrer à de méritoires mais pathétiques acrobaties pour continuer de défendre les droits de ces pédés, prisonniers, immigrés et autres opprimés qui restaient des hommes, n'est-ce pas ? — mais dont il avait, en tant qu'ils étaient ces hommes, commencé par authentifier l'acte de décès ; j'ai entendu Clavel gronder que si l'homme était mort, alors les droits de l'homme étaient les droits d'un homme mort ; j'ai dit, moi, qu'une philosophie ne pouvait pas être éternellement démentie par sa pratique ; j'ai protesté qu'un philosophe ne peut pas, sempiternellement, laisser sa métaphysique au vestiaire et vivre sur les maigres rentes d'une morale de provision. Bref, je comprends Ferry et Renaut. Je conçois le sens de leur démarche. Et si surprenant que cela puisse leur paraître, je ne suis pas loin de tenir leur tentative philosophique comme l'une des plus intéressantes de la décennie 80.

Reste à savoir cela dit — et cette question-ci, en revanche, nos antistructuralistes se gardent bien de la poser — pourquoi c'est de cette « pensée 68 » qu'a tout de même fini par sortir le vaste mouvement de critique des pensées totalitaires que l'on attendait depuis des lustres. Reste à nous expliquer, une fois qu'on a pieusement observé que Foucault était « contre l'homme » et Althusser « pour Staline et Mao », pourquoi c'est tout de même là, je veux dire chez leurs disciples ou leurs fils les plus prodigues, dans ces régions glaciaires, désolées, etc., que se sont recrutés les gens qui, cinq ou dix ans plus tard, ont donné le coup de boutoir à la citadelle marxiste. Ce que Ferry-Renaut, si l'on préfère, sont incapables de raconter — et je dis bien « raconter » car, dans ce genre d'affaire, rien n'est plus significatif que l'histoire de chacun, son itinéraire le plus singulier — c'est comment il revint, au fond, à d'anciens foucaldiens, lacaniens, althussériens, d'accueillir les dissidents, de se faire les porte-voix d'Alexandre Soljenitsyne, de mener, tambour battant, l'agitation antitotalitaire — et cela tandis que la pensée libérale, comme lassée d'avoir eu trop longtemps raison en vain, semblait s'être résignée à la cohabitation. Cette histoire aussi, je l'ai connue. C'est celle de Mai 68 d'abord, et de cette formidable révolte « anticommuniste de gauche » qui, sous la bannière du maoïsme, partait à l'assaut d'un PCF dont apparaissait, soudain, le visage réactionnaire, poujadiste, raciste parfois. Mais c'est aussi mon histoire. C'est celle d'André Glucksmann, Jean-Marie Benoist, Christian Jambet, Guy Lardreau, Jean-Paul Dollé. C'est celle d'une « nouvelle philosophie » dont nul ne nie plus, je crois (et quelque grief que l'on soit, par ailleurs, tenté de lui adresser) qu'elle ait eu ce rôle-ci dans l'histoire française de la pensée — mais dont on a tendance à oublier (et c'est là-dessus que je veux insister) qu'elle n'aurait pas été possible sans cet ancrage implicite dans la « pensée 68 ».

Lacan par exemple. Ce n'est évidemment ni le lieu ni le

moment d'exposer les principes du lacanisme. Mais ce dont je puis témoigner, c'est de ce que fut l'effet-Lacan dans la France des années soixante et soixante-dix. La loi. La castration. L'inconscient structuré comme un langage. La langue structurée comme un inconscient. La pérennité du maître. La chasse implacable au semblant. Pas de plage sous les pavés. Pas de désir sans interdit. Pas de sexe libéré. Pas de recouvrement d'une « bonne nature enfouie ». Une « censure », oui — mais sans origine et donc sans fin. Une « répression » certes — mais sans liberté première dont on aurait étouffé la voix. Lacan le pessimiste. Lacan le désenchanteur. Lacan, apostrophant les étudiants : « c'est un maître que vous voulez ». En voilà un qui ne dorait pas la pilule ! En voilà une pensée qui vous rappelait, vite fait, au principe de réalité ! Nous avions dansé — l'époque entière avait dansé — sur l'air guilleret de l'inévitable révolution. Nous avions chanté — l'époque entière avait chanté — la gloire d'un « homme nouveau » qui était aussi un homme très ancien, et dont les messianismes politiques promettaient la résurrection. Eh bien fini de danser ! fini de chanter ! fini de s'aveugler sur la réalité d'une finitude dont Lacan, après les Pères, nous rappelait la loi ! C'est lui qui nous a dégrisés. Lui qui a cassé la gentille machine délirante. Si nous sommes un certain nombre à avoir fini par comprendre qu'on ne joue pas avec le mal radical et que le désir de pureté est le vrai ressort profond de tous les discours totalitaires, c'est à lui, Lacan, que nous le devons.

Althusser. Ce n'est pas non plus le lieu de revenir sur la lettre de *Pour Marx* ou de *Lire le Capital*. Mais ce que je sais encore, c'est ce qu'a produit dans nos esprits l'étrange geste althussérien. Il restaurait le marxisme ? Il le rétablissait dans sa pureté ? Il allait jusqu'à plaider pour le maintien, dans la vulgate, du concept de « dictature du prolétariat » ? Sans doute. Mais cela ne comptait pas. Cela n'a très vite plus compté. On savait bien, n'est-ce pas, que ce genre de résolution ne tiendrait pas longtemps la route et que lui-même d'ailleurs, Althusser, n'y croyait pas tant que cela. Alors que sa critique du jeune Marx, sa déconstruction des concepts d'« aliénation » ou de « nature humaine », son Histoire conçue comme un « procès sans sujet », sa « surdétermination », sa « causalité métonymique », sa conception même — si raide ! laissant si peu de place à la notion d'un libre déploiement d'une nature sociale brimée ! — du passage d'un « mode de production » au mode de production suivant, tout cela se composait avec l'effet-Lacan pour contribuer à la critique de ce naturalisme philosophique dont nous savons aujourd'hui qu'il est la vraie matrice des dispositifs totalitaires. Moi, par exemple, Althusser ne m'a évidemment pas convaincu que le stalinisme fût, comme il l'écrivait dans sa *Réponse à John Lewis*, un « économisme » mâtiné d'« humanisme ». Il ne m'a pas enseigné non plus l'existence, en 1856, d'une « coupure épistémologique » partageant en deux tronçons le corpus même de l'œuvre marxienne. Mais l'idée d'une histoire interminable, sans fin parce que sans sujet, l'idée d'une histoire humaine dont aucun bouleversement ultime ne révélera la vérité, ni ne conjurera la part maudite, c'est à lui que je la dois.

Foucault enfin. Je ne vais toujours pas discuter de ce que Foucault voulait réellement dire quand il prétendait que l'« homme » n'était ni « le plus vieux problème » ni même « le plus insistant » qui se soit posé à l'histoire humaine. Mais je me souviens en revanche de sa critique de concept de « pouvoir ». Et de la notion, qu'il avançait, de « pouvoir-savoir ». Et de son attention, nouvelle, à ce qu'il appelait les « infiniment petits du pouvoir politique ». Je me souviens de cette « physique du pouvoir » qu'il élaborait de livre en livre. Je me souviens de l'image d'un corps social constellé, disséminé, plein de forces qui s'affrontaient et de monades qui s'équilibraient. Et je sais aujourd'hui qu'il n'y avait pas de meilleur moyen, de nouveau, pour commencer de brouiller, et bientôt effacer, la vieille idée marxiste d'un pouvoir conçu comme une gigantesque macrostructure, tout en rouages et en instances. Le système-Foucault tient-il debout ? L'objection de Foucault à la politique marxiste était-elle la « bonne » objection ? La question, je le répète, n'est pas là. Foucault, on se le rappelle, recommandait de se servir de ses livres comme de vulgaires boîtes à outils. Eh bien, nous l'avons fait. Et si nous l'avons fait, c'est que c'étaient les bons outils pour démonter l'appareillage dont nous ne voulions plus. Mettez la machine-Aron près de la machine-Foucault. Essayez-la, cette vieille machine — rodée, et usée, par tant de décennies d'accablante certitude. Vous verrez que ça ne marche pas. Ça *n'a* d'ailleurs pas marché. Il y avait dans *Surveiller et punir* une philosophie de substitution, et donc de démolition, que l'on guettait en vain dans les *Dix-huit leçons* ou dans *L'Opium.*

Bref, on peut dire ce que l'on veut de ces penseurs des années soixante. On peut instruire à l'infini le procès de Foucault, Lacan, etc. On peut trouver qu'il est heureux que la plupart d'entre nous aient fini par échapper à l'orbite d'un structuralisme qui aurait en effet, et à force, fini par empêcher de penser. Il reste que le structuralisme a eu ce rôle. Il a fonctionné de cette manière, dans l'esprit du temps et dans celui des hommes. Il a été ce truchement. Ce moment de la pensée. L'histoire des idées, que cela plaise ou non, s'est servie de son pavillon pour faire transiter sa marchandise. Ferry le regrette ? il trouve qu'on aurait pu choisir d'autres bannières ? éviter ce long détour ? il pense que l'on aurait, ainsi, gagné dix ans ? On ne gagne jamais de temps en histoire des idées. On ne fait jamais l'économie d'aucun détour. C'est une histoire terrible. Lassante. C'est une histoire qui vous impose ses rythmes et ses calculs. Elle ne vous fait grâce d'aucune erreur. D'aucun égarement. Que faisait d'ailleurs Ferry à l'époque où je « perdais mon temps » entre Foucault et Althusser ? Que ne publiait-il déjà les traités de philosophie politique qu'il nous a donnés depuis ? « Je lisais, répondra-t-il sans doute. Oui, je lisais les livres — et je les traduisais — que la terreur structuraliste avait chassés des bibliothèques ». Allons ! comme s'il ne savait pas qu'on ne lit que ce qu'on écrit ! comme si tout le monde ne savait pas que lire Schelling sans s'en servir n'est, pour un intellectuel, pas tout à fait le lire. Ferry, qu'il le veuille ou non, attendait. Patientait. Il faisait le détour à travers d'autres ou laissait d'autres le faire à sa place. Mais le résultat est bien là. Étant donné ce qu'était la philosophie française, étant donné les particularités de son parcours et de son discours, il fallait la « pensée 68 » pour parvenir, à la fin des fins, au consensus démocratique où, provisoirement, nous communions.

D'aucuns s'étonneront peut-être de me voir, pour parler de cela, retrouver un ton bizarrement hégélien. Eh bien oui. C'est cela. Je crois en effet qu'on ne peut pas penser cette histoire sans être un peu hégélien. Je crois que l'on écrit une histoire naïve des idées si l'on fait semblant de croire que les concepts sont là, toujours là, dans je ne sais quelle ombre où ils attendraient sagement qu'un monsieur Loyal plus dynamique, plus pressé, moins complaisant, aussi, avec les lenteurs de la dialectique, ne les introduise dans l'arène. « Allez, allez ! ne restez pas là, chers concepts ! qu'attendez-vous pour rentrer dans la danse ? pressons, voulez-vous... bousculez-moi tout ça... chahutez-moi cette notion de procès sans sujet qui trimbale encore derrière elle tant de scories marxistes... écartez-moi ce bêta de Foucault qui n'a pas encore compris qu'un homme est un homme, nom de Dieu ». Eh non, Foucault n'avait pas « compris ». Eh oui, il nous a fallu Foucault pour comprendre. Elle est terrible cette histoire. C'est une histoire lente. Gluante. C'est une histoire tout en résistances et en retours. En ruses et en remords. C'est une histoire aveugle, sans projet ni vrai rétroviseur, où l'on avance en reculant et recule en avançant. C'est une sorte de reptation où l'on voit un concept progresser, se retirer, se rétracter même, se nouer, s'enrouler autour de lui-même et se déployer à nouveau avant le retournement suivant. Étonnerai-je en disant que c'est en songeant à cela que j'ai appelé ce livre — et ce film — *Les Aventures de la liberté* ?

4

« Je me souviens, dans les lycées... »

(COMMENT LA HAINE VIENT À LA PENSÉE)

Ils ont vingt ans. Ils sont provinciaux, méritants. Ce sont les derniers spécimens des boursiers de la République qui montent depuis un siècle à l'assaut de la khâgne de Louis-le-Grand. Ils en ont toujours la blouse grise. La mine chagrine, un peu démodée, qui fait penser aux personnages d'Alain-Fournier. Ils viennent aux cours en pantoufles. Gardent leurs cache-nez autour du cou. Et même sans cela, même sans cet accoutrement qui les distingue, ils gardent, tard dans la matinée, un je ne sais quoi de désordonné dans la tignasse, de mal lavé dans le museau — ou encore une odeur de dortoir, un peu sure, qui signe son interne. Ils ont, autre signe distinctif (pour moi, à ce moment-là, autre privilège !), chacun un « casier » au fond de la classe où sont jalousement cadenassés, entre les réserves de saucisson expédiées par les familles, quelques-uns de ces vieux livres qu'ils ont hérités d'un oncle normalien et dont la rumeur veut que, dans la course au concours, ils donnent à qui les détient l'avantage déterminant.

Bref, ce ne sont pas les meilleurs. Mais ce sont les plus appliqués. Les plus ouvertement fayots. Ce sont ceux d'entre nous auxquels nul ne peut douter qu'est, et sera, étranger toute espèce d'esprit de révolte. Et quant aux livres justement, quant aux livres *en général* (et non seulement les vieux bouquins introuvables auxquels le bachotage ambiant prête des vertus magiques), on sent bien qu'ils sont le cœur, le souffle de leur existence. Livres grecs. Livres latins. Livres pour le matin. Livres pour le soir. Livres pour la récréation. Livres pour le moment de battement, à midi, entre le réfectoire et la reprise des cours. Pas des rats de bibliothèque, non. Des hommes-livres. Des hommes faits livres. De petits vieillards de vingt ans, écrasés sous la mémoire des livres — qui ne conçoivent pas une heure, une circonstance de la vie sans un livre et qui pourraient presque dire, comme Balzac apprenant la maladie de son père : « revenons à la réalité et au mariage d'Eugénie Grandet » — ou comme Borges, interrogé sur l'histoire de sa vie : « je crois, finalement, n'être jamais sorti de la bibliothèque de mon père ».

Or voici que 68 arrive. Avril 68. Voici que, de la rue, porté par le souffle d'un printemps qui semblait ne jamais devoir franchir l'enceinte d'un tel lycée, monte un curieux grondement qui n'est plus celui des livres. Nos hommes-livres entendent. De loin, mais ils entendent. Ils sont surpris. Vaguement choqués. Au diable ce bruit, pensent-ils, qui couvre celui des livres. Et puis ils écoutent. Ils tendent mieux l'oreille. Je les vois qui s'agitent sur leurs bancs. S'ébrouent. Je les vois qui, ô surprise, retirent leurs blouses et leurs pantoufles. Et eux qui ne savaient vivre que dans le silence et la lecture, eux qui, depuis deux, trois ou parfois quatre ans, avaient, sans état d'âme apparent, sacrifié les plaisirs de leur âge à cette vie de bénédictin qu'était la vie de khâgneux, je les vois tirer un trait sur tout cela ; abjurer l'être qu'ils ont été ; et, sans douleur ni regret, sans considération du temps passé et donc perdu, joyeux plutôt, comme libérés, descendre à leur tour dans la rue et rejoindre un mouvement dont l'un des mots d'ordre était, tout de même : il faut se détacher des livres.

Les livres sont une maladie, clament-ils maintenant. Les fruits et les fils du malheur. De même qu'il y a un « surtravail », extorqué aux prolétaires et qui, accumulé, forme la substance du « capital » — de même il y a un « sur-savoir », volé aux âmes simples et qui est l'inavouable crime sur lequel ils s'édifient. Les brûler alors, ces livres ? Non, pas les brûler. Mais les oublier. Les effacer. Toute cette meurtrière mémoire, qui s'y est déposée, essayer de la gommer. Et ne se souvenir de Borges, par exemple, que pour ce mot prêté à César le jour où on vint l'alerter qu'il y avait le feu à la bibliothèque d'Alexandrie et que c'était la mémoire de l'humanité qui risquait de brûler avec elle : « laissez-la brûler — c'est une mémoire pleine d'infamie ».

Je sais — je savais — que la haine de la pensée était, chez les penseurs, une passion assez partagée. Je connais — je connaissais — cette tradition qui, depuis les dadas, fait du refus de la littérature l'article principal d'un art littéraire bien compris. Ce que je ne savais pas, c'est à quoi pouvait ressembler cette passion. Ce que j'ignorais c'est que des garçons dont les livres, j'y insiste, étaient toute la richesse, puissent prendre pareil plaisir à se faire pauvres en esprit. Et ce que j'ignorais encore c'est qu'il pouvait s'ensuivre, pour les visages, les corps mêmes de ces garçons, une métamorphose aussi radicale : tous ces blouseux et boutonneux, tous nos petits internes à l'haleine de dortoir et de navet, qui changeaient de tête en cessant de lire et, du jour au lendemain, me regardaient, moi, par exemple, avec un air d'autorité, et de mépris, dont le plus imaginatif des romanciers ne les eût pas soupçonnés. Que la plupart en soient revenus et que, la saison passée, ils se soient mués sinon, comme le leur prédisait Ionesco, en « notaires », du moins en journalistes, écrivains, ou simplement professeurs, ne retire évidemment rien à la force de mon impression : j'ai découvert, pendant ces semaines, la trouble jouissance qu'il peut y avoir, chez des hommes d'intelligence et d'esprit, à abdiquer soudain cela pour endosser la tunique du militant ; et j'ai découvert surtout — car c'est, au fond, le plus grave — que, loin de les avilir ou de les rendre moins aimables, cette soudaine abdication leur donnait une sorte de charme dont je ne suis pas sûr, aujourd'hui encore, de ne pas subir l'ascendant.

Tous n'en sont pas revenus, d'ailleurs. Ou, s'ils l'ont fait, c'est de façon plus discrète, plus obscure (Borges, encore, aurait dit plus « infâme ») à la façon de ces glossolales qui, dans les premiers temps de la chrétienté, se mettaient à parler, tout à coup, des langues qui n'existaient pas et les oubliaient l'instant d'après, pour retomber dans l'idiome commun. Où sont-ils, alors, mes glossolales — mes *vrais* glossolales, pas ceux qui se sont servis du gauchisme comme d'une sorte d'ENA parallèle et de leur passage par la révolte comme d'un instrument de prise du pouvoir ? Que deviennent-ils ? Que font-ils ? Dans quel néant sont-ils retombés — néant social... néant mental... — eux qui, le temps d'une harangue, le temps d'un commentaire de Lénine ou d'une prise de bec avec Badiou, ont paru touchés par une sorte de grâce qui, à mes yeux d'alors, ressemblait à du génie ?

Dieu sait si je n'aime pas le mot. Ni si le romantisme du génie précoce et précaire m'a toujours semblé vaseux. N'empêche. Je me souviens, nettement, de quelques-uns de ces moments. Des visages... Des noms parfois... Des silhouettes en tout cas — encore que la surimpression, dans ma mémoire, de la blouse grise du potache et de la parka du chef mao me les fasse sans doute confondre et attribuer fautivement. Je me souviens de Martin D., par exemple, qui passait pour le fils d'un évêque et était arrivé en hypokhâgne auréolé du prestige, tout relatif, d'un premier prix de concours général en thème ou en version grecs. Je le revois si laid, cette année-là, si sale — d'une laideur presque obscène tant elle semblait heureuse d'elle-même. Je le vois révolté l'année suivante, beau, ayant oublié jusqu'au souvenir de son grec de sacristie pour devenir l'un des plus brillants commentateurs de la stratégie du général Giap. Et puis le trou noir ensuite, le grand trou du glossolale qui se tait et du gauchiste qui tourne mal.

La dernière fois que je l'ai vu, il faisait de la délinquance mineure, à Londres, avec un certain Benjamin C. La dernière fois que j'ai eu de ses nouvelles, il m'écrivait de Pau où, passé à la délinquance majeure, il purgeait une peine de prison. Je ne lui ai pas répondu, ce jour-là. Je ne sais pas pourquoi, mais je ne lui ai pas répondu. Où est-il aujourd'hui ? Que fait-il ? Se souvient-il lui-même de cette époque étrange — et brève ! — où de drôles de dieux l'accompagnaient pour, presque aussitôt, l'abandonner ? Voilà. C'est fait. Je lui réponds. Pauvre cher Martin D., diable en tête et vie brisée — sais-tu que tu es, pour moi, comme un abrégé de l'époque ?

5

« ...effrayants jeunes gens... »

(À PROPOS DE BENNY LÉVY)

J'ai toujours aimé les malentendus qui jalonnent l'histoire des lettres et donnent aux rapports entre écrivains ce ton parfois si absurde. Flaubert ignorant Stendhal. Stendhal raillant Balzac. Balzac passant à côté, complètement à côté, de Baudelaire. Leconte de Lisle se moquant de Mallarmé et de ses « vers inintelligibles ». Le mot fameux de Claudel objectant à un Proust pourtant déjà consacré qu'« il y a autre chose dans la vie que ce peuple d'oisifs et de larbins ». Et puis, moins spectaculaire sans doute, mais me laissant encore plus rêveur, cette image du vieux Gide, immense déjà, glorieux, célébré par toute l'époque comme le maître absolu qui, de l'appartement de la rue Vaneau aux premières tribunes antifascistes ou au Congo, cumule sur sa personne les vertus, jusque-là contraires, du « prince de la jeunesse » façon Barrès et de l'« intellectuel dreyfusard » façon Zola — Gide donc que l'on sent tout à coup si timide, si plein de scrupules et de craintes face au jugement d'un cadet qui s'appelle Ramon Fernandez. Dominique, son fils, a beau me rappeler que l'auteur de *La Vie de Molière* et du *Pari*, le fondateur de *Marianne* et de l'AEAR (oui, Ramon Fernandez, futur doriotiste, à l'origine du tout premier rassemblement antifasciste !), a largement dépassé, alors, l'âge du disciple transi. N'empêche. Il y a quelque chose de passionnant — et d'émouvant — dans le spectacle du vieil homme écrivant à Dorothy Bussy qu'il « relève un peu la tête grâce à l'encouragement de Fernandez » ; à Martin du Gard, que c'est au même Fernandez qu'il doit d'avoir su « prendre position » et « sauver son honneur d'homme » ; à lui-même enfin, dans son *Journal*, que c'est Fernandez toujours qui lui aura permis de « se libérer de la pernicieuse influence de la philosophie allemande et de Mallarmé ». Gide, disciple de Fernandez — on croit rêver...

De ces tutelles étranges, et si surprenantes, ma génération a eu un exemple : celui de Sartre trottinant, dans les années soixante, derrière les jeunes intellectuels maos. Ou bien, plus net encore — même si on s'écarte, là, de la pure littérature : le cas de ce dirigeant mao qui, presque vingt ans après, et alors qu'il a renoncé, semble-t-il, à toute espèce d'ambition ou de pouvoir temporel, continue d'exercer à distance le même invisible empire — tous ces écrivains célèbres, journalistes influents, philosophes de renom qui vous en parlent toujours avec la même fascination craintive et qui lorsqu'il leur arrive, par extraordinaire, d'être assis à côté de lui sur un plateau de télévision (cela s'est vu une fois, au lendemain de la mort de Sartre, dans une émission d'*Apostrophes* où il avait daigné se rendre) paraissent tout à coup saisis d'une inhabituelle timidité, comme si la seule présence du personnage, sa voix, son regard, comme si le souvenir quasi physique de la relation passée suffisaient à rétablir la même muette hiérarchie et, entre l'ancien chef et le militant, entre le patron déchu et le petit mao devenu grande gueule, à reconstituer une distance qui aura survécu donc, et à l'effacement de l'un, et à la notoriété de l'autre.

(À PROPOS DE BENNY LÉVY, ENCORE)

Benny Lévy (ou Pierre Victor) ne se rappelle vraisemblablement pas cet épisode dont j'ai conservé, moi, et pour cause, un souvenir très précis. Je viens d'entrer en hypokhâgne. Mon père, un peu effrayé par les médiocres notes de mes premières dissertations de français, m'envoie, pour consultation, à son ami Jean-Pierre Vernant. Vernant, après un rapide examen, m'expédie à son tour à un certain Louis Althusser. Lequel Louis Althusser me reçoit dans son fameux bureau, au rez-de-chaussée de l'École normale — et, très pro, très grand toubib qui, sûr de son diagnostic, vous met entre les mains de son interne le plus brillant, fait immédiatement descendre un normalien au visage aigu dont je comprends, à la seconde, qu'il voit en moi le prototype du fils de famille en mal de cours particuliers que le jargon de l'École, je l'apprendrai bientôt, appelle le « tapir juteux ». Je me souviens d'une séance. Deux peut-être Je me souviens d'une présence distraite, étourdie, avec, dans la façon de me parler, dans le ton de l'explication de texte (un poème de Ronsard, il me semble ; à moins que ce ne soit d'Agrippa d'Aubigné) que le déjà « grand chef » des maoïstes parisiens se crut tout de même tenu d'improviser, quelque chose de faux qui me faisait penser à un film mal doublé. À cette réserve près, à la réserve de cette distraction qui pouvait en effet témoigner, chez ce jeune homme apparemment si banal, d'une sorte d'univers intérieur dont la nécessité de parler ne suffisait pas à le déprendre, je crois que j'aurais pu le côtoyer pendant des mois et des années sans que rien dans son allure, sa physionomie ou même ses lapsus ne trahisse la double vie qui était déjà la sienne et qui l'inscrivait, au fond, dans la longue et belle lignée des normaliens aventuriers.

(À PROPOS DE BENNY LÉVY, TOUJOURS. CÉDER, OU PAS, SUR LA PENSÉE)

Au chapitre du pathétique, ce dialogue de Sartre, avec Benny Lévy toujours. « Ce qui peut poser problème à certains d'entre nous, commence le mao, c'est que tu ne puisses pas écrire plus de choses immédiatement utiles pour le mouvement issu de mai et que, à la place, tu continues *Flaubert ;* ne serait-il pas plus utile que tu écrives un roman populaire ? » A quoi le philosophe répond, penaud : « il y a de nombreuses années que j'étudie Flaubert avec des techniques et des méthodes que j'ai essayé de changer ; je ne pense pas que cela puisse être remis en question par les masses sur-le-champ » ; puis, dans un soupir, presque une plainte, et après que son interlocuteur a insisté sur « les exigences de la révolution idéologique » dont le roman populaire en question devrait être l'expression : « si tu crois que c'est facile ; il ne suffit pas qu'on le demande ; il faut que je sache ce que c'est un roman populaire » ; puis encore, sur le ton, carrément geignard, du monsieur à bout d'arguments qui n'a plus d'autre ressource que d'en appeler à l'indulgence de l'impitoyable jeune homme (on devine dans l'ombre, c'est-à-dire entre les lignes, le froncement de sourcil du militant qui ne s'en laisse pas conter) : « bon, et puis tu sais, il y a l'âge, je suis vieux... j'aurai de la chance si je finis *Flaubert*... alors après, un roman populaire, on peut essayer... comme vous me mettez à contribution assez souvent je suis obligé de travailler moins... il y a à faire avec vous ! »

Tout est là, je crois. L'arrogance juvéniste de l'un. L'humilité, piteuse, de l'autre. Le côté pauvre vieux qu'on rabroue et qui, comme dans la nouvelle d'Edgar Poe, demande pardon quand on le bouscule. Un lecteur d'aujourd'hui hésitera, j'imagine, entre le sentiment que ce n'est pas possible ; pas sérieux ; que Sartre, ce génie, ne peut pas se laisser traiter de la sorte ; qu'il va le dire ; se dédire ; qu'il va éclater de rire ; se moquer du vilain mao ; qu'il rentrera chez lui, en tout cas, bien content d'échapper à ses griffes et de se remettre, l'âme en paix, à la rédaction de son *Flaubert*. Et puis l'idée, de l'autre côté, que ça puisse être vrai ; qu'il puisse vraiment croire, l'auteur des *Mots*, que les mots ne sont rien, ne valent rien ; il y renoncerait bien, s'il pouvait ! mais voilà, il est si vieux ! ils le tiennent, ces maudits mots, comme un vice son débauché ; l'idée, oui, qu'il est peut-être réellement ce littérateur repenti que l'on va traiter, dans une minute, comme les gardes rouges, à Pékin, traitaient leurs professeurs — ne laissant d'autre choix à celui qui, vingt ans après, et par l'intermédiaire de ce texte, ferait en quelque sorte intrusion dans ce face-à-face humiliant, que de murmurer : « oh pardon » et de tourner très vite la page en feignant de n'avoir rien lu. Pour ceux qui, comme moi, se souviennent un peu de ce dernier Sartre, la réponse, hélas, ne fait pas de doute. Il était bien ce pénitent qui comptait sur les maos pour se purifier d'on ne sait quel crime. Il était ce clerc aux mains trop blanches qui, contrairement à ses homologues chinois, instruisait lui-même le procès qui le confondait et le ruinait. Et il pensait vraiment qu'écrire *Flaubert* était une erreur — dont la Révolution devait le guérir. Quelque sympathie que l'on éprouve pour l'homme, quelque admiration que l'on nourrisse pour l'œuvre — et en particulier pour le *Flaubert* qui, grâce au ciel, a tenu bon — force est de constater que là, à cette minute ultime qui, en principe, donne à l'ensemble sa signification elle-même ultime, il porte à son paroxysme cette étrange passion qu'aura été, chez les penseurs, la haine de la pensée.

On classe toujours les intellectuels selon l'intensité de leurs engagements. Ou selon leur courage. Ou selon leur lucidité, plus ou moins prise en défaut. Ou selon les positions qu'ils ont prises sur telle ou telle question (en général les plus importantes) de l'actualité morale mondiale. Je me demande, moi, en face d'un texte comme celui-là, s'il n'y aurait pas avantage à les ranger *aussi* en fonction de leur fidélité à cette autre morale que j'appellerai, pour faire court, la morale de la pensée. D'un côté ceux qui, comme le dernier Sartre (le dernier seulement ? hum... pas sûr, après tout... et il faudrait peut-être, dans ce cas, examiner d'un peu plus près le Sartre d'après la guerre...), estiment que la littérature et la pensée sont des choses vaguement coupables dont il faudrait, d'une manière ou d'une autre, expier l'exercice ; ou, pire encore, des activités inférieures, provisoires, qui, lorsque survient la Vie, ou le Peuple, ou l'élan magique et soudain de la pure Révolution, doivent, sans délai ni regret, baisser pavillon devant eux. C'est Sartre donc. Mais aussi Gide. Rolland dans sa période stalinienne. Aragon quand, après Kharkov, il compare l'écrivain libre qu'il a été à un « criminel de droit commun » rééduqué à la « colonie pénitentiaire de Bielomorstroï ». C'est Brasillach, quand il est touché par la grâce fasciste. Drieu quand il rencontre Doriot et qu'il en conclut, non sans mélancolie, que sont définitivement révolus les temps de la pensée et de la littérature. Ce sont, rouges ou bruns, de gauche autant que de droite, tous les intellectuels qui ont tenu l'intelligence pour une sorte de pis-aller dont le cours ordinaire de la vie obligeait certes à s'accommoder mais dont il restait souhaitable et, dans certaines circonstances, possible de se débarrasser à tout jamais.

De l'autre des écrivains qui, quelle que soit la circonstance, quels que soient la nature, le degré de leurs engagements, n'ont jamais, pour autant, cédé sur la pensée. C'est le cas de Breton et de ses tracts écrits comme des poèmes. De son ennemi-ami Bataille, antifasciste incertain, parfois ambigu, mais qui *prend le temps* de cette *Structure psychologique du fascisme* qui restera, pour l'époque, la plus aboutie des analyses. Ce sera le cas de Camus, ou de Mauriac, qui auront une raison au moins, le journalisme, de ne pas prendre le même temps et que je n'arrive pourtant pas, que ce soit sur la torture ou l'épuration, le stalinisme ou le fascisme, les camps soviétiques pour le premier, la guerre d'Espagne pour le second, à prendre en flagrant délit d'esprit de simplicité. C'est Malraux, intellectuel engagé s'il en est, mais qui, en Espagne encore, de Figueras à Valence et de Séville à Tolède, dans son Potez poursuivi par un Fiat fasciste comme dans son vieux Latécoère où l'on a mis des caméras à la place des mitrailleuses, au cinéma Salamanca de Madrid où il harangue ses camarades comme à Barcelone un peu plus tard, au moment de l'adieu aux Brigades, reste aussi, sinon d'abord, un écrivain. C'est une autre famille, au moins aussi disparate, mais dont le point commun — le seul point commun — est de ne pas admettre l'idée étrange selon laquelle il y aurait des heures où l'Esprit devrait se taire, rentrer dans le rang ou dans les chaînes.

Ces intellectuels, j'y insiste, ne sont ni meilleurs ni pires. Ils se trompent eux aussi. Ils ont leurs petitesses. Leurs mesquineries. Ils peuvent, comme Mauriac, être aveuglés par leur gaullisme. Ou comme Camus, au même moment, rester sourds au sens ultime de la révolte algérienne. Ou comme Bataille, et malgré la qualité, l'exigence de l'analyse, n'être pas toujours en première ligne de la résistance antinazie. Ils peuvent, comme Malraux, acquiescer à la liquidation du POUM et accepter donc, pour un temps, la fatalité, en Espagne, de l'ordre stalinien. Et on pourra même insinuer — ce ne sera pas tout à fait faux — que le même Malraux ne serait peut-être pas allé à Moscou s'il n'avait eu le projet d'un grand roman sur le pétrole ; qu'il n'aurait pas été le même compagnon de route sans l'arrière-pensée de rencontrer Eisenstein et d'adapter, pour lui, *La Condition humaine ;* et que, en Espagne il avait aussi dans l'idée de glaner des scènes pour son roman, des images pour son film — et de les lester, ces scènes et ces images, de quelques-unes des hautes pensées sans quoi il a toujours prétendu qu'il ne peut y avoir de grand art. Ce que je dis simplement c'est que ce partage-là, le partage, encore une fois, entre les honteux et les têtus, les pénitents et les arrogants, vaut largement les autres ; que, s'agissant d'intellectuels, c'est-à-dire d'hommes et de femmes dont le propre est, jusqu'à nouvel ordre, d'écrire et de réfléchir, il est quand même un peu fort qu'on n'en parle à peu près jamais ; et que, pour ma part en tout cas, je préfère un Malraux « utilisant » l'Espagne pour la plus grande gloire de son œuvre à un Sartre vieillissant dont on « utilisait » le nom — mais en humiliant ses livres.

D'autant — et ce sera ma dernière remarque — que la raison politique n'est pas toujours, au bout du compte, la dernière à suivre ni rattraper la pensée. L'ordre stalinien par exemple. Parlons-en, de l'ordre stalinien. L'une des plus belles phrases que je connaisse sur le sujet est quand même une phrase de Malraux. On est en 1934. À Moscou. Un colloque d'écrivains se tient là, auquel le jeune auteur de *La Condition humaine* n'est pas peu fier d'être mêlé. Il y a Nizan et Pozner. Ehrenbourg et Jean-Richard Bloch. Alexis Tolstoï, Aragon, Gorki, Jdanov, Radek. Tout ce beau monde est rassemblé dans l'imposante salle des colonnes, toute décorée de rouge et or, où trônent les portraits géants de Molière, Shakespeare, Cervantès et Balzac et où ne tarderont pas à se tenir les horribles procès de Moscou. Aragon a parlé de Courbet. Ehrenbourg de littérature. Jdanov a rappelé la ligne stalinienne officielle sur l'intellectuel ingénieur des âmes. Et c'est alors que Malraux, très pâle, est monté à son tour à la tribune et, devant une salle médusée, a improvisé cette petite phrase qui, compte tenu de l'époque, était, je le répète, ce que l'on pouvait opposer de mieux au crétinisme jdanovien : « si les écrivains sont les ingénieurs des âmes, n'oubliez pas que la plus haute fonction d'un ingénieur est d'inventer ». Ce qui frappe dans cette phrase ce n'est pas qu'elle soit belle. Ni particulièrement littéraire. Ni même audacieuse ou risquée. C'est qu'elle soit intelligente. Purement intelligente. Comme si la voix qui parlait ici était la pure voix cérébrale d'un Malraux entêté, endurant dans sa pensée. Un grand intellectuel ? Non pas, comme on croit toujours, le contraire d'un homme de réflexe, d'improvisation, etc. ; mais quelqu'un dont les réflexes, *parce qu'*ils sont cultivés et médiatisés, sont, à l'arrivée, les plus heureusement pertinents.

6

« Philippe Sollers »

(RAPPORT – PARTIELLEMENT IMAGINAIRE – ÉTABLI, LE 1er JANVIER 2001, À LA DEMANDE DU MINISTÈRE DE L'INDIVIDU ET DES COMPORTEMENTS)

Nom : Sollers. Prénom : Philippe. Se fait aussi appeler, selon les circonstances, Mozart, Docteur ou Crébillon. Né le 28 novembre 1936, mâle et célibataire. Bordeaux. Sud-Ouest. Famille résistante, donc suspecte. Participe lui-même, dans les années soixante et soixante-dix, à la plupart des entreprises susceptibles de troubler l'ordre public. Guerre d'Algérie bien sûr. Communisme. Chine. Vatican. Chine encore. Ose dire, *en 1990,* qu'il conserve à Mao Zedong une « tendresse physiologique ». Poursuit, pendant ces années, ses activités subversives (directeur, notamment, d'une publication qui, pour tromper notre vigilance, changea au moins une fois de titre). Écrit aussi des livres. Trop de livres. Activité apparemment en sommeil, mais qu'il est soupçonné de poursuivre en secret.

L'homme est habile. Rusé. Très difficile à prendre sur le fait. Abord avenant. Vie rangée. Horaires ostensiblement réglés. Mœurs mal connues. Revenus identifiés. Met son point d'honneur à paraître bon père, bon époux, bon citoyen. Papiers en règle. Vignette à jour. Éloge du mariage. Apologie de la courtoisie. Signalé chaque soir, à la même heure, dans un bar louche, et underground, proche du boulevard Raspail. Trafics. Contacts. Complicité du barman établie. Double issue. Micros ?

Téléphone sur écoute. Jour et nuit. Mais l'homme est sur ses gardes. Mots couverts. Allusions. Phrases interrompues. Silences. Rires fréquents. Expressions codées. Chiffreurs au travail, bien entendu. Résultats pour l'instant décevants. Relevé des dernières conversations donne : « cours du dollar... météo... les bons, les méchants... esprits frappeurs... banques de données... ADN... Adinine... Captagon... Mozart... New York... assurance... hypnose... morts vivants... » Sans compter nombreux sigles et abréviations, en cours de déchiffrement : « GSI... IFN... SPA... WOMANN... GRCP... SGIC... etc. » Espérons vous en dire davantage dans délais proches.

Filatures plus probantes, en revanche, malgré un lascar passé maître dans la technique des imbroglios, quiproquos et brouillages de pistes en tous genres. Voyages à New York. À Venise. Voyages nombreux à Bordeaux *sous couvert* de voyages à Venise. Contacts, à Paris même, avec l'ex-cardinal Quignard, l'abbesse Savigneau, l'ex-professeur Enthoven, l'agitateur professionnel Lévy. Prévoir une inculpation pour reconstitution de ligue dissoute ? Sommes, dans l'état actuel des choses, plutôt partisans d'attendre et de laisser à nos agents le temps d'infiltrer le reste du gang. Notre conviction étant que le suspect se trouve au centre d'un gigantesque réseau, connu des initiés sous l'abréviation du RIRA et dont l'appellation complète serait : « Réseau international de riposte à l'analphabétisme ».

Dans l'état actuel de nos informations, RIRA serait une holding dont le siège social se trouverait aux Bahamas, le QG opérationnel dans les caves du Vatican, la base arrière à Bordeaux et les ramifications partout. Organisation complexe. Lien souple entre le sommet et la base. Étanchéité entre les cellules. Cloisonnement. Mots de passe variables selon le rang occupé dans la hiérarchie. Avons relevé, en vrac — et sous réserve, encore, d'inventaire plus poussé : « Watteau-Warhol même combat... Fragonard for ever... la ligne Wagner ne passera pas... la fête à Venise... je ne suis pas l'enfant naturel d'un couple diabolique... les samouraïs... Dante versus Confucius... la déception-Baudelaire... »

Quant au rôle du RIRA et à sa dangerosité potentielle, sommes obligés de vous dire que les services sont divisés. Hypothèse numéro un : organisation réellement dangereuse ; commandement unifié ; armements sophistiqués en provenance de la pinacothèque de Munich, du Moma, du musée des

Offices ; visée déstabilisatrice clairement affichée ; un scénario plausible pouvant être une opération-commando sur l'ordinateur central où sont stockés, comme vous savez, les livres interdits et une remise en circulation brutale desdits livres. Hypothèse numéro deux : modèle secte ; contre société ; le suspect parle, de plus en plus souvent, de « catacombes » et de « premiers chrétiens » ; pas d'assaut sur le pouvoir central ; pas de perturbation visible de l'ordre public ; la véritable fonction du réseau devenant, dans ce cas, la circulation en vase clos, et au profit des seuls membres, de la littérature interdite.

Dans les deux hypothèses, cependant, nous tenons à souligner le caractère parfaitement illicite des activités de Monsieur Sollers. On nous signale que, la semaine dernière encore, il aurait été surpris en possession d'un exemplaire des *Souvenirs d'égotisme* d'un certain Henri Beyle — personnage mal connu mais apparaissant, sur nos fichiers, dans la catégorie « individus à haut risque ». On nous rapporte également qu'il aurait été vu, quelques jours plus tôt, rôdant dans les couloirs de l'immeuble désaffecté des ex-Éditions Gallimard, mises sous séquestre. Des témoignages dignes de foi font état de contacts avec l'agitateur Guy Debord dont nous avions, depuis plusieurs années, perdu la trace. Malgré cette accumulation de charges, nous réitérons nos mises en garde face aux effets qu'aurait une éventuelle interpellation. L'individu est redoutable. Ses réactions sont imprévisibles.

Vous nous demandez enfin une fiche de renseignements sur ses goûts, ses habitudes. Le point précédemment soulevé, la discrétion calculée de nos services, font que nous n'avons pas d'interrogatoire, ni même de compilation récente, à vous fournir. La dernière en date remonte au 22 janvier 1991. La personnalité exceptionnelle de l'inspecteur chargé, à l'époque, de l'enquête et aujourd'hui à la retraite (ainsi que, soit dit en passant, la qualité d'une technique d'interview qui lui était personnelle et dont nous n'avons, hélas, pas retrouvé l'équivalent) nous encourage cependant à vous en transmettre les conclusions. Mais nous attirons votre attention sur la mobilité du suspect, sa versatilité, son goût de la volte-face et sur le fait que nombre de renseignements, couchés sur ce rapport, pourraient se révéler aujourd'hui caducs.

Extraits du rapport de l'inspecteur Proust Marcel :

Principal trait de votre caractère ? « enjoué ». Qualité que vous désirez chez un homme ? « le rire et l'oubli ». Qualité que vous préférez chez une femme ? « l'immortalité ». Ce que vous appréciez le plus chez vos amis ? « les informations dont ils me font grâce ». Votre principal défaut ? « l'aptitude à la métamorphose ». Votre occupation préférée ? « le plaisir ». Votre rêve de bonheur terrestre ? « être simultanément, ou successivement, le contemporain d'Andy Warhol et de Fragonard ». Quel serait votre plus grand malheur ? « que Joyce n'ait jamais existé ». Ce que vous voudriez être ? « l'homme invisible ». Le pays où vous désireriez vivre ? « la France, mais avec un passeport anglais ». La couleur que vous préférez ? « le rouge et le noir ». La fleur que vous aimez ? « le lys ». L'oiseau que vous préférez ? « l'avion Awacs ». Vos auteurs favoris en prose ? « Crébillon fils, Voltaire, Antonin Artaud ». Vos poètes préférés ? « les mêmes ».Vos héros dans la fiction ? « Saint-Simon, Casanova ». Vos héros dans la vie réelle ? « Valmont, le neveu de Rameau ». Vos compositeurs préférés ? « Mozart (ou bien Mozart) ». Vos peintres préférés ? « Watteau, Picasso ». Vos héroïnes dans l'histoire ? « Luz, Geena, Nicole, Bernadette, Deb, la Présidente, Cyd, Kate, Édith, Diane, Helen, Ysia ». Vos noms favoris ? « tous les pseudonymes ». Ce que vous détestez par-dessus tout ? « la mélancolie ». Le don de la nature que vous voudriez avoir ? « la marche arrière ». Comment vous aimeriez mourir ? « meilleur et aimé ». État présent de votre esprit ? « agnostique ». Votre devise ? « N.F., F., N.S., N.C. » Faute qui vous inspire le plus d'indulgence : « l'amour que l'on me porte ».

7

« Ce désir de sainteté... »

Chaque fois que j'ai parlé, jusqu'ici, de « dimension religieuse » des engagements du XXe siècle, j'ai eu l'air de le faire au passé, comme si tout cela ne concernait que nos aînés, nos grands aînés — et que nous nous étions, nous, tenus à l'écart de cette histoire. Faut-il redire combien c'est faux ? Faut-il rappeler que c'est ma génération au contraire — celle du dernier communisme — qui gardera le douteux mérite d'avoir porté ce type de démence à son point d'exaspération suprême ? J'ai deux témoignages sous les yeux. Celui de Rondeau, d'abord. Daniel Rondeau. Ce drôle de type, finalement, dont on a peine à croire aujourd'hui, quand on le voit entre Aoun, le Quai Voltaire et Paul Bowles, qu'il ait pu être l'un de ces lettrés devenus ouvriers d'usine qu'on appelait les « établis ». J'ai dû le rencontrer, quand j'y pense, à la toute fin de cette période, alors qu'il était encore à Nancy où je venais, moi, assez souvent, parler devant les étudiants — et où il se vivait, j'ai l'impression, comme un des derniers soldats perdus (ou pire : oubliés) de la petite armée en déroute du maoïsme finissant. Il avait déjà le même air de dandy. La même légère impatience dans la voix. Il avait une drôle de façon surtout — qui aurait dû m'intriguer davantage, mais que je mettais au compte d'une provocation extrême — de me parler de Barrès chaque fois qu'il me raccompagnait au train. Aujourd'hui, il est formel. Les établis n'étaient pas marxistes. Ni socialistes. C'étaient des esprits « mystiques ». Et le modèle qui les inspirait était celui de la « sainteté ».

Celui de Jambet ensuite. Mon vieil ami Jambet. De tous les intellectuels de cette époque, celui qui m'aura, sans conteste, le plus impressionné. Est-ce le décor, inhabituel, du bar de l'hôtel Raphaël ? Toutes ces années sans se voir avec leur épaisseur, inévitable, de malentendus ? Est-ce lui qui a vieilli ? Moi ? Est-ce que j'attendais trop de la solennité de ces retrouvailles ? Toujours est-il que j'ai un peu de mal, d'abord, à le remettre. Je le trouve grossi. Assagi. Un front trop haut, tout à coup, plus étroit que les pommettes. Une pointe d'accent aussi — algérois, il me semble — que je ne lui avais jamais remarqué et dont je me dis, très vite, que ses années « révoltées » avaient dû avoir pour vertu, mieux qu'un exercice exprès, de le neutraliser. Et puis, au bout d'un moment, je le retrouve. Les expressions d'autrefois, comme souvent, viennent recouvrir et effacer celles que je ne reconnaissais plus. Et c'est bien mon Jambet de toujours, le visage plus « composé » simplement, changeant pour ainsi dire d'âge selon les moments de l'interview — mais avec, à peu près intacts, ses véhémences célèbres, ses colères sèches, ses jugements à l'emporte-pièce qui clouent d'avance au pilori quiconque aurait la sottise de lui en demander davantage et puis aussi, dans le regard, cette douceur qu'il avait déjà et qui semble là pour tempérer, presque excuser, ce que le ton pourrait avoir d'insupportablement péremptoire. Pour lui aussi, la cause est entendue. Le rêve gauchiste français fut bel et bien un rêve angélique. Et l'élan vers les usines, celui des « longues marches », un peu puériles, vers la Normandie et la Bretagne, celui, encore, qui mena les plus audacieux jusqu'aux zones inquiétantes où l'on frôla, dit-on, la tentation du terrorisme avaient moins à voir avec le désir militant traditionnel qu'avec celui, toutes proportions gardées! qui, voici deux mille ans, jetait sur les routes d'Orient les vierges folles et les chastes brigands des premiers temps de la chrétienté.

Et puis il y a l'affaire Foucault. J'ai, sous les yeux aussi, les « pièces » de l'affaire Foucault. C'est-à-dire, pour être précis, toutes les séries d'articles que, en 1979 et, pour l'essentiel, dans le *Corriere della sera,* l'auteur de *Surveiller et punir* consacra aux événements iraniens. Je ne m'y attarderai pas. Car la cause est entendue. Et je trouve surtout lassante la façon que l'on a, çà et là, de marquer d'une pierre blanche cette bévue en effet magistrale — comme si elle devait à jamais figurer, dans les almanachs de la lucidité retrouvée, comme *la* dernière erreur, énorme comme il se doit, d'une classe intellectuelle rendue, après cela, à la raison définitive. Reste, cela dit, que l'égarement est là. Un philosophe immense a bel et bien salué un obscurantisme naissant comme une nouvelle aurore. Il a persisté. Il n'a jamais vraiment démenti. Et il est difficile de relire ces éloges passionnés de Khomeyni et de sa « spiritualité politique » sans y voir une nouvelle preuve de cette obsession religieuse qui aura donc été jusqu'au bout — et nous ne sommes pas au bout ! — la source d'aveuglement principale des intellectuels en politique. Politique, vraiment ? Pour déchiffrer cette histoire, recherche théologiens, désespérément.

8

« ... dont on ne sait toujours pas bien par quel miracle il a épargné la France... »

(LES GRANDS INTELLECTUELS CONTRE LE TERRORISME?)

Éternelle question, éternellement posée depuis les immédiats lendemains de Mai 1968 : pourquoi les maos français dont la fascination pour la terreur était de notoriété publique n'y ont-ils finalement pas cédé ? Qu'est-ce qui les a retenus ? Censurés ? Qu'est-ce qui a bien pu faire digue face à la marée de violence que l'on sentait monter de Bruay, des Houillères ou des « tribunaux populaires » dont ils s'instituaient les procureurs ? Réponse non moins éternelle et ressassée, elle aussi, jusqu'à l'épuisement et la nausée : la digue, ce furent les intellectuels ; les grands intellectuels ; ces grands aînés bienveillants qui, de Sartre à Foucault et à Clavel, auraient mis leur souverain savoir au service du moindre mal démocratique.

Clavel, passe. Mais Foucault ? Mais Sartre ? Le Foucault de l'affaire iranienne. Le Sartre mao que l'on sent, hélas, plus enclin à comprendre, épouser, sanctifier même l'égarement de ses nouveaux amis qu'à essayer de le brider ? Le Sartre, enfin, qui applaudit à l'abject massacre, en 1973, du stade olympique de Munich ? J'ai toujours pensé qu'il y avait dans cette proposition — « les grands intellectuels ont empêché les maos, etc. » — le prototype de ces poncifs dont j'ai déjà, au fil du livre, pointé quelques exemples et qui ne résistent en général pas à un examen élémentaire. À quand une thèse, une vraie thèse, sur le non-rôle de nos grandes consciences dans l'histoire de la tentation terroriste en France ?

Une hypothèse pour le moment, et en passant. Elle me vient de Marek — Marek Halter, mon ami, le survivant du ghetto de

Varsovie et le pape français des Droits de l'Homme. Et si c'était le contraire ? me dit-il. Pas les intellectuels, mais le peuple ? Pas Sartre, mais les gens ? S'il s'était passé quelque chose d'essentiel dans le face-à-face qui s'est instauré entre ceux de nos maos que l'on appelait les « établis » et la classe ouvrière réelle qu'ils découvraient dans les usines ? Ils la vénéraient, leur classe ouvrière. Ils lui vouaient un véritable culte. Ils avaient décidé, une fois pour toutes, que la moindre de ses paroles serait parole d'évangile. Or la parole était là et son message était clair : ces ouvriers de chair et os ne pouvaient pas ne pas entendre avec le plus extrême scepticisme le discours de ces illuminés qui prétendaient les libérer en passant sur le corps de leurs semblables ou sur le leur. Les maos écoutent. Ils sont bien forcés d'écouter puisque cette parole est sainte. Et ce qu'ils écoutent c'est des gens qui, sur le ton du bon sens et de la sagesse, leur disent que la vie des petites gens, leurs luttes, leurs espoirs, n'ont que faire de ces rêves messianiques et criminels. Le peuple contre la terreur. La sagesse ouvrière contre le délire.

Les maos eussent-ils passé toutes ces années dans les caves de l'École normale qu'ils auraient peut-être cédé à la tentation. D'aller à la rencontre de la classe ouvrière, d'avoir abandonné les livres pour se frotter au monde, les aurait au contraire, et une fois n'est pas coutume, guéris de leur folie — et adoucis. Leur chance, notre chance, fut cette décision d'établissement. Elle fut de découvrir, à l'occasion de l'établissement, un peuple plus modéré, plus prudent, en un mot plus petit-bourgeois que ne le leur disaient leurs bréviaires de mort. Baader ne s'est pas établi. Il n'a pas fait le geste, le chemin d'un Daniel Rondeau. Et il y a là, pour le coup, une vraie spécificité de notre gauchisme — en même temps qu'une explication de l'ultime retenue de nos furieux. Dieu sait si je répugne, d'habitude, à laisser le dernier mot à la sociologie. Et pourtant...

9

« Une révolution pure, toujours plus pure... »

Quand on parle du totalitarisme, quand on interroge les gens sur l'essence d'un phénomène qui, pour moribond qu'il semble être, n'en a pas moins dominé — et empoisonné — le siècle, la réponse est, en général, la force ; ou l'État ; ou l'appropriation totale, collective, des moyens de production ; ou encore les camps, la police, la torture ; ou bien encore, à l'inverse, et dans le cas spécifique du communisme, l'idée du peuple au pouvoir, de l'égalité devenue monde ou de la monarchie ouvrière. Or ce que l'on commence à comprendre aujourd'hui, ce que nous a notamment appris l'époque dite de la « nouvelle philosophie », c'est que, bien avant tout ça, en amont de ces aspects visibles et évidents, il y avait une passion plus discrète, plus secrète — mais décisive : la passion de la pureté.

Pureté de la race disait l'un. Pureté du peuple, disait l'autre. Ils n'avaient que ce mot à la bouche, la pureté, ces fous qui nous promettaient une humanité régénérée. En sorte qu'un vrai communiste — de même, bien sûr, qu'un vrai nazi — était quelqu'un qui, lorsqu'il constatait une impureté, un raté dans le programme, lorsqu'il voyait quelque chose qui clochait dans la façon qu'avaient les hommes de vivre, souffrir ou même mourir ensemble, se récriait : « rassurez-vous, bonnes gens ; on ne va pas vous laisser en l'état ; on ne va pas vous abandonner à ce sort, cette fatalité, cette misère » ; et c'était quelqu'un qui, du coup, était disposé à tout, je dis bien tout (c'est-à-dire, entre autres, ouvrir des camps de concentration) pour rendre à la communauté sa pureté perdue et rêvée. Je vous prends tels que vous êtes, nous disait-il. Je vous accepte avec vos tares, votre vomissure, votre crasse. Et je vous rends, vous allez voir, radieux comme au premier matin — parce qu'épurés, c'est tout simple ! de votre part maudite et sombre.

Un méchant homme, ce communiste ou ce fasciste ? Un salaud ? Non, justement, pas un méchant. Pas un salopeur du genre humain. Quelqu'un qui l'aime, au contraire, le genre humain. Qui l'adule, le bichonne. Quelqu'un qui y tient tant, à son genre humain chéri, qu'il le veut plus humain, plus qu'humain, surhumain. Et quelqu'un qui, alors (et on retrouve là, mine de rien, son côté règlement de comptes religieux), va voir se dresser sur sa route ces vrais salisseurs publics, ces insulteurs et haïsseurs de l'espèce que sont les croyants du péché, de la faute première et pérenne. Pourquoi l'antisémitisme des staliniens ? Pourquoi chez eux aussi — et au risque, je le répète, de souligner la ressemblance avec leurs doubles nazis — cette déclaration de guerre aux juifs, comme à leurs héritiers chrétiens ? C'est tout simple. Un juif, comme un chrétien, c'est quelqu'un qui *ne peut pas* marcher dans la machination épuratrice ; car c'est quelqu'un qui sait — et c'est ce savoir qui est bel et bien insupportable — qu'on ne viendra jamais à bout de ce fonds d'ordure et de mal que l'humanité traîne après elle depuis ses origines.

Alors, que tout cela soit fini, c'est probable. Et j'en ai encore eu pour preuve, l'autre soir, l'incrédulité de ma petite Justine quand je lui ai raconté comment son père, à l'époque du Bangladesh, trouvait tout naturel de voir ces maoïstes locaux, qu'on appelait les « naxalites », sacrifier (c'est-à-dire, en clair, tuer) les propriétaires fonciers de la région de Calcutta sur l'autel de l'homme nouveau et de sa pureté retrouvée. Mais pour que cela ne revienne pas, pour que ce soit vraiment fini et que ce type d'égarement ne se recompose pas un jour sous d'autres traits, je proposerais bien deux ou trois règles simples — à valoir comme un vademecum à l'usage de la génération qui vient :

1. Élever la « volonté de pureté » au grade de catégorie politique à part entière — au même titre que la « volonté générale », le « contrat social », la « dictature » ; et y voir, encore une fois, le ressort le plus essentiel de la tentation totalitaire.
2. S'abstenir de fréquenter quiconque mettrait publiquement en doute l'intérêt, philosophique au moins, de l'idée de péché originel — je plaide pour l'introduction, dans les cours d'instruction civique des écoles laïques et républicaines, de rudiments de théologie qui, sur ce point de doctrine au moins,

aideraient à ne point céder ; tant il est vrai qu'elle reste, cette idée, le meilleur moyen que l'on ait trouvé de décourager les espérances des tenants de la volonté de pureté.

3. Prendre ses jambes à son cou chaque fois qu'on viendra nous dire — et cela s'entend déjà, par exemple, au sujet de l'Europe de l'Est entrée, dit-on, en convalescence — qu'une société est « malade », qu'il lui faut une « thérapie » et, pour appliquer la thérapie, un « thérapeute » ou un « guérisseur » : ils disent aujourd'hui guérisseur, ils diront demain épurateur ; car qui dit maladie dit microbe ; qui dit microbe, dit prophylaxie ; et derrière le beau souci, donc, de guérir ses semblables, derrière l'idée que les hommes sont malades et que leur maladie est curable, il y a, encore et toujours, l'éternelle volonté de pureté — avec son cortège, inévitable, de camps, de flics et de violences.

10

« ... et si le rêve révolutionnaire était, au fond, un rêve barbare... »

(MICHEL FOUCAULT)

Foucault. Je suis incapable de dire quand, au juste, j'ai rencontré Foucault. Je le revois au Collège de France, bien sûr, avec son crâne de bonze pervers, sa diction un peu timbrée et ce drôle de rire intérieur qui lui donnait un aspect diabolique et qui, lorsqu'il explosait, lorsqu'il se résolvait en un bel et franc éclat de rire, faisait irrésistiblement penser à cette « dentition de bête des bois » que prêtait Leiris à Bataille. Je le revois au Récamier, à déjeuner, où je lui racontais, à propos de ce monde de l'édition que je commençais à fréquenter, des histoires qui le mettaient en joie. À *L'Imprévu,* rue Montmartre, où il avait apporté lui-même, une nuit, l'article — l'interview ? — qu'il donnait à notre premier numéro. Je le vois chez Jean Daniel, une autre fois. C'est un dimanche, il me semble. L'après-midi se prolonge. La conversation, à cause de lui, prend un tour philosopheur. Mais voilà qu'il a le malheur — la coquetterie ? — de lancer à la cantonade qu'il n'y a que l'actualité qui le passionne. Et voilà l'un des convives qui, trop heureux de le prendre au mot, lui conte les mille et une subtilités de la guerre des clans au sein du PS. Je le revois passionné, ce jour-là. Réellement passionné. Avec une gourmandise qui n'était nullement feinte et qui était celle d'un entomologiste curieux d'une nouvelle race d'insectes, je le revois enregistrant les détails du récit, questionnant, s'esclaffant parfois, se tapant les cuisses des deux mains, relançant, s'étonnant et alimentant ainsi, j'imagine, son goût des classifications idiotes et des taxinomies absurdes. De même que je le revois encore — ailleurs, d'autres fois — si incroyablement patient avec les arrogants qui, s'étant arrêtés au premier chapitre d'un de ses livres, formulaient une objection dont la suite faisait justice : il écoutait là aussi, hochait la tête, il poussait la courtoisie jusqu'à prêter au fâcheux un « point de vue » à partir duquel sa question prenait un sens et, donc, l'intéressait ; et l'autre s'en allait — ravi d'avoir, comme il disait, « discuté avec Foucault ».

Car Foucault ne discutait pas. Jamais. Non pas qu'il préférât, comme Sartre, parler de petites choses avec ses copains que de philo avec Derrida. Mais il pensait — et disait — que les « positions de vérité » sont toujours, à la fin des fins, des positions de style et de vie. Il pensait que derrière les « vérités » il y a toujours, forcément, ce que Nietzsche aurait appelé des « idiosyncrasies » ou des « perspectives ». Et s'il est possible, jugeait-il, d'opposer une perspective à une autre, s'il est bien entendu recommandé de « jouer » son idiosyncrasie contre l'idiosyncrasie du voisin ou de l'adversaire, l'idée d'en « discuter » est, elle, tout à fait idiote. S'ajoutait à cela, il me semble, la particularité qu'avait sa pensée d'être une pensée sans reste, tout entière passée dans le livre et qui, le livre fini, devenait proprement sans ressource. Une pensée exsangue. Absorbée, comme avalée par le trou noir du travail achevé. Une pensée silencieuse, sans énergie disponible pour un éventuel « débat ». Tout le contraire, lui ai-je dit un jour (et il ne m'a pas démenti) de quelqu'un comme Deleuze qui avait, lui, de la pensée de reste, des discours et des mots à revendre et avec qui la discussion — l'apparence, au moins, de discussion — était, pour cette raison, toujours à peu près possible.

Je me souviens de monologues alors. Ou de confrontations de monologues. Je me souviens d'une rencontre avec Jambet, par exemple, dont je lui avais apporté le livre. Avec Dispot qu'il aimait, je crois, beaucoup et qui avait, entre autres mérites, celui de maintenir le lien — fût-il muet, jamais explicitement évoqué — avec le frère ennemi Jean-Paul Aron. Je me souviens de Clavel surtout, qui le vénérait tant et qui l'avait sacré « le Kant de notre temps ». Je me souviens, lorsque le nouveau Kant parlait, de ce pauvre cher Clavel, hirsute, inspiré — mais si éperdu d'admiration que, pour une fois, il se taisait, se contentant de mimer les gestes ou les moues, les mouvements de doigt ou de menton susceptibles, pensait-il, d'accompagner ses mots ;

incroyable contrepoint, bouleversant d'empathie, dont on ne savait trop s'il était censé scander ou encourager la parole amie et qui était comme l'image de la bande-son foucaldienne. Cette amitié, Foucault la lui rendait-il ? Que pensait-il de ce furieux dont l'idolâtrie bruyante devait parfois lui peser ? Et quand il inventa pour lui le qualificatif fameux — et dont l'autre était si fier ! — de « journaliste transcendantal » n'était-ce pas une façon de remettre poliment à sa place celui qui, transcendantal ou pas, restait un journaliste ? Aujourd'hui, je ne le crois plus. Ou plutôt, je suis maintenant persuadé qu'il y avait entre lui et son thuriféraire officiel une espèce de tendresse, doublée d'une connivence, qui échappait aux ricaneurs et qui, aux lettres incroyables qu'il lui adressait aussi parfois (des lettres privées, certes, mais beaucoup trop flatteuses pour que leur destinataire résiste à l'innocent plaisir de les montrer à tout Paris), donnait, qu'on le veuille ou non, leur accent de sincérité. « Je ne mérite pas vos hommages, disait en substance l'auteur de *L'Histoire de la folie*. Je ne suis qu'un archiviste. Un archéologue modeste. Je ne suis qu'un pauvre fantassin dans la belle et grande armée dont vous êtes le général. » Et d'une certaine manière il le pensait.

Et puis bon. Je me souviens enfin — et c'est, pour l'instant, le souvenir évidemment essentiel — de cette conversation chez lui, rue de Vaugirard, dans cet appartement moderne et bizarrement fonctionnel où je ne revois pas de livres (ils étaient regroupés, je crois, dans la bibliothèque de la pièce voisine) et auquel seule la présence d'un chat donnait une touche un peu littéraire. Pourquoi me recevait-il ? Pourquoi ce reste de sympathie alors que je lui avais déjà, comme il disait, « joué quelques mauvais tours » ? Est-ce que je le distrayais ? Est-ce que ça l'amusait d'avoir parfois, avec lui, quelqu'un qui parlait d'autre chose — des femmes par exemple ? Est-ce que je le changeais de ces éternels militants, beaucoup plus proches sans doute, mais qui ne savaient l'entretenir — comme ce devait être lassant ! — que des prisons, de la Goutte d'Or, etc. ? Il me reçoit en tout cas. On parle de tout, de rien. De l'insolence des journalistes et de leur analphabétisme. Il me dit qu'il a décidé, alors que la *La Volonté de savoir* vient de sortir, de ne plus donner d'interview « car il n'y a aucune raison, vraiment, de faire, à leur place, le travail des journaux ». On parle du *Nouvel Observateur* qu'il considère un peu comme « son » journal et auquel il a tout de même choisi de donner cet unique entretien. On parle de *La Volonté de savoir*. De toutes ces histoires de pouvoir, de résistance, etc. On parle de ce qu'il a voulu dire en soutenant que la modernité censure moins la sexualité qu'elle ne la force, au contraire, à se dire. On parle du gauchisme qui s'exténue. De Mitterrand. Du PC. Il m'explique, en riant, que plus le temps passe et plus l'idée de quitter la France pour s'installer à San Francisco fait de chemin dans son esprit. Et puis voici que, tout à coup, répondant à une série de questions sur le « pouvoir » et la « résistance », les « pavés » et la « plage », l'« histoire » et la « Nature », il m'assène cette phrase qui m'a longtemps hanté : « vous le savez bien, c'est la désirabilité même de la révolution qui fait aujourd'hui problème ». Je dis que cette phrase m'a hanté. Car elle était prononcée dès mars 1977. Et qu'à cette date donc, alors que la plupart des intellectuels français continuaient de barboter dans un interminable post-gauchisme, Michel Foucault pointait cet événement énorme et, à l'époque, inaperçu : dix ans avant Berlin et l'implosion du communisme, la décomposition, dans nos consciences, de ce désir qui les subjuguait et qui était le désir de révolution.

(ENTRETIEN AVEC MICHEL FOUCAULT)

— *Vous inaugurez avec* La Volonté de savoir *une histoire de la sexualité qui s'annonce monumentale. Qu'est-ce qui justifie aujourd'hui, pour vous, Michel Foucault, une entreprise d'une telle ampleur ?*

— D'une telle ampleur ? Non, non, d'une telle exiguïté plutôt. Je ne veux pas faire la chronique des comportements sexuels à travers les âges et les civilisations. Je veux suivre un fil beaucoup plus ténu : celui qui, pendant tant de siècles, a lié, dans nos sociétés, le sexe et la recherche de la vérité.

— *En quel sens, précisément ?*

— Le problème est en fait celui-ci : comment se fait-il que, dans une société comme la nôtre, la sexualité ne soit pas simplement ce qui permet de reproduire l'espèce, la famille, les individus ? Pas simplement quelque chose qui procure du plaisir et de la jouissance ? Comment se fait-il qu'elle ait été considérée comme le lieu privilégié où se lit, où se dit notre « vérité » profonde ? Car c'est l'essentiel : depuis le christianisme, l'Occident n'a cessé de dire : « pour savoir qui tu es, sache ce qu'il en est de ton sexe ». Le sexe a toujours été le foyer où se noue, en même temps que le devenir de notre espèce, notre « vérité » de sujet humain.

La confession, l'examen de conscience, toute une insistance sur les secrets et l'importance de la chair n'ont pas été seulement un moyen d'interdire le sexe ou de le repousser au plus loin de la conscience, c'était une manière de placer la sexualité au cœur de l'existence et de lier le salut à la maîtrise de ses mouvements obscurs. Le sexe a été, dans les sociétés chrétiennes, ce qu'il a fallu examiner, surveiller, avouer, transformer en discours.

— D'où la thèse paradoxale qui soutient ce premier tome : loin d'en faire leur tabou, leur interdit majeur, nos sociétés n'ont pas cessé de parler de la sexualité, de la faire parler...

— J'ai voulu souligner deux choses importantes. D'abord que la mise en lumière, « en éclair », de la sexualité ne s'est pas faite seulement dans les discours mais dans la réalité des institutions et des pratiques. Ensuite que les interdits existent nombreux, et forts. Mais qu'ils font partie d'une économie complexe où ils côtoient des incitations, des manifestations, des valorisations. Ce sont les prohibitions qu'on souligne toujours. Je voudrais faire un peu tourner le décor ; saisir en tout cas l'ensemble des dispositifs. Et puis vous savez bien qu'on a fait de moi l'historien mélancolique des interdits et du pouvoir répressif, quelqu'un qui raconte toujours des histoires à deux termes : la folie et son enfermement, l'anomalie et son exclusion, la délinquance et son emprisonnement. Or mon problème a toujours été du côté d'un autre terme : la vérité. Comment le pouvoir qui s'exerce sur la folie a-t-il produit le discours « vrai » de la psychiatrie ? Même chose pour la sexualité : ressaisir la volonté de savoir où s'est engagé le pouvoir sur le sexe. Je ne veux pas faire la sociologie historique d'un interdit mais l'histoire politique d'une production de « vérité ».

— Le pouvoir, autrement dit, ce n'est pas nécessairement ce qui censure et enferme ?

— D'une façon générale, je dirais que l'interdit, le refus, la prohibition, loin d'être les formes essentielles du pouvoir, n'en sont que les limites, les formes frustes ou extrêmes. Les relations de pouvoir sont, avant tout, productives.

— *C'est une idée neuve par rapport à vos livres antérieurs.*

— Si je voulais prendre la pose et me draper dans une cohérence un peu fictive, je vous dirais que ça a toujours été mon problème : effets de pouvoir et production de « vérité ». Je me suis toujours senti mal à l'aise devant cette notion d'idéologie qui a été si utilisée ces dernières années. On s'en est servi pour expliquer les erreurs, les illusions, les représentations-écrans, bref, tout ce qui empêche de former des discours vrais. On s'en est servi aussi pour montrer le rapport entre ce qui se passe dans la tête des gens et leur place dans les rapports de production. En gros, l'économie du non-vrai. Mon problème, c'est la politique du vrai. J'ai mis longtemps à m'en rendre compte.

— *Pourquoi ?*

— Pour plusieurs raisons. D'abord parce que le pouvoir en Occident, c'est ce qui se montre le plus, donc ce qui se cache le mieux : ce qu'on appelle la « vie politique », depuis le XIXe siècle, c'est (un peu comme la Cour à l'époque monarchique) la manière dont le pouvoir se donne en représentation. Ce n'est ni là ni comme cela qu'il fonctionne. Les relations de pouvoir sont peut-être parmi les choses les plus cachées dans le corps social. D'autre part, depuis le XIXe siècle, la critique de la société s'est faite, pour l'essentiel, à partir du caractère effectivement déterminant de l'économie. Saine réduction du « politique », à coup sûr, mais tendance aussi à négliger les relations de pouvoir élémentaires qui peuvent être constituantes des rapports économiques. Troisième raison : une tendance qui, elle, est commune aux institutions, aux partis, à tout un courant de la pensée et de l'action révolutionnaires et qui consiste à ne voir le pouvoir que dans la forme et les appareils de l'État. Ce qui conduit, quand on se tourne vers les individus, à ne plus trouver le pouvoir que dans leur tête (sous forme de représentation, d'acceptation, ou d'intériorisation).

— *Et, en face de cela, vous avez voulu faire quoi ?*

— Quatre choses : rechercher ce qu'il peut y avoir de plus caché dans les relations de pouvoir ; les ressaisir jusque dans les infrastructures économiques ; les suivre dans leurs formes non seulement étatiques mais infra-étatiques ou para-étatiques ; les retrouver dans leur jeu matériel.

— *À partir de quel moment avez-vous fait ce genre d'analyse ?*

— Si vous voulez une référence livresque, c'est dans *Surveiller et punir*. J'aimerais mieux dire que c'est à partir d'une série d'événements et d'expériences qu'on a pu faire depuis 1968 à propos de la psychiatrie, la délinquance, la scolarité, etc. Mais je crois que ces événements eux-mêmes n'auraient jamais pu prendre leur sens et leur intensité s'il n'y avait eu derrière eux ces deux ombres gigantesques qu'ont été le fascisme et le stalinisme. Si la misère ouvrière — cette sous-existence — a fait pivoter la pensée politique du XIXe siècle autour de l'économie, le fascisme et le stalinisme — ces sur-pouvoirs — induisent l'inquiétude politique de nos sociétés actuelles.

De là, deux problèmes : le pouvoir, ça marche comment ? Suffit-il qu'il interdise fortement pour fonctionner réellement ? Et puis : est-ce qu'il s'abat toujours de haut en bas et du centre à la périphérie ?

— *J'ai vu dans* la Volonté de savoir, *ce déplacement, ce glissement essentiel : vous rompez nettement cette fois avec un naturalisme diffus qui hantait vos livres précédents...*

— Ce que vous appelez le « naturalisme » désigne, je crois, deux choses. Une certaine théorie, l'idée que sous le pouvoir, ses violences et ses artifices on doit retrouver les choses mêmes dans leur vivacité primitive : derrière les murs de l'asile, la spontanéité de la folie ; à travers le système pénal, la fièvre généreuse de la délinquance ; sous l'interdit sexuel, la fraîcheur du désir. Et aussi un certain choix esthético-moral : le pouvoir, c'est mal, c'est laid, c'est pauvre, stérile, monotone, mort ; et ce sur quoi s'exerce le pouvoir, c'est bien, c'est bon, c'est riche.

— *Oui. Le thème finalement commun à la vulgate marxiste et au néo-gauchisme : « sous les pavés, la plage ».*

— Si vous voulez. Il y a des moments où ces simplifications

sont nécessaires. Pour retrouver de temps en temps le décor et passer du pour au contre, un tel dualisme est provisoirement utile.

— *Et puis vient le temps d'arrêt, le moment de la réflexion et du rééquilibrage ?*

— Au contraire. Doit venir le moment de la nouvelle mobilité et du nouveau déplacement. Car ces renversements du pour au contre se bloquent vite, ne pouvant faire autre chose que se répéter et formant ce que Jacques Rancière appelle la « doxa gauchiste ». Dès lors qu'on répète indéfiniment le même refrain de la chansonnette antirépressive, les choses restent en place et n'importe qui peut chanter le même air sans qu'on y prête attention. Ce retournement des valeurs et des vérités, dont je parlais tout à l'heure, a été important dans la mesure où il n'en reste pas à de simples vivats (vive la folie, vive la délinquance, vive le sexe) mais où il permet de nouvelles stratégies. Voyez-vous, ce qui me gêne souvent aujourd'hui — à la limite, ce qui me fait de la peine —, c'est que tout ce travail fait depuis maintenant une quinzaine d'années, souvent dans la difficulté et parfois dans la solitude, ne fonctionne plus pour certains que comme signe d'appartenance : être du « bon côté », du côté de la folie, des enfants, de la délinquance, du sexe.

— *Il n'y a pas de bon côté ?*

— Il faut passer de l'autre côté — du « bon côté » — mais pour essayer de se déprendre de ces mécanismes qui font apparaître deux côtés, pour dissoudre la fausse unité, la « nature » illusoire de cet autre côté dont on a pris le parti. C'est là que commence le vrai travail, celui de l'historien du présent.

— *Plusieurs fois déjà que vous vous définissez comme « historien ». Qu'est-ce que cela signifie ? Pourquoi « historien » et non « philosophe » ?*

— Sous une forme aussi naïve qu'une fable pour enfants, je dirai que la question de la philosophie a longtemps été : « dans ce monde où tout périt, qu'est-ce qui ne passe pas ? Que sommes-nous, nous qui devons mourir, par rapport à ce qui ne passe pas ? » Il me semble que, depuis le XIXe siècle, la philosophie n'a pas cessé de se rapprocher de la question : « qu'est-ce qui se passe actuellement, et que sommes-nous, nous qui ne sommes peut-être rien d'autre et rien de plus que ce qui se passe actuellement ? » La question de la philosophie, c'est la question de ce présent qui est nous-mêmes, c'est pourquoi la philosophie aujourd'hui est entièrement politique et entièrement historienne. Elle est la politique immanente à l'Histoire, elle est l'Histoire indispensable à la politique.

— *N'y a-t-il pas aussi aujourd'hui un retour à la plus classique, à la plus métaphysicienne des philosophies ?*

— Je ne crois à aucun forme de retour. Je dirai seulement ceci, et un peu par jeu. La pensée des premiers siècles chrétiens avait eu à répondre à la question : « qu'est-ce qui se passe actuellement ? Qu'est-ce que ce temps qui est le nôtre ? Comment et quand se fera ce retour de Dieu qui nous est promis ? Que faire de ce temps qui est comme en trop ? Et que sommes-nous, nous qui sommes ce passage ? »

On pourrait dire que, sur ce versant de l'histoire où la révolution doit revenir et n'est pas encore venue, nous posons la question : « qui sommes-nous, nous qui sommes en trop, en ce temps où ne se passe pas ce qui devrait se passer ? » Toute la pensée moderne, comme toute la politique, a été commandée par la question de la révolution.

— *Cette question de la révolution, continuez-vous, pour votre part, de la poser et de la réfléchir ? Demeure-t-elle à vos yeux la question par excellence ?*

— Si la politique existe depuis le XIXe siècle, c'est parce qu'il y a la révolution. Celle-ci n'est pas une espèce, une région de celle-là. C'est la politique qui, toujours, se situe par rapport à la révolution. Quand Napoléon disait : « la forme moderne du destin, c'est la politique », il ne faisait que tirer les conséquences de cette vérité, car il venait après la Révolution et avant le retour éventuel d'une autre.

Le retour de la révolution, c'est bien là notre problème. Il est certain que, sans lui, la question du stalinisme ne serait qu'une question d'école — simple problème d'organisation des sociétés ou de validité du schéma marxiste. Or c'est de bien autre chose qu'il s'agit, dans le stalinisme. Vous le savez bien, c'est la désirabilité même de la révolution qui fait aujourd'hui problème.

— *Désirez-vous la révolution ? Désirez-vous quelque chose qui excède le simple devoir éthique de lutter, ici et maintenant, aux côtés de tels ou tels, fous et prisonniers, opprimés et misérables ?*

— Je n'ai pas de réponse. Mais je crois, si vous voulez, que faire de la politique autrement que politicienne, c'est essayer de savoir avec le plus d'honnêteté possible si la révolution est désirable. C'est explorer cette terrible taupinière où la politique risque de basculer.

— *Si la révolution n'était plus désirable, la politique demeurerait-elle ce que vous dites ?*

— Non, je ne crois pas. Il faudrait en inventer une autre ou quelque chose qui se substituerait à elle. Nous vivons peut-être la fin de la politique. Car, s'il est vrai que la politique est un champ qui a été ouvert par l'existence de la révolution, et si la question de la révolution ne peut plus se poser en ces termes, alors la politique risque de disparaître.

— *Revenons à votre politique, celle que vous avez consignée dans* La Volonté de savoir. *Vous dites : « là où il y a du pouvoir, il y a de la résistance ». Ne ramenez-vous pas ainsi cette nature que vous souhaitiez tout à l'heure congédier ?*

— Je ne pense pas, car cette résistance dont je parle n'est pas une substance. Elle n'est pas antérieure au pouvoir qu'elle contre. Elle lui est coextensive et absolument contemporaine.

— *L'image inversée du pouvoir ? Cela reviendrait au même. Les pavés sous la plage, toujours...*

— Ce n'est pas cela non plus. Car, si elle n'était que cela, elle ne résisterait pas. Pour résister, il faut qu'elle soit comme le pouvoir. Aussi inventive, aussi mobile, aussi productive que lui. Que, comme lui, elle s'organise, se coagule et se cimente. Que, comme lui, elle vienne d'« en bas » et se distribue stratégiquement.

— *« Là où il y a du pouvoir, il y a de la résistance », c'est presque une tautologie, par conséquent...*

— Absolument. Je ne pose pas une substance de la résistance en face de la substance du pouvoir, il y a une possibilité de résistance. Nous ne sommes jamais piégés par le pouvoir : on peut toujours en modifier l'emprise, dans des conditions déterminées et selon une stratégie précise.

— *Pouvoir et résistance... Tactique et stratégie.. Pourquoi ce fond de métaphore guerrière ? Pensez-vous que le pouvoir soit à penser désormais dans la forme de la guerre ?*

— Je n'en sais trop rien pour l'instant. Une chose me paraît certaine, c'est que, pour analyser les rapports de pouvoir, nous ne disposons guère pour le moment que de deux modèles : celui que nous propose le droit (le pouvoir comme loi, interdit, institution), et le modèle guerrier ou stratégique en termes de rapports de force. Le premier a été fort utilisé et il a montré, je crois, son caractère inadéquat : on sait bien que le droit ne décrit pas le pouvoir. L'autre, je sais bien qu'on en parle beaucoup aussi. Mais on en reste aux mots : on utilise des notions toutes faites, ou métaphores (« guerre de tous contre tous », « lutte pour la vie »), ou encore des schémas formels (les stratégies sont très à la mode chez certains sociologues ou économistes, surtout américains). Je crois qu'il faudrait essayer de resserrer cette analyse des rapports de forces.

— *Cette conception guerrière des rapports de pouvoir, elle était déjà chez les marxistes ?*

— Ce qui me frappe, dans les analyses marxistes, c'est qu'il est toujours question de « lutte des classes » mais qu'il y a un mot dans l'expression auquel on prête moins attention, c'est « lutte ». Là encore il faut nuancer. Les plus grands d'entre les marxistes (à commencer par Marx) ont beaucoup insisté sur les problèmes « militaires » (armée comme appareil d'État, soulèvement armé, guerre révolutionnaire). Mais quand ils parlent de « lutte de classes » comme ressort général de l'Histoire, ils s'inquiètent surtout de savoir ce qu'est la classe, où elle se situe, qui elle englobe, jamais ce qu'est concrètement la lutte. À une réserve près d'ailleurs : les textes non pas théoriques mais historiques de Marx lui-même qui sont autrement plus fins.

— *Pensez-vous que votre livre puisse combler cette lacune ?*

— Je n'ai pas cette prétention. D'une façon générale, je pense que les intellectuels — si cette catégorie existe ou si elle doit encore exister, ce qui n'est pas certain, ce qui n'est peut-être pas souhaitable — renoncent à leur vieille fonction prophétique. Et par là, je ne pense pas seulement à leur prétention à dire ce qui va se passer mais à la fonction de législateur à laquelle ils ont si longtemps aspiré : « voilà ce qu'il faut faire, voilà ce qui est bien, suivez-moi. Dans l'agitation où vous êtes tous, voici le point fixe, c'est celui où je suis ». Le sage grec, le prophète juif et le législateur romain sont toujours des modèles qui hantent ceux qui, aujourd'hui, font profession de parler et d'écrire. Je rêve de l'intellectuel destructeur des évidences et des universalités, celui qui repère et indique dans les inerties et contraintes du présent les points de faiblesse, les ouvertures, les lignes de force, celui qui, sans cesse, se déplace, ne sait pas au juste où il sera ni ce qu'il pensera demain, car il est trop attentif au présent ; celui qui contribue, là où il est de passage, à poser la question de savoir si la révolution, ça vaut la peine, et laquelle (je veux dire quelle révolution et quelle peine), étant entendu que seuls peuvent y répondre ceux qui acceptent de risquer leur vie pour la faire. Quant à toutes les questions de classement ou de programme qu'on nous pose : « êtes-vous marxiste ? », « que feriez-vous si vous aviez le pouvoir ? », « quels sont vos alliés et vos appartenances ? », ce sont des questions qui sont vraiment secondaires par rapport à celle que je viens d'indiquer : car elle est la question d'aujourd'hui.

11

« dans ce Phnom Penh désert... »

(LA PREUVE PAR LE CAMBODGE)

Christian Jambet, à nouveau. Pourquoi l'affaire du Cambodge fut-elle, mine de rien, si essentielle ? Parce que, me dit-il, toutes les révolutions ont été, jusqu'à celle-là, avortées ou inachevées. Toutes, sans exception, et même si c'était, chaque fois, pour des raisons de nature différente, ont interrompu à mi-chemin leur tentative de changer le monde. Pour chacune par conséquent, pour chacun des mécomptes (URSS, Cuba, Algérie, Vietnam déjà, Chine...) auxquels elles ont donné lieu, il était possible de dire : « bon, d'accord, ça n'a pas marché, le despotisme est toujours là, mais c'est qu'on n'est pas allé assez loin ; on n'a pas creusé assez profond ; on s'est soucié de l'État par exemple ; ou des inégalités économiques ; ou de l'injuste disposition des rapports de production ; mais on a oublié la sexualité, qui asservit les femmes aux hommes ; la langue, dont la structure même est un formidable outil de pouvoir ; on n'a pas touché aux bibliothèques qui sont, Freud le disait, les conservatoires du malheur humain ; on a gardé les livres ; respecté la mémoire bourgeoise ; on n'a même pas, naïfs qu'on était, songé à ces partages immémoriaux entre producteurs et non-producteurs, gens de pensée et de travail. » Alors que là, au Cambodge, dans cette révolution ultime mais qui, parce qu'elle était l'ultime, pouvait tirer les leçons des autres, il s'est trouvé des gens pour dire : « parfait, on y va ; on ne laissera rien au hasard cette fois ; la sexualité, dites-vous ? On réglementera la sexualité ; la langue ? On inventera une nouvelle langue ; les livres ? Les bibliothèques ? Oublions, brûlons tout cela ! C'est la mémoire elle-même qui est une maladie ! Et quant à ces partages immémoriaux, quant à ces histoires de travail manuel et intellectuel, ce sera vite réglé puisque les intellectuels iront aux champs et que les villes elles-mêmes seront mises à la campagne ».

Bref, pour la première fois, il s'est trouvé des gens assez sérieux (oui, je dis assez *sérieux* parce que le raisonnement, en tant que tel, était en effet irréprochable et que d'un point de vue, disons, lacanien ou foucaldien — même si les Cambodgiens eux-mêmes n'avaient évidemment rien à fiche et de Lacan et de Foucault — il était en effet exact que la langue, le désir, etc. étaient, et sont toujours, des foyers de maîtrise), pour la première fois, donc, il s'est trouvé des révolutionnaires pour mettre toutes les chances de leur côté et ne laisser à l'ordre ancien aucun espoir de perdurer. Or que s'est-il passé, à ce moment-là ? Comment s'est-elle finie, cette révolution chimiquement pure ? Eh bien, elle a donné, au bas mot, deux millions de cadavres ; elle s'est soldée, si l'on préfère, par le record du monde absolu dans l'art de décimer son propre peuple ; et la révolution pure a concrètement débouché, donc, sur une barbarie elle-même pure.

A partir de là, tout bascule. Tout le paysage intellectuel chavire. Et c'est peut-être ça, aussi, qu'avait en tête Foucault quand il s'interrogeait face à moi sur la désirabilité, ou non, du projet de révolution. On parle beaucoup de Berlin — et on a raison de le faire puisque c'est un peu le symbole de la mort de l'idée communiste. Mais on devrait parler *aussi* de Phnom Penh. Car c'est là, dans ce laboratoire parfait, qu'est morte cette autre idée, presque plus meurtrière, qu'était l'idée de révolution. Phnom Penh et Berlin. Phnom Penh avant Berlin. C'est drôle que les gens n'y pensent pas. C'est drôle qu'ils n'en aient pas davantage conscience et que l'on n'évoque cette tragédie cambodgienne que sur le mode, pathétique certes, mais métaphysiquement insignifiant, de la déploration humaniste ou droidlomiste traditionnelle. La signification « métaphysique » du Cambodge ? Le moment de l'Esprit — autant que le moment du Temps — où apparaît enfin clairement que plus une révolution est radicale, et plus elle est sanglante et barbare ; le moment où l'idée même de « changer la vie » et de « transformer l'homme en ce qu'il a de plus profond », l'idée de faire « table rase » du passé et de « recommencer à zéro » le processus de l'histoire humaine, révèlent leurs conséquences fatalement meurtrières et barbares. Faire l'histoire *vraie* des intellectuels français c'est, malgré l'horreur et la pitié, malgré le chagrin et la nausée, essayer de reconstituer cette péripétie si décisive des aventures de la liberté — et la marquer, cette date, de la pierre blanche qui lui revient.

12

« ... l'immense, l'exemplaire figure d'Alexandre Soljenitsyne »

J'ai aimé Soljenitsyne, c'est un fait. Je l'ai admiré. Vénéré. J'ai pensé grâce à lui. A travers lui. J'ai fait mes livres de philosophie dans l'ombre de sa grande ombre. La « nouvelle philosophie » tout entière n'aurait vraisemblablement pas eu, sans lui, le même type d'existence. J'ai même dit un jour — et je ne le regrette pas — qu'il était quelque chose comme « le Dante de notre temps ». Et si je l'ai dit c'est parce qu'il me semblait — parce qu'il me semble toujours — que nul n'avait su, comme lui, décrire l'enfer du Goulag. Alors, aujourd'hui, qu'est-ce qui se passe ? Et d'où vient ce malaise que je ne suis pas, je crois, le seul à ressentir ? Il se passe qu'il n'a pas changé, lui, bien sûr ; mais que l'époque, elle, a basculé ; et que les mêmes thèmes par conséquent, la même inspiration, avaient un certain sens avant — et en prennent un autre après.

L'époque ancienne : celle de la lutte à outrance contre la monstruosité totalitaire. On pouvait, dans le cadre de cette lutte, faire l'apologie de la terre, des racines, de la nation slaves. On pouvait — il fallait peut-être — prendre appui sur ces archaïsmes pour miner, mettre en échec le « modernisme » stalinien. Et il n'était pas jusqu'aux thèmes les plus antipathiques de l'univers soljenitsynien (un certain refus, par exemple, du cosmopolitisme ; l'apologie d'une « nature » russe lisible à même les corps, les visages des hommes russes) qui, confrontés à une idéologie mille fois plus pernicieuse encore, n'avaient un certain sens, une certaine fonction positive. Le moyen de reprocher à un homme dépossédé de ses ancrages cette façon, fantasmatique, de se refaire une identité ? Le moyen de refuser à l'ancien zek, que le marxisme a failli briser, le droit de voir dans la révolution d'Octobre le produit d'un discours

« étranger » ? Le moyen surtout (car les choses, formulées ainsi — sur le thème : pardonnons ! soyons compréhensifs et indulgents ! le bougre ne sait ni ce qu'il dit ni ce que dire veut dire — ont toujours ce ton niaisement paternaliste qu'avaient déjà, à l'époque, face à l'auteur génial d'*Août 14* et de *L'Archipel,* la plupart des commentaires de la gauche bien-pensante) le moyen de nier, donc, que ces vieux mots, dans la bataille que menaient alors les héros de la dissidence et dont nous nous faisions, nous, ici, les porte-voix, avaient une vraie force et ont tenu plus que leur rôle dans la chute finale du communisme ?

L'époque nouvelle : celle de la lutte acharnée, sur les décombres de ce communisme, entre les tenants d'une ligne nationaliste, populiste, identitaire, tribale — et les partisans, à l'inverse, d'une ouverture réelle à l'esprit démocratique. On ne peut plus, dans ce cadre, faire l'apologie de la terre, des racines, etc. On ne peut pas — sauf à prendre très clairement parti contre la perspective démocratique — continuer de faire le procès, même discret, de l'intelligentsia cosmopolite. Et il n'est pas jusqu'aux aspects les plus bénins de l'inspiration soljenitsynienne (l'éloge de la « forêt-mère », la nostalgie du « Zemtsvo », la critique de la sous-culture et de la vulgarité occidentales) qui, confrontés à cette nouvelle menace qu'est le retour, partout en Europe, du spectre populiste, ne soient susceptibles de nourrir sa variante proprement russe qu'est la slavophilie. Les mêmes mots — d'autres échos. Des thèmes identiques — mais un décor qui a tourné, un jeu qui a modifié ses règles, et ces thèmes qui, tout à coup, se distribuent donc autrement. Que Soljenitsyne se fiche de ces histoires de décor, c'est bien possible. Et je ne dis évidemment pas (au nom de quoi, mon Dieu ?) qu'il devrait changer aussi, tenir compte de ceci, s'ajuster à cela. Mais que le problème existe et que, pour les Russes qui, là-bas, à Moscou, sont engagés dans la bataille, il existe avec une acuité extrême, voilà qui n'est pas douteux ; de même que n'est pas non plus douteuse cette conséquence qu'ils tirent eux-mêmes des prises de position récentes de leur ancien maître à penser : si c'est non seulement avec lui, mais grâce à lui, qu'ils ont mené le combat contre le communisme, ce sera sans lui — sinon peut-être contre lui — qu'ils ont à mener maintenant le combat antipopuliste.

Disons les choses autrement encore ; et prenons-les, si j'ose dire, en amont — en isolant les postulats qui président à ce débat. Ou bien on opte pour le retour de la Russie en Europe. Je dis bien : on opte. Je devrais presque dire : on parie. J'insiste sur le caractère douteux, infondable de ce choix. Et il est clair, alors, que ce *Comment réaménager la Russie* est un texte qui, malgré sa beauté, est non seulement inutile mais dangereux. Ou bien on fait le pari inverse. Sans plus de raison ni de certitude d'être dans le vrai, on parie sur un destin slave pour la Russie post-communiste. On dit que telle est sa nature par exemple. Ou sa culture. On soutient que le pays n'est pas prêt, pas mûr, pour la démocratie. On montre — et ce ne sera d'ailleurs pas faux — que les soixante-dix ans de terreur ont cassé jusqu'au ressort d'une occidentalisation éventuelle. On joue, autrement dit, Dostoïevski ou Tolstoï contre Pouchkine, Hertzen ou Tourgueniev. Et alors, et alors seulement, le même *Comment réaménager la Russie* devient un texte juste, prophétique et important. Choix contre choix. Pari contre pari. Un vrai partage culturel aux sources, comme souvent, d'une apparente querelle politique.

13

« Ce qui reste... »

(QU'EST-CE QU'UN CONTEMPORAIN ?)

Qu'est-ce qu'un contemporain ? Il y a les maîtres et les disciples. Les doubles. Les jumeaux. Il y a les amis qui vous poursuivent et les ennemis qui ne vous quittent pas. Il y a les traîtres et les renégats. Les gens qu'on ne voit jamais, mais auxquels on pense tout le temps. Il y a le rival qui prend trop d'espace (Hugo, pour Baudelaire). L'ombre écrasante (Malraux, pour Gary). Il y a le grand silencieux dont on vous dit — et si on ne vous le dit pas, vous le sentez dans tous les regards : « ce serait tellement mieux s'il parlait à votre place (ce fut longtemps, très longtemps, le rôle de Pierre Mendès France dans la vie de François Mitterrand). Il y a les ancêtres bien sûr. Les contemporains selon l'esprit. Il y a les autres, simplement. Tous les autres. Il y a ces figurants, grands ou petits, qui, en tenant leur rôle, en occupant leur territoire, vous désignent, par différence, celui qui vous échoit. Et puis il y a, pour chacun, un ou plusieurs personnages qui ne sont rien de cela mais auxquels vous relie une affinité plus essentielle. L'amitié ? Autre chose que l'amitié. La complicité ? Plus qu'une complicité. Disons, pour aller vite, une communauté de goûts et de dégoûts ; de répugnances et de partis pris ; une communauté, non pas d'idées ou de convictions (quoi de plus simple que de partager des idées, des convictions ?) mais de langue, de regard — j'allais presque dire de *réflexes*. J'ai, pour ma part, un contemporain de cette sorte. Il s'appelle Jean-Paul Enthoven.

J'ai rencontré Jean-Paul en mars 1974, chez le philosophe marxiste — qui devait se suicider quelques années plus tard — Nikos Poulantzas. Il venait, il me semble, d'entrer à l'*Observateur*. Il avait déjà cette langue étincelante, bien timbrée, qui faisait de ses chroniques des modèles de style et d'esprit. Il était

« brillant », comme on dit. Il était, à soi seul, un spectacle permanent d'intelligence et de culture. Il savait tout. Avait tout lu. Il avait le don de vous parler des écrivains des siècles passés comme s'il était leur intime et qu'il venait juste de les quitter. Une anecdote sur Chamfort. Une circonstance décisive de la vie de Hegel ou de Kant. Le détail que nous ignorions, et qui était le fin mot de la brouille Aragon-Drieu. Tout cela le passionnait. L'enchantait. Il était, dans ces années de plomb, le seul d'entre nous à estimer que la passion contrariée de Benjamin Constant et de Germaine de Staël méritait la même attention que celle de Lin Piao et de Liu Chao-chi. Et il avait surtout, pour le faire, cette drôle de voix qu'il a toujours et dont la diction un peu trop nette, les inflexions impeccables, la musicalité précise et comme calculée, donnaient au moindre de ses propos une extraordinaire souveraineté. L'époque était à la véhémence. « La » voix de l'époque, celle qui, d'habitude, faisait autorité, était celle de la gouaille et de la harangue privée. Jean-Paul, déjà, s'imposait autrement.

Il était beau. Terriblement séduisant. Il était précédé d'une réputation de dandysme qui n'était pas davantage dans le goût de ces années mais qui me le rendit, moi, aussitôt sympathique. On lui prêtait des liaisons flatteuses. On lui en ignorait d'autres, qui ne l'étaient pas moins. Il faisait partie de ces hommes auxquels les femmes envoient des fleurs et qui, loin de s'en étonner, y trouvent en général matière à des réflexions désabusées sur l'insondable jeu de la passion féminine. Son charme, du reste, opérait sur les gens les plus divers. Tel directeur de journal. Tel éditeur en vue. Un futur professeur au Collège de France. Ce maître à penser, et à vivre, qui en faisait son confident. Les appariteurs de Sciences Po. Les fonctionnaires de la Sorbonne. Tous sensibles, en fait, à ce mélange de certitude et de promesse qui, dans chaque génération, est l'apanage de quelques-uns et qu'il incarnait donc avec un éclat particulier. Et puis, pour couronner le tout, pour donner à sa légende naissante sa part d'attente et de suspens, ce roman qu'il écrivait déjà et dont la rumeur assurait qu'il surclasserait, le moment venu, toutes les petites proses qui commençaient de surgir du paysage de l'après-mai.

Depuis, le temps a passé. Jean-Paul est toujours beau. Il a

toujours le même talent. Il continue d'écrire les chroniques les plus ciselées, les plus chargées de sens, de la presse littéraire française. Il est un critique célèbre. Un éditeur courtisé. Il y a tout un milieu, à Paris, où ses jugements font loi. Et il y a des écrivains considérables qui, sans son avis, ne se hasarderaient pas à livrer leurs textes à la curiosité du large public. Il est devenu mon ami. Un peu, aussi, mon éditeur. Nous avons pris la mesure, au fil des années et de leurs conversations à demi-mots, de cette « contemporanéité » dont je parlais en commençant. Il y a eu la *Règle du jeu*. Dans la *Règle du jeu*, ses articles. Il y a, oui, ces étranges portraits d'écrivains — Chamfort, Gary, Vivant Denon, Malraux — où il paraît occupé à traquer, ou domestiquer, on ne sait quel double de lui-même. Et puis il y a ce roman qu'il annonçait naguère, qui l'obsède, le taraude, il y a cet interminable roman qui a été, toutes ces années, son grand souci secret et dont j'ai eu, à maintes reprises, le privilège de lire des extraits : les années passent et, mystérieusement, il ne s'achève pas.

Il m'arrive de penser que Jean-Paul est de ces êtres dont la générosité dévore le talent. On les connaît, ces oiseaux-là. J'en ai, dans ce livre même, nommé un certain nombre. Paulhan... Groethuysen... Rivière... Tant d'autres... Tous ces éditeurs légendaires. Tous ces souffleurs. Tous ces livres écrits avec les livres qu'ils n'écrivent pas. Toute cette œuvre invisible, dissoute dans celle d'autrui, et dont il faudrait, pour reconstituer le visage, un physionomiste de génie. Jean-Paul, oui, appartient à cette famille. Il en a l'élégance. La prodigalité parfois absurde. Il a (signe de reconnaissance, décisif, dans la tribu) la courtoisie supplémentaire de feindre de l'ignorer. Combien de fois l'ai-je vu, dans l'exercice de son métier, « découvrir » chez un auteur une phrase, une idée, une tournure qui étaient de lui — et dont je ne peux pas ne pas supposer qu'elles privaient son propre livre d'un effet qu'il lui destinait.

Il m'arrive de me dire aussi qu'il appartient à la race des écrivains trop exigeants qui usent leurs forces — et leur talent — à courir après une forme dont la perfection les comblerait. « Le » Livre, n'est-ce pas ! La Littérature en majesté ! Cette sacralisation de l'acte d'écrire qui fait que l'on rôde aux marges, au bord intime de l'œuvre mais qu'on diffère à l'infini le moment de la figer. Joubert... Amiel... Tout un crypto-mallarméisme dont on ne dira jamais assez le mal qu'il fait aux écrivains et dont il est, même s'il l'ignore, l'une des dernières victimes... Pureté. Vertige des possibles. Questionnement infini. Cette façon de rechercher le « secret » d'où le livre surgirait. Il n'y a pas de secret, lui dis-je. Pas de mystère. Il y a des livres, voilà tout. Du travail. Il y a Balzac à l'atelier. Flaubert en son gueuloir. Dickens, Baudelaire, London, qui s'échinent, se tuent à écrire. Mais Jean-Paul n'entend pas. Il s'obstine, lui, à ne pas écrire et passe quasiment sa vie à ne pas achever ce livre. Il est le seul écrivain que je connaisse avec lequel les discussions de forme, de pure technique littéraire, sont toujours au bord de prendre une tournure métaphysique ! Il en rit. Nous en rions. Mais l'énigme, elle, est entière.

Parfois je me dis qu'il y a dans ce refus de finir un reste de son dandysme ancien. Brummell... Swann... Est-ce qu'on imagine Brummell et Swann en train de finir un livre ? Est-ce que la stérilité, le refus de l'œuvre et de son héritage, ne sont pas l'article premier du crédo dandy selon Baudelaire ? Je fais la part du cynisme aussi. Ou, plus exactement, de cette forme de cynisme que finit par engendrer, chez les familiers du manège littéraire, la connaissance suraiguë de ses procédures et de ses rites. « Quel ennui, semble-t-il dire chaque fois que je l'exhorte à soustraire cent feuillets, cinquante peut-être, à son interminable manuscrit... Tout cela serait si convenu... Si terriblement prévisible... L'agitation des uns... La surprise feinte des autres... Les hommages dont on n'a que faire... Les malentendus désespérants... Je sais tout cela d'avance... J'ai leurs répliques sur le bout des lèvres... Mon propre rôle m'accable... A quoi bon jouer la partie quand les règles en sont si constantes que l'issue ne fait pas de doute ? cette comédie classique, cette pantomime qui fait ma joie lorsque d'autres en sont les acteurs, ce ballet trop bien réglé dont nous sommes quelques-uns, n'est-ce pas, à avoir le sentiment, je dis bien le sentiment, d'avoir définitivement percé à jour la chorégraphie secrète, est-ce que tu me vois m'y prêter ? Il y a quinze ans, bien sûr... Cinq encore... Mais maintenant ? »

Parfois encore (hypothèse carrément absurde — mais la

situation ne l'est-elle pas ?) je me dis qu'il y a dans sa manière même de penser et de rêver sa vie, quelque chose qui ne colle pas avec les immuables lois de la chimie littéraire. Jean-Paul, ses amis le savent, vit comme dans un roman. Pense comme dans un roman. Il est la seule personne que je connaisse dont les mots ont toujours l'air de sortir d'un roman ou de s'apprêter à y entrer. Il a l'esprit romanesque comme d'autres ont l'esprit logique, ludique, théologique. En le regardant vivre, en l'écoutant parler, je ne peux m'empêcher de penser qu'il est une sorte d'« homo literaris », d'espèce rare, que la nature aurait équipé d'un convertisseur instantané d'affects et incidents en séquences romanesques ou en images. Les écrivains, d'habitude, prennent le temps. Ils ont des appareillages lourds, à combustion et conversion lentes. Ils fermentent. Ils n'en finissent pas de traiter, de distiller leur minerai. Et peut-être y a-t-il dans ce retard, ce délai, dans ces médiations infinies et ce cumul, dans cette maturation avare et cette condensation des émotions, la condition pour que tout cela revienne un jour, mais sublimé, transfiguré, dans la forme du roman. Lui, va vite. Trop vite. L'appareillage est trop puissant. Trop sophistiqué. Le roman se fait là, dans l'instant. Il le perd, son roman, dans les mille gestes d'une vie trop immédiatement romanesque.

Jean-Paul Enthoven se reconnaîtra-t-il dans ce portrait ? Peut-être pas. Mais tant pis. Car je ne voulais pas achever ce livre — où s'expose, je le répète, ma parentèle intellectuelle — sans qu'il y ait sa place. L'ami donc. Le contemporain. L'intercesseur aussi — j'ai l'impression de n'y avoir pas insisté comme il convient — qui a d'ores et déjà pris rang dans la lignée de ces « passeurs » dont j'ai assez dit, en revanche, l'irremplaçable fonction dans notre histoire littéraire. Et puis ce dernier rôle enfin — le grand écrivain sans livre — où je le soupçonne de s'être complu et qui manquerait à mon répertoire s'il ne m'en avait offert le modèle. Bon. Cela va bien, maintenant. La performance était parfaite. L'interprétation, magistrale. Et tu m'as inspiré, moi, cette divagation complice. Le temps est venu, désormais. Il y en a un autre, de rôle, qui n'est pas mal non plus — et qui t'attend : celui du merveilleux écrivain qui consent, vingt ans après, à donner le roman qu'il a promis.

14

« Une mystérieuse hécatombe »

(ROLAND BARTHES : FRAGMENTS D'UN DISCOURS AMICAL)

De tous les grands intellectuels des années 60, de tous ces « structuralistes » dont j'ai dit l'importance pour ma génération et pour moi, il y en a un qui fut mon maître — et j'y viens : Louis Althusser. Un autre avec lequel je me suis brouillé et que j'avais cessé de voir plusieurs années avant sa mort : Michel Foucault. Un troisième que j'ai peu connu mais auquel je suis redevable de quelques des concepts clés de mes essais de philosophie : Jacques Lacan. Mais il y en a un quatrième auquel je dois, outre ses livres, de vrais moments d'amitié et qui, depuis sa disparition, n'a cessé de me manquer : c'est, bien entendu, Roland Barthes. Charme de Barthes. Douceur de Barthes. Sa peur de la solitude. Sa phobie de l'ennui. Mélancolie. Bienveillance infinie. Nos déjeuners du Récamier. Nos conversations sans enjeux. Le cloisonnement des réseaux. La séparation des amitiés. L'article qu'il avait consacré, dans *Les Nouvelles littéraires*, à mon premier livre. « Le grain d'une écriture », disait-il. Et c'est, avec celui de Sollers, l'hommage qui, à l'époque, avait le plus compté pour moi. La rue Servandoni. L'appartement de sa mère au-dessus du sien. Banier. Philippe Roger qu'il tenait déjà, bien avant la parution de son *Roland Barthes, roman*, pour son exégète le plus avisé. Le rapprochement avec Jean Daniel dont j'avais, il me semble, été un peu l'instigateur. Ces chroniques ténues, minimales, qu'il publia dans l'*Observateur*, pendant quelques semaines, et dont il se plaignait de n'avoir pas de « retour ». Et puis, dans l'*Observateur* encore, cette longue conversation qui date de 1977 et dont je retrouve la transcription. Barthes tel quel. Tel, en tout cas, que je me rappelle sa voix — courtoise, indirecte, presque neutre. Barthes proustien, on l'a cent fois dit. Barthes gidien. Mais un Barthes énergique aussi, rigoureux, déterminé dans ses choix et dans ses positions. Avec, chemin faisant, et sur la question même qui m'occupe depuis le début de ce livre, une réponse qui pourrait presque lui servir de conclusion. L'intellectuel « sel de la terre », lui avais-je demandé ? Pensez-vous ! répond-il. L'intellectuel est un « déchet ». Au sens strict, un déchet. Et vous allez comprendre pourquoi.

— *Contrairement à tant d'autres, vous n'avez pas vraiment, derrière vous, d'« itinéraire politique »...*

— C'est vrai que dans mon discours écrit il n'y a pas de discours politique au sens thématique du mot : je ne traite pas de thèmes directement politiques, de « positions » politiques. Et cela parce que je ne parviens pas à être excité par la politique et qu'à l'époque actuelle un discours qui n'est pas excité ne s'entend pas, tout simplement. Il y a un degré décibélique à atteindre, un seuil à franchir pour qu'il soit entendu. Et ce seuil, je ne l'atteins pas.

— *Vous semblez le regretter.*

— La politique, ce n'est pas forcément parler, ce peut être aussi écouter. Et il nous manque peut-être une pratique de l'écoute politique.

— *Au fond, s'il fallait vous définir, l'étiquette d'« intellectuel de gauche » collerait pour une fois assez bien.*

— Ce serait à la gauche de dire si elle me comprend parmi ses intellectuels. Pour moi, je veux bien, à condition d'entendre la gauche non pas comme une idée mais comme une sensibilité obstinée. Dans mon cas : un fonds inaltérable d'anarchisme, au sens le plus étymologique du mot.

— *Un refus du pouvoir ?*

— Disons une sensibilité extrême à l'égard de son ubiquité (il est partout) et de son endurance (il est perpétuel). Il ne se fatigue jamais, il tourne, comme un calendrier. Le pouvoir, c'est pluriel. Aussi, ai-je le sentiment que ma guerre à moi, ce n'est pas le pouvoir, ce sont les pouvoirs, où qu'ils soient. C'est en cela peut-être que je suis plus « gauchiste » qu'« à gauche » ; ce qui brouille les choses, c'est que, du gauchisme, je n'ai pas le « style ».

— *Croyez-vous qu'un « style » ou un refus de « style » suffise à fonder une politique ?*

— Au niveau du sujet, une politique se fonde existentiellement. Par exemple, le pouvoir, ce n'est pas seulement ce qui opprime, ce qui est opprimant, c'est aussi ce qui est oppressant : partout où je suis oppressé, c'est qu'il y a quelque part du pouvoir.

— *Et aujourd'hui, n'êtes-vous pas oppressé ?*

— Je suis oppressé mais pas tellement indigné. Jusqu'ici, la sensibilité de gauche se déterminait par rapport à des cristallisateurs qui n'étaient pas des programmes mais de grands thèmes : l'anticléricalisme avant 1914, le pacifisme dans l'entre-deux-guerres, la Résistance ensuite, puis encore la guerre d'Algérie... Aujourd'hui, pour la première fois, il n'y a rien de tel : il y a Giscard, qui est tout de même un maigre cristallisateur, ou un « Programme commun » dont je vois mal comment, même s'il est bon, il pourrait mobiliser une sensibilité. C'est ce qui est nouveau pour moi dans la situation actuelle : je ne vois plus la pierre de touche.

— *D'où le fait que vous ayez accepté l'invitation à déjeuner de Giscard ?*

— Ça, c'est autre chose. Je l'ai fait par curiosité, par goût d'écouter, un peu comme un chasseur de mythes aux aguets. Et un chasseur de mythes, comme vous savez, ça doit aller partout.

— *Qu'attendiez-vous de ce déjeuner ?*

— Savoir s'il y avait chez Giscard un autre langage possible que celui de l'homme d'État. Pour cela, évidemment, il fallait pouvoir l'écouter à titre privé. J'ai eu effectivement l'impression de quelqu'un qui savait tenir sur son expérience un discours second, un discours réflexif. L'intéressant, pour moi, c'était de saisir un « décrochage » de langages. Quant au contenu, il s'agissait évidemment d'une philosophie politique articulée sur une tout autre culture que celle d'un intellectuel de gauche.

— *Le personnage vous a-t-il séduit ?*

— Oui, dans la mesure où il m'a semblé voir fonctionner un grand bourgeois très réussi.

— *De quoi avez-vous parlé ?*

— C'est lui qui a parlé, surtout. Peut-être a-t-il été déçu — ou au contraire heureux — d'avoir à nuancer son image : mais nous l'avons fait parler beaucoup plus que nous n'avons parlé nous-mêmes.

— *A gauche, on a souvent mal pris ce déjeuner...*

— Je sais. Il y a, même à gauche, des gens qui remplacent l'analyse difficile par l'indignation facile : c'était shocking, incorrect. Ça ne se fait pas de toucher son ennemi, de manger avec lui : il faut rester pur. Ça fait partie des « bonnes manières » de la gauche.

— *N'avez-vous jamais été tenté de reprendre vos « Mythologies » d'il y a vingt ans, en élargissant le travail à la gauche, aux nouvelles mythologies de la gauche ?*

— Il est évident qu'en vingt ans la situation a changé. Il y a eu Mai 68, qui a libéré, ouvert le langage de la gauche, quitte à lui donner une certaine arrogance. Surtout, dans un pays où 49 % des gens ont voté à gauche, il serait bien étonnant qu'il n'y ait pas eu un glissement, un travestissement de la mythologie sociale : les mythes, ça suit le nombre. Alors, pourquoi est-ce que je tarde à la décrire, cette mythologie ? Je ne le ferai jamais si la gauche elle-même ne soutient pas cette entreprise : « *le Nouvel Observateur* » par exemple...

— *Une mythologie parmi d'autres : est-il évident pour vous que Giscard soit « l'ennemi » ?*

— Ceux qu'il représente, les hommes qui sont derrière lui et l'ont poussé là où il est, oui. Mais il y a une dialectique de l'histoire qui fait qu'un jour, peut-être, il sera moins notre ennemi que quelqu'un d'autre...

— *Au fond, si vous avez une politique, c'est, un peu comme la morale provisoire de Descartes, une politique constamment provisoire, minimale, minimaliste...*

— La notion de position minimale m'intéresse et me paraît

souvent la moins injuste. Pour moi, le minimal en politique, ce qui est absolument intraitable, c'est le problème du fascisme. J'appartiens à une génération qui a su ce que c'était et qui s'en souvient. Là-dessus, mon engagement serait immédiat et total.

— *Cela signifie qu'en deçà de cette barre, fixée finalement assez haut, les choses sont équivalentes et les choix politiques indifférents ?*

— Cette barre n'est pas si haute que ça. D'abord parce que le fascisme inclut beaucoup de choses : pour fixer les idées, je précise qu'est fasciste à mes yeux tout régime qui, non seulement empêche de dire, mais surtout oblige à dire. Ensuite parce que ça, c'est la tentation constante du pouvoir, son naturel, celui qui revient au galop après qu'on l'a chassé. La barre est vite franchie...

— *Un minimaliste politique peut-il encore désirer, vouloir la révolution ?*

— C'est curieux : la révolution, c'est pour tout le monde une image plaisante et c'est pourtant une réalité certainement terrible. Remarquez que la révolution pourrait rester une image, et on pourrait désirer cette image, militer pour cette image. Mais ce n'est pas qu'une image, il y a des incarnations de la révolution. Et c'est, voyez-vous, ce qui complique tout de même le problème... Les sociétés où la révolution a triomphé, je les appellerais volontiers des sociétés « décevantes ». Elles sont le lieu d'une déception majeure dont nous sommes nombreux à souffrir. Ces sociétés sont décevantes parce que l'État n'a pas dépéri... Dans mon cas, ce serait démagogique de parler de révolution mais je parlerais volontiers de subversion. C'est un mot plus clair pour moi que le mot de révolution. Il signifie : venir par en dessous pour tricher les choses, les dévier, les porter ailleurs qu'au lieu où on les attend.

— *Le « libéralisme » n'est-il pas aussi une position minimale qui convient finalement assez bien ?*

— Il y a deux libéralismes. Un libéralisme qui est presque toujours, souterrainement, autoritaire, paternaliste, du côté de la bonne conscience. Et puis un libéralisme plus éthique que politique : ce pourquoi il faudrait lui trouver un autre nom.

Quelque chose comme une suspension profonde du jugement. Un non-racisme intégral appliqué à n'importe quel type d'objet ou de sujet. Un non-racisme intégral qui irait, mettons, dans la direction du zen.

— *C'est une idée d'intellectuel ?*

— C'est sûrement une idée d'intellectuel.

— *Il fut un temps où les intellectuels se prenaient, se pensaient comme le « sel de la terre »...*

— Je dirais pour ma part qu'ils sont plutôt le déchet de la société. Le déchet au sens strict, c'est-à-dire ce qui ne sert à rien, à moins qu'on ne le récupère. Il y a des régimes justement où l'on s'efforce de récupérer ces déchets que nous sommes. Mais, fondamentalement, un déchet ne sert à rien. En un certain sens, les intellectuels ne servent à rien.

— *Qu'entendez-vous par « déchet » ?*

— Le déchet organique prouve le trajet de la matière qui aboutit à lui. Le déchet humain, par exemple, prouve le trajet nutritif. Eh bien, l'intellectuel prouve, lui, un trajet historique dont il est en quelque sorte le déchet. Il cristallise, sous forme de déchet, des pulsions, des envies, des complications, des blocages qui appartiennent probablement à toute la société. Les optimistes disent que l'intellectuel est un « témoin ». Je dirais plutôt qu'il n'est qu'une « trace ».

— *Il est donc, selon vous, totalement inutile.*

— Inutile mais dangereux : tout régime fort veut le mettre au pas. Son danger est d'ordre symbolique : on le traite comme une maladie surveillée, un supplément qui gêne mais que l'on garde pour fixer dans un espace contrôlé les fantaisies et les exubérances du langage.

— *Vous-même, de quel trajet êtes-vous le déchet ?*

— Disons simplement que je suis sans doute la trace d'un intérêt historique pour le langage : et aussi la trace de multiples engouements, mode, termes nouveaux.

— *Vous parlez de mode : est-ce que ça veut dire l'air du temps ? Autrement dit, lisez-vous vos contemporains ?*

— En fait, d'une manière générale, je lis peu. Ce n'est pas une confidence : ça saute aux yeux dans mes textes. J'ai trois façons de lire, trois sortes de lecture. La première consiste à regarder un livre : je reçois un livre, on m'en parle, alors je le regarde, c'est un type de lecture très important et dont on ne parle jamais. Comme Jules Romains, qui faisait des élucubrations sur la vision paroptique des aveugles, je parlerais volontiers, pour ce premier type de lecture, d'une information para-acoustique, une information floue et peu rigoureuse mais qui fonctionne tout de même. Ma deuxième façon de lire : quand j'ai un travail à faire, un cours, un article, un livre, alors oui, je lis des livres, je lis d'un bout à l'autre, en prenant des notes, mais je ne les lis qu'en fonction de mon travail. La troisième lecture enfin, c'est celle que je fais le soir, quand je rentre chez moi. Là, je lis généralement des classiques...

— *Vous ne m'avez pas répondu...*

— Mes « contemporains » ? Je les range presque tous dans la première catégorie : je les « regarde ». Pourquoi ? C'est difficile à dire. Sans doute parce que je crains d'être séduit par une matière trop proche, si proche que je ne pourrais plus la transformer. Je me vois mal transformant du Foucault, du Deleuze ou du Sollers... C'est trop proche. Ça vient dans une langue trop absolument contemporaine.

— *Il y a des exceptions ?*

— Quelques-unes. Un livre, ici ou là, qui m'a beaucoup impressionné et qui est passé dans mon travail. Mais, d'une part, c'est toujours un peu par hasard. Et, d'autre part, quand je lis vraiment un livre contemporain, je le lis toujours très tardivement, jamais au moment même où l'on m'en parle. Quand on en parle, ça fait trop de bruit, et je n'ai donc pas envie de le lire. J'ai lu le *Nietzsche* de Deleuze, par exemple, ou son *Anti-Œdipe*, mais toujours bien après leur sortie.

— *Et puis, il y a Lacan, auquel vous vous référez tout de même souvent.*

— Souvent, je ne sais pas. Surtout, en fait, au moment où je travaillais sur « le Discours amoureux ». Parce que j'avais besoin d'une « psychologie » et que la psychanalyse est seule capable d'en fournir une. Alors, c'est là, sur ce point précis, que j'ai rencontré souvent Lacan.

— *Le lacanisme ou le « texte » lacanien ?*

— Les deux. Le texte lacanien m'intéresse comme tel. C'est un texte qui mobilise.

— *A cause des jeux de mots ?*

— Justement non. C'est à quoi je suis le moins sensible. Je vois bien à quoi ça correspond, mais là je perds l'écoute. Le reste, en revanche, j'aime souvent beaucoup. Lacan, c'est, au fond, pour reprendre la typologie nietzschéenne, une alliance assez rare du « prêtre » et de l'« artiste ».

— *Y a-t-il un rapport entre le thème de l'imaginaire, central dans votre œuvre, et l'imaginaire lacanien ?*

— Oui, c'est la même chose mais sans doute je déforme le thème parce que je l'isole. J'ai l'impression que l'imaginaire, c'est un peu le parent pauvre de la psychanalyse. Coincé entre le réel et le symbolique, on dirait qu'il est déprécié, au moins par la vulgate psychanalytique. Mon prochain livre se présente au contraire comme une affirmation de l'imaginaire.

— *Et vous, vous lisez-vous ? Je veux dire : vous relisez-vous ?*

— Jamais. J'ai trop peur. Soit de trouver ça bien et de me dire que je ne le referai plus. Soit, au contraire, mauvais, et de regretter de l'avoir fait.

— *Savez-vous en revanche qui vous lit ? Pour qui écrivez-vous ?*

— Je crois qu'on sait toujours à qui, pour qui l'on parle. Il y a toujours, dans le cas de la parole, une somme d'allocuteurs définie, même si elle est hétérogène. Alors que ce qui fait l'absolue singularité de l'écriture, c'est qu'elle est vraiment le degré zéro de l'allocution. La place existe mais elle est vide. On ne sait jamais qui va remplir cette place, pour qui l'on est en train d'écrire.

— *Avez-vous parfois le sentiment d'écrire pour la postérité ?*

— Franchement non. Je ne peux pas m'imaginer que mon

œuvre ou mes œuvres seront lues après ma mort. A la lettre, je ne l'imagine pas.

— *Vous dites « œuvre ». Avez-vous conscience d'écrire une « œuvre » ?*

— Non. J'ai d'ailleurs spontanément corrigé « œuvre » au singulier, par « œuvres » au pluriel : je n'ai pas conscience d'une œuvre. J'écris au coup par coup. Par un mélange d'obsessions, de continuités et de détours tactiques.

— *Y a-t-il des « œuvres » qui se soient constituées autrement ?*

— Peut-être pas. Je ne sais pas.

15

« Il s'écroule maintenant, sans reste, sans trace... »

(LA FIN DU COMMUNISME ?)

Berlin. Novembre 89. Je suis là, avec Laurent Dispot, au début d'un long voyage qui me conduira dans l'ensemble des pays d'Europe centrale et je n'ai, bien sûr, en tête que cette impensable perspective de la « fin du communisme ». Je n'y crois d'ailleurs qu'à demi. Je n'arrive pas à concevoir encore que cela soit simplement possible. Malgré le mur et les ruines, malgré la foule et la joie, malgré les signes innombrables d'un passage désormais sans retour, quelque chose en moi se cabre, se refuse à l'évidence. Et je suis de ceux, pourquoi le nierais-je ? qui, jusqu'à ce moment donc, jusqu'au lendemain de l'événement, continuent de répéter que non ; ce n'est pas cela ; l'événement est allé trop vite ; il y a une culture est-allemande, hélas ; une identité est-allemande ; il a fini par y avoir, ici, un vrai nationalisme ; et ce nationalisme de malheur, cette identité récente (mais bétonnée, tout de même, par quarante années d'histoire), on ne l'effacera pas ainsi, par décret de la providence.

Enfin bon. Nous sommes là. Nous sommes, avec nos doutes (je devrais dire « les miens » — car Laurent, me semble-t-il, voit alors un peu plus clair) dans ce Berlin bizarre et auquel je n'entends rien. Nous allons. Nous venons. Nous passons deux ou trois jours, comme les centaines de journalistes et touristes divers qui sont ici, à tenter de partager un peu de l'ivresse ambiante. Nous voyons les dissidents. Fêtons les survivants. Inlassablement, et même si leurs témoignages finissent par se ressembler, nous interrogeons ces écrivains, artistes, simples hommes et simples femmes qui ont, certains avec leurs pieds, d'autres avec leurs mots, effacé la frontière qui coupait l'Europe en deux. Bref, nous payons notre tribut à l'euphorie du moment. Jusqu'à ce qu'à la quinzième, vingtième interview peut-être, nous nous avisions que cela ne va plus, que l'exercice devient lassant et que le plus intéressant, les gens qu'il faudrait voir et essayer de faire parler, ce sont les autres bien sûr : les perdants, les has been, ces hommes qui, la veille encore, détenaient le plus fabuleux pouvoir dont despotes aient jamais rêvé et qui, du jour au lendemain, dans des conditions que les historiens auront bien du mal à démêler, sont passés de la lumière à l'ombre, des palais aux oubliettes — ces communistes, en un mot, auxquels nul ne vient plus rien demander alors qu'ils détiennent, c'est évident, une part du secret de l'histoire.

C'est ainsi que nous allons voir Hermlin. Stephan Hermlin. Un vieil écrivain stalinien, typique de cette intelligentsia détrônée qui, avec ses cheveux blancs et son œil bleu délayé, avec sa morgue, son maintien et ses airs de prince-évêque du communisme, me fait penser à Junger ou à un junker prussien d'autrefois. S'il est étonné de nous voir là ? Oui, sans doute, il est étonné. Le vent tourne si vite. Le téléphone sonne si peu. Mais il ne le dit pas, bien sûr. Pour rien au monde il ne laisserait paraître les moindres surprise ou plaisir. Il plastronne au contraire. Fait le dédaigneux. Il a le culot de me dire qu'il a lu *La Barbarie* — en français, s'il vous plaît ! — et qu'il trouve que c'est un livre « idiot ». Il parle d'Honecker, le président déchu, auquel il garde son estime. De Stefan Heym, son collègue, qu'il trouverait un peu saumâtre de voir jouer au héros. Il évoque la guerre d'Espagne. La Résistance. La construction, après 45, de cette forteresse anti-fasciste que devait, en principe, être le nouvel État est-allemand. Il évoque Éluard et Aragon, dont il a les livres, dédicacés, sur les rayons de sa bibliothèque. C'était le bon temps du communisme ! La belle époque du stalinisme ! C'était *sa* grande époque à lui. Et il note d'ailleurs, goguenard, qu'au train où vont les choses, au rythme où vont les reniements et les palinodies autour de lui, il risque d'être, assez vite, le dernier survivant de tout ça. Nous, nous l'écoutons. Parfois, nous le relançons. Et devant ce fossile en effet, devant cet homme qui, sans se démonter, nous dit que le communisme a d'abord été, à ses yeux, le principe d'une aristocratie nouvelle, dans ce salon plutôt élégant, meublé à l'ancienne, typique, je suppose, des privilèges que le régime réservait à ses barons, il me vient une idée simple — mais dont je songe que, prise à la lettre, vérifiée et, peut-être, généralisée, elle remettrait en cause tout ce que j'ai pu, jusqu'à présent, penser et écrire sur le communisme.

Car, au fond, que dit Hermlin ? Et, surtout, comment le dit-il ? Il parle avec flamme, c'est entendu. Avec passion. Avec fierté. La vie qu'il nous raconte est une vie riche, épique. Des Brigades internationales à la France occupée, de la résistance anti-nazie à la reconstruction d'une nouvelle Allemagne, elle n'aurait été traversée, à l'entendre, que de martyrs et de braves, de personnages à la Malraux et de héros magnifiques. Mais ce qui frappe en même temps, c'est que si le ton est épique, il n'est pas vraiment lyrique. S'il parle de ses combats, s'il évoque volontiers le temps où les jeunes communistes affrontaient les nazis au pistolet, en plein jour, dans les rues de Berlin, s'il a la nostalgie du panache et de la vaillance, des hommes de fer staliniens et de leur résistance à la torture, pas une fois, pendant les deux heures que durera l'entretien, il ne prononcera les mots, pourtant tout bêtes (et qui sont la loi du genre) d'« espoir » et de « renaissance », de « révolution » ou d'« homme nouveau ». Et quand je le lui ferai remarquer, quand je m'étonnerai de cette histoire si âpre, si étrangement privée de lumière, quand je lui demanderai si, plongés dans leur combat, aux heures les plus dramatiques de cette « épopée » antifasciste, ses hommes de caractère n'étaient pas *aussi* animés de ce minimum de foi dans l'avenir et d'espérance sans lequel je croyais savoir qu'il n'y avait pas de vrai communisme, Hermlin me toisera d'un air à la fois incrédule, moqueur et vaguement dégoûté : « parce que vous y croyez, vous, à ces histoires d'espérance ? vous vous figurez que les hommes de ma race peuvent croire une seule seconde à ces rêves de jeune fille ? »

De deux choses l'une, me dis-je alors. Ou bien notre homme de race n'y croit plus. Il y a cru, mais il n'y croit plus. C'est un communiste déçu. Revenu d'une illusion ancienne. Il a rêvé à la révolution, à l'homme nouveau, etc. — mais quelque chose, en lui, s'est cassé et il a déchanté. Hypothèse plausible. Mais qui ne cadre ni avec le style du personnage, ni avec son tempérament d'imperturbable, ni avec cet éternel présent dans lequel il semble, depuis le début, s'être installé. Ou bien — et c'est évidemment la bonne hypothèse — il n'y a jamais cru au contraire. Il n'a jamais marché dans ces « rêveries de jeunes filles ». Pas plus hier qu'aujourd'hui, pas plus au temps des batailles au revolver dans les rues de Berlin qu'au moment de la chute du mur et de la mélancolie qu'elle pourrait légitimement induire en lui, il n'a accordé le moindre crédit à ces idées de changer l'homme, casser l'histoire, etc. Et cela signifie alors que lorsqu'il dit « communisme », lorsqu'il parle de cet « idéal » auquel il est, depuis soixante ans, désespérément resté fidèle, il a dans la tête une idée qui n'a jamais rien eu à voir avec ce que nous avons tous décrit, dans nos livres, sous le nom de totalitarisme. Un communisme froid. Cynique. Un communisme sans messianisme ni eschatologie d'aucune espèce. Un communisme qui, en tout cas, n'a strictement plus rien de commun avec cette « volonté de pureté » dont je n'ai cessé, ici même, de parler.

Ce deuxième communisme, on pourrait, pour aller vite, l'appeler un communisme « athée ». Ou « sans foi ». Songeant à son pessimisme quant aux utopies et promesses du premier, songeant à sa vision étrangement désabusée des choses, je me suis même surpris à penser, en sortant de chez cet homme, que c'était un communisme non plus marxiste mais... aronien ! Et la vérité c'est que ses postulats, ses hypothèses philosophiques sur les fins dernières de l'histoire (ou, plus exactement, sur son *absence* de fins dernières) sont en effet plus proches d'une bonne philosophie libérale que d'un rousseauisme à tendance totalitaire. La société est toujours mauvaise, disent ses tenants. Le monde, toujours imparfait. L'homme est une espèce ratée, non perfectible à l'infini. L'histoire elle-même, cette sainte et sacrée histoire qui a toujours été, pour les marxistes, le lieu d'une parousie ou, au moins, d'un accomplissement, n'est plus, à leurs yeux, que tumulte et chaos. En sorte que leur but même, leur but vrai, idéal, le but qu'ils poursuivent en secret et au nom duquel, ne l'oublions pas, des générations de petits Hermlin se sont battus et parfois sacrifiés devient singulièrement modeste : non plus sauver l'espèce ou lui donner un nouveau visage — mais la prendre telle qu'elle est, s'accommoder de sa misère et essayer, tout au plus, de la domestiquer un peu.

Le communisme comme dressage. Le communisme comme discipline. Un communisme « platonicien » qui n'est plus qu'une manière parmi d'autres — encore que, selon lui, la meilleure — de paître le troupeau humain. Hermlin n'est pas Pol Pot. Il a compris, avant moi, que ces histoires d'utopie, de casser l'histoire en deux, etc. sont bien trop dangereuses. Il pense que les hommes sont de sales bêtes. Toujours prêtes à se haïr, s'entre-déchirer les unes les autres. Il pense — il sait ? — que, livrées à elles-mêmes, ces bêtes inventent le nazisme et qu'on a beau avoir défait le nazisme, on a beau en avoir éteint le souvenir, du moins officiellement, dans l'esprit des survivants, il reste, enfoui dans l'âme allemande — mais ne s'agit-il que de l'âme allemande ? — tout un tas de vilaines passions qui en sont une manière d'héritage. Et son originalité donc, à ce communisme hermlinien, c'est que, pour mater la bête, pour censurer son désir de tuer, pour intimer silence au grondement qui monte des tréfonds et qui est comme un relent de ce nazisme qui l'obsède, bref, pour pacifier tout ça, pour le congeler, pour établir entre les sujets ce minimum de police et d'ordre qui est, il le sait aussi, la base de la civilisation, il ne connaît qu'un moyen sérieux — et plus sérieux, prétend-il, que cet ordre démocratique dont il méprise la faiblesse : ce mélange de cynisme et de mensonge, de monarchie ouvrière et de bureaucratie, cette appropriation collective des moyens de production sur fond de culture officielle et d'alphabétisation forcenée qui, en Allemagne mais aussi ailleurs, s'est appelé le communisme.

De là, et pour finir, trois réflexions. Sur la méthode d'abord : chaque fois que je réfléchirai désormais à tout ça, chaque fois que je repenserai à cette aventure politique qui a subjugué, qu'on le veuille ou non, quatre ou cinq générations de clercs, j'essaierai de ne plus confondre les polpotiens et les hermliniens, les optimistes et les pessimistes, ceux qui croient au matin et ceux qui n'y croient pas. Question de détail ? Question essentielle. Distinction fondamentale. Car c'est réellement deux choses différentes. Deux idéologies différentes. Elles portent le même non — le « communisme » — mais à la façon, comme dit l'autre, du « chien animal aboyant » et du « chien constellation céleste ». Et l'on ne comprendra rien à l'histoire, ni passée ni éventuellement future, du despotisme rouge si l'on ne commence par dissiper cette homonymie ancienne. Gare aux idées simples. Gare aux mots trop simples. Gare aux mots qui, sans le dire, enveloppent des idées contradictoires. C'est le moment, ou jamais, de ce « souci de complexité » dont je me réclame depuis dix ans.

Sur le fond ensuite. Que ces deux communismes soient haïssables, qu'ils ne méritent, pas plus l'un que l'autre, le moindre soupçon d'indulgence, voilà qui, à mes yeux du moins, ne souffre pas débat. Mais faut-il se dispenser pour autant de demander lequel est, à tout prendre, le plus haïssable des deux ? Faut-il que leur commune réprobation efface la question de savoir si, encore une fois à tout prendre, mieux vaut l'optimisme ou le pessimisme ? l'« amour du genre humain », avec ses rêves déments, ses promesses meurtrières, ses visions enchanteresses qui se terminent en cauchemar — ou la vision noire au contraire, désespérée, un peu lasse, de celui qui a perçu que l'histoire tourne toujours mal et que l'idéal est une blague ? On aura compris, je suppose, que, personnellement, mon choix est fait. Et qu'entre le sympathique idéaliste qui, comme on dit, croit-lui-au-moins-à-quelque-chose et le sombre salaud qui ne croit qu'à sa position, à ses livres dédicacés d'Éluard, à sa maison, à ses guéridons et à ses privilèges évanouis, je préfère paradoxalement le second. L'impur, toujours préférable au pur. Le pessimiste, à l'optimiste. Celui qui parie sur le pire, à celui qui, pour le bien des hommes, leur remodèle le visage et l'histoire. Comme dirait Baudelaire : les ennemis du genre humain, toujours préférables à ses prétendus amis.

Et puis sur l'avenir enfin. Que le premier communisme, celui de l'idéal et de la pureté, du messianisme et de l'homme nouveau, ait plus d'un tour dans son sac, que son purisme par exemple, ou bien son juvénisme, puissent encore exercer leur attrait et ainsi, peu à peu, par séduction discrète, remettre un jour, ce qu'à Dieu ne plaise, l'horrible machine en marche, je crois l'avoir suggéré. Ce que je voudrais ajouter maintenant c'est que l'autre, le pessimiste, ce communiste si peu avenant et d'apparence, donc, moins menaçante, a, lui aussi, mine de rien, ses armes et ses ressources — à commencer, tout simplement, par sa prétention à fournir aux hommes une forme de lien social et de gestion de leurs intérêts. Une forme nulle ? Disqualifiée ? Une forme dont, en Allemagne justement, et à l'heure où je voyais Hermlin, les peuples disaient très haut qu'ils ne voulaient plus à aucun prix ? Voire. Attendons la suite. Attendons, comme dit Alain Minc, les lendemains du réveil démocratique et libéral. Et craignons que dans ces pays ruinés, ravagés par la dictature, craignons qu'au sein de ces peuples brisés, meurtris, défigurés, où l'on n'est même plus très certain que le mot de « liberté » conserve encore un sens, il ne se lève des voix pour, face au tumulte, face à la marée noire de ce que le totalitarisme avait figé et qui, soudain, remonte, retrouver le vieux refrain : plutôt le socialisme que le chaos — plutôt le socialisme, finalement, que le retour des nations, des tribus, cette barbarie absolue. Socialisme ou barbarie — ça ne vous dit rien ? Ça ne vous rappelle rien ? Je n'exclus pas — même si c'est une vision de cauchemar — que la formule ne retrouve un jour une terrible actualité.

16

« ...Le dernier des maîtres, Louis Althusser... »

(ENTRETIEN AVEC JEAN GUITTON)

Quelques mois avant la mort de Louis Althusser. Jean Guitton est philosophe. Chrétien. Il connaît Louis depuis l'adolescence et n'a jamais tout à fait cessé de le voir. Il a de l'auteur de « Pour Marx » une vision pour le moins singulière.

— *Vous avez donc rencontré Althusser dès avant la guerre*

— En 36 ou 37, oui. Je l'ai connu pendant deux ans. En hypokhâgne, puis en khâgne.

— *Quel souvenir gardez-vous de cet étudiant ? Quel premier* souvenir ?

— Ah ! le premier souvenir... Je le vois. Je ferme les yeux et je le vois. Il est là, au second rang, sur la gauche. Dès que j'ai ouvert les yeux, j'ai vu ce front... Ce front qui m'a séduit... Et puis, outre le front, de très beaux cheveux... Des cheveux d'or qui étaient toute la sensibilité et l'intelligence du monde...

— *Vous vous souvenez de conversations ? De dissertations ?*

— Bien entendu. A sa première dissertation, je lui avais dit : « faites attention, Althusser ! On croirait du Lamartine ! Enlevez les épithètes, les adjectifs, soyez sec comme un arbre en hiver ».

— *Il vous a entendu ?*

— Je crois, oui. Son premier style, vous dis-je, était lamartinien, romantique. Il y avait — il y a — un fond romantique chez Althusser. Alors peut-être l'ai-je aidé, en effet, à se dépouiller de cette carapace romantique. Peut-être l'ai-je aidé à trouver son véritable style.

— *Ce jeune Althusser, dit-on, était furieusement catholique...*

— Bien entendu. C'était un catholique fervent. Inquiet. Il venait me voir pour me dire qu'il souffrait beaucoup parce que lorsqu'il faisait un laïus catholicisant il avait l'impression d'être insincère. C'était un Althusser qui doutait. Un Althusser inquiet. C'était un Althusser qui me disait : « si je me laissais aller à moi-même, j'entrerais dans une Trappe pour aimer Dieu toute ma vie. Parce que parler de Dieu ce n'est pas l'aimer ». Je songeais alors — et je lui disais — qu'il avait la vocation d'un grand mystique.

— *On a peine à l'imaginer.*

— Si, si, sa nature est une nature de type mystique. Ce mysticisme a pu tourner d'une manière différente. C'est un mysticisme qui tourne autour de Lénine, du communisme, etc. Mais c'est un mysticisme. Je me rappelle une conversation avec Jean-Paul II qui me lança : « votre ami Althusser, c'est avant tout un logicien ». Je lui ai répondu, moi, que ce logicien a vu dans le marxisme une espèce de mysticisme secret. C'est pour cela, en ce qui me concerne, que je l'ai tant aimé. C'était une combinaison très improbable de logique et de mysticisme.

— *A quel moment avez-vous rompu ? Vous souvenez-vous du moment où ce jeune catholique est devenu le marxiste-léniniste que nous connaissons ?*

— Bien sûr. C'était à la fin de la guerre. Nous nous sommes retrouvés, Althusser et moi, en Avignon. Et nous avons déjeuné ensemble, dans un petit restaurant dont j'ai oublié le nom. Il m'a dit : « je vais vous présenter la personne qui a joué le plus grand rôle dans ma vie. Elle s'appelle Hélène. C'est elle qui m'a permis de devenir athée et communiste. Je vous quitte à jamais, maître. Puisque je professe désormais le contraire de ce que vous m'avez appris. Ni Pascal ni Bergson — mais Karl Marx ». Pour être tout à fait honnête, je dois ajouter qu'il m'a aussi dit, ce jour-là : « je vous reste néanmoins attaché par le cœur, par l'amour, par je ne sais quoi qui est en moi et qui vous aime. Chaque fois que je serai dans le marasme, chaque fois qu'il me faudra prendre des périodes de repos loin des hommes, eh bien je vous ferai venir ».

— *C'est ce qui s'est passé ?*

— Pendant quarante ans, oui, c'est ce qui s'est passé. Chaque fois qu'il a été malade, ou fatigué, ou souffrant, il m'a fait venir. J'allais le voir. Nous ne parlions jamais ni de religion ni de philosophie. Est-ce que je me fais comprendre ?

— Bien sûr. Et Hélène ? Est-ce que vous vous souvenez d'Hélène ?

— La première fois que je l'ai vue elle m'a fait penser à une fourmi. Et puis, très vite, à celle que l'on appelle maintenant mère Teresa. Elle avait quelque chose de mère Teresa. Il y avait à l'époque, en face de l'École normale, une rue qui s'appelait la rue Pierre Thuillier. Est-ce qu'elle existe encore ?

— J'imagine !

— Eh bien là, rue Pierre Thuillier, il y avait des religieuses que je connaissais et qui appartenaient à l'ordre du Père de Foucauld. Althusser les aimait bien. Elle, Hélène, était surtout très très proche d'elles. Je l'ai vue, une fois, chez ces religieuses.

— C'est étrange...

— La troisième fois que je l'ai vue, c'était à l'endroit où nous sommes, dans cette pièce, car elle est venue là, avec Louis, me prier de faire les démarches nécessaires afin que lui puisse voir le pape Jean-Paul II. Je lui ai répondu que cela m'était difficile. Qu'avec Paul VI, avec qui j'étais lié d'amitié, cela aurait été facile. Mais Jean-Paul II, je ne le connaissais pas au point d'obtenir à coup sûr ce rendez-vous. Mais enfin, leur ai-je dit, je vais essayer. Alors, c'est ce que j'ai fait. J'ai dit au pape : « Très saint-père, j'ai un ami qui est communiste athée, avec lequel je suis très lié, il s'appelle Althusser ». Jean-Paul II m'a répondu : « Althusser, je le connais. C'est un logicien. — Oui, ai-je rétorqué. C'est un logicien. Mais ce logicien désirerait voir votre Sainteté. — Eh bien qu'il vienne, je le recevrai », a conclu la Sainteté.

— Pourquoi Hélène — et, j'imagine, Althusser — tenaient-ils à cette rencontre ?

— Hélène a été très claire. Ils avaient l'impression, tous deux, que Jean-Paul II avait été choisi par la destinée pour être le pape qui réconcilierait communisme et catholicisme. Nous avons l'idée, répétait-elle, que le jour viendra où, entre la pensée de

Jean-Paul II et celle des successeurs de Lénine, il y aura une possibilité d'accord qui amènera des temps nouveaux.

— Pourquoi la rencontre n'a-t-elle finalement jamais eu lieu ?

— Je ne sais pas... Je ne sais pas... Je crois que c'est le moment où Althusser... Je crois que c'est le moment de ce drame épouvantable dans la vie d'Althusser...

— Qu'avez-vous pensé de ce drame ?

— Je les connaissais tous deux. Je crois que c'était un crime d'amour.

— Althusser vous a appelé après le crime ?

— Bien sûr.

— Vous l'avez revu ?

— Souvent, oui. Je me souviens qu'il me disait : « Écoutez, maître. Lorsque j'avais 17 ans, je voulais être à la Trappe. Vous vous rappelez ? la première fois que je vous ai vu je disais que j'avais le désir d'entrer à la Trappe. Eh bien j'y suis, à la Trappe. Je suis attrapé par La Trappe, à Sainte-Anne. »

— Et après Sainte-Anne ?

— Il y a eu Les Eaux Vives, qui était une espèce de sanatorium pour malades mentaux, et où je l'ai revu cinq ou six fois. Et puis après, il est rentré chez lui, du côté du Père Lachaise, rue Leuwen, où je l'ai vu aussi souvent. J'allais le voir chez lui. Dans la pièce où il travaillait et qui était toujours d'une grande pauvreté. Il me demandait quelquefois de lui apporter des petits gâteaux. C'étaient des petits sablés qu'il aimait, que j'achetais dans une pâtisserie de la rue de Fleurus et que je lui apportais. Il aimait les petits sablés. Et puis nous causions devant les vingt volumes d'œuvre de Lénine et puis les volumes de sainte Thérèse d'Avila. Sa grande idée était de concilier Lénine et sainte Thérèse.

— Le crime lui-même ? Il vous en parlait ?

— Non. Comment voulez-vous qu'on en parle ? Il y a des choses dont on ne parle jamais, parce qu'elles sont toujours présentes. La mort de sa femme, c'était une espèce de trou dans sa vie dont on ne parlait pas.

— *Des conversations, donc, d'ordre strictement religieux ?*

— Les grands problèmes que nous nous posions, avec Althusser, c'était en effet le problème de la mort, de ses liens avec l'amour, etc.

— *Son travail ? Il vous parlait de son travail ?*

— Rarement. Mais je me souviens qu'un jour où il avait appris que je me mettais à mes mémoires, il m'avait dit : « c'est bien. Votre vie sera peut-être racontée après votre mort. Mais c'est bien que vous la racontiez vous-même. Moi aussi, je suis en train d'écrire l'histoire de ma vie. Mais c'est épouvantable. J'ai déjà dépensé beaucoup d'encre, de papier, pour écrire cette histoire de ma vie ».

— *Vous avez vu ce texte ?*

— Il m'a montré une espèce de mémoire. Mais je n'ai rien lu. Non, je n'ai rien lu. Pourra-t-il raconter sa vie ? Il faudrait avoir une impudeur qui n'est peut-être pas dans son genre.

— *Donc, il travaillait ? Il travaille ?*

— Écoutez. Quand on va chez lui, rue Leuwen, on voit des livres partout. Sur les étagères. Par terre. Sur les tables. C'est un peu comme chez moi, n'est-ce pas, un désordre extraordinaire. Donc, il travaille sûrement. Il lit.

— *Revenons une seconde à ce que vous appelez le « drame ». Vous m'avez dit que vous aviez pesé pour que le cas d'Althusser soit traité au niveau psychiatrique.*

— Vous savez, je connais Jacques Chirac depuis très longtemps. Je le connais par la Corrèze. J'ai fait plusieurs séjours chez lui. Et puis le jour de mes 80 ans, Madame Jacques Chirac est venue célébrer mes 80 ans. Donc je connais Chirac. C'est moi qui lui ai présenté son directeur de cabinet d'alors, Bernard Billaud. Alors c'est vrai. Lorsque j'ai su qu'Althusser risquait d'être châtié, je me suis retourné vers Bernard Billaud, vers Jacques Chirac. Et c'est à travers eux que j'ai réussi à faire passer Althusser pour un fou et non pour un criminel.

— *Qu'est-ce que Chirac pensait de tout ça ?*

— Jacques Chirac est un cœur généreux. Il pensait que ce qu'il faisait était un acte bon. Le fait qu'Althusser soit un marxiste ne le gênait pas du tout.

— *Vous-même, que pensez-vous de ce crime ?*

— Je pense comme sainte Thérèse. Ou comme Descartes. A savoir que nous sommes tous capables des plus grands crimes et des plus grandes vertus. Althusser, je vous le répète, avait une vocation à ce que les catholiques appellent la sainteté. De même qu'Hélène. Alors voilà. Cela s'est passé en quatre, cinq ou six secondes. Le moment où il a serré le mouchoir autour de son cou est un moment qui était inscrit de toute éternité dans leur destinée à tous deux. Je ne peux pas vous en dire plus. Je ne sais rien de plus sur cet instant.

— *J'ai quelquefois vu, moi aussi, Althusser et Hélène ensemble. Le moins que l'on puisse dire est que je n'en avais pas la même image que vous.*

— Si, si. Ils étaient communistes. Mais ils pensaient que le vrai communisme était un communisme de la pauvreté, du désintéressement absolu, de la sainteté. Ils se rejoignaient sur un communisme ascétique, mystique. Je vous le répète encore une fois : Hélène et lui étaient des mystiques.

— *Qui voit-il en ce moment ? De qui, selon vous, est-il proche ?*

— Je crois qu'il y a un prêtre qui va souvent le voir. Il appartient à une congrégation romaine de prêtres que l'on appelle les « passionistes ». Il vient me voir quelquefois. Et il me rapporte qu'Althusser — que je n'ai pas vu, moi, depuis quelque temps— est toujours préoccupé de ces questions d'ordre religieux.

— *Permettez-moi, Jean Guitton, de revenir pour terminer à ces religieuses de la rue Pierre Thuillier. Cela me semble tout de même incroyable.*

— Au sens que l'on donne à ce mot dans le jargon ecclésiastique, c'est sûrement incroyable, oui.

— *Il faut donc imaginer un Althusser qui, le jour, à l'École normale, nous enseignait « Le Capital », la science des « coupures épistémologiques » et la « dictature du prolétariat » — et qui, à la nuit tombée, allait retrouver ces Sœurs...*

— Sans doute... Sans doute... Je les voyais, moi aussi, ces sœurs du Père de Foucauld. Je les connaissais bien. Vous savez que j'étais très lié avec le pape Paul VI ? Il avait un secrétaire qui s'appelait Macchi qui venait souvent ici, chez moi. Macchi était logé chez ces petites sœurs du Père de Foucauld de la rue Thuillier. Il entendait parler d'Althusser. Et d'Hélène. Il savait que ces petites sœurs les avaient édifiés.

— *Pour ses élèves de l'époque, la chose — je vous le répète — eût été inconcevable.*

— Mettez-vous dans la tête qu'Althusser c'était cela. Un mystique de type ascétique. Tout son communisme était fait de cela. Et je crois que, là-dessus, il n'a, depuis le premier jour pas fondamentalement changé.

(ENTRETIEN AVEC LE PÈRE STANISLAS BRETON)

Quelques mois après la mort de Louis. Stanislas Breton est, lui aussi, philosophe et chrétien. Il s'est reconnu dans le « prêtre passioniste » évoqué ci-dessus, et, après la publication, dans le *Corriere della Sera*, d'une partie de mon entretien avec Guitton, il a souhaité me rencontrer pour remettre les choses au point.

— *Vous avez donc été choqué par le texte de Guitton ?*

— Vous avez vu ce qu'il dit ? « Il y a un prêtre, membre d'une congrégation romaine (c'est d'ailleurs inexact, les congrégations romaines c'est autre chose) ; c'est une congrégation qu'on appelle "passioniste" ; il voit Althusser régulièrement ; il vient m'en parler ; et je sais qu'ils parlent ensemble de questions religieuses ». Alors là je réagis. Premièrement parce que la description ne peut s'appliquer qu'à un seul homme. Deuxièmement parce que je n'étais pas l'unique, le seul à m'occuper de Louis ; il y avait, entre autres, Michele Loi. Troisièmement parce que, dans toute cette période, je n'ai vu Guitton qu'une fois, à l'Unesco, où il y avait un truc sur Paul VI et les artistes. Ce qui prouve à quel point il dit n'importe quoi.

— Et sur le caractère religieux de vos conversations ?

— Complètement farfelu. C'est vrai qu'à un moment Louis m'avait interrogé sur la théologie de la libération, mais dans la mesure où ça avait un impact *politique*. Quand Louis avait fait sa soutenance à Amiens dans le temps, il avait été lié à madame Barthélemy-Madaule. Et un jour madame Barthélemy-Madaule lui envoit un livre où il est question de lui et de la théologie de la libération. Comme j'avais eu, comme auditeur libre, à Lyon, celui qui était l'initiateur de cette théologie, j'en avais une vague idée. Alors, je lui ai fait un texte. Et c'est d'ailleurs lui, notez bien, qui l'a tapé à la machine. C'était une des dernières fois où il a été assez en forme. Il a corrigé certains aspects du texte en le tapant.

— Je ne comprends pas.

— Oui, j'ai écrit un papier, que Louis a corrigé, sur la théologie de la libération. Je lui ai dit que je ne connaissais pas les textes mais que si cette théologie devait exister voilà comment je la construirais. Donc un texte bref dicté à Louis, lequel en a modifié certaines choses ; et un texte qui était évidemment politique. C'est de ce point de vue que ça l'intéressait. Ça n'a jamais été, si vous voulez, une question religieuse au sens existentiel du terme.

— Il y avait quand même une vraie proximité entre lui et Guitton...

— C'est vrai, oui, que Louis l'aimait. C'est vrai. Et je crois que c'était réciproque. Mais enfin ! De là à raconter qu'il était allé trouver tel ou tel et qu'il avait évité le pire à ce pauvre Louis — c'est-à-dire la prison ! Les psychiatres étaient de toute façon formels : tout ça s'est passé dans un moment de folie et l'article 64 pouvait être appliqué. D'où, à ce moment-là, la décision prise par les juges, et aussi la mise sous tutelle. Vous savez qu'il a été longtemps sous tutelle ? Donc, Guitton raconte tout ça n'importe comment.

— Mais est-ce que...

— C'est très lui ! J'avais mis en garde, vous savez... Vous savez qu'il confessait le pape Paul VI ? Il avait le don de lui souffler les questions et les réponses. Et le pape avait l'air d'un imbécile... C'est très lui. C'est un égocentrique. Et en théologie ça porte un nom : c'est l'égothéologie. Alors, donc, j'avais mis en garde le frère du pape, qui me parlait de lui. J'avais mis aussi en garde la belle-sœur du pape, Camille, contre la monopolisation qu'il faisait de la doctrine catholique. Vous avez, d'ailleurs, vu que la pauvre Hélène entre aussi dans le coup : tout le monde est mystique là-dedans...

— *Et cette histoire de sœurs de la rue Thuillier vous en pensez quoi ?*

— Je n'en sais rien.

— *Vous l'avez vu les derniers temps ?*

— Vous savez qu'il n'est mort ni à Paris ni à Marcel Rivière, mais toujours à La Verrière, à la résidence Denis Forest qui dépendait encore de l'institut Marcel Rivière. Donc les derniers temps, j'y allais. Et il y avait quand même quelque chose qui s'était aggravé. Je vais vous donner un exemple. Il me disait : « je ne peux plus avaler ma salive ». Il insistait : « si j'avale ma salive, ma main se ferme ». Je lui dis : « qu'est-ce que tu racontes ? ». Il me dit : « si ! il y a une liaison constante ; si j'avale ma salive, ma main se ferme, c'est une liaison constante ».

— *La conversation dans cette toute dernière période ?*

— Il n'y avait plus de conversation. Il me laissait encore parler. Mais lui parlait très peu. Le Golfe, un peu... La crise du Golfe. Il a eu un coup de fil de Derrida avant qu'il ne parte en voyage... Et puis c'est tout...

— *Est-ce qu'il travaillait encore ?*

— Les dernières, vraiment les dernières conversations intéressantes qu'on a eues c'était sur cette histoire de convergence entre la théologie de la libération, les soulèvements du côté de Madagascar, en Afrique etc. Tout cela lui semblait aller dans le sens d'une convergence. Et c'était cette situation globale et mondiale que le philosophe, selon lui, devait penser.

— *C'était quand ? Un an avant sa mort ?*

— Oh non ! Trois ans. Parce qu'après... Il lisait du Michaux par exemple. Il se retrouvait, là, du point de vue de certaines expériences. Mais c'est tout. Très peu de choses. La conversation s'amenuisait de plus en plus.

— *Il lisait la presse ?*

— Très peu.

— *Vous disiez le Golfe ?*

— Un peu, oui. J'ai vu « Le Monde », une fois, dans les derniers temps. Il avait toujours son poste mais il ne le faisait plus beaucoup marcher. Il aimait la musique. Je l'ai vu passer des heures comme ça, prostré, à Rivière.

— *Comment était-il physiquement ?*

— Il avait des difficultés réelles à marcher. Et alors, là, indépendantes du psychique. Et puis c'était un homme qui avait toutes les peines du monde à déglutir. Vous savez qu'il a été opéré : on lui a enlevé l'œsophage. Il n'avait pas de cancer. Mais il a été opéré. Alors même si, les derniers temps, on remédiait au peu de nourriture qu'il prenait par, vous savez, de ces composés, assez riches en vitamines, qu'il avalait dans un verre, il était très affaibli... Mon dernier souvenir... J'étais avec Etienne Balibar... Il était venu le voir en même temps que moi à l'hôpital Saint-Louis. Là la voix était redevenue un peu plus claire et puis le regard très beau. C'est vraiment le dernier souvenir... Cette voix... Ce regard... Je l'ai vu après, mais dans un tout autre état.

— *Lorsque vous vous voyiez...*

— Il était étendu sur son lit. Je m'asseyais à côté. On ne parlait pas beaucoup. Il s'éteignait. Ce colosse était usé. Ce qu'il a pu prendre comme remèdes ! comme médicaments... ! J'ai l'impression que dans les derniers temps il était obsédé par sa souffrance. Enfermé dans son propre corps.

— *Est-ce qu'il lisait ? Je parle des dernières années à nouveau. Pas la toute fin, bien sûr...*

— Il allait parfois à la bibliothèque. Dans ses meilleurs moments à Marcel Rivière — il y a, mettons, trois ans en arrière — il allait de temps en temps à la bibliothèque. Il y avait là une salle de lecture. Il lisait un peu les journaux.

— *Pas de livres?*

— Non, pas de livres. Il y avait quelques livres qu'on lui apportait. Comte Sponville par exemple. Vous voyez qui c'est ? C'est un des derniers. Tout jeune... Il lui avait amené son bouquin... Il ne l'a même pas feuilleté... Il y avait, petit à petit, un désintéressement.

— *Moulier m'a montré ce matin un livre d'un Américain qui s'appelle Eliott. Il est paru il y a deux ans aux États-Unis. C'est un livre sur Althusser. On voit que Louis en a lu le tiers, avec des annotations de sa main, en marge...*

— Quelle année, dites-vous ?

— *87.*

— En marge ? en 87 ?

— *Oui. Ça s'appelle « Althusser ». C'est un livre de 87 et on voit bien que le premier tiers du livre a été lu. Souligné avec un feutre marron, avec des annotations. A un moment donné il y a « H » en marge, avec une flèche vers l'extérieur de la page. A un autre moment il met, toujours en marge : « nouveaux philosophes ». Et ainsi de suite.*

— Vous m'étonnez. Les dernières corrections que je l'ai vu faire c'était dans son appartement. C'est quand Fernanda, vous savez, la Mexicaine, a fait un entretien. Et là je me souviens que Louis a modifié certaines choses et a fait des observations. Mais ça me ramène au moins cinq ans en arrière.

— *Il était encore suffisamment passionné, à ce moment-là, par sa propre philosophie ?*

— A ce moment-là, oui. Mais c'est il y a au moins cinq ans. On a eu des discussions. Il a même un peu écrit...

— *Oui?*

— Une réflexion sur lui, sur sa vie. Un texte assez long.

— *Une autobiographie ?*

— En quelque sorte.

— *Où est ce texte ?*

— C'est malheureux mais je ne peux pas vous le dire. Je ne sais pas. Je l'ai eu entre les mains. Mais je ne sais pas ce qu'il est devenu. Enfin on verra bien...

— *Vous avez des lettres de lui ?*

— J'ai une belle lettre. Je l'ai cherchée il y a deux mois quand il est mort et qu'il était question de savoir où l'enterrer. J'ai une belle lettre, donc, qu'il m'avait envoyée quand son père est mort. En 75. Il me parlait du décès de son père. Et il me disait qu'il aimait beaucoup ce coin d'Ile-de-France où sa mère aussi est enterrée.

— *Dans ces années 84-85 où il allait encore bien, qu'est-ce qu'il espérait ? refaire des livres ? retrouver...*

— Vous savez que, dans sa maladie, il avait des moments d'exaltation. C'était normal. Donc, il a eu des projets dans ces moments-là. Il m'avait parlé par exemple d'un travail sur Machiavel. Ça devait, me semble-t-il, devenir véritablement un livre.

— *Donc, il travaillait ?*

— Je vous parle, là, avant 85. Ça a été les derniers beaux jours. Et puis, après, Michèle Loi, son neveu, Derrida, ont pensé qu'il fallait le mettre à Marcel Rivière.

— *Derrida s'en est beaucoup occupé ?*

— Derrida a été magnifique. Il était souvent absent. Mais il a été magnifique.

— *Tout ça donc jusqu'en 85 ?*

— C'est ça. Après, je vois encore quelques conversations sur Michaux, un petit peu sur Gorbatchev. Mais c'était des conversations rapides. Il se fatiguait très vite. Il faisait ça un peu à la manière des péripatéticiens, en se promenant, doucement, dans les allées de Marcel Rivière, mais ça ne faisait jamais les conversations que j'avais connues avant.

— *Est-ce qu'il avait encore conscience d'être Althusser ? son œuvre... son influence...*

— Non. Les derniers temps il ne s'y intéressait plus. Il y a eu des colloques sur lui en Allemagne, aux États-Unis. Je n'ai pas l'impression que...

— *Ça ne le concernait plus ?*

— Il ne faut peut-être pas dire ça. Mais ça ne résonnait plus...

— *Guitton, lui, dit qu'il a été pris, à ce moment-là, par un souci théologique, des préoccupations religieuses...*

— C'est ça. C'est contre ça que je proteste. Parce que, vous comprenez, insinuer qu'il y avait un prêtre, moi en l'occurrence, qui était presque le seul à... C'est faux... Il y avait Michèle Loi... Moulier-Boutang... D'autres... Étienne... Quand même ! On était encore plusieurs ! Un petit peu moins qu'au début, c'est évident. Parce que de 80 à 90 ça fait un laps de dix années. Vous savez ce qui se passe : on est moins nombreux à la fin qu'au commencement. Mais de là à dire, à insinuer que ce prêtre-là, vieil ami, est pratiquement le seul, que ce dont ils parlent c'est de choses religieuses comme ça a toujours été un petit peu sa tendance et puis que, pour finir, j'en référais à Guitton, non ! Et puis ça laisse l'impression — et c'est ça qui est le plus lamentable dans l'histoire — ça laisse l'impression que le prêtre est là comme pour les derniers instants. Comme s'il profitait de cette détresse... Parce que c'était une détresse ! Et je respecte trop, et la liberté de la foi, et la philosophie, pour profiter d'une détresse de ce genre et insinuer je ne sais quel retour virulent d'un passé révolu. C'est ça qui m'a blessé. C'est pour ça que j'ai demandé rectification.

— *Donc Guitton...*

— Guitton est très cohérent. Il y avait les petites sœurs de Foucauld. Et puis il y avait les lettres, les lettres que Louis lui avait envoyées autrefois, dans sa jeunesse, etc. Donc la mystique était un destin, une prédestination ; ça ne pouvait pas finir autrement. Et alors le plus beau c'est qu'Hélène elle-même était là-dedans ! (rire) Non. Franchement ! Alors si vous pouvez tout doucement rectifier tout ça.

— *Hélène, il vous en parlait ?*

— Hélène ? Évidemment Hélène... Il m'en parlait de temps à autre. Mais de moins en moins.

— Et pour en dire quoi ?

— Il avait quelques souvenirs... Quelques souvenirs... Et puis, tout à coup, il me demandait : « tu as connu Hélène ? » Je disais : « oui, tu sais, là... »

— Parce que vous l'avez connue, bien sûr ?

— Bien sûr. A l'École... Et puis à Clamart, où j'habitais à ce moment-là. Elle m'interrogeait, comme ça, sur les congrégations romaines... Des trucs d'information... Je crois même qu'elle avait un journal.

— Elle tenait un journal ?

— Oui, oui, je crois...

— Il vous parlait du meurtre même...

— Non, non. Il savait bien sûr. Il savait qu'il avait tué Hélène. Il ne faut pas quand même croire que...

— Évidemment...

— Ça a pu être un moment de folie mais il le savait. Il savait bien que c'était lui qui l'avait étranglée. Mais il avait de la pudeur à parler de cela. Peut-être en disait-il d'autant moins qu'il en ressentait plus. Je vais vous dire : moi-même j'étais assez discret sur ce plan-là. Et quand il laissait échapper un souvenir, je tournais assez vite la conversation.

— Mais enfin, il lui arrivait d'en parler ?

— Des souvenirs... Des irruptions parfois... Vous dire que c'était fréquent, je ne crois pas. Mais de temps à autre, oui, Hélène revenait dans les conversations. Quand je me promenais avec lui aux premiers temps, en 82-83, quand il était alors aux Eaux Vives, à Choisy. C'est l'époque où Foucault venait le voir.

— Foucault ?

— Oui. C'était assez touchant. J'ai rencontré Foucault comme ça. J'ai admiré le dévouement de Foucault. Parfois Louis me disait, quand il était très angoissé : « appelle Foucault ».

— Ça, c'est l'époque de...

— Oui, il y a des tas de choses dont il se souvenait. Parce qu'il avait une mémoire fantastique. Il se souvenait de vous par exemple. Moi je lui disais : « Lévy... Bernard-Henri Lévy... je ne l'ai jamais lu... » Et lui il me parlait de vous. Il était assez sympathique pour vous... Je ne devrais pas le dire mais enfin c'est vrai... (rire).

— *Donc il vous disait : « appelle Foucault » ?*

— C'est ça. Une fois Foucault m'a dit : « écoutez, mon Père, je vais vous donner un numéro très spécial, vous pourrez m'atteindre là, où que je sois ». Je l'ai gardé dans mon carnet pour m'en souvenir. Je ne sais pas ce que c'est. C'est un numéro que j'ai noté. Probablement un numéro international, je ne sais pas... En tout cas je pouvais l'atteindre même s'il était en Amérique ou ailleurs. Et lui donner des nouvelles de Louis.

— *Il venait souvent ?*

— Il venait voir Louis. Je l'ai vu avec un autre que vous avez connu : Adler... Alexandre Adler... Un spécialiste de l'Union soviétique... Vous voyez qui c'est ?

— *Très bien.*

— C'est ça... Il venait de temps en temps voir Louis... Mais le travail, les occupations de chacun...

— *Et ces conversations avec Foucault ?*

— Je n'en ai connu qu'une... Une vraie... C'était à Choisy. Il y avait Adler. Il y avait donc Louis. Moi. On était sur un banc. Une sorte d'espace, de vaste espace vert entre deux bois. Foucault m'interrogeait sur mes souvenirs monastiques. Je racontais. Et je me souviens que, à ce moment-là, il m'a dit : « mon Père, le christianisme a beaucoup parlé de l'amour ; il n'a jamais rien compris à l'amitié ». Cette conversation a duré deux heures à peu près.

— *Louis est intervenu ?*

— C'est l'époque où il souffrait beaucoup. Mais enfin, quand même, il pouvait encore suivre une conversation. Alors cette conversation-là sur l'amitié, sur le christianisme, il l'a suivie. J'avais dit à Foucault : « vous savez, l'homme dans les couvents c'est une découverte très récente ». Ça l'a fait rire.

(LE MYSTÈRE ALTHUSSER)

Althusser. Les leçons d'Althusser. Qui, dans ma génération, peut réellement se targuer d'avoir suivi une leçon d'Althusser ? La génération d'avant, soit. Les Balibar. Les Rancière. Tous ces althussériens première cuvée qui sont « tombés » sur une année où il allait mieux et où, miraculeusement, il a fait cours. Enfin, cours.... Est-ce qu'on pouvait appeler ça un cours ? Une séance... Deux, peut-être... Un séminaire collectif dont il se réservait une heure... Deux... Et puis, rien... Le silence... L'étrange prostration où ma génération l'a retrouvé... Althusser était un maître qui n'enseignait pas. Un professeur qui ne faisait pas cours. Contrairement à ce qui se passe toujours — une parole, pas de demande — la demande, elle, était là, mais c'est la parole qui manquait. Nous étions des milliers et des milliers d'althussériens. Nous attendions. Nous guettions. Nous spéculions à l'infini sur les positions qu'il prendrait ou ne prendrait pas. Un mot faisait notre affaire. Une bribe, notre bonheur. Quand, d'aventure, l'un d'entre nous retrouvait dans une vieille revue un article inconnu de lui, c'était fête dans le Landerneau ! photocopies à outrance ! on se le refilait comme un samizdat ! on le vénérait comme une relique ! Mais pour ce qui est des cours, des vrais cours, pour ce qui est de ces leçons qu'il annonçait, en principe, au début de chaque année — n'était-il pas, après tout, notre « caïman » de philosophie ? — l'année se passait, chaque fois, sans que le cours ait commencé. J'ai passé quatre années à l'École normale. Jamais, je n'ai entendu mon professeur parler.

Ses livres alors ? C'est dans ses livres qu'étaient ses leçons ? De ses livres que venait son influence ? Oui et non. Car il n'y a pas non plus de livres d'Althusser. Il y a des titres, ça, oui. Des tas et des tas de titres. Il était un titreur de génie. Un recordman de la titraille. Il n'avait pas son pareil pour vous balancer un titre flambant qu'on déployait ensuite comme une bannière. Mais quand on regardait ce qu'il y avait derrière la bannière, quand on regarde, aujourd'hui encore, à quoi ressemblent physiquement ses livres, on trouve un recueil d'articles (*Pour Marx*), un texte de circonstance (*Lénine et la philosophie*), un article « gonflé », comme disent les éditeurs, pour en faire un opuscule (*Réponse à John Lewis*). On trouve *Lire le Capital*, le maître-titre, qui est, en réalité, un livre collectif et qui, lorsque l'on en retire les textes des disciples, ne lui laisse l'équivalent que de quelques maigres conférences. Mais un livre, ce qui s'appelle un livre, avec un début, une fin, une architecture interne, une idée rectrice, ça, en revanche, il n'y en eut guère. Non qu'il s'y soit refusé, d'ailleurs. Ni que l'idée lui répugnât. Ce n'était pas l'heure, simplement. Cela viendrait. Cela venait. « Il faudra bien, un jour, que... » « Il faudra se décider à... » « Cette théorie de ceci ou de cela, dont nous ne pouvons, pour l'instant, que disposer les pierres d'angle... » Ah ! ces fameuses « pierres d'angle » de l'althussérisme triomphant ! Ces éternelles « fondations », inlassablement bétonnées, dont nous ne voyions jamais surgir le moindre édifice ! Il a l'air si sûr de lui, en nous disant cela... Il sait ce qu'il dit... Il sait où il va... Nous en sommes aux prolégomènes, songions-nous — et le système suivra... Louis Althusser est mort. Nous en sommes restés aux prolégomènes.

Une pensée en mouvement, alors ? en gestation ? une de ces pensées vivantes et fortes qui se moquent des systèmes et filent droit vers l'infini ? Hum... Pas sûr non plus... Car la caractéristique, justement, de l'œuvre d'Althusser c'est que c'était une œuvre stable. Presque fixe. Comme si la maladie l'avait stoppée dans son élan, empêchée de se déployer. Un détail m'avait frappé. Le bureau. Ce fameux petit bureau, au rez-de-chaussée de l'École normale, qui est entré dans la légende. Il y avait des livres partout. Des papiers. Des coupures de presse en désordre. Des manuscrits sur le radiateur. C'était un bureau, quoi ! C'était le décor classique de l'intellectuel en activité. Sauf que lorsqu'on regardait mieux, lorsqu'on jetait un œil à la date des coupures, à la couleur des chemises des manuscrits, à la page restée ouverte de tel livre de Marx, ou au feuillet engagé dans le rouleau de la petite Japy, on s'avisait d'une chose qui, elle, n'était pas classique : d'une visite à l'autre, d'une semaine sur la suivante, rien n'avait réellement bougé dans ce décor en principe affairé. Un désordre figé. Un temps suspendu. J'ai parlé, dans *Le Diable en tête*, d'un « paysage pétrifié », d'un « Pompéi de l'esprit ». L'image est un peu forcée. Mais l'idée est bien celle-là. Althusser, lorsque je l'ai connu, avait cessé d'écrire. Peut-être même de lire. La pensée restait forte, bien sûr. Mais elle ne bougeait plus. Elle n'avançait plus. Lorsqu'une idée lui venait, c'était comme une déflagration sourde, sans écho. Et si l'on avait fait l'inventaire, par exemple, des phrases de Marx qu'il citait, on se serait rendu compte — autre signe — que c'était toujours les mêmes et qu'il vivait sur des « réserves » (un autre de ses mots fétiches) définitivement arrêtées.

Une présence ? Une parole ? C'est par la parole vive qu'il régnait ? Par le contact direct avec chacun ? Une sorte de Socrate ? Ou — la comparaison a été souvent faite — de Lucien Herr moderne ? Pas sûr non plus. Car Lucien Herr parlait. Il plaidait. Il a passé des heures à convaincre Jaurès, Blum, Péguy, de l'innocence de Dreyfus ou des mérites du socialisme. Alors qu'Althusser, lui, lorsque vous lui rendiez visite, avait la parole aussi rare que l'écriture. Vous frappez. Il vient ouvrir. Il ouvre toujours très vite, comme s'il était là, derrière la porte capitonnée de cuir et qu'il n'attendait que vous. La poignée de main est brève. Le premier regard, appuyé, un peu oblique, plein de sous-entendus. Il porte un pantalon de velours côtelé. Une chemise de laine. Il a le pas lourd, la lèvre soucieuse, du monsieur que l'on interrompt dans son travail mais qui avait justement un urgent besoin de vous voir. « Pardon. Je te dérange ? — Oui, j'écrivais... Mais entre donc... Tu tombes bien... » Sans un mot, il vous indique le fauteuil de gauche. Lui s'assied sur celui de droite. Il a l'air d'un vieux conspirateur qui s'exprimerait par gestes brefs, hochements de tête, moues. Vous parlez, alors. Vous êtes bien forcé de parler vu que, sans cela, le silence s'installerait. Et il reste là, tout le temps de « l'entretien », tassé dans son fauteuil, songeur, à vous fixer sans un mot de son beau regard bleu, terriblement intense.

Est-ce qu'il écoute au moins ? Est-ce qu'il est aussi attentif qu'il en a l'air ? Vous le pensez, bien sûr. Car à quoi bon, sinon, ce cirque ? A quoi bon les airs entendus ? Le front pensif ? L'œil bleu ? Vous commencez alors. Vous bafouillez un peu. Vous êtes intimidé, forcément, par ce regard qui vous scrute et qui est celui, ne l'oublions pas, du théoricien marxiste le plus pur que compte la planète. Aïe ! aïe ! aïe ! Vous vous trompez... vous n'êtes pas assez pur... pas assez orthodoxe... il va penser que vous n'avez rien compris à la « coupure »... ou à la différence entre matérialisme historique et dialectique... il va trouver que vous êtes frivole... mondain... il va se dire : non, mais qu'est-ce que c'est que celui-là ? il n'a vraiment pas une gueule d'althussérien... Je me souviens de mon embarras, les premières années, quand je lui laissais mon adresse de vacances. Je me souviens des femmes que je lui cachais et des livres que je lisais sans le lui dire. Je me souviens, en 1973, de ma gêne à lui avouer que je quittais l'université — ou, pire, quatre ans plus tard, que je publiais *La Barbarie*... Ma conviction, aujourd'hui, c'est que j'étais par avance pardonné. Et cela parce que, au fond de lui, dans la détresse où il se trouvait, dans cette solitude atroce — et que peu d'entre nous soupçonnaient — il n'avait évidemment que faire de l'orthodoxie de ses fidèles. Ce froncement de sourcils ? Cet œil soudain courroucé ? Cette poignée de main moins chaleureuse, au moment de se quitter ? C'était comme dans la fameuse histoire de Koulechov : le même visage qui, selon qu'on le monte sur l'image d'un bol de soupe, d'une bête féroce ou d'un corps de femme nue, exprime indifféremment la faim, la peur ou le désir. Althusser, dans ces moments, n'exprimait rien de spécial. Il se fichait éperdument de votre éventuelle hérésie. Comment s'en serait-il soucié quand sa seule pensée était que, dans une heure, lorsque, craignant de l'importuner, vous vous décideriez à le quitter, il se retrouverait seul à nouveau — avec son malheur et sa maladie ?

Alors, est-ce qu'on savait ? Est-ce qu'on voyait ? Est-ce qu'on disait, entre nous : « notre maître est malade... notre professeur est fou » ? Cette « folie » qui, aujourd'hui, le définit presque autant que sa relecture du marxisme, comment parvenait-elle au regard du disciple que j'étais ? Eh bien, aussi bizarre que cela paraisse, je crois que je ne la percevais pas. Je le trouvais étrange, parfois... Un peu cocasse... Il y avait ses phases d'exaltation... Ses enthousiasmes maniaques... Il y avait ses absences... Ces longues semaines, parfois ces mois, où l'on venait frapper en vain à la porte capitonnée... Il y avait des scènes étranges aussi, comme ce fameux soir, dans le Midi, plus tard, beaucoup plus tard, à l'époque où j'avais compris que je pouvais lui confesser sans risque mes lieux de villégiature... L'air est doux... La soirée s'achève... Les filles sont jolies... Il y est sensible... Il trouve drôle que Jean-Paul Dollé chante à tue-tête : « Althusser-à-quoi, Althusser-les-fesses »... Soudain, comme pour se mettre au diapason, il entreprend de « faire Khrouchtchev » en tapant sur la table avec son soulier... Et voilà que la jeune femme qui l'accompagne paraît bouleversée par ce spectacle et, sans explication, éclate en sanglots. Elle sait, bien sûr. Elle est dans le secret. Alors que nous, encore une fois, nous ne voulons pas savoir. Pourquoi nous ne voulons pas ? Parce qu'il donne le change. Comment est-ce qu'il donne le change ? En faisant l'Althusser ! Et qu'est-ce que « faire l'Althusser » ? C'est se caparaçonner de « rigueur », de « scientificité », d'« intransigeance » — ces maîtres mots du système ; ces alibis ; ses garde-fous. Althusser était fou. Mais il avait recouvert sa folie d'une telle chape de logique, il avait si bien cautérisé les plaies et vitrifié le terrain, qu'on lui aurait donné, vraiment, la santé sans confession. Pauvre Louis ! Pauvre vieux maître qui n'aimait rien tant que rigoler avec Dollé et qui, à quelques exceptions près, (ce genre de soirées par exemple, mais qui tournaient si mal !) aura passé sa vie à feindre d'être le très sérieux, très austère auteur de *Pour Marx*.

D'où, bien sûr, dernière question : celle de l'influence d'Althusser. Comment cet homme-là, comment cet intellectuel qui ne lisait plus, ne parlait pas, écoutait peu et pensait en silence a-t-il pu exercer — car il l'a fait — une souveraineté si exemplaire ? Pour moi, l'explication est assez claire. Il y a sa langue. Sa rhétorique, superbe. Il y a ce ton militaire qu'il donnait à la philosophie. Il y a ce ton de guerre dans la pensée qui imprégnait le moindre de ses textes et qui nous a tous tellement marqués. Il y a, dans mon cas, toute une série de concepts et de gestes de pensée qui viennent évidemment de lui et qui m'ont fait dire autrefois, en prologue à mon premier livre, que « j'ai bien failli tout lui devoir ». Un anti-naturalisme, par exemple. Un anti-historicisme. Une méfiance à l'endroit de toutes les philosophies de l'histoire — marxiste comprise. Mais il y a, par-delà tout cela, et nonobstant le cas de tel ou tel, une raison plus essentielle. On connaît la thèse de ces ethnopsychiatres soutenant que chaque époque se donne, dans le même mouvement, des critères de normalité et un modèle de la folie. Eh bien c'était un peu ça, Althusser. Sa folie était celle du temps. Elle avait la même structure. La même équivocité fondamentale. C'était le même mélange, si l'on veut, de pessimisme et d'impatience. C'était la révolution impossible *et* urgente. Impensable *et* désirable. C'était le structuralisme de l'intelligence et le messianisme de la volonté. L'adieu aux illusions d'un humanisme bêtifiant — en même temps qu'une dernière tentative de penser le basculement. Althusser, ou l'ultime pointe de la volonté de pureté.

Aujourd'hui, Althusser est mort. Il est mort, comme on sait, deux fois. Une première, quand, au terme d'une nuit dont ni les juges ni les psychiatres n'ont jamais su la vérité, il étrangle sa femme Hélène. Puis une seconde fois, réellement, après des années de calvaire et d'existence infime. Je l'imagine dans ces années. La maladie. La solitude. Les hôpitaux. Les maisons de vieux. Le grand Althusser devenu un grabataire au corps un peu soufflé. Les visites. Les distractions. Les heures vides. Les rêves affolés. Le visage qui s'alourdit. Le regard vaincu. La stupeur face à la souffrance physique, qu'il ne connaissait pas bien. Les escarres. Le corps qui lâche. Les ombres malignes autour de lui. Celle d'Hélène. Est-il vrai que, certaines nuits, il s'éveillait en sursaut et criait « Hélène ! » en faisant le tour de l'appartement ? Finie la « théorie » ! Adieu la « scientificité » ! Un Frégoli du malheur. Un vieux maudit, un peu trop raide lorsque vient un visiteur et qu'il faut s'asseoir dans le fauteuil. Et puis, « la » maladie. Cette fichue maladie. Toujours la même, évidemment. Euphorie, dépression... Euphorie, dépression... Mais ça s'emballe. Ça se rapproche. C'est comme des contractions, maintenant. Une amplitude qui se rétrécit. Son vieux cycle saturnien qui ne lui laisse plus de répit. Des éclairs aussi. Des sursauts. Des courts-circuits d'intelligence qui secouent ce corps ahuri. Des intuitions, j'en suis sûr. De grands moments de lumière. Mais rares. Sporadiques. Une raison réduite à ses spasmes, à ses appréhensions ultimes. Gorbatchev, me dit-on. Il se serait intéressé à Gorbatchev. Et à la fin du communisme. Et au réveil de l'Islam. Et à ce monde qui bascule, qui change de base autour de lui. Il meurt là. Exactement là. Cet homme qui a incarné l'extrême délire de son époque disparaît au moment précis où le délire change de nature. Un hasard ?

Un dernier mot. Je n'avais, depuis la mort d'Hélène, jamais revu Althusser. Pudeur, sans doute. Discrétion. Pas envie de me retrouver, non plus, dans le rôle du voyeur venant constater de près ce qu'était devenu le maître. Peut-être attendais-je un signe aussi. Une sorte d'invitation. Chaque fois que je rencontrais ceux des anciens disciples qui étaient restés en contact — Dominique Lecourt, Yann Moulier-Boutang... — j'espérais vaguement, et tant pis si c'était sot !, un vague message de lui. Le message n'est pas venu. Ou, plus exactement, il est venu, mais trop tard — comme on l'a vu ci-dessus, dans la transcription de mon entretien avec le Père Stanislas Breton. Un jour, j'en ai eu assez. J'étais en train d'achever ce livre. J'étais plongé dans cette affaire de fin du communisme et de retour de l'Histoire. La fin d'un monde. Le début d'un nouveau. De la convulsion dans l'air. Le vacillement de tous nos repères. Je me suis dit : « ce n'est plus possible ; il faut que je voie Althusser ; n'est-il pas le meilleur témoin de toute cette aventure ? » Je demande alors à un ami d'appeler Yann Moulier-Boutang et de le prier de transmettre ce qui devenait une requête. Moulier-Boutang lui répond : « trop tard, Althusser est mort ce matin ».

Annexe

Les Aventures de la liberté sont aussi un film en quatre épisodes diffusés sur Antenne 2 au printemps 1991 et dont voici le commentaire — écrit et dit par l'auteur. Les appels de note dispersés au fil du texte, correspondent à la numérotation des chapitres de ce livre.

PREMIER ÉPISODE : « LES GRANDES ESPÉRANCES »

I

Paris, début des années 80. Quel est le mort illustre que l'on accompagne ainsi ? Sommes-nous bien certains, comme le dit la chronique officielle, qu'il s'agisse de Jean-Paul Sartre ? Ne s'agirait-il pas aussi, puisqu'ils disparaissent presque en même temps, des philosophes Michel Foucault ou Maurice Clavel ? Du docteur Jacques Lacan, maître à penser à sa façon, ou bien encore de Roland Barthes ? Et que dire enfin de Louis Althusser qui, avant de mourir à son tour, entra dans une si étrange nuit ?

C'est pour percer le mystère de cette espèce éteinte que nous avons entrepris cette enquête. Elle nous a menés en URSS, dans ces villes insolites où l'on ne sait toujours pas bien quel charme a pu attirer un Gide, égarer un Aragon. A Alger, dans ce quartier pauvre de Belcourt qui a vu grandir avec Camus l'une des figures les plus nobles de cette galerie de portraits. A Berlin, où les traces et les repères sont bien plus brouillés encore, et où l'on peut chercher longtemps l'écho du passage de Malraux venu y défier le nazisme ou bien de ceux qui, comme Drieu, venaient au contraire l'adorer. Nous avons remis nos pas dans ceux de Georges Bataille, ou bien d'André Breton, qui, avec sa morgue, témoigne à l'extrême de la gravité de l'aventure. De Tian Anmen, enfin, à Prague et au mur de Berlin, nous avons guetté les signes d'une époque qui s'achève et qui était peut-être, qui sait, celle de ces clercs en majesté.

L'histoire commence en fait à la fin du siècle dernier(1)*, dans la France, disons, de Zola, Péguy et Marcel Proust. Pourquoi à ce moment-là ? pourquoi pas au temps de Voltaire ? Lamartine ? Hugo ? Parce que c'est là, vous allez voir, que la formule même « les intellectuels » apparaît pour la première fois dans l'histoire de notre langue ; là aussi que se popularise l'idée qu'un écrivain ou un artiste peuvent et doivent s'arrêter parfois d'écrire*(2) *ou de créer pour s'engager au service d'une grande cause. Et cela à l'occasion d'une affaire tout à fait singulière qu'il faut commencer, je crois, par raconter.*

Nous sommes à la fin du siècle donc, dans ce Paris heureux, lumineux, qui s'apprête à célébrer son exposition universelle, et qui brille déjà de tous les feux de ce qu'on appellera la « Belle Époque ». Or voici que, des tréfonds de la ville, des zones les plus obscures de la conscience collective monte une rumeur étrange. Un officier français du nom d'Alfred Dreyfus est accusé d'espionnage au profit de l'Allemagne. Et comme cet officier est juif et qu'il a le culot, ce juif, de clamer son innocence et de mettre par là même en cause l'autorité de la justice et surtout de l'armée française, le voilà qui devient l'enjeu d'une formidable campagne de haine antisémite.Il y a, dans la meute qui le poursuit, toute une partie de cette France ancienne qui n'a jamais vraiment admis l'institution de la République, et qui voit derrière Dreyfus tout un sombre complot destiné à salir l'honneur de la patrie. Il y a la France académique, dont on voit quelques spécimens sortir ici du Quai Conti. Il y a tous ces écrivains traditionalistes et patriotes qui préfèrent, et de très loin, une injustice à un désordre. Il y a des sculpteurs au sommet de leur gloire. Il y a, dans cette meute antidreyfusarde toujours, des peintres de génie. Il y a, plus jeunes, n'hésitant pas à croiser le fer pour leurs idées, des polémistes comme Léon Daudet, ou bien comme Maurras, le jeune Maurras, bouillant, presque violent, exécrant alors les bien-pensants et lançant les célèbres Cahiers gris *de sa première « Action française ». Il y a Drumont dont les pamphlets antisémites sont tout de même, on l'oublie trop, parmi les succès de librairie, non seulement de l'époque, mais du siècle. Il y a Valéry qui, lorsqu'il n'est pas là à deviser avec Gide, ne dédaigne pas de fréquenter le théoricien du racisme Vacher de Lapouge, avec lequel il a pu, dans un cimetière de Montpellier* (3)*, déterrer des centaines de crânes pour les mesurer et les classer. Il y a Barrès, bien sûr, grand écrivain lui aussi, prince de la jeunesse, maître à penser de Blum, de Proust*(4)*, de tous les esprits modernes, Barrès qui se déchaîne — je le cite — « contre le nez ethnique », la « figure de race étrangère »*(5) *du condamné de l'île du Diable. Barrès dont le mélange de nationalisme et de socialisme, le culte de la force, les attaques répétées contre la haute banque sémite, ou les hommes politiques issus de la synagogue éveillent, c'est le moins qu'on puisse dire, de troubles échos. Et puis, il y a la gauche, la* *majorité de la gauche qui commence par estimer que l'on n'en ferait pas tant si Dreyfus était un pauvre et qui, ne voyant dans toute l'histoire que l'affrontement de deux fractions de la bourgeoisie, estime que la classe ouvrière n'a pas à prendre parti. Jusqu'à Jaurès lui-même*(6)*, qui fin 97 hésite encore à se prononcer et qui, deux ans plus tôt, à propos de la situation dans les départements français d'Algérie était capable d'écrire : « C'est sous la forme un peu étroite de l'antisémitisme que se propage l'esprit révolutionnaire. » Ou bien : « Pourquoi n'y a-t-il pas là-bas, face aux procédés d'extorsion des juifs colonialistes un mouvement anti-juif sérieux ? » Bref, c'est tout un désordre de pensées qui manque mettre le pays à feu et à sang*(7)*, et crée le « big bang » d'où va sortir notre intellectuel.*

II

Et puis, bien sûr, il y a l'autre France. Celle du courage et de l'honneur. Celle du combat pour la justice et de la vérité en marche. Il y a une noble France, démocrate, rebelle, qui prend parti, elle, pour Dreyfus et s'insurge contre l'infamie. Elle est minuscule d'abord, cette France, minoritaire, isolée. Mais voilà qu'avec les années (car cette affaire dure des années — ces quelques-uns deviennent un groupe) ; ce groupe, une petite troupe ; la troupe, une grande armée ; et cette armée, une force immense. Voici, dans l'ordre ou le désordre, les héros du dreyfusisme.

Ce sont des artistes d'abord, aussi différents que l'auteur des Nymphéas, *signataire des premières pétitions ; Paul Signac, anarchiste de cœur et de principe ; Vuillard, lié à la* Revue Blanche, *de même que Bonnard ou Vallotton. Ce sont de très grands peintres qui, sans autre autorité que celle que leur confère leur œuvre, laissent leur chevalet pour défendre la justice. Ce sont des écrivains, des poètes qui, sortant de leur univers, rejoignant pour un moment le tumulte de la cité, se font les intercesseurs entre le siècle et les impérissables valeurs du vrai, du bien, du bon. Ce sont les maîtres à penser qui signent avec leurs disciples, les immoralistes qui prennent la défense de la morale. Ou bien ce sont les disciples qui, comme le tout jeune Blum, vont à la pêche aux signatures, non sans un risque d'erreur qui donne à la bataille sa part de comédie.*

Quatre noms se détachent, en fait, à l'avant-garde du mouvement : Bernard Lazare, d'abord(8)*. Péguy ensuite, toujours en première ligne dans les bagarres d'étudiants qui secouent le Quartier latin. Péguy avec sa fougue, sa canne brandie comme un bâton, ses « ça ira, ça ira, ça ira » qui sont le cri de ralliement des jeunes dreyfusards de la Sorbonne. Émile Zola bien sûr, qui avait toujours dit : « je déteste la politique, elle fait concurrence aux romanciers », mais qui se jette lui aussi dans la bataille, attire sur sa personne les foudres de la justice et donne ainsi à toute l'affaire sa dimension de scandale public. Zola, le grand Zola, écrivain riche, célèbre, couvert d'honneurs et décoré, qui accepte pour un innocent ou, ce qui revient au même, pour une idée, de se voir des années durant traîné dans la boue, persécuté. Et puis enfin, plus discret, opérant depuis son bureau de bibliothécaire de l'École Normale supérieure de la rue d'Ulm*(9)*, convaincant l'un, informant l'autre, obtenant l'adhésion justement de Blum et de Péguy et aussi, finalement, de Jaurès, un personnage énigmatique, qui fut à bien des égards l'inspirateur du mouvement, avant d'essayer de convertir l'Université française au socialisme: Lucien Herr.*

Là-bas, à l'île du Diable, épuisé, désespéré, avouant dans ses lettres à sa femme qu'il est déjà comme dans la tombe, le condamné apprend un jour que ses amis l'ont emporté. La justice a triomphé. Dreyfus est libéré. Nos intellectuels peuvent pavoiser. D'abord parce qu'ils ont gagné. Mais aussi parce que dans le feu de la lutte, ils ont inventé ce personnage nouveau : « l'intellectuel ».

III

Cela dit, attention, tout n'est pas réglé pour autant ; et rien ne serait plus faux que d'imaginer une France apaisée, réconciliée avec elle-même, et qui communierait tout à coup dans le respect des mêmes valeurs. D'abord, cela va de soi, parce que les vaincus ne désarment pas et que Barrès, Maurras, leurs amis, continuent de jouir d'une audience très grande. Mais ensuite parce que les vainqueurs eux-mêmes, ces militants fraternels, ardents, qui ont lutté au coude à coude pour la défense de leur martyr, commencent, maintenant qu'ils ont gagné, de retrouver leurs motifs de discorde et se livrent, à leur tour, la plus impitoyable des polémiques.

D'un côté, en effet, les bourgeois. Ou plutôt les embourgeoisés. Ces intellectuels devenus ministres. Ces écrivains combattants qui prennent le style, l'allure de ces petits vieillards bien sages, patriotes, rentrés dans le rang. Tous ceux, autrement dit, dont le bon choix dreyfusard a fini par servir la carrière et qui règnent sur la Sorbonne en même temps que sur une République qui ne volera pas son nom de « République des Professeurs ».

Et puis de l'autre côté, les intraitables, les insoumis, tous ceux qui comme Sorel, comme le sorélien, Édouard Berth, ou surtout comme Charles Péguy, dans sa boutique, enragent de voir la belle mystique dreyfusarde se dégrader en politique, et entendent maintenir, eux, la flamme des débuts. Le malheur étant que, emportés par leur rage, entraînés par cette haine pour leurs anciens camarades devenus les maîtres du pays, ils se laissent aller à parler comme leurs ennemis d'hier, Maurice Barrès en tête. A bas la démocratie! dit maintenant Péguy. A bas le suffrage universel! Vive l'énergie nationale! Vive l'instinct de la race! Vive le tambour français! Vive les canons français, fins et maigres comme des adolescents français! Vive la guerre qui est devenue l'espérance de tous les vrais Français! Pauvre Péguy, pauvre lieutenant Péguy qui y part, en effet, à la guerre, comme Apollinaire, la fleur au fusil, persuadé — c'est toujours lui qui parle — que « la première gloire est vraiment la gloire de la guerre ». Le voici dans la boue maintenant. Le voici sous ce feu que, dans sa démence nationale et guerrière il avait appelé de ses vœux. Le voici exposé, à la tête de sa petite compagnie. Le voici par un après-midi de septembre dans cette plaine de la Brie, si peu semblable, s'en rend-il compte, à ces champs de blé brûlé dont il rêvait, et où s'illustraient jadis les soldats de l'ancienne France.

Que s'est-il passé dans ces catacombes d'un nouveau genre? Comment ont réagi ces hommes? Qu'ont-ils pensé avant de mourir? Et pour ceux qui en ont réchappé, pour ceux de nos intellectuels qui vécurent assez longtemps pour raconter Verdun, le Chemin des Dames, quelle leçon en ont-ils tirée ? Quel nouveau style de pensée s'est-il forgé, trempé là, sous ce déluge de fer et de feu ?

D'abord bien sûr le pacifisme, ces écrivains comme Barbusse, engagé volontaire en 14, puis brancardier. Ou bien comme Genevoix, ou surtout Romain Rolland[10]*, qui plus âgé ne s'est pas battu, mais s'est tout de suite senti exclu de cette communion sanglante. Ces écrivains, donc, épouvantés par la tuerie*[11] *qui transmettent aux générations futures leur fameux « plus jamais ça ». Mais ensuite, à côté d'eux, plus important, je crois, de tous jeunes hommes qui commencent à découvrir comment, pacifistes ou pas, dreyfusards ou anti-dreyfusards, c'est l'ensemble de leurs aînés qui les a menés à l'abattoir. Dans leur colère, dans leur désespoir absolu, ils sont comme ce soldat que la guerre a rendu fou, et qui n'est autre qu'Antonin Artaud.*

Hallucinés comme Jacques Vaché, cet inspirateur mal connu de l'ensemble du groupe, écœurés comme Breton, Aragon, Éluard, Soupault, ils se proclament, ces jeunes gens, « déserteurs spirituels », « défaitistes de l'Europe[12] *». Avec son nihilisme et sa noirceur, avec sa conviction que le monde d'hier a disparu et que toute la culture occidentale s'est engloutie avec lui, avec son idée que la science, la philosophie, l'art, la littérature, sont condamnés par le carnage, c'est tout le surréalisme qui sort des charniers et des cimetières.*

Et pourtant quelle joie ! Quelle allégresse ! Sitôt la guerre finie, sitôt revenus dans les cafés qui sont les vrais domiciles de ces paysans de Paris, quelle jubilation à venir danser sur les ruines ! « L'art est une sottise », dit l'un. « Les criminels », dit l'autre, les parricides, les voyous, les fous de toute espèce sont bien plus admirables que vos héros républicains. Et c'est un formidable, désopilant jeu de massacre, auquel ils vont se livrer sur toutes les gloires officielles d'une France qui, à leurs yeux, survit dans l'abjection. Feu sur Claudel, le poète qui s'était vanté de fournir à la France de grosses quantités de lard. Feu sur Barrès qui, au terme d'une parodie de procès inouï de terrorisme se voit condamné pour « crime contre la sûreté de l'esprit ». Feu sur Anatole France, le bel humaniste, auquel la patrie reconnaissante offre des funérailles nationales, mais qui n'est pour Éluard qu'un vieillard comme beaucoup d'autres, pour Soupault un personnage comique et vide, pour Breton ou Aragon une crapule sceptique, cernée de livres inutiles dont on outragera jusqu'à la dépouille. On a oublié la virulence de ces textes(13)*. On a peine à imaginer la véhémence de ces hommes qui entendent en finir, disent-ils, avec l'ancien régime de l'esprit* (14)*, et qui voient dans le surréalisme, dans ses mises en scène les plus macabres, ses farces les plus inquiétantes autant que dans sa glorification du corps, de l'érotisme, de l'amour fou, un moyen de libération totale de l'esprit et de tout ce qui lui ressemble. On a oublié la fureur d'une école dont Antonin Artaud, avec son corps d'acteur convulsé, est à nouveau le témoin.*

Le surréalisme et le dérisoire. Le surréalisme et le merveilleux. Le surréalisme et l'humour noir. Le surréalisme et la cruauté. Le surréalisme et la fatalité qui pèse sur le destin de l'espèce et qui dément là, du même coup, l'amour fou de tout à l'heure. Le surréalisme et le suicide, qui depuis ces dessins de Jacques Vaché jusqu'à l'enquête fameuse, apparaît à certains comme la plus juste, la plus définitive des solutions. Cette nouvelle génération de clercs a fait du passé table rase, mais dans la partie qui se prépare et qui devra, ils le savent bien, donner un visage à ce grand vide, ils hésitent encore sur la pièce qu'il va falloir jouer.

IV

Alors, c'est à ce moment, bien sûr, qu'à l'autre bout de l'Europe, presque aux confins du monde, éclate une révolution qui va répondre, et au-delà, à l'attente de tous ces gens. C'est une révolution lointaine certes, dont n'arrive ici que l'écho. C'est une révolution dont il faudra des années, parfois des décennies, pour mesurer toute l'importance. Mais enfin, il y a dans l'événement, dans le spectacle de ces foules immenses qui secouent soudain leurs chaînes et montent à l'assaut du ciel, quelque chose qui enthousiasme nos intellectuels et qui leur donne le sentiment de répondre à leur détresse et à leur espérance. Cette grande lueur venue de l'Est qui va non seulement précipiter, mais détourner, désorienter pour très longtemps le cours de toute cette histoire, c'est bien évidemment l'« Octobre rouge ».

Il faut essayer d'imaginer l'effet qu'a pu produire ici, dans la France de Clemenceau et de Poincaré, cette destitution des tsars, cette insurrection des armées, la chute de toutes les idoles, l'interruption soudaine, réelle ou rêvée qu'importe, de tous les liens qui, la veille encore, soudaient la servitude au cœur des hommes. Ou encore l'apparition de ces maîtres étranges qui prêchent la révolte. C'est le monde à l'envers. L'univers qui bascule. C'est une époque qui commence après l'autre, la nôtre, celle qui bornait ses horizons à nos chambres introuvables et à nos débats interminables. C'est, écrite par Eisenstein, par d'autres, une épopée vivante, un poème de l'héroïsme et de la fraternité. C'est, se souvient un témoin, Emmanuel Levinas, qui est surtout devenu, depuis, l'un des plus grands philosophes vivants, comme si l'histoire s'était essoufflée, arrêtée et qu'elle repartait là, de plus belle, dans le désordre, vers l'inconnu.

S'ajoute à cela pour certains, le parallèle plus ou moins forcé avec la révolution française. Robespierre et Lénine. Trotski, l'homme de l'armée rouge et puis Danton. S'ajoute encore, pour tous, l'émerveillement devant un régime qui peut faire d'un Chagall son ministre des Beaux-Arts, ou bien du grand Maïakovski, l'acteur d'un beau film de propagande — tous les films de propagande sont beaux — illustrant les succès de la politique d'alphabétisation des bolcheviks. Un régime où les faiseurs de tracts, les messagers de la bonne parole, les ministres du discours et autres maîtres à penser, ont de vraies tâches à accomplir. Nos intellectuels en rêvent. Chers intellectuels aux mains trop blanches, éblouis par le spectacle de ces retrouvailles avec le réel !

Voici, dans son uniforme d'officier rouge, Jacques Sadoul, cet attaché militaire français qui décide de rester à Moscou. Pour lui, comme pour Guilbeaux, Pascal, Raymond Lefebvre, ce jeune écrivain disparu mystérieusement dans la mer Noire et dont Drieu La Rochelle entretiendra la légende, c'est l'austérité de la nouvelle Russie, son goût de l'ascétisme et de la pureté qui fascinent. Voici, trois ans plus tard, au Congrès de Tours, la même Yvonne Sadoul avec le premier grand intellectuel à avoir adhéré, non seulement à l'URSS, mais au PC français, Charles Rappoport. Voici Boris Souvarine, aristocrate du communisme, hautain, entier, russe naturalisé français qui connaît déjà Lénine et sera l'âme des premiers cercles de propagande en faveur du bolchevisme. Voici, renouvelant la bataillon des vieilles gloires dreyfusardes, un groupe de jeunes philosophes(15)*, idéalistes en diable avec leurs petites revues, qui n'ont de marxiste que le nom, ou au moins l'intention, et dont la figure la plus remarquable, la plus haute en couleur, celle qui a laissé aux survivants le plus impérissable souvenir, est celle, presque oubliée de nos jours, de Georges Politzer. Voici Nizan, proche de Politzer, proche de Sartre aussi bien sûr, quoique lui, Sartre, se tienne encore très à l'écart du courant. Voici Nizan donc qui entre dans la vie comme le recommandait Barrès, l'injure et la rage à la bouche. Est-il devenu communiste à la rue d'Ulm, à Aden, ici dans la rue, accompagnant comme Rosenthal, son héros, les cendres de Jaurès au Panthéon ? Ce que je sais, c'est que ce pourfendeur des chiens de garde, cet ennemi des idées bien dressées, cet aventurier qui lance à son époque l'immortel « J'avais 20 ans, je ne laisserai personne dire que c'est le plus bel âge de la vie », est plus proche lui aussi du romantisme de la révolte que d'un marxisme pur et dur. Voici Aragon, qui soutenait hier encore qu'à l'échelle de l'histoire des idées, toute cette Révolution d'Octobre ne pèserait pas beaucoup plus lourd qu'une crise ministérielle. Voici, adhérant avec prudence certes, réticence, mais enfin adhérant tout de même tant est forte l'idée que c'est là-bas que tout se joue, Breton et Éluard, Benjamin Péret, René Crevel.*

C'est aussi l'époque en fait de la guerre du Maroc, et de cette armée française qui va combattre un peuple dont le seul crime est de lutter pour sa liberté. Elle est bien oubliée de nos jours, cette guerre, mais pour eux, pour ces surréalistes qui s'étaient juré de ne jamais plus endosser l'abjecte capote bleu horizon, pour ces internationalistes qui rêvent d'une France ouverte, fraternelle, il y a là une injustice qu'il faut refuser de toute son âme. Alors, ils rejoignent Nizan, Politzer, les philosophes, ainsi que les gens de la revue Clarté*, dans une sorte de front commun, où l'idéalisme, l'anti-colonialisme de principe pèseront plus lourd que le socialisme scientifique.*

Et puis, j'oubliais enfin ce jeune aventurier, lecteur de Barrès lui aussi, et voleur de statues khmères. J'oubliais le futur écrivain qui passe encore à ce moment-là pour l'homme qui revient de Chine, et qui s'y est battu. La Chine c'est entendu, pas la Russie. Et encore une Chine rêvée, mentie. Mais le cas est-il si différent? Et ne faut-il pas le croire, lui aussi, le croire sur parole, quand il plaide que c'est le seul spectacle du malheur, celui de ces policiers et de ces sbires acharnés sur leur proie, celui de l'émeute et du soulèvement des humiliés, qui l'a fait se ranger à son tour, sans autre arrière-pensée ni motif, dans ce camp de la révolution?

V

Et en même temps, je n'y crois pas. Enfin, je ne crois pas qu'il n'y ait que cela dans l'adhésion de tant de nos clercs à ce communisme stalinien. Et si attentif que l'on soit à épouser les vrais motifs de nos héros, si soucieux que l'on se veuille de ne surtout pas juger hier avec les préjugés d'aujourd'hui(16)*, je ne pense pas qu'il y ait lieu non plus d'idéaliser une histoire qui eut quand même, et ô combien!, sa part d'horreur et d'ombre. Alors, regardons mieux, écoutons mieux, essayons d'entrer un peu plus avant encore dans l'esprit de ces esprits, dans l'âme de ces belles âmes, et on verra d'autres passions, tellement plus troubles, tellement plus complexes, et qui sont pourtant bien, elles aussi, aux sources de leurs enthousiasmes.*

Je suis convaincu, par exemple, qu'on ne comprend rien à la ferveur de la plupart de ces adhésions si l'on ne prend pas en compte ce rêve d'un homme nouveau, qui devait non seulement régénérer, mais nier, renier, effacer et détruire les hommes réels de la nouvelle Russie. Écoutez un Barbusse prophétiser, lorsqu'il arrive à Moscou, « que Lénine, mais aussi Staline apparaîtront un jour comme les messies » (il dit « les messies »!) d'une humanité recommencée ». Écoutez Romain Rolland : « malgré le dégoût, dit-il, ... malgré l'horreur, malgré les erreurs féroces et les crimes, je vais à l'enfant, je prends le nouveau-né, il est l'espoir de l'avenir humain ». Mieux, au cœur de ce rêve communiste, emportant toutes les réticences, tous les scrupules de l'intelligence, il y a une fascination de la jeunesse qui jouera de méchants tours à d'autres intellectuels, mais qui inspire à ceux-ci, pour l'instant, leurs chants les plus exaltés. Mieux encore, ou pire, ce que tous ces hommes ont dans la tête, c'est une obsession de la vie, la vie à tout prix, la vie à toute force, cette vie pour la vie que glorifiait Barrès et que leur peignent à présent ces films. Étranges images, n'est-ce pas ? Presque obscènes. Ce sont elles pourtant, ces images, que Rolland a sous les yeux et dans la tête quand ses amis soviétiques lui vantent les vertus du régime et que lui, enchanté, saisi par je ne sais quel démon du midi vitaliste et si pressé d'aller retremper ainsi ses ardeurs défaillantes, lâche la formule magique qui excuse à ces yeux tous les crimes : « la vie, toujours la vie, il ne faut pas que s'arrête l'élan de la vie, tout ce qui s'arrête meurt et pourrit ». Tout cela ne retire évidemment rien à la générosité du personnage, mais ajoute beaucoup en revanche à sa capacité d'aveuglement. L'homme qui, dans ces derniers romans, dit son admiration de la force, des forbans vigoureux, des barbares, celui qui fait dire à l'une de ces héroïnes qu'elle se sent libre sous les cuisses dures d'une dictature, cet homme-là n'avait pas à chercher plus loin les raisons de croire en ce culte de la vigueur, de la puissance conquérante et vitale qu'était aussi le socialisme.

Et Aragon ? Lui qui se ralliait avec les réticences que l'on a vues ? Eh bien, il fait le voyage lui aussi. Il le refait. Sorte de pénitent rouge venant se mettre comme les autres à l'école de la jeunesse, de la puissance et de la vie, et rompant par là-même avec ceux de ses amis qui, plus raisonnablement, en étaient restés à la guerre du Maroc.

La vérité c'est qu'il y a chez tous ces hommes un ton de converti, un peu à la façon, si l'on veut, de leurs nouveaux camarades qui détruisent à Moscou les églises, brisent les idoles d'hier, chassent les mauvais prêtres de la religion défunte, mais pour en embrasser une nouvelle de toute la force de leur foi qui demeure, elle, inentamée et se reporte toute entière sur le « montagnard du Kremlin ». Ainsi nos clercs. Ainsi Rolland, Barbusse, Gide et même Aragon. Leur engagement est religieux avant d'être politique. Une religion nouvelle(17)*, dont le grand prêtre peut être Maurice Thorez, mais dont les dieux s'appellent Marx, Engels, Lénine, Staline.*

Et puis tout de même, avant de conclure, et pour tenter d'expliquer la façon dont sont parvenus, jusqu'à certains (philosophes, cette fois), les textes, sinon de Marx, du moins de son prédécesseur, comment ne pas évoquer la figure du maître des maîtres, Alexandre Kojève ?

VI

Et puis il y a l'horreur(18) *: celle des crimes et des camps, des mensonges d'État et des massacres, il y a ces monceaux de cadavres, ces procès, cet archipel de la souffrance dont nos grands intellectuels, pour la plupart, se sont finalement accommodés. Alors, est-ce qu'on savait ? est-ce qu'ils savaient ? est-ce en connaissance de cause qu'ils ont continué de croire, alors même que le rêve des hommes, sous leurs yeux, devenait leur cauchemar ? A cette question terrible, une seule réponse, terrible aussi, ces images.*

Ces arrestations, par exemple, dans les républiques non russes, mais aussi, bien sûr, en Russie même. Ces télégrammes signés Lénine dans le plus pur style assassin des terroristes de proie de la révolution française finissante. Ces exécutions sommaires, ces fusillades qui commencent au lendemain des événements d'Octobre et dont chacun sent bien que la guerre, l'encerclement, la contre-révolution blanche ne suffisent à expliquer ni le nombre ni la sauvagerie. Ces voyageurs définitifs qui arrivent à Solovki, ce monastère que l'on a transformé en camps. Les cortèges de détenus censés prouver, dans ce nouveau film de propagande, les charmes et les vertus de la rééducation par le travail. Tout est là, tout est dit. Les nazis, toutes proportions gardées, en diront-ils autant ? Y a-t-il un despotisme au monde qui ait annoncé si clairement la couleur ? Ces livres. Tous ces livres, publiés à Londres, à Berlin, mais aussi, bien sûr, à Paris, chez les éditeurs les plus crédibles, et sans vraie contestation des informations qu'ils apportaient. Tout est dit là aussi. Tous les dossiers sont sur la table. Et ceux d'entre nos clercs qui avaient des yeux pour lire, une tête pour penser, peut-être aussi, pourquoi pas, un cœur pour s'émouvoir, avaient là toutes les images, toutes les scènes les plus horribles. Ils ont refusé de lire ? C'était leur foi, leur religion, qui faisaient que, littéralement, ils n'entendaient pas ce qu'ils lisaient. Les procès. Tout le monde connaissait les procès. Tous nos intellectuels, ou presque, sont entrés dans cette salle des colonnes où, quand on ne les recevait pas, quand on ne déployait pas en leur honneur tous les fastes du soviétisme seconde manière, se célébraient des cérémonies étranges, terrifiantes, que l'on avait l'impudence d'appeler, donc, des procès.

Un peuple déjà silencieux. Des mensonges, des trucages, des héros de la révolution transformés en « hitléro-trotskistes », des faux aveux, des vipères lubriques et, entre les uns et les autres, entre les bourreaux et les victimes, cette drôle de connivence que créait, au fond, le marxisme. Nos intellectuels face à cela ? Silence, on joue.

Le meurtre de Kirov, la mascarade des funérailles, tout un peuple abusé, toute cette comédie du deuil et, comme dans les mauvais romans, l'assassin qui revient rôder sur les lieux de son forfait. Rien, toujours rien, comme si de rien n'était, Aragon rentre à Paris.

Les procès encore. Les procès qui continuent. Les rangs de la révolution décimés par la terreur. Le monde entier pour témoin. La presse mondiale pour tribune. Comme à l'époque de l'Affaire Dreyfus, des hommes qui hurlent leur innocence. Où sont les dreyfusards ? Où sont les héritiers de Zola, de Jaurès ? Où sont les pèlerins de la vérité en marche ? Ils sont là, bien sûr. Toujours là. Mais du mauvais côté. Aragon retourne à Moscou.

Les procès encore, les procès toujours, cela ne s'arrêtera donc jamais. Combien leur en faut-il ? Combien de condamnés ? Combien d'innocents martyrisés ? Combien d'île du Diable ? Regardez nos héros, écoutez ces grandes consciences, imaginez-les écoutant religieusement, comme il se doit, ce représentant parfait de la liberté selon leur cœur. « Les traîtres et les espions ont vendu notre patrie »... Fantôme de Dreyfus ! Aragon revient à Paris.

Que nous dit donc le grand prêtre ? de quoi est-il si certain ? de quel nouveau procès s'institue-t-il le procureur ? et où vont-ils donc, tous ces hommes et ces femmes ? Où va Georges Politzer qui était parti, on s'en souvient, comme Jean-Richard

Bloch, comme Paul Nizan, comme André Gide, sur les chemins de la liberté? Patience, Aragon repart en URSS.

DEUXIÈME ÉPISODE : « LE TEMPS DU MÉPRIS »

I

Retour aux années 20. Au début des années 20. Une autre révolution se prépare. Une autre secousse, terrible, qui va plonger l'Europe entière dans la désolation et dans l'horreur. Je sais que le mot de révolution va étonner. Je sais qu'on ne l'emploie guère d'habitude pour ce dont je vais parler. Mais, hélas, le fait est là. Les témoignages de l'époque sont là. Et si l'on veut rester fidèle au principe de ce récit, si l'on veut continuer de raconter les choses comme les acteurs eux-mêmes les ont vécues, en essayant de retrouver l'état d'esprit qui était le leur, leurs illusions, leurs vrais motifs, il faut bien admettre ceci : avant d'être une dictature et un régime de terreur, avant d'être la plus effroyable, la plus infâme machine de mort jamais imaginée dans toute l'histoire humaine, le fascisme — puisque c'est du fascisme qu'il s'agit — est d'abord un ébranlement révolutionnaire qui, à tort ou à raison, apparaît à certains comme la suite de ce qui s'est passé à Moscou en octobre 1917.

L'ébranlement commence en fait en Italie avec ses escadrons de chemises noires qui marchent à la conquête du pouvoir. A leur tête, un ancien socialiste, syndicaliste révolutionnaire, Benito Mussolini. Dans leur tête, une idéologie très curieuse qui emprunte nombre de ses thèmes à notre Sorel national, l'auteur des Réflexions sur la violence, *l'apôtre de la grève générale, l'admirateur de Lénine et de la révolution soviétique. Benito Mussolini a un côté pitre, c'est certain. Il se révélera très vite un dictateur sans scrupules. Au début de l'histoire pourtant, il apparaît aussi, sinon d'abord, comme une sorte de condottiere, ennemi de l'ordre établi.*

L'onde de choc, partie de Rome, arrive ensuite en Allemagne avec cet autre chef venu de la rue, porté par une vague populaire — ce chef charismatique, plébiscité et qui, faisant la synthèse de la droite et de la gauche, des nationaux et des socialistes, des révolutionnaires-conservateurs façon Hermann Rauschning ou des nationaux-bolcheviques façon Strasser, apparaît lui aussi comme un non-conformiste absolu. Un barbare bien sûr. Un dictateur sinistre et grotesque qui en arrive presque, parfois, à singer sa propre caricature par Chaplin. Mais aussi, pour ses contemporains et notamment pour les Français qui voient le spectacle d'un peu loin, le mirobolant inventeur d'un nouvel ordre politique.

Car où en est la France, pendant ce temps ? Où en sont ceux de ses intellectuels qui, rescapés de la boucherie de 14, n'ont pas cédé pour autant aux sirènes du communisme et restent fidèles, disons, à l'héritage politique barrésien ? Ils sont écœurés eux aussi. Ils partagent l'idée commune d'un naufrage des valeurs anciennes. Sauf qu'ils se posent, eux, la question — et c'est déjà ce qui les distingue — de savoir comment tous ces hommes ont tenu ; par quel miracle ils se sont ainsi sacrifiés ; ils sont obsédés, oui, ces intellectuels, par la mystérieuse docilité de ces poilus, si vaillants sous la mitraille. Et la seule explication qu'ils trouvent c'est qu'ils étaient portés, ces pantins, par un instinct très ancien qui les liait à leur race, leur sang, leur sol. C'est la génération de Montherlant et de ses jeunes guerriers, fiers comme des personnages de Plutarque. Ce pourrait être celle de Céline, s'il n'était pas si sombre, si infiniment désespéré. C'est celle de Pierre Drieu La Rochelle qui obtiendra avec sa Comédie de Charleroi *un joli succès littéraire.*

Tous, par ailleurs, vomissent leur époque. Ils exècrent cette France de l'apéro et du petit commerce, des gouvernements fantômes valsant au gré des intrigues, des combines, des fausses promesses — quand ce n'est pas au rythme des scandales qui donnent à leur amertume cette apparence de vertu, nécessaire aux vrais fascismes. Tous se retrouvent aussi, ne fût-ce qu'en pensée, aux côtés des émeutiers qui, dans la nuit fameuse du 6 février 1934, occupent le pavé parisien et, enivrés par l'odeur de la poudre, le souvenir du boulangisme, la haine, manquent renverser le régime. Mais l'émeute échoue bien sûr. Et, le matin venu, quand l'heure vient de compter les morts et de faire le décompte, aussi, des emblèmes de la vieille France que la gueuse a piétinés, ils doivent se rendre à l'évidence : la France n'est pas près de prendre le chemin de ses voisins.

D'autant qu'ils savent aussi — et c'est le pire — qu'ils n'ont pour mener l'assaut, en guise de SA et d'escadrons de chemises noires, que des ligues minables, une extrême droite rance, un patriotisme en chapeau melon et, entouré de vieilles gloires de l'époque de l'Affaire Dreyfus, un Maurras bien fatigué — même s'il conserve encore, bien sûr, une part de son aura.

Alors voici Robert Brasillach justement, un de ces maurrassiens déçus(1) *qui se rend à Nuremberg. Il est ici, à la fenêtre de la chambre de Goering, en extase devant les oriflammes du Congrès du parti nazi et ces décors de mauvais théâtre, comme dressés pour la fanfare dont il aurait rêvé pour son propre pays. Le voici, entre deux défilés — il dit, lui, entre deux « cérémonies », deux « communions mystiques » — dans l'atelier du sculpteur Arno Brecker, admirant ces corps nus, cette exaltation de la force et de la jeunesse où il retrouve, ce normalien, l'écho de la culture gréco-romaine qui l'enchantait, adolescent. Le voici, s'égarant dans la campagne allemande, ébloui par cet homme, à la fois très neuf et très ancien, qui ne se pose pas de questions, lui, sur son sol ni sur son sang. Le voici, de retour à Nuremberg, dans une sorte de camp scout où il découvre — je le cite toujours — « le jeune fasciste, appuyé sur sa race, fier de son corps vigoureux, méprisant les biens épais de ce monde, le jeune fasciste au milieu de ses camarades, le jeune fasciste qui marche, qui travaille, qui rêve, il est d'abord un être joyeux ». Cet intellectuel qui voit dans le nazisme « la poésie même du XXe siècle », il s'appelle donc Robert Brasillach.*

En voici un second maintenant, Pierre Drieu La Rochelle, hanté, lui aussi, par la décadence, enrageant de vivre, pense-t-il, dans le pays le plus réactionnaire d'Europe. Il fait à son tour le voyage. Et il se rend, lui, à Dachau, ce camp de concentration ouvert depuis déjà deux ans et dont on lui fait les honneurs. « La visite du camp, écrira-t-il, a été étonnante. Je crois qu'ils ne m'ont pas caché grand-chose. La note dominante, c'est l'admirable confort et la franche sévérité. » Même si, ajoute-t-il, « on déplore aussi, hélas, la résistance persistante et déterminée de certains éléments ». Nous l'avons suivi, alors, dans l'ancien stade de Nuremberg pour essayer de comprendre ce que cet écrivain raffiné, plutôt subtil, peut bien avoir dans la tête quand là, devant le Congrès du parti nazi, il parle d'un « spectacle écrasant de beauté, digne d'une tragédie antique », d'une « cérémonie impeccable, avec chœurs et chants admirables ». « Que sommes-nous en face de cela ? s'écrie-t-il, c'est ce que j'ai vu de plus beau depuis l'Acropole ; mon cœur se désole à l'idée que tout cela soit inconnu en France. » Bizarrement (mais est-ce réellement si bizarre) il file ensuite à Moscou où il n'est pas trop mal reçu non plus puisque, recommandé par ses amis Nizan et Malraux, il a droit à une visite guidée de la ville. « J'ai rudement bien fait de venir », soupire-t-il — même si, esthétique oblige, il opte quand même, in fine, pour la poésie de Berlin et de ses retraites au flambeau « au goût parfait ». Auteur d'un livre sur Doriot, socialiste fasciste, c'est donc Pierre Drieu La Rochelle(2).

Voici, quelques années plus tard, en pleine Occupation, un vrai voyage organisé — d'artistes cette fois. Un autre. Encore un troisième. Voici Berlin à Paris(3). Voici, à Paris toujours, les chantres de la Collaboration dure. Voici, après le temps des esthètes, celui — même si ce sont souvent les mêmes — des furieux, des forcenés de l'Europe allemande. Et voici, dès avant la guerre, à Berlin d'abord, le temps des lynchages et des nuits de cristal(4), ce temps des synagogues incendiées, des ruines juives en Europe, qu'aucun de ces délicats esprits ne pouvait alors ignorer. Voici, pour les plus radicaux d'entre eux, leur presse, leur style, leurs obsessions. Voici les films qu'ils acceptent. Le type d'exposition qu'ils cautionnent. Voici un immense écrivain — Céline — qui ne se contente pas d'accepter ni de cautionner puisqu'il donne au délire ambiant, avant et pendant la guerre, quelques-uns de ses textes les plus infâmes. Et puis voici le plus impardonnable — et le plus incompréhensible aussi : Brasillach recommandant de « se séparer des juifs en bloc et de ne pas garder les petits ».

II

Cela dit, attention ! Ces fascistes-là, ces fascistes durs, ces fascistes à la remorque de l'Allemagne et presque en chemise brune, ces fascistes vociférateurs, ces fascistes de grand guignol et de cauchemar, ne sont pas pour autant tous les fascistes. Et je me demande si, en insistant trop, en mettant trop systématiquement l'accent sur ces coupables parfaits que sont au fond Céline et Drieu, Brasillac ou Rebatet, on n'exonère pas un peu vite des hommes plus convenables, meilleur chic, meilleur genre, des hommes qui parlaient une langue plus ordinaire et plus civile — et qui sont peut-être, du coup, plus représentatifs de cette histoire. Je sais que je vais toucher, là aussi, des zones sensibles de notre mémoire nationale. Mais à quoi bon cette enquête, à quoi bon ce retour aux sources, si ce n'est pour essayer de retrouver le vrai visage des choses ?

Cette revue catholique, par exemple, à laquelle collabore le jeune Thierry Maulnier : elle n'est pas fasciste bien sûr. Cette autre revue, non conformiste, qui dénonce avec une égale vigueur capitalisme et communisme : elle n'a rien à voir avec le nazisme. Esprit, *la revue d'Emmanuel Mounier, ce philosophe chrétien qui sera un vrai résistant. Dès 1933, elle a pris position contre l'antisémitisme hitlérien. Et en 1940 elle prend ses distances avec l'Allemagne. Comment ne pas frémir pourtant quand, dans toutes ces revues, on nous dit que ce pays en ruine, dévasté par la guerre, est comme un grand chantier où pourra renaître une France régénérée. Les gens d'*Esprit *par exemple ne parlent peut-être pas de « révolution nationale ». Mais ils rappellent que les formules du régime nouveau, ce sont eux qui les « approfondissent et les répandent depuis des années » ; qu'ils ne peuvent pas ne pas y reconnaître — ce sont toujours leurs mots — « les traits dominants de leur héritage » ; et qu'ils auraient mauvaise grâce, donc, à « s'écarter de l'aventure vivante qu'inaugure le régime de Vichy*(5) *».*

La vérité c'est que là — et ailleurs — tout un discours se met en place, qui prend le plus grand soin, je le répète, de se démarquer de l'hitlérisme, qui tient à sa coloration, son inspiration française et qui aura des visages, du reste, à la fois très contrastés et souriants... Un visage champêtre, presque bucolique — celui de ce retour à la terre chanté par Chardonne ou Thibon. Un visage moderne au contraire, voire moderniste — on oublie toujours que c'est sous Vichy que naît la planification systématique ou même, qui l'eût cru? le culte de la technocratie. Un visage familial puisque c'est également à ce moment-là qu'est instituée la fête des mères. Un visage patriote car ce pétainisme, ne l'oublions pas, se veut « français-moi-monsieur » et, bien entendu, antiboche. Un visage sportif avec cette « cité du muscle » qui est la version française des camps de jeunesse de tout à l'heure et où un Montherlant, auteur des Olympiques *et de* L'Angélus sur le stade, *pourrait donner libre cours à ses passions romaines, païennes et viriles. Un visage juvéniste enfin, tant il est vrai que la fascination de la jeunesse, le fait de lui prêter toutes les vertus, tous les prestiges, sont une constante absolue des totalitarismes — pétainisme compris. Et puis il y a Uriage*(6) *enfin, cette fameuse école des cadres créée en 1940 près de Grenoble, afin de fournir au régime ses futurs intellectuels. D'aucuns contestent, précisons-le, qu'elle mérite, si peu que ce soit, d'être qualifiée de fasciste. Nous sommes revenus, nous, sur les lieux et avons surtout, là encore, interrogé un témoin direct. En novembre 42, quand les Allemands entreront en zone libre et liquideront ainsi la chimère d'un fascisme aux couleurs de la France, ces jeunes intellectuels, Jacques Baumel vient de le dire, prendront vaillamment le maquis. Mais non sans avoir, en attendant, rêvé de ce qu'il faut bien appeler une version française de la révolution européenne. Laquelle eut, j'y insiste, et pour m'en tenir à la seule famille*(7) *des écrivains, des chantres plus nombreux et mieux considérés que sa version imprudemment dure et allemande.*

III

Et puis il y a tout de même l'autre France. Je dis encore une fois l'autre France car j'aime cette idée, comme à l'époque de l'Affaire Dreyfus, de ces deux France qui s'affrontent, bloc contre bloc, valeurs contre valeurs — sans aucune espèce de merci ni de compromis possibles. Cette autre France, cette

France qui refuse le double visage du fascisme, cette France qui ne trempera, le jour venu, ni dans le côté Hitler ni dans le côté Vichy, cette France digne, cette France noble, cette France qu'il ne faut pas idéaliser non plus, car elle eut aussi, forcément, sa part d'ombre, c'est elle qui nous lègue ce bel et lumineux héritage que l'on appellera, pour aller vite, « la culture antifasciste ».

On trouve toutes sortes de gens dans cette France antifasciste. Des vieilles connaissances que nous avons quittées dans l'épisode précédent, moins regardantes sur le chapitre des libertés : je pense à Romain Rolland par exemple ; ou bien à Henri Barbusse, le fondateur de Clarté. De tous jeunes écrivains comme cet Albert Cohen qui, dix ans avant Solal[8], quarante ans avant Belle du seigneur, fonde une revue qui publie des textes de Freud, Einstein, Werfel, Buber ou Marcel Proust — et qui s'inscrit très clairement dans le camp des défenseurs de la culture et des valeurs de l'esprit menacé. On trouve l'auteur de La Trahison des clercs. Des humanistes traditionnels et plus paisibles. Et puis on trouve surtout Gide et Malraux qui, début 34, après l'incendie du Reichstag, et alors que les nazis essaient d'en faire endosser la culpabilité au communisme Dimitrov, décident d'aller en Allemagne plaider la cause de l'innocent. Leurs biographes, étrangement, ne savent rien de ce voyage. Aussi avons-nous tenté de refaire leur parcours depuis cette gare de Berlin complètement détruite aujourd'hui, où ils arrivent bras dessus bras dessous — le jeune auteur de La Condition humaine et le vieil immoraliste qui doit lui rappeler Gisors. Imaginons-les, ces deux gloires en goguette, dans les rues de la ville où ils se promènent en attendant l'audience qu'ils ont demandée à Hitler. Ils vont jusqu'au Reichstag, je suppose, histoire de voir l'objet du délit. A la prison Moabit, sous les fenêtres de leur héros — où, soit dit en passant, et quarante ans après, la légendaire discipline prussienne n'est manifestement plus ce qu'elle était. Ils vont au bord de la Spree, le fleuve qui traverse la ville, à l'endroit précis où Rosa Luxembourg, une autre communiste que l'état présent de leur esprit ne leur interdit pas d'annexer à leur panthéon, fut jadis assassinée et achevée à coups de crosse. Ils reviennent à la gare. Rôdent autour de la gare. Le cadet ne peut pas ne pas se *dire qu'à quelques jours près, le hasard aurait pu faire qu'il croise Drieu, son ami, de passage lui aussi, mais déjà sur l'autre rive ; que se seraient-ils dit ? se seraient-ils tenus à leur principe d'éviter de parler politique ? C'est le temps du mépris. Celui des autodafés. Et si nos deux compères n'obtiennent, pour finir, pas l'audience, ils rapportent sur la barbarie en marche de précieuses informations qui feront la matière, au retour, de beaux discours de congrès.*

Car c'est aussi le temps des congrès. Des meetings. C'est le temps du célèbre Comité de vigilance des intellectuels antifascistes. Ses fondateurs sont morts. Mais nous avons eu la chance, avant qu'il ne disparaisse aussi, de rencontrer l'un des derniers survivants. Regardez. On a un peu de peine à croire que ce célèbre spécialiste des cultures précolombiennes, cet académicien français, cet homme qui s'est identifié aux ultras de l'OAS, ait pu être un antifasciste de la toute première heure. Eh bien si. Il s'appelle Jacques Soustelle. Il témoigne.

Et puis je ne voudrais pas conclure sans dire un mot de ces poètes qui, tout surréalistes qu'ils soient, se lancèrent à corps perdu dans la bataille et furent, d'une certaine manière, à l'origine du Front populaire. Ces écrivains rares, hautains, inspirés par la pensée de Nietzsche, férus de théologie, qui ne croient ni au Progrès, ni au Bien, ni à l'Homme, mais qui se proposent pourtant de « sauver le monde du carnage », ces écrivains donc sont les seuls, pour l'heure, à penser le fascisme. Ils le font à partir de chapelles, j'allais dire de sectes, qui vont du groupe Contre-Attaque, fondé par les mêmes Breton et Bataille(9) *à Acéphale*(10) *— cette drôle de société secrète*(11) *dont on ne sait à vrai dire pas grand-chose*(12) *— et au Collège de Sociologie*(13) *où, en 38-39, le jeune Roger Caillois retrouve Pierre Klossowski et Walter Benjamin ; où Michel Leiris, plus sceptique, côtoie le futur fondateur du premier réseau de résistance de la France libre ; et où Georges Bataille, encore lui, déclare superbement la guerre à l'*esprit munichois.

IV

Cette guerre, cela dit, a surtout été pour le moment une guerre en trompe l'œil. On s'insulte, on se bat, on se tue parfois, on s'extermine, mais à l'intérieur d'un monde qui reste pour l'essentiel un monde de mots et de papiers. Or voilà que l'histoire, je veux dire l'histoire réelle, revient une nouvelle fois frapper l'un de ses grands coups et qu'à ces manœuvres de l'esprit, elle vient conférer leur premier champ de bataille grandeur nature. Ce champ aride et désolé, cette terre lyrique qui a donné au monde tant de mystiques et de saints, avant d'offrir au siècle l'un de ses premiers contingents de vrais martyrs, ce pays de souffrance qui va aimanter trois ans durant le destin de nos héros et transformer certains d'entre eux en poètes-soldats, en romanciers-aviateurs, c'est bien évidemment l'Espagne.

Résumons. Un gouvernement de Front populaire est au pouvoir, à Madrid aussi, depuis bientôt cinq mois. Une partie de l'armée le refuse. A commencer, d'ailleurs, par la majorité de ses généraux et, parmi ceux-ci, les professionnels du massacre qui avaient déjà, dix ans plus tôt, mené la répression dans le Rif. En sorte qu'en juillet 36, lorsque ces généraux se soulèvent, commence une nouvelle guerre — atroce bien sûr, mais assez « claire » pour que des écrivains très différents prennent aussitôt parti.

C'est le cas d'un Mauriac par exemple, qui n'est pas précisément un homme de Front populaire. C'est celui d'un Bernanos, catholique aussi, mais, par-dessus le marché, royaliste et disciple de Drumont, qui devine pourtant très vite, derrière le « viva la muerte » franquiste, l'ombre de Mussolini, de Hitler et de la honte pour l'Europe; son ami, le docteur Jean Besnier raconte. C'est le cas aussi, bien sûr, d'une foule d'écrivains venus de l'autre bord et qui, lorsqu'ils ne sont pas carrément engagés dans les Brigades internationales, s'improvisent reporters de guerre pour le compte de grands journaux. Outre Saint-Exupéry et Benjamin Péret, Dos Passos et Arthur Koestler, George Orwell, Anna Seghers, Jean-Richard Bloch, ce sont le romancier russe et correspondant des Izsvestia *Ilia Ehrenbourg, ou encore Ernest Hemingway qui, rentré aux USA, se fera le propagandiste inlassable de la cause républicaine. Le vrai symbole, cela dit, de cette espèce inédite d'écrivains*(14)*, celui qui va lui donner son style et sa légende, celui qui, quatre jours à peine après le putsch, se précipite à Madrid,* *poing levé, songeant déjà à sa future armée de pilotes et de mitrailleurs volants, n'est autre qu'André Malraux. Écoutez Paul Nothomb*[15]*, qui passait pour le commissaire politique de l'escadrille et qui, avec sa tête de héros de* L'Espoir *ou des* Conquérants, *en est aujourd'hui l'un des seuls survivants. Écoutez-le, oui, au cas où vous seriez de ces malins qui se méfient de Malraux le bluffeur, le mythomane. Écoutez-le bien, si vous doutez qu'un écrivain puisse être aussi un homme d'action et qu'avec ses bombardiers délabrés, ou même avec ce Latécoère où l'on a enlevé les mitrailleuses pour mettre à la place les caméras, ce rêveur ait pu* aussi *peser sur le cours de la guerre.*

Tout ne sera pas aussi admirable, bien sûr, dans cette affaire. Et nos preux aviateurs ne seront pas, hélas, toujours, sans tache ni reproche. Témoins, ces militants du POUM et autres anarchistes de l'Aragon, ces combattants indisciplinés mais courageux qui, lorsque leurs « alliés » staliniens les mèneront dans les caves des prisons de la Guépéou et lorsqu'ils comprendront qu'ils y sont pour être abattus comme des chiens, s'étonneront — mais un peu tard — de ce que nos belles âmes aient si négligemment fermé les yeux. A cette réserve près cependant, à la réserve de ce crime qui sera longtemps, je le crains, la part d'ombre du tableau[16]*, la guerre d'Espagne reste l'un des vrais grands moments de cette histoire. Celui où, en tout cas, la plupart de nos héros brisent avec ce culte de la paix qui était jusqu'ici leur religion. Au point que ce qui, à la fin, demeure, ce qui s'éternise en nous et, telle la musique d'un beau poème, hante les générations suivantes, ce sont ces images d'un film bâclé, inachevé, dont le réalisateur (André Malraux donc) dut emballer ses bobines à la hâte le jour de janvier 1938 où les troupes de Franco entrèrent à Barcelone — mais qui, par la magie de l'art, continuera longtemps encore à incarner l'espoir.*

V

Et puis c'est alors qu'arrive la guerre, la vraie, la mondiale, celle dont le drame espagnol va très vite apparaître comme la répétition générale et celle qui va plonger la France dans l'extrême humiliation. On a vu avec quel trouble sentiment toute une partie de l'intelligentsia a accueilli la chose. Je voudrais insister maintenant sur les autres, l'autre parti, ce parti des antifascistes qui savent — on vient de le voir — que la défense de la culture peut se faire les armes à la main et que le prix Goncourt peut vous mener dans les nuages de Teruel avant de vous installer dans les lambris des ministères. Rude choix, là aussi. Rude bataille. Une bataille qui, traversant la gauche et la droite, l'église de ceux qui croient au ciel et celle de ceux qui n'y croient pas, va conduire les plus audacieux d'entre eux jusqu'à la résistance.

Car que peut faire un intellectuel face au scandale de la France occupée ? Il peut s'indigner, s'insurger, comme Mauriac. Il peut demeurer en exil, au Brésil, par exemple, où Georges Bernanos est venu juste après Munich et d'où il bombarde les quartiers généraux de Vichy de ses fulminations inspirées et souvent meurtrières. Il peut se replier à Marseille, dans la radieuse villa Air-Bel, où les surréalistes tuent le temps en faisant des cadavres exquis ou en organisant, dans le jardin, des expositions Max Ernst — et où Breton reconstitue l'un de ces cercles magiques dont il a décidément le secret. Il peut appareiller pour les Antilles, puis New York, comme les surréalistes encore(17)*, qui y retrouvent d'autres exilés — Claude Lévi-Strauss notamment. A New York il peut jouer profil haut en publiant des textes gaullistes — ou, au contraire, profil bas en faisant, comme Breton, du tourisme littéraire, des voyages au Canada, des conférences à Yale sur le surréalisme ou de vagues émissions de radio. Il peut aller à Londres où il a le choix de nouveau, et comme Aron, entre écrire et se battre. Il peut revenir à Paris, comme Sartre, le petit camarade d'Aron, à son retour de captivité*(18)*. L'affaire des* Mouches *? Ce n'était pas très heureux, bien sûr, de monter une pièce en pleine Occupation et avec le visa de la censure allemande. Mais enfin faut-il accabler pour autant un homme qui, dès son retour, fonde avec les Desanti et d'autres, l'organisation clandestine* Socialisme et Liberté *?*

Il peut, à Paris toujours, monter l'escalier tortueux qui, rue Sébastien-Bottin, mène à cette cellule de résistance qu'est le bureau de Paulhan. Là, l'ancien directeur de la NRF qui serait un « salaud », dit-il, de continuer d'y écrire, prend des risques inouïs à deux pas du bureau de Drieu, le directeur en titre, imposé par les Allemands et sans vraiment, du reste, rompre avec lui les liens d'une amitié ancienne. Étrange duo ! On peut, comme Pierre Seghers et d'autres, publier les poèmes d'un ancien surréaliste devenu communiste. On peut braver la censure, la torture, pour maintenir l'honneur des poètes. On peut, outre Aragon dit François la Colère ou Elsa Triolet dite Laurent Daniel, publier Éluard ou François Mauriac, alias Forez. On peut, comme Vercors, créer les Éditions de Minuit. On peut encore, dans la grande tradition des Brigades internationales, juger que la liberté ne se défend pas qu'avec des livres, prendre donc le chemin des maquis et troquer une plume devenue vaine contre des armes moins classiques. C'est, entre autres, Anatole Lewitski, qui fut proche de Bataille et des gens du Collège de Sociologie ; Georges Politzer, dont Henri Lefebvre nous décrivait la force de caractère ; Marc Bloch, l'historien de l'École des Annales ; René Char, alias capitaine Alexandre ; Jean Cavaillès qui, lorsque ses bourreaux lui diront : « savez-vous que vous allez mourir ? » leur répondit, en mathématicien impeccable, que « la vérité ne meurt jamais ». Ou encore, un peu tard(19) *mais avec sa bravoure et son panache coutumiers, André Malraux qui, en Dordogne d'abord, puis en Alsace où il emprunte au héros de l'un de ses romans le nom de colonel Berger et où il commande la légendaire brigade Alsace-Lorraine qui libérera Strasbourg — Malraux donc qui prend plus que sa part à la victoire finale. Il peut enfin, notre intellectuel, pleurer ceux de ses pairs qui ne verront pas, hélas, le triomphe des valeurs dont ils ont pris le risque de devenir, à jamais, les martyrs.*

VI

Et les autres alors ? Ceux qui, avec plus ou moins de scrupules, ont pris le parti de leurs assassins ? Où sont-ils ? Que deviennent-ils ? Comment vivent-ils la fin de cette guerre dont ils étaient si sûrs d'avoir épousé le parti vainqueur ? Eh bien les revoici. Pour la dernière fois, les revoici. Égaux à eux-mêmes. N'ayant rien appris, rien compris. Les revoici, pris au piège d'une ville fantôme, dont Louis-Ferdinand Céline a immortalisé le manège lugubre et dérisoire et où, grâce au ciel, leur aventure s'achève.

Je suis allé à Sigmaringen. J'ai essayé, comme à chaque étape de cette enquête, de retrouver les traces laissées par nos personnages. Et cette fois, bizarrement, rien n'avait vraiment changé — depuis ces paisibles maisons qu'il faut imaginer prises d'assaut par les collabos en déroute ; cette pâtisserie Schöen où l'on buvait des ersatz de café ; l'auberge Loëwen où l'on feint de se souvenir d'un drôle de médecin, toujours flanqué de son chat Bébert, qui occupait la chambre 11 ; jusqu'au château enfin, véritable pièce montée des hauteurs de la petite ville, qui appartient depuis des siècles à la famille princière des Hohenzollern et où s'installe donc un Vichy miniature. Il y a là Pétain, bien sûr, qui a droit à son étage. Laval et ses anciens ministres. Des miliciens. Mais aussi, de passage, Rebatet, Abel Bonnard, Châteaubriant, l'acteur Le Vigan avec son éternel foulard autour du cou, bref les plus irréductibles de nos intellectuels collabos — sans parler de Céline donc, qui semble surtout là pour nous donner son désopilant portrait de l'Hitlérie assiégée et qui se perd, dit-il, dans ce dédale de couloirs, tentures, salons de style, fausses sorties. Nous sommes en août 1944. La mascarade durera huit mois. Pendant huit mois, oui, ces pitoyables personnages se nourriront de chou rouge et de rutabaga en attendant l'entrée en scène des fameuses armes secrètes de la Wehrmacht. Et ce jusqu'à ce que les troupes alliées ne viennent, pour de bon, interrompre le rêve éveillé.

A Paris tout est joué. L'épuration a commencé. Moins brutale qu'on ne l'a dit. Plus mesurée. Mais avec des excès bien sûr. Des règlements de compte. Tout un climat de violence qui fera dire à Paulhan : « pourquoi donc exagérez-vous ? Un patriote sincère est plus calme, plus modeste. » Avec, en haute cour, les procès Pétain et surtout Laval, étrangement bâclés, et qui laissent aux témoins un vrai sentiment de malaise. Et avec, du coup, chez nos intellectuels résistants, un vrai débat de fond entre, d'un côté, Camus et les partisans d'une justice intrai-

table; de l'autre, François Mauriac, dit saint François-des-Assises, qui plaide, lui, pour la charité; et puis, entre les deux camps, un peu éberlué de ce qui arrive, un poète de trente-cinq ans, Robert Brasillach, qui est devenu le cas-symbole de cette grave question : un écrivain est-il responsable (et si oui, jusqu'à la mort?) des crimes qu'il a, non pas commis, mais célébrés, cautionnés ou laissés, simplement, s'accomplir(20) *?*

Cinquante-neuf signatures, dont celle, in extremis, et non sans un douloureux débat de conscience, d'Albert Camus lui-même — sur le bureau du général de Gaulle. Exécution de Brasillach le 6 février 1945. Le 6 février, oui, date anniversaire de cet autre 6 février où tout, au fond, a commencé.

Drieu La Rochelle, lui, sait depuis longtemps que c'est fini. Seul, amer, il est retourné se cacher chez Colette Jeramec, sa première femme. Le suicide est-il une solution, demandaient, vous vous en souvenez, ces poètes surréalistes que fréquentait Drieu dans sa jeunesse? Oui, semble-t-il, lorsqu'on a si méthodiquement gâché sa vie qu'il ne reste qu'à essayer, si possible, de réussir sa sortie.

TROISIÈME ÉPISODE : « LES ILLUSIONS PERDUES »

I

Donc on reprend. Les bons ont gagné. Les méchants ont mordu la poussière. L'intelligentsia d'extrême droite va du reste disparaître du paysage pour un certain nombre d'années. Bref, tout irait pour le mieux dans le meilleur des mondes possibles si nos clercs, dans l'euphorie de cette victoire ou déjà, d'ailleurs, dans la fièvre des combats antifascistes des années 30, n'avaient complètement fait l'impasse sur ce « détail » de l'époque qu'était la persistance, à côté des camps hitlériens, leur ressemblant par certains traits et maintenant leur survivant, des camps de concentration staliniens.

« Complètement fait l'impasse » est, d'ailleurs, un peu trop

dire. Car, dès les années 30 justement, alors que le culte de la personnalité battait déjà son plein à Moscou et que les impératifs de la lutte antifasciste à Paris jetaient la plupart de nos consciences dans les bras de Joseph Staline, alors que le régime soviétique lui-même prenait soin de ne donner de lui que des images souriantes, ferventes, presque lyriques ou mystiques, tout à fait dans le style, encore, des films d'Eisenstein qui célébraient naguère les premiers jours de l'Octobre rouge — dès les années 30 donc il s'est trouvé quelques hommes et femmes pour, à contre-courant, crier à la mystification.

C'était d'abord Boris Souvarine qui avait été, on s'en souvient, le premier des communistes et qui fut aussi, d'une certaine façon, le premier des anticommunistes — le premier en tout cas, dans ses livres et dans sa revue, à utiliser sa connaissance du système pour démonter implacablement ses engrenages les plus pervers ; le tout aux côtés de la belle et légendaire Colette Peignot[21] *qui, avant d'être sa compagne, avait été celle de Bataille et l'auteur des* Écrits de Laure.

Ce furent ensuite les trotskistes. Non pas que Léon Trotski, organisateur de l'Armée rouge et massacreur des marins de Kronstadt, eût quelque titre que ce soit à donner des leçons de démocratie. Mais le panache du personnage, sa légende, son aura d'exilé, tout cela faisait de son nom, de son seul nom, une sorte d'étendard auquel pouvaient se rallier les marginaux qui, comme Breton, entendaient rester fidèles au rêve sans se prosterner pour autant aux pieds de Moscou la gâteuse et sans accepter, surtout, le scandale des procès truqués.

Au Congrès même de 1935, ce fameux congrès pour la défense de la culture que Guéhenno décrira plus tard comme un « congrès organisé à Paris, sur les ordres de Moscou, par le Parti communiste et l'ambassade soviétique, dans cette Mutualité fiévreuse, archi-comble, où dominaient donc de très loin les compagnons de route et où la lutte la plus rude fut la lutte pour la conquête du micro, il s'était trouvé une Madeleine Paz pour prononcer le nom de Victor Serge ; un Breton pour faire lire par Éluard un texte dissident ; un Benda pour faire l'éloge de la littérature bourgeoise ; un Pasternak pour lancer à une assistance médusée : « attention ! ne vous organisez surtout pas ! » — et puis un Huxley ou un Musil dont se souvient encore le surréaliste Roditi.

En marge du même congrès de 35 il y avait eu la tragédie Crevel. L'auteur de La Mort difficile *était en effet un des initiateurs de la manifestation. Et, lié par ailleurs à Breton, il avait bataillé pour que lui soit reconnu le droit de prendre la parole en personne. Est-ce son échec qui le désespère ? Y voit-il le signe de l'impossible union de la Révolution et de l'Art ? Des raisons plus intimes se mêlent-elles à son désarroi ? Toujours est-il que c'est en sortant d'une ultime réunion où il avait plaidé, une fois encore, en faveur d'un communisme qui ne se priverait pas de la voix des poètes qu'il ouvre le robinet du gaz et oublie de mettre l'allumette.*

Plus tard encore, en août 39, il y aura l'incroyable rencontre Molotov-Ribbentrop, puis le pacte germano-soviétique, qui plongera dans la stupeur nombre d'intellectuels voyant leur cher parti rejoindre tout à coup le camp des munichois. Nizan, par exemple, ira à la guerre. En effet, il se sentira seul. En effet, sa lucidité, tardive mais courageuse, le mettra au ban du Parti. Sait-il, lorsqu'il arrive ici, près de Dunkerque, au premier étage de ce château où il meurt bêtement d'une balle perdue, sait-il qu'un article de Thorez intitulé « Les traîtres au pilori » a déjà fait de lui cet « indicateur de police peureux et servile » que l'on devient forcément dès que l'on prétend, sur l'URSS, s'efforcer de ne plus mentir ? Et puis il y a eu enfin, bien sûr, dès juin 1936, le fameux voyage de Gide dont le compte rendu, au retour, fit si grand bruit — et dont nous avons refait, page à page, étape après étape, l'itinéraire.

Nous sommes allés à Leningrad où le grand écrivain, qui est arrivé par avion, vient accueillir ses amis Eugène Dabit et Louis Guilloux qui le rejoignent, eux, par la mer. Il aime Leningrad, évidemment. Il aime qu'elle ait l'air d'une ville rêvée par Baudelaire ou Pouchkine. Il aime ces fiançailles, dit-il, de la pierre, du métal et de l'eau. Il va à l'Ermitage, forcément, qu'il qualifie de « prodigieux musée ». Mais voici la première fausse note : à l'intérieur de la cathédrale Saint-Isaac, un musée de l'athéisme qui le choque.

Seconde étape : Moscou où les intellectuels de la Perestroïka ne détestent pas vous montrer aujourd'hui la chambre de l'hôtel Métropole où il aurait séjourné ; où il aurait peut-être rencontré — encore que le livre n'en parle pas — un Boukharine déjà aux abois(2) *et d'où il n'avait que quelques centaines de mètres à faire pour arriver place Rouge où, paralysé par le trac et par la présence à ses côtés du petit père des peuples, il prononcera le discours d'hommage à Gorki qui vient juste de mourir.*

A ses moments perdus il vient se promener ici, au « Parc de Culture » qui ne lui laisse, lui, je le cite, que des « souvenirs charmants ». C'est un endroit où l'on « s'amuse », dit-il. On respire partout une sorte de « ferveur joyeuse ». Des « enfants beaux, bien nourris ». Des aînés également « beaux, vigoureux ». Des regards clairs. Des rires sans malignité. Et sur la Moskva, en bordure de ces allées qui ont apparemment bien changé, des piscines où s'ébat toute une jeunesse glorieuse. Le parc d'attractions, lui, est visiblement toujours là, qui ressemble, c'est toujours lui qui parle, à un « Luna Park » immense ; mais sans le moindre soupçon de « rigolade bête ou vulgaire », de gaudriole, de grivoiserie ou même de flirt. Cher Gide tout épaté devant ces nouveaux Russes « en tenue parfaite » qui (je le cite encore) « respirent l'honnêteté, la dignité et la décence » — sans oublier, Nathanaël oblige, ces jeunes sportifs dont il ne se lasse pas d'admirer la « robustesse » et la « grâce » !

Les choses se gâtent à Sotchi, en Géorgie, où il est certes impressionné par la beauté des plages — mais où il souffre, ajoute-t-il aussitôt, de voir les ouvriers si affreusement maltraités. Heureusement les choses s'arrangent puisqu'à Sotchi toujours, dans un décor fleuri, il rend visite à Ostrovski, l'écrivain stalinien, auteur de Et l'acier fut trempé, *qui, à la suite d'un accident, est resté aveugle et paralysé et ne sort plus de cette chambre où il dicte jour et nuit ses mémoires. Une heure au chevet de ce jeune héros au visage émacié — « les maigres doigts du malheureux ne cessant de transmettre aux siens les effluves d'une sympathie frémissante ». C'est en sortant de là qu'il découvre — et cela le ravit aussi — qu'on a eu la délicatesse d'imprimer des affiches à son effigie et en son honneur.*

De là se rend à Gori, ville natale de Staline, où nous avons retrouvé, inchangé depuis cinquante ans, le petit bureau de poste où il décide de s'arrêter pour envoyer des vœux d'anniversaire à Staline. Et là, nouvel incident! Il dicte à l'employé : « passant à Gori j'éprouve le besoin de vous adresser... » ; et l'employé répond : « Comment? on ne dit pas vous à Staline! on dit : "vous, maître des peuples", ou "vous, chef des travailleurs"! » Gide a beau plaider, insister, on n'accepte son télégramme que lorsqu'il consent à ce rajout.

A Moscou il a eu le temps de se promener un peu et de voir, au lieu de l'Eden qu'il imaginait depuis Paris, la pénurie dans les magasins, les visages résignés comme plombés par l'ennui. « J'aimerais rapporter des souvenirs, à des amis, note-t-il, tout est affreux. » Dans ce kolkhoze il n'a trouvé en fait d'enthousiasme et d'homme nouveau que la plus morne uniformité. Et puis il y a eu Bolchevo enfin. On lui avait parlé d'une ville modèle, peuplée d'anciens criminels réhabilités par le communisme. Quelle n'est pas sa déception lorsqu'il découvre que n'y sont accueillis que des indics de la Guépéou! Avec ses naïvetés et ses vanités, avec ses côtés cocasses, ce « retour d'URSS » reste l'un des premiers textes à avoir dénoncé l'illusion.

II

Voilà donc l'héritage, voilà la vraie culture antitotalitaire que nos intellectuels résistants, au lendemain de la Libération, avaient ou auraient pu avoir dans leurs bagages, et voilà ce qu'ils ont choisi, pour la plupart, de passer aux oubliettes de la mémoire. Le résultat étant que ces années d'après-guerre, ces années où l'on aimerait n'entendre que vertu, héroïsme, liberté, on ne peut pas en revoir les images sans un certain malaise.

Il faut, pour comprendre ce qui, avec le recul, ne peut pas ne pas apparaître comme une étrange régression[3]*, essayer de se replacer dans le climat du moment. C'est l'époque de Stalingrad en effet. Puis des combats difficiles, héroïques, pour la libération de Berlin et la capitulation du Reich. C'est l'époque où l'Armée rouge — on ne dit plus désormais que « la glorieuse Armée rouge » — lutte pied à pied, maison après maison, pour tenter de déblayer les ruines ultimes de l'hitlérisme en déroute. Et le fait est qu'il n'y a plus ni procès ni Goulag, ni finesses surréalistes ni alternatives trotskistes, il n'y a même plus de pacte germano-soviétique qui tienne, quand les Européens exsangues, éberlués par les années de guerre, voient ces soldats russes monter au sommet du Reichstag et y accrocher un drapeau rouge qui se met à prendre tout à coup les couleurs de la liberté. Quand Thorez rentre à Paris, Thorez l'insulteur de Blum et le calomniateur de Nizan, c'est en héros qu'il est accueilli — de même, bien sûr, qu'Aragon, auréolé, lui, de surcroît, par sa participation à la Résistance.*

C'est l'époque où devenir communiste c'est entrer, sinon dans l'Armée des ombres, du moins dans la noble famille de Cavaillès et Politzer, de Jacques Decour et Gabriel Péri — et où, à la fête de l'Huma, le parti des fusillés fait applaudir ces spectacles simples, mais édifiants comme les mystères que l'on montrait sur le parvis des églises au Moyen Âge — et où l'on rejoue indéfiniment le vaillant corps à corps du FTP et du méchant nazi. C'est l'époque où Aragon[4]*, mûri donc par la guerre, un rien vieilli peut-être mais incontesté parmi ses pairs, règne à peu près sans partage sur les comités d'écrivains issus de la Résistance. C'est l'époque où Paulhan, résistant lui aussi, et ô combien !, s'inquiète de ce qui lui apparaît comme une mainmise du Parti sur l'esprit d'un combat commun et sur le monde que, tous ensemble, les vainqueurs devraient bâtir. C'est l'époque où Aragon, oui, dans ces défilés mais surtout dans les journaux qu'il contrôle, a autour de lui une véritable cour. Il tranche. Arbitre. Fait et défait les gloires. Pas une réputation qui, au Parti bien sûr, mais aussi hors du Parti, puisse réellement se passer de sa sainte bénédiction. C'est l'époque où Éluard, l'ancien surréaliste Éluard, celui qui, au Congrès de 35,* *était encore assez proche de Breton pour prononcer à sa place l'allocution que les Soviétiques lui interdisaient de dire lui-même, est capable de réaliser, à l'occasion de l'anniversaire de Staline, ce film débile, hilarant, et qui est un sommet du genre. C'est l'époque d'Hiroshima et des grands rassemblements pour la paix. C'est l'époque où le monde achève de comprendre qu'il est mortel et peut-être même en train de mourir — et où les communistes, de nouveau, ont l'art de se poser en hérauts de cette prise de conscience. Non à la bombe! Non à la troisième guerre mondiale dont l'ombre se profile! Vive la paix! crie Joliot-Curie. Vive la paix! crie Picasso. Vive la paix! disent Amado et l'inévitable Aragon. Qui résisterait à ces images dont les communistes, qui ne reculent décidément devant rien, se font comme un nouvel emblème? Qui résisterait à ces Colombes — même si Picasso, leur auteur, ne perd pas une occasion de rappeler, rigolard, que la colombe est un oiseau guerrier?*

Alors, quand un savant soviétique à la botte annonce au peuple russe et, à travers lui, aux peuples du monde, qu'il n'est pas jusqu'à la science que le Parti ne doive régenter, quand il déclare qu'il y a une science bourgeoise et une science prolétarienne et que les savants bourgeois doivent donc changer de camp, se taire, ou parfois mourir, il se trouvera des philosophes pour approuver. Et quand une galerie expose enfin ces toiles de Fougeron, réalistes-socialistes en diable, à la gloire des mineurs du Nord et du Pas-de-Calais, il se trouve des critiques, Aragon en tête, pour crier au génie; et ce tandis qu'à l'occasion de la mort de Staline éclate le scandale qui en dit long sur l'obscurantisme esthétique du Parti(5)*. Bref, tous les intellectuels de l'après-guerre ne sont bien entendu pas communistes. Mais le prestige du Parti est tel, la terreur qu'il exerce est si forte que le village existentialiste par exemple n'est pas le dernier à affirmer son compagnonnage obligé. Voyez Sartre. Il peut bien venir faire sa révérence au vieux Gide; il n'a qu'une idée, dans ces années : ne pas désespérer Billancourt*(6) *et c'est le marxisme qui, à ses yeux, est l'incontournable pensée du siècle qui recommence.*

III

Jusqu'à quand cette période durera-t-elle ? Jusqu'à quand un homme comme Sartre, par exemple, continuera-t-il de fermer les yeux sur l'horreur totalitaire ? C'est difficile à dire de manière précise, bien sûr, puisque ça va être, comme pour le combat contre le fascisme, un travail lent, complexe, avec des lapsus, des ratés, des allers et retours, des trahisons, des volte-faces ; et puis aussi avec, très tôt, une petite poignée d'hommes qui, presque seuls dans l'indifférence et la haine générales, salués par un concert de calomnies et d'injures plus terrible encore peut-être que celui qui accablait en leur temps Souvarine ou Nizan, une poignée d'hommes donc qui, quand même, commence à rompre le silence.

A tout seigneur tout honneur, commençons par André Malraux qui semble tourner le dos aux idéaux de sa jeunesse(7) *puisqu'à la surprise générale il est devenu gaulliste et orateur vedette, aux côtés du Général, des grand-messes du RPF. Écoutez mieux cependant ; vous reconnaîtrez dans ses imprécations contre le danger totalitaire, dans cet article, par exemple, de février 49, l'accent, presque identique, de ses discours antifascistes d'autrefois. Aron ensuite, qui était l'ami de Malraux en même temps que celui de Sartre avec lequel il vient de fonder* Les Temps modernes, *la grande revue de la gauche intellectuelle. Eh bien il choisit Malraux contre Sartre. Il opte lui aussi pour une résistance sans complaisance à l'impérialisme soviétique ; et, avec Claude Mauriac et d'autres, il parraine* Liberté de l'esprit *qui sera la revue des gaullistes.*

Arrive le procès Kravtchenko, cet autre « fasciste » à en croire les communistes — et ce parce qu'il a eu l'audace de fuir le paradis stalinien et d'en révéler en Occident le vrai visage meurtrier. C'est lui, Kravtchenko, qui attaque en diffamation le journal d'Aragon. Mais le refus d'entendre est tel que c'est lui qui apparaît en position d'accusé. Malgré la « bonne foi » de Maître Nordmann, malgré le climat d'émeute qui règne aux portes du palais de justice, Kravtchenko fera défiler à la barre tout un peuple de témoins, rescapés du Goulag, qui, pour la première fois, crient à la face du monde l'insoutenable vérité.

Tout de suite après, l'affaire Rousset. Rousset est un ancien déporté des camps nazis. Avec d'autres anciens déportés, il a lancé l'idée d'une commission d'enquête qui irait, en URSS même, vérifier les dires de Kravtchenko. Même scénario donc. Même psychodrame. Mêmes acteurs, finalement. Et victoire, à nouveau, pour le parti de la vérité. Ce David Rousset qui, l'année précédente, avait créé avec Sartre un éphémère parti, le RDR, et qui voulait en faire l'instrument d'une troisième voie entre l'ordre américain et le cauchemar soviétique, mérite bel et bien de figurer au panthéon des précurseurs.

Et puis il y a Camus enfin, ce drôle d'intellectuel qui a passé la moitié de sa vie ici, à Alger, au cœur du quartier pauvre de Belcourt, dans cette rue qui fut sa première école et où sa mère l'élevait en faisant des ménages. Oui, la maison de Camus, si troublante avec son décor inchangé, ses murs un peu lépreux, les enfants dans l'escalier — et toujours cette misère qui fut, elle, sa première inspiratrice. Camus l'étranger qui, tout de suite, prendra le contre-pied de la pensée du jour. Ce refus des solutions définitives, ce sens de la contingence et de la précarité des choses, bref cet humanisme mesuré dont il n'est pas interdit de penser qu'il l'a d'abord conçu ici, à Tipasa, dans ce décor de ruines romaines, face à la mer, ce sera le thème, bien sûr, de L'Homme révolté *— ce très grand livre qui, en 1952, lorsqu'il apparaît dans le paysage déjà rigide de l'existentialisme fait de l'enfant de Belcourt un acteur tout à coup essentiel de la scène philosophique et politique.*

Et pourtant, en cette année 52, Camus ce n'est déjà plus Sartre. Et dans la polémique qui s'annonce, dans la bataille que déclenche le livre en instruisant ainsi le procès, non seulement du messianisme historique en général mais du marxisme, les sartriens, d'abord muets, finissent pas s'engager. Oh! pas Sartre lui-même! Ce serait faire trop d'honneur au renégat! Mais un jeune disciple chargé de l'exécution — et qui, quarante ans après, ne regrette d'ailleurs rien. Dans cette polémique avec les sartriens, Camus a-t-il perdu ou gagné? Cela n'a très vite plus d'importance. Car l'histoire va se charger, elle, de lui donner raison C'est à Berlin-Est en effet que, dès l'année suivante, un peuple se révolte contre des révolutionnaires devenus despotes et que les despotes répliquent en envoyant des chars qui prétendent porter haut les couleurs du socialisme. C'est de Moscou ensuite, du cœur même de la citadelle, qu'en 1956 tombe le fameux rapport sur les crimes du stalinisme. Et puis c'est Budapest enfin, la même année. Mêmes idoles brisées. Même drapeau rouge dont on fait des feux de joie. Même répression aux couleurs de la liberté. Et chez nos intellectuels, chez ceux qui conspuaient Camus, chez les plus durs d'entre eux, un doute grandissant. Pour les autres, pour les compagnons de route et les communistes plus sceptiques, pour ceux qui suivaient l'URSS sans tout à fait y croire, parce qu'ils lui prêtaient simplement une sorte d'infaillibilité première, quelque chose s'est cassé, là, pour toujours, dans le régime de leurs croyances et de leurs adhésions. Camus mourra trop tôt pour voir le triomphe de ses idées. Mais d'autres intellectuels arrivent qui, comme Michel Foucault (auteur d'une Histoire de la folie *dont on devine déjà, çà et là, qu'elle ouvre une nouvelle voie à la pensée et à son histoire), n'oublieront jamais, en tout cas, la leçon de 56.*

IV

Pendant ce temps, pendant qu'Aragon doute, que Sartre parle, mais que le marxisme lui, comme vient de le dire Foucault, commence à se dissoudre dans les insurrections de l'Est, un autre peuple, le peuple algérien, est déjà depuis deux ans entré en rébellion. Je voudrais insister sur cette affaire algérienne. D'abord bien sûr parce qu'il s'agit d'une des pages noires et trop systématiquement occultées de notre mémoire nationale. Mais aussi parce que l'épisode me semble avoir sa place, plus qu'il n'y paraît peut-être, dans tout ce processus de divorce entre l'intelligentsia et le communisme.

Le décor d'abord. C'est celui de ce massif des Aurès — mais aussi de la Kabylie, de la Mitidja ou du Nord-Constantinois — où l'armée réagit avec une fermeté toute jacobine, pour ne pas dire avec une sauvagerie digne des massacres de la guerre du

Rif, à l'insurrection déclenchée, la nuit de la Toussaint 1954[8], *par une organisation inconnue qui s'appelle le FLN.*

C'est celui de ces départements français (car c'est juridiquement leur statut) où les gouvernements de la république vont mener pendant huit ans la plus impitoyable des guerres. Une guerre honteuse certes. Une guerre sans nom, puisqu'on préférera, jusqu'au bout, parler d'« événements », de « situation », de « pacification », d'opérations de « maintien de l'ordre ». Mais enfin une guerre tout de même avec son cortège d'exactions, de napalm et de populations terrorisées.

C'est celui de cette jolie villa mauresque, dans le quartier résidentiel d'Alger, que l'on dirait droit sortie d'une élégie de Pierre Loti. C'est là qu'était le siège de la redoutable DST. Là surtout que fonctionnait un de ces fameux centres de tri où passaient les Algériens soupçonnés de contact avec le FLN. Nous avons retrouvé l'un d'entre eux. Ironie de l'histoire, il n'a jamais quitté les lieux où se sont installés, depuis, les bureaux du ministère pour lequel il travaille. Nous lui avons demandé, pour ce film, de reprendre le chemin d'une mémoire qui n'a, trente-cinq ans après, rien perdu de sa douloureuse acuité. Nous avons demandé à descendre dans les caves où se trouvaient les sinistres baignoires. Nous sommes allés jusqu'à ces cellules où s'entassaient dans l'obscurité les corps promis à la torture ou à la mort et où l'on voit encore des impacts de balles.

Et puis le décor, ce sont enfin ces gouvernements de gauche — car jusqu'au retour du général de Gaulle, il s'agira, ne l'oublions pas, de gouvernements plutôt de gauche — qui, conspués d'abord par le peuple des petits Blancs qui redoutent leur manque de fermeté, prennent très vite le ton martial, déterminé, propre à rassurer, voire cautionner, les tortionnaires et les soudards — jusqu'au Parti communiste lui-même qui, lorsqu'il s'agira de voter ou non les pouvoirs spéciaux demandés par Guy Mollet, s'abstiendra, c'est-à-dire en fait consentira, se coupant ainsi de ceux qui, jusque dans ses propres rangs, entendaient rester fidèles à leur culture anticoloniale. Ainsi de Fernand Yveton, cet ouvrier communiste du quartier de Clos

Salambier à Alger, dont nous avons retrouvé la maison et dont nul ne se souvient ici de la tragique mais édifiante histoire : surpris en possession d'une bombe, convaincu donc de complicité avec ceux que l'on ne savait encore appeler que les « terroristes » ou les « rebelles », il est jugé, emprisonné et décapité ici, dans une cours de la prison Barberousse — tandis que le parti des travailleurs, son parti, loin de prendre sa défense, le désavoue et désavoue donc, du même coup, le principe même d'un soutien à la cause de l'indépendance algérienne.

Alors, nos intellectuels dans ce décor? Il y a Malraux, empêtré dans son rôle de ministre et moins inspiré qu'à l'accoutumée. Aron qui prend position, lui, très tôt, en faveur de l'indépendance(9)*. Il sait, et il l'écrit, que le temps des empires est passé ; qu'une colonie est un fardeau ; qu'il faut par conséquent se décharger de l'inutile Algérie. Position lucide donc. Courageuse. Mais qui est moins dictée par une solidarité morale avec un peuple agressé, écrasé, voire torturé, que par un calcul froid et, au demeurant, raisonnable.*

Il y a Mauriac qui, dans le silence de sa maison de Malagar, s'apprête à retrouver les accents de ses anathèmes espagnols pour identifier les tortionnaires aux bourreaux du Christ, les torturés au Crucifié lui-même — Mauriac, oui, qui jettera jusqu'à son Nobel dans cette nouvelle bataille(10)*. Et puis, près de lui, près également des deux jeunes journalistes qui créent un hebdomadaire de combat rien que pour donner son organe et aux mendésistes et au refus de la sale guerre, il y a le grand Camus dont tout le monde attend la position. Car que veut Camus? Il faut savoir d'abord qu'il n'a attendu ni Aron ni Mauriac pour, dès 1938, publier dans* Alger républicain *ses admirables reportages sur la misère en Kabylie qui constituaient, non seulement pour l'époque mais en soi, le réquisitoire le plus accablant contre la colonisation française. Et il faut le réentendre, quand il arrive ici, dans ce village kabyle, qu'il grimpe sur cette colline au-dessus de Tizi-Ouzou et qu'il s'écrie . « la misère de ce village est comme un interdit sur la beauté du monde » ; dans sa bouche quel cri de révolte ! Or* *voilà que vingt ans ont passé. La révolte n'est plus dans sa bouche mais dans la rue. Il est ici, à Alger, en janvier 56, à la veille du rassemblement pour la trêve civile dont il a pris l'initiative et qui va se tenir sur cette place. Et tous les témoins se souviennent d'un Camus tout à coup fragile, incertain, déchiré. L'année suivante le Nobel, qui va être l'occasion, pour lui, de prononcer la fameuse phrase que tout le monde interprétera comme un adieu aux exigences d'une morale inconditionnelle et pure. Entre la justice et sa mère, il a choisi sa mère(11).*

D'autres, pendant ce temps, ont choisi la justice. Ce sont de jeunes philosophes, aux marges du PC, qui savent qu'un peu de leur honneur se joue sur ce théâtre algérien. Ce sont des intellectuels français qui se mettent au service de ces combattants algériens et prennent donc apparemment parti contre l'armée de leur pays. Ce sont, aux côtés de Jeanson, des écrivains, des professeurs, des comédiens qui prennent le risque de cacher des combattants, collecter et transporter des fonds, mettre en place tout un réseau de propagande et de soutien. C'est comme à l'époque de l'Affaire Dreyfus le temps des libelles, des manifestes et de la vérité en marche. C'est comme à l'époque de l'antifascisme(12) le risque délibérément couru, de la prison, de la proscription et de la mise au ban d'une nation qui semble hésiter à nouveau entre les valeurs de l'universalité (la liberté pour tous y compris en Algérie) et celles du nationalisme (crève la justice pourvu que triomphe l'état-major). Ce sont les bonnes vieilles méthodes des compagnons de route, le style meetings et manifs, qui se remobilisent en un éclair pour la défense de cette cause. Sartre encore. Sartre comme d'habitude mais, cette fois, du bon côté de la barricade. Et puis c'est enfin, comme chez les surréalistes, un appel à la désobéissance signé de 121 insoumis(13). Et cela aussi, rappelons-le (car c'est peut-être pour cette histoire le plus déterminant), contre le Parti qui aurait pu donner à ces gens le soutien qu'ils attendaient.

V

Clavel et Foucault ont raison, et c'est incontestablement de là que date le grand schisme non seulement avec le Parti, mais avec le modèle soviétique de socialisme en général. Ce qu'ils ne disent pas en revanche, et qui devrait ou pourrait tempérer leur optimisme, c'est — comme souvent dans cette histoire — le prix qu'il va falloir payer maintenant pour cette émancipation. Et cela, parce que c'est aussi à ce moment-là, avec cette guerre d'Algérie, que prend véritablement forme une idéologie qui va s'emparer de nos personnages, les précipiter peut-être dans de nouveaux égarements et que l'on appellera au choix la haine de l'Europe ou le tiers-mondisme.

Cette haine de l'Europe, la vérité oblige à dire qu'elle s'adosse elle aussi à une tradition déjà ancienne. Ce sont les surréalistes qui, au moment de l'Exposition coloniale de 1925, hurlent leur dégoût d'une France qui traite de cette façon, comme des insectes ou des herbes rares, ces hommes qui, d'après Breton et Aragon, sont l'avenir du genre humain. C'est René Guénon, personnage étrange, peu connu — mais dont l'influence souterraine ira jusqu'à Breton ou Gide. C'est encore ce très grand écrivain qui s'appelle Jean Genet et qui, toute sa vie, depuis les émois douteux devant la virilité SS jusqu'à la période la plus récente où il soutient les Panthères noires américaines, vomira l'Europe blanche. Il pourrait, ce voyou lettré, répéter après Aragon : « Je suis le défaitiste de l'Europe ; que brûle cette terre bonne à tous les incendies ! » Il participe, en tout cas, de ce mépris des valeurs occidentales où il ne voit qu'imposture, crime.

Ces années, bien entendu, sont aussi celles du sionisme, de la création de l'État hébreu et du triomphe donc, sur cette terre inspirée(14)*, d'une guerre de libération qui, loin de tourner le dos, elle, à la démocratie et à l'Europe, leur redonne au contraire comme une incarnation nouvelle.*

Mais si nos intellectuels accueillent l'événement avec faveur, si la jeune nation juive est auréolée, dans leur esprit, du prestige que lui confère l'infinie souffrance de la Shoah, si un Sartre par exemple lui est (et lui sera d'ailleurs) presque indéfectiblement fidèle, il reste que l'esprit de l'époque est plutôt celui de Bandoeng, cette ville d'Indonésie où se tient en 55 la première grande conférence des États afro-asiatiques — il est celui, si vous préférez, de ces nations prolétaires qui secouent maintenant leurs chaînes et dont la libération sonnera, dit-on, le glas de cette Europe infâme.

S'il fallait mettre un visage sur ce remords et cette attente, s'il fallait donner un nom à cette volonté de ressourcement dans le tiers monde, ce serait celui de ce fameux Fanon, dont les livres furent le bréviaire de toute une génération. Mystérieux personnage là aussi. Mystérieuse influence. Mais dont j'ai toujours eu le sentiment qu'une part du secret était ici, dans cet hôpital de Blida, près d'Alger, où il fut médecin-psychiatre et où nous avons retrouvé quelques-uns des infirmiers qu'il a formés. Les chaînes de la folie avant celles de l'oppression ? La libération des malades mentaux, préalable à celle des damnés de la terre ? Fanon, révolutionnaire et psychiatre... Psychiatre et révolutionnaire... Écoutez un témoin qui l'a connu et qui fut, d'ailleurs, à l'origine de sa rencontre historique avec Sartre. « Régénération »... « Nouveau monde... » Un « ciel au-dessus des têtes »... Qui ne souscrirait à un si aimable programme ? Qui, d'ailleurs, parmi les grandes consciences de l'époque, n'y a pas plus ou moins souscrit ? C'est en son nom pourtant, c'est au nom de cette volonté de pureté, que nos intellectuels vont s'égarer une nouvelle fois et aliéner leur liberté dans une aventure ultime.

QUATRIÈME ÉPISODE : « LA FIN DES PROPHÈTES »

I

Nos intellectuels, vous l'avez deviné, ne sont pas toujours guéris. Ils n'aiment plus l'URSS, c'est entendu. Ils ne croient plus à Staline. Mais leur foi dans la révolution, la vraie, l'authentique, celle qui fera enfin table rase du malheur occidental, est, elle, toujours intacte. Et ils n'auront de cesse maintenant de chercher un nouveau terrain d'expérience, une nouvelle patrie de cœur pour remplacer le modèle déchu. Nous sommes au début des années 60, en plein tiers-mondisme donc. Et ce communisme nouveau, rêvé, c'est dans la fête cubaine qu'il va commencer par s'incarner.

Car il y a quelque chose d'unique dans ce communisme cubain. Quelque chose de gai tout d'abord. Un climat d'allégresse et de fièvre. Une espèce de ferveur un peu folle, légère, carnavalesque. « Nous n'avons pas de savon, hurlent ces foules en liesse, mais nous avons du courage » — et il y a dans cette bravade, dans ce défi, il y a dans cette insurrection sur fond de rumbas et de salsas un air de liberté qui, aux plus anciens de nos clercs, rappelle l'Octobre rouge. C'est un communisme, en fait, qui prétend marier démocratie et héroïsme. C'est un communisme ouvrier mais aussi, c'est nouveau !, soucieux d'une paysannerie à laquelle il apporte en dot — du moins le prétend-il encore — une culture, un savoir que la dictature lui refusait. C'est un communisme jeune, vraiment jeune. Ah ! cette inguérissable fascination de la jeunesse[1] ! Fidel a trente-trois ans ! Il est si différent des hiérarques et vénérables qui règnent au Kremlin ! « Je ne suis pas un militaire de carrière, explique-t-il. Quand j'aurai terminé ma tâche ici, je me retirerai. J'ai d'autres ambitions. » Et nul ne doute alors de la sincérité de la promesse. Quand Sartre arrive à La Havane, en février 60, il est conquis, enivré. Et il rapporte une série d'articles qui, dans le genre apologie de la vigueur, de la force vitale et de la jeunesse, vaut bien les dithyrambes de Barbusse et de Rolland. Et quant aux autres, les plus jeunes, ces intellectuels qui étouffent dans la France du gaullisme et du Parti communiste le plus réactionnaire d'Europe, c'est tout naturellement qu'ils font à leur tour le voyage et qu'ils vont chercher là-bas, dans l'ombre ou le sillage de ce socialisme tropical, les principes d'une révolution qui sorte enfin de l'impasse où le stalinisme l'avait enfermée. Insistons sur Régis Debray, l'ami de Fidel, mais aussi de Che Guevara, cet autre jeune bourgeois qui, en Amérique latine, est devenu le symbole de cette lutte armée. Écoutons-le encore, écoutons l'histoire pas banale de ce petit normalien qui, la tête pleine, j'imagine, des exemples de Nizan à Aden, de Malraux en Espagne, peut-être même, allez savoir !, de Lawrence en Arabie ou de Byron à Missolonghi, prétend faire la révolution en même temps qu'il en produit la théorie, et sous le nom de guerre de Danton (quel programme !)(2) *prend aussi sa place, que cela plaise ou non, dans la rare lignée des écrivains aventuriers. Le Che, de fait, va mourir, et avec sa vareuse kaki, son béret, avec ses longs cheveux de révolutionnaire romantique, avec son image de saint laïc, soignant les lépreux de Cordoba et enseignant la littérature aux paysans pauvres du Pérou, il entrera dans la légende. Debray, lui, sera arrêté, emprisonné. Ici, à Camiri, il sera interrogé, torturé, puis jugé et, à travers ce procès, c'est l'ensemble de l'aventure qui, en Bolivie, sera condamné et qui, là-bas, à Paris, sur les estrades de la Mutualité sera au contraire glorifié. « J'ai été avec le Che... » dira crânement Danton, qui sent bien que l'aventure pour lui se termine ici. « J'aurais aimé être à ses côtés quand il est mort, et mourir donc avec lui. » Le tribunal se satisfera de trente ans de prison dont il purgera les trois premières. Il y sera encore, quand, un matin d'août 68, l'intelligentsia de gauche apprendra avec stupeur que le mirobolant Fidel approuve l'entrée des chars russes à Prague et signe ainsi la fin de l'espérance qu'il incarnait. Mort de la légende. Écroulement du mythe. Ce n'est finalement pas ici que recommence l'histoire.*

II

Deuxième étape : le Vietnam ou plus exactement l'effet que produit dans les esprits le spectacle d'un petit peuple affrontant presque à mains nues, du moins le croyait-on, la plus puissante armée du monde. La violence de cette guerre, le style de cette résistance, l'image de ces hommes simples luttant, tel David face à Goliath, contre le symbole même de l'Occident. La révolution culturelle chinoise par là-dessus. Tout cela va se combiner pour donner un nouveau visage à notre personnage. Ce n'est plus ni le juste de l'Affaire Dreyfus, ni l'aventurier des années 30, ni le stalinien des années 50. C'est l'intellectuel maoïste.

Je me souviens de ces images telles que nous les découvrions dans les films de Joris Ivens. Je me souviens de ces bombes, de ces déluges de napalm. Je me souviens de ces B 52 américains, arrosant avec méthode le nord du 17e parallèle. Je me souviens de ces pilotes, caricaturaux sans doute, mais qui étaient à mes yeux l'incarnation de l'horreur. Je me souviens de notre colère, de notre écœurement. Je me souviens d'un autre film, signé Jean-Luc Godard, qui exprimait bien, quoi qu'on en dise, notre révolte, notre rage. Je me souviens de ces manifestations de rues, où nous avions le sentiment — et tant pis si cela fait rire, tant pis si l'avenir se rit de notre naïveté d'alors — de marcher sur les traces de ceux de nos aînés qui avaient choisi l'anti-fascisme et de nous identifier, pour l'heure, à ces victimes absolues, ces martyrs qu'étaient les communistes vietnamiens. Je me souviens de mon émotion, lorsque je les voyais, ces purs, après chaque attaque aérienne, reboucher les cratères de bombes, recreuser de nouvelles tranchées, et avec leurs pauvres moyens, leur courage, leur ténacité, leurs pieds nus, recréer inlassablement les conditions de leur résistance. Je me souviens de Sartre, sur la brèche comme à l'accoutumée, présidant le tribunal Russell où l'on devait juger les crimes de guerre américains. Et je me souviens surtout de ces autres penseurs, nos vrais maîtres, qui chacun à sa façon sapait les bases de cette gigantesque imposture que devenait à nos yeux l'humanisme occidental. L'homme, l'âme, le sujet, l'espérance — quelle blague, quelle farce sinistre et grotesque, si tout devait finir sous une pluie d'obus ! Il n'y avait pas que cela, bien sûr, dans cette révolution structurale(3). Mais, si elle a une place dans ce tableau, si elle a tenu son rôle dans cette longue histoire, c'est, toutes proportions gardées, à la façon de ce surréalisme, dont vous vous rappelez comment, au sortir des tranchées de 14, il considérait tous les systèmes de la culture et des valeurs en cours.

Je me souviens, dans les lycées(4) donc, de ce curieux mélange de théorie et d'anarchie, de dogmatisme althussérien et de révolte nue. Je me souviens ici, à Louis-le-Grand, dans cette khâgne, d'effrayants jeunes gens(5) qui, du jour au lendemain, touchés par on ne sait quelle grâce, lâchaient leurs thèmes grecs et latins, et faisant tout à coup table rase, tant de leur savoir ancien que de leurs projets de carrière, se métamorphosaient en experts de la guerre de guérilla et ne s'intéres-

saient plus qu'à la stratégie de Giap ou à celle du président Mao.

Car je me souviens de la Chine, enfin, celle des gardes rouges et de la révolution culturelle, où il n'échappait à personne que se trouvait désormais le véritable œil du cyclone. La Chine, zone des tempêtes. La Chine, nouvelle Mecque. Cette Chine qui nous invitait à casser l'Histoire en deux, et à changer l'homme en ce qu'il avait de plus profond. Tout cela était fou, direz-vous. Ces intellectuels tombaient dans le même panneau que leurs aînés, des premiers voyages en URSS. Et cette Chine qu'ils adoraient était une Chine terrible, sauvage, dont les divers bonds en avant se soldaient d'ores et déjà par des millions de cadavres. C'est vrai, bien sûr. Mais si je me souviens de tout cela, si je tiens à évoquer ce climat ancien, c'est que je voudrais faire comprendre ce que Chine, alors, voulait dire. La Chine de la violence, d'accord. La Chine de la rééducation et des intellectuels aux champs, c'est clair. Une Chine terroriste, totalitaire, cela va de soi. Mais ainsi va l'histoire (Sollers(6) *a parfaitement raison), que c'est cette Chine-là, le détour par cette Chine qui, si choquant que cela paraisse, aura enfin raison de nos ultimes attaches staliniennes. Que cette Chine fût réelle ou rêvée, concrète ou légendaire, que ce soit celle de Lao-tseu ou du music-hall et de la propagande, n'a, en l'occurrence — je veux dire à ce point, à cet instant du récit — pas d'importance. Car l'essentiel, je le répète, est qu'un nouveau mode de penser est en train de se mettre en place, et que la révolution dont il s'agit n'a tout à coup plus rien à voir avec ce dont nous parlaient Nizan, mais aussi Breton, Barbusse, Aragon, ou Sartre dans ses années de compagnon de route classique.*

On ne comprend rien, par exemple, à ces événements de 68 si l'on ne voit que par-delà les polices, par-delà les gaullistes, c'est aux révisionnistes, c'est-à-dire en clair aux communistes, qu'en avaient aussi les émeutiers. On ne comprend rien aux courants intellectuels qui ont fait 68, on ne comprend rien au situationnisme de Guy Debord, si l'on n'admet pas que le marxisme y était comme une langue d'emprunt, une gangue à l'intérieur de laquelle prenait forme un tout autre type de discours. On ne comprend rien en fait à toute cette époque, on n'entendra jamais rien à la formidable conversion qui s'opérait dans les esprits, si l'on oublie que, lorsqu'ils parlaient de la Chine à Paris, nos jeunes intellectuels en avaient finalement moins à François Mauriac ou à André Malraux — nos vieilles gloires — qu'à une gauche officielle dont ils reniaient jusqu'au lignage, au parrainage.

Témoin Sartre dont j'ai suffisamment raillé le goût de se mettre à la remorque de la jeunesse pour ne pas admettre aussi qu'il a senti mieux que personne qu'une page de l'histoire des idées était tournée et que, tant dans les livres que dans la rue ou bientôt dans les usines, ces maos avaient déjà commencé d'écrire la suivante. Sartre donc, modeste, un peu boy-scout, vendant à la criée le journal d'un groupuscule qui est en train d'en finir avec quelques-uns des faux problèmes où il a le sentiment d'avoir dilapidé sa vie — et qui, à défaut de casser en deux l'histoire du monde, casse bel et bien celle de la gauche.

III

Ce maoïsme, il faut aussi dire, bien entendu, qu'il eut aussi sa face noire, ses excès, ses dérives. Ou plutôt ce qui est remarquable, c'est de voir comment ce sont les mêmes idées, les mêmes rêves, la même utopie de casser l'histoire en deux, qui donnait ce désir de sainteté(7) *— et puis des égarements terribles qui menèrent ces hommes et ces femmes tout près de ce qu'il faut bien appeler le terrorisme. Ce n'est pas la première fois, bien sûr, que nous observons de ces retournements malins qui font que les plus belles intentions, les plus magnifiques appels à la libération des hommes, se renversent en leur contraire. Mais, parce qu'ils ont poussé plus loin que quiconque le désir de pureté, parce que la révolution dont ils rêvaient n'avait jamais été si radicale, le cas de ces maos est tout de même le plus exemplaire.*

Tout commence en fait avec l'assassinat par un vigile, aux portes des usines Renault, d'un jeune ouvrier maoïste, Pierre Overney. On est en 1972, à l'apogée du mouvement. L'affaire fait grand bruit, émeut l'opinion tout entière. Et voilà qu'au sein même du groupe mao, perdu dans cette foule qui fait comme un dernier cortège au militant assassiné, il se trouve une poignée de partisans pour décider de venger la victime et d'enlever donc un contremaître, qui n'a sans doute, en tant que tel, rien à voir avec le meurtre, mais dont le rapt signifiera que la nouvelle résistance passe à l'attaque. Des actions impeccables donc, qui, comme l'enlèvement de Nogrette, sont encore des simulacres de terrorisme. Des actes symboliques, toujours symboliques, mais qui, lorsqu'on y regarde d'un peu près, s'inscrivent tout de même déjà dans un climat qui n'est pas précisément celui de l'humanisme démocratique. Observez ces gauchistes casqués. Voyez ces militants en rangs serrés. Et rappelez-vous surtout leurs ténors qui, comme Geismar ou Serge July, n'avaient pas attendu la mort d'Overney pour prophétiser et souhaiter la « guerre civile ». C'est le moment d'une violence qu'annonçait La Chinoise *de Godard, mais qui semble maintenant tout près de passer à l'acte. C'est le moment où s'engage un étrange débat, où l'on voit un Foucault se demander si la justice traditionnelle, avec ses rites, ses joutes derrière une table, cette distance entre les plaideurs, ses avocats en robe, bref, avec tout cet appareil qui, pour un démocrate, est la garantie de son équité, n'est pas le type même d'institution inventée pour étouffer la violence sacrée du peuple. C'est le moment où Sartre, considérant lui aussi que l'œil du peuple voit plus juste que celui de tous les juges, appelle les mineurs du Nord à la vengeance contre les patrons criminels. C'est l'époque enfin d'Ulrike Meinhoff, d'Andreas Baader. C'est l'époque de ce vrai terrorisme, cette fois, qui ensanglante l'Allemagne fédérale et dont on ne sait toujours pas bien par quel miracle il a épargné la France*[(8)]*. Les intellectuels, dit-on, les grands intellectuels qui, sagement, auraient retenu les maos. C'est ce qu'on dit, en effet. Mais j'en connais au moins un, Jean Genet, qui prend parti pour la violence, dans un article célèbre qui ne devrait pas étonner ceux qui gardent en mémoire ses anathèmes contre les règles blanches, la démocratie, l'Europe, mais dont l'avocat des terroristes, Klaus Croissant, n'a pas craint de nous dire qu'il l'avait, pour une part, inspiré. J'en connais un autre : Michel Foucault, qui, lorsque ce même* *avocat sera convaincu de complicité avec ses singuliers clients, n'hésitera pas une seconde à le soutenir. J'en connais un troisième : Sartre, encore, qui trouve Baader, je le cite : « intéressant, révolutionnaire, pur, enfin » ; il n'a qu'un tort, dit-il, « ... qui est d'avoir eu raison un peu tôt ». Il garde ses distances, le philosophe. Il exprime des réserves, sans doute. Mais que ne les avait-il exprimées, ces réserves, quand deux ans plus tôt, au lendemain du massacre par un commando de tueurs des athlètes israéliens en plein village olympique de Munich, il avait commis cet impardonnable article qui donnait, lui, bel et bien ses lettres de noblesse au terrorisme.*

IV

Pire encore, il y a eu cette effroyable histoire du Cambodge et de l'Iran. Là encore, certains ont marché. Là encore, avec un enthousiasme qui n'avait d'égal que leur folle volonté de croire, ils ont cautionné la barbarie. Une fois de plus, c'est l'espérance en une révolution pure[9]*, toujours plus pure qui a aveuglé leur jugement. Sauf que les choses iront cette fois si loin, le désastre sera si total que par une nouvelle ruse de l'histoire, mais positive celle-là, heureuse, c'est tout leur système qui s'effondre et l'idéal révolutionnaire qui pour la première fois s'éteint.*

Dans l'affaire iranienne d'abord, le personnage essentiel est bien évidemment et à nouveau Michel Foucault. Il va à Téhéran, en effet. Plusieurs fois. Il observe avec intérêt, puis avec passion, ces hommes aux mains nues qui incarnent, dit-il, « la force la plus moderne de la révolte ». Et il en rapporte des articles, dont on peut penser, comme Jean Daniel, qu'ils font partie intégrante de son œuvre philosophique. Plusieurs séries d'articles, en fait, que l'on peut interpréter aussi comme le signe d'une admiration pour la personne même de Khomeyni. Foucault n'évoque-t-il pas la « dimension mythique du prophète de Qom » ? Ou ailleurs, ce « courant mystérieux qui passe entre le vieil homme exilé et son peuple qui l'invoque » ? On peut encore voir dans ces textes — dont certains, soit dit en passant, furent publiés en Italie et restent bizarrement inédits en France — un effort de réflexion sur (je cite toujours) « cette chose dont nous avons, nous autres, oublié la possibilité depuis la Renais-

sance et les grandes crises du christianisme : une spiritualité politique ». Ce que je crois cependant pour ma part, c'est que l'erreur de Foucault — puisqu'erreur il y a eu — était une étape presque obligée de cet itinéraire de l'esprit. Ce que je crois, c'est que la volonté de pureté, l'idée révolutionnaire poussée à l'extrême, ne pouvaient pas ne pas se reconnaître dans cette révolte folle et elle-même extrême. Et ce que je crois surtout, c'est qu'au terme du parcours, face à l'évidence de ces tumultes, de ces convulsions, bientôt de cette terreur, elle ne pouvait pas, cette volonté, ne pas se retourner sur elle-même, et douter alors et de l'idéal et de la pureté. Foucault, autrement dit, et c'est cela l'important, est allé assez loin dans l'erreur pour, à l'arrivée, être en mesure de poser cette question : « et si le rêve révolutionnaire était en soi un rêve barbare(10) *? »*

Même chose au Cambodge. Même itinéraire d'une pensée ou, en tout cas, d'une génération qui, avant d'être saisie d'effroi devant le spectacle des charniers, a bien été forcée de retrouver ici, dans ce Phnom Penh désert(11)*, vidé par les Khmers rouges, quelques-uns des articles clés de son programme philosophique. Les villes à la campagne, par exemple, l'encerclement des villes par les campagnes, c'était un de nos slogans. La haine de la pensée, la critique des livres et de la culture, cette conviction qu'ils sont, les livres, la mémoire du malheur, c'était la conviction de Freud ; la conviction de Lacan ; c'était la conviction donc de tous leurs vrais disciples. Les professeurs aux champs, la fin de ce partage entre intellectuels et manuels dont Christian Jambet disait « qu'il est le fondement ultime de l'oppression », qui d'entre nous n'en rêvait ? Et quant à l'idée enfin, presque banale, qui voulait que le sexe fût aussi une machine de pouvoir, quant à la théorie selon laquelle le désir, le simple désir des humains était un moyen dont ils usaient pour s'asservir, comment ne pas en entendre l'écho ici, dans ces mariages organisés par un État, qui, encore une fois, poussait jusqu'au délire la manie de la pureté.*

V

A partir de là, tout bascule. Tout notre paysage mental se recompose peu à peu. Et cette hypothèque étant levée, l'astre révolutionnaire cessant enfin de briller, toute la galaxie mar-

xiste s'effaçant avec lui, les intellectuels français vont redécouvrir tout à coup des idées qui, la veille encore, semblaient désuètes ou absurdes. Celle du droit, par exemple, des Droits de l'Homme ou de la morale. Ou bien, plus simplement encore, cette vieille idée de démocratie qui, pour la première fois depuis un siècle, redevient objet de pensée. Un siècle, oui, pour réapprendre la liberté.

Pour être tout à fait complet, il faudrait préciser, bien sûr, que dans la période antérieure déjà, alors que les soixante-huitards n'avaient d'yeux et d'oreilles que pour la rumeur de Bruay et la sainteté des gardes rouges et alors que Sartre, juché sur son tonneau, haranguait son peuple de rêve, toute une série de mouvements avaient commencé de se développer et de se situer, mine de rien, dans cette logique démocratique. C'était le mouvement des femmes, par exemple, avec cette revendication toute simple et assez gaie d'une égalité des droits ici, maintenant, sans attendre le grand soir promis par les idéologues — et puis la bataille pour l'avortement, si douloureuse, si essentielle. C'était telle ou telle minorité, luttant pour son identité, sa dignité, sans attendre, elle non plus, qu'une révolution totale ne les intègre à son projet. C'étaient ces combats modestes, ponctuels, contre le racisme, par exemple, l'horreur des bidonvilles, le scandale de ces Maliens, de ces Sénégalais, entassés par centaines dans des dortoirs de la mort. Ils continuent bien, nos militants, de chanter l'Internationale, mais c'est faute de mieux. Comme par habitude. Et l'on sent bien que, dans ces moments, lorsqu'ils se voient confrontés à cette misère absolue, ils songent moins à refaire le monde qu'à y introduire un peu de douceur.

Reste, cela dit, que l'événement décisif fut tout de même, de ce point de vue, l'apparition parmi nous de ce mathématicien rescapé des asiles psychiatriques soviétiques. L'arrivée de cet écrivain, soviétique aussi, qui, lorsqu'il atterrit à Zurich, après avoir été échangé contre un communiste chilien victime, lui, d'une tyrannie brune et lorsqu'il évoqua toutes ces sombres années passées dans l'enfer des camps de concentration rouges, eut ce mot historique : « ce qu'il faudrait maintenant c'est échanger Brejnev contre son double, Pinochet ». Et puis ce fut surtout, révélée au grand public par une émission de télévision, la grande, l'immense, l'exemplaire figure d'Alexandre Soljenitsyne[12]*. Ils sont ici ces dissidents, au théâtre Récamier, à Paris, accueillis par Sartre et par Michel Foucault. Ils sont là, ombre familière qui inspire l'œuvre du chrétien, du gaulliste, du gauchiste, Maurice Clavel. Quand André Glucksmann, son ami, affirme que le Goulag était aussi marxiste que Auschwitz était nazi et quand, à mon tour, j'essaie d'en appeler à la morale contre l'idéologie, ce sont encore eux, ces dissidents, qui parlent à travers nous.*

Quand Michel Foucault, lui-même, achève sa conversion, quand il prend fait et cause, par exemple, pour le peuple polonais, c'est encore et toujours à eux qu'il doit son intelligence des choses. Et le résultat de tout cela, c'est un retour aux Droits de l'Homme — sans limite, sans frontière, et dont un des apôtres raconte ici la préhistoire. C'est l'époque où Bernard Kouchner, donc, lance cette idée qui, dix ans plus tôt, eût été inconcevable : repêcher en mer de Chine, sans considération de leur couleur, de leur appartenance politique, les boat-people qui fuient le Vietnam. C'est l'époque où les deux frères ennemis, séparés par trente années de guerre idéologique, se retrouvent côte à côte, le temps de réclamer pour les mêmes boat-people de modestes visas d'entrée sur le territoire français. C'est l'époque où on mobilise des foules sur cette idée banale et un peu plate, mais dont nous avions perdu jusqu'au souvenir et au principe : sauver les corps, rien que les corps, gigantesque habeas corpus à l'échelle de la planète.

Les intellectuels, eux aussi, sont là, de cœur en tout cas. De même qu'ils sont encore là, incroyable retournement ! lorsque de tout jeunes gens, se moquant comme d'une guigne de « casser l'histoire en deux » ou de « changer l'homme en ce qu'il a de plus profond », viennent leur rappeler que la fraternité, l'interdiction de tuer sont les seuls devoirs de l'homme à l'endroit de l'autre homme. Enfin : ce qui reste[13] *des intellectuels est là. Car cette époque démocratique, comme dégrisée, est aussi celle, comment ne pas en être frappé ?, où une mystérieuse hécatombe*[14] *semble décimer le peuple des clercs, et où ils s'éclipsent un à un, sans vraie relève, comme si c'était l'espèce même qui s'éteignait avec eux. Jusqu'à Louis Althus-*

ser, qui mourut, lui, deux fois. Une fois ici, à l'École normale, quand dans un accès de démence il étrangla Hélène, sa femme. Et puis une seconde fois, dix ans plus tard, laissant à ceux qui l'aimaient une image bien troublante. Énigmatique Althusser, oui, qui commença sa vie en somme dans la peau d'un mystique, disciple de sainte Thérèse ; qui la continua et l'illustra dans celle d'un marxiste orthodoxe, enseignant à des générations de philosophes le dur métier de penser ; et qui l'achève, semble-t-il, à la façon d'un possédé dostoïevskien, infiniment las, sombre, parvenu au terme de sa nuit. La nuit de l'âme. La nuit du siècle.

Bref, ce qui reste des intellectuels est là, en pensée tout au moins, quand, en juin 89, tout près de ce Tian Anmen où retentissait naguère la clameur de la « folie-mao », ce petit homme seul arrête et défie ce char. Ils sont ici, stupéfiés par le destin de ce monstre communiste qui, au fond, les subjuguait et auquel ils avaient prêté une sorte d'immortalité. Ils l'ont adoré puis haï. Il était le point fixe autour duquel s'ordonnaient leurs débats, leurs combats, leurs enthousiasmes, leurs regrets. Il s'écroule maintenant, sans reste, sans trace(16)*, les laissant — c'est bien normal — sans voix, ni vrai recours. Comment ne pas voir un signe, alors, dans le fait que le dernier des maîtres,* Louis Althusser(16)*, disparaisse au moment même, à un an près, où s'effondre le dernier symbole de l'ordre mort ?*

Voilà, cette aventure s'achève. La figure même de l'intellectuel, dont le sort était lié à celui des idéologies défuntes, n'en est donc pas sortie indemne. Et face à ces penseurs affaiblis, face à ces prophètes dont la prudence et le pragmatisme tiennent désormais lieu de message, on hésite entre deux sentiments. D'un côté, bien sûr, le soulagement : car mieux vaut, vous en conviendrez, une conscience mesurée, mais tolérante, que les régiments de fanatiques que nous avons, depuis le début, trop souvent vus défiler. Mais de l'autre, il faut bien l'avouer, une impression de malaise : car on imagine mal ces philosophies douces relever les défis d'une histoire qui, comme on sait, ne finit jamais. Face au retour des nations, face à la montée des intégrismes, populismes et autres tribalismes, qui sait s'il ne faudra pas compter avec une métamorphose ultime qui rendrait à l'intellectuel un visage et la parole ?

REMERCIEMENTS

Ce livre n'aurait peut-être pas été conçu et n'aurait pas eu tout à fait la même forme s'il n'avait pas été impulsé par le film que j'ai écrit et qui porte le même titre.

Aussi dois-je remercier ici Simone Halberstadt-Harari qui, avec générosité et talent, a voulu ce film avec moi ; Maïa Tubiana qui, auprès d'elle, en a coordonné la production ; Alain Ferrari qui l'a réalisé et dont l'amitié — ainsi, d'ailleurs, que l'érudition — sont allés très au-delà du rôle qui lui était imparti ; Stéphane Benamou qui nous a assistés tous deux ; sans oublier enfin Sylvie Genevoix qui a accueilli ces « Aventures » sur A2 avant qu'Alain Wieder ne prenne le relais.

Je voudrais remercier également tous ceux dont j'ai, pour le film ou pour le livre, sollicité le témoignage. Quelques-uns de ces entretiens sont reproduits ici. D'autres — la majorité — ne le sont pas. Ce sont ceux de Maurice Bardèche, Philippe Bauchard, Jacques Baumel, Jean Bénier, Jean-Denis Bredin, Georgette Camille, Philippe Muray, Jean Daniel, Régis Debray, Dominique Desanti, Jean-Toussaint Desanti, Roger Garaudy, Marek Halter, Christian Jambet, Elie Kagan, Klaus Croissant, Claude Lanzmann, Emmanuel Levinas, Claude Mauriac, Maurice Nadeau, Henriette Nizan, Joe Nordmann, Louis Pauwels, François Ponchaud, Emmanuel Robles, Edouard Roditi, Daniel Rondeau, David Rousset, Yvonne Sadoul, Guy Scarpetta, Philippe Sollers, Jacques Soustelle, André Thirion, Jean Bruller, dit Vercors.

Je remercie mes éditeurs bien sûr, premiers lecteurs de ce livre — ainsi que Claude Dalla Torre dont les encouragements me furent, comme d'habitude, précieux.

Je remercie Jean-Pierre Decaens et Jean-Pierre Pouchet pour leur patience et leur vigilance.

Le manuscrit de cet ouvrage a bénéficié des soins diligents de Marie-Joëlle Habert et Jocelyne Benchétrit ; comment ne pas leur dire, aussi, ma gratitude ?

INDICATIONS BIBLIOGRAPHIQUES

Parmi les nombreux ouvrages qui ont accompagné ce travail, je tiens à mentionner tout particulièrement les titres suivants :

Pierre ANDREU, *Le Rouge et le Blanc*, La Table ronde, 1977.
Pierre ANDREU et Frédéric GROVER, *Drieu La Rochelle*, Hachette, 1979.
Pierre ASSOULINE, *Gaston Gallimard*, Balland, 1984.
Neil BALDWIN, *Man Ray*, Plon, 1988.
Jacques BAYNAC, *La Terreur sous Lénine*, Le Sagittaire, 1975.
Jean BERNIER, *L'Amour de Laure*, Flammarion, 1980.
Jean BLOT, *Albert Cohen*, Balland, 1986.
Pierre de BOISDEFFRE, *Malraux*, Editions universitaires, 1969.
Dominique BONA, *Romain Gary*, Mercure de France, 1987.
Jean BOTHOREL, *Bernard Grasset*, Grasset, 1989.
Jean-Denis BREDIN, *L'Affaire*, Julliard, 1983.
François BROCHE, *Maurice Barrès*, Lattès, 1987.
Colette CAPITAN-PETER, *Charles Maurras et l'idéologie d'Action française*, Le Seuil, 1972.
Michel CARASSOU, *René Crevel*, Fayard, 1989.
David CAUTE, *Le Communisme et les intellectuels français*, Gallimard, 1967.
Madeleine CHAPSAL, *Envoyez la petite musique*, Grasset, 1984.
Christophe CHARLE, *Naissance des « intellectuels »*, Minuit, 1990.
Annie COHEN-SOLAL, *Sartre*, Gallimard, 1985.
Lucien COMBELLE, *Péché d'orgueil*, Olivier Orban, 1978.
Martine de COURCEL, *Malraux, être et dire*, Plon, 1976.
Stéphane COURTOIS et Adam RAYSKI, *Qui savait quoi ?*, La Découverte, 1987 (le livre de référence sur la question de l'extermination des juifs et de ce que l'on en savait dès 1941 ; c'est sur lui que je m'appuie dans le chapitre 4 de la deuxième partie).
Pierre DAIX, *Aragon, une vie à changer*, Le Seuil, 1975.
Jacques DELPERRIE DE BAYAC, *Les Brigades internationales*, Fayard, 1968.
Ramon FERNANDEZ, *Gide ou le courage de s'engager*, Klincksieck, 1976.
Bernard FRANK, *La Panoplie littéraire*, Flammarion, 1980
Gérard HADDAD, *Les Biblioclastes*, Grasset, 1990.
Daniel HALÉVY, *Péguy*, Le Livre de poche, 1979
Marek HALTER, *Un homme, un cri*, Robert Laffont, 1991.
Hervé HAMON et Patrick ROTMAN, *Les Porteurs de valises*, Albin Michel, 1979.
Gherard HELLER, *Un Allemand à Paris*, Le Seuil, 1981.
Pierre HERBART, *La Ligne de force*, Gallimard, 1958.
Julien HERVIER, *Deux écrivains face à l'histoire*, Klincksieck, 1978
Denis HOLLIER, *Le Collège de Sociologie*, Gallimard, 1976
Jean LACOUTURE, *Léon Blum*, Le Seuil, 1977.
Jean LACOUTURE, *André Malraux*, Le Seuil, 1973.
Jean LACOUTURE, *François Mauriac*, Le Seuil, 1980.
Monique LANGE, *Cocteau, prince sans royaume*, Lattès, 1989
Claude LAUNAY, *Paul Valéry*, la Manufacture, 1990.
Bernard LEGENDRE, *Le Stalinisme français*, Le Seuil, 1980.
Herbert R. LOTTMAN, *Albert Camus*, Le Seuil, 1978.
Guillaume MALAURIE, *L'Affaire Kravchenko*, Laffont, 1982.
Francis MARMANDE, *Georges Bataille*, Presses Universitaires de Lyon, 1985

Christiane MOATTI, *Le Prédicateur et ses masques*, Publications de la Sorbonne, 1987.
Philippe MURAY, *Le XIXe siècle à travers les âges*, Denoël, 1984.
Maurice NADEAU, *Histoire du surréalisme*, Le Seuil, 1964.
Pierre NAVILLE, *Mémoires imparfaites*, La Découverte, 1987.
Sous la direction de Pascal ORY, *Dernières questions aux intellectuels*, Olivier Orban, 1990.
Pierre PÉLISSIER, *Brasillach, le Maudit*, Denoël, 1989.
Jean-Marie ROUART, *Ils ont choisi la nuit*, Grasset, 1985.
Henry ROUSSO, *Un château en Allemagne*, Ramsay, 1980.
Pierre de SENARCLENS, *Le Mouvement « Esprit » 1932-1941*, l'Age d'homme, 1974 (on trouvera dans cet ouvrage la plupart des textes que je mentionne dans mon chapitre sur l'attitude d'Emmanuel Mounier et la revue *Esprit* en 1940).
Bernard SICHÈRE, *Le Moment lacanien*, Grasset, 1983.
Jean-François SIRINELLI, *Génération intellectuelle*, Fayard, 1988.
Jean-François SIRINELLI, *Intellectuels et passions françaises*, Fayard, 1990.
Manès SPERBER, *Les Visages de l'histoire*, Odile Jacob, 1990.
Zeev STERNHELL, *La Droite révolutionnaire*, Le Seuil, 1978
Michel SURYA, *Georges Bataille*, Séguier, 1973.
André THIRION, *Révolutionnaires sans révolution*, Le Pré aux Clercs, 1988.
Robert S. THORNBERRY, *André Malraux et l'Espagne*, Droz, 1977 (c'est dans ce livre que je puise les indications du chapitre 14 de la deuxième partie).
Micheline TISON-BRAUN, *la Crise de l'humanisme*, Nizet, 1967.
Jean TOUZOT, *Jean Cocteau*, La Manufacture, 1989.

TABLE

II

Le temps du mépris

III

Les illusions perdues

IV

La fin des prophètes

Cet ouvrage a été composé par Eurocomposition
à 92310 Sèvres, France
et achevé d'imprimer en avril 1991
sur les presses de la S.E.P.C.
à Saint-Amand-Montrond (Cher)
pour le compte des éditions Grasset
61, rue des Saints-Pères, 75006 Paris

N° d'Édition : 8487. N° d'Impression : 1012.
Première édition : dépôt légal : février 1991.
Nouveau tirage : dépôt légal : avril 1991.

Imprimé en France

ISBN 2-246-43011-9

N° d'édition : 13842. N° d'impression : 1012.
Première édition : dépôt légal : février 1991.
Nouveau tirage : dépôt légal : avril 1991.

Imprimé en France

ISBN 2-246-43011-X